税收优惠政策及风险管理

姜 敏 著

中国财经出版传媒集团
中国财政经济出版社

图书在版编目（CIP）数据

税收优惠政策及风险管理／姜敏著．—北京：中国财政经济出版社，2018.9
ISBN 978－7－5095－8394－4

Ⅰ.①税…　Ⅱ.①姜…　Ⅲ.①税收优惠－税收政策－中国 ②税收管理－行政执法－风险管理－中国　Ⅳ.①F812.422 ②D922.22

中国版本图书馆 CIP 数据核字（2018）第 161713 号

责任编辑：彭　波　　　　责任印制：刘春年
封面设计：孙俪铭　　　　责任校对：杨瑞琦

中国财政经济出版社 出版
URL：http：//www.cfeph.cn
E－mail：cfeph@cfeph.cn

社址：北京市海淀区阜成路甲 28 号　邮政编码：100142
营销中心电话：010－88191537　北京财经书店电话：64033436　84041336
北京财经印刷厂印装　各地新华书店经销
710×1000 毫米　16 开　25.25 印张　500 000 字
2018 年 9 月第 1 版　2018 年 9 月北京第 1 次印刷
定价：88.00 元
ISBN 978－7－5095－8394－4
（图书出现印装问题，本社负责调换）
本社质量投诉电话：010－88190744
打击盗版举报热线：010－88191661、QQ：2242791300

目　录

第一章

税收优惠概述

第一节

税收对实体经济的影响

一、税收影响实体经济的理论分析

（一）税收对宏观经济的影响

1. 税收与国民收入。

在税收与宏观经济关系分析中，常用税收乘数表明税收的变动对国民收入[①]的影响程度。税收乘数用公式表示为 $-d/(1-d)$，其中 d 代表边际消费倾向[②]，通常是大于 0 而小于 1 的正数，所以税收乘数是负值，这说明国民收入变动与税收变动的方向相反。具体而言，当政府增税时，国民收入减少，减少的数额为税收增量的 $d/(1-d)$ 倍；反之当政府减税时，国民收入增加，增加的数额为税收增量的 $d/(1-d)$ 倍。

2. 宏观税负与经济增长。

宏观税负率是指一国政府在一定时期的税收收入总额与国内生产总值的比例关系，即 T/GDP。税收收入总额由税率和税基两个因素共同决定，当提高税率、提升税负水平不一定会增加税收收入，有时反而会减少税收收入。拉佛曲线表明：当税

---

① 国民收入（nationalincome）是指物质生产部门劳动者在一定时期所创造的价值。国民收入（价值形态）= 社会总产值 - 已消耗生产资料价值。在使用价值上，国民收入是由体现新创造价值的生产资料和消费资料所构成。反映国民收入的两个主要统计数字是本地生产总值（GDP，即国内生产总值）及本地居民生产总值（GNP，即国民生产总值）。

② 边际消费倾向（MPC）是指消费者对于某一或某一类产品，消费额的变化与消费者收入变化的比值。它的数值通常是大于 0 而小于 1 的正数，这表明，消费是随收入增加而相应增加的，但消费增加的幅度低于收入增加的幅度，即边际消费倾向是随着收入的增加而递减的。

负水平高出临界点时，劳动者工作的积极性以及经济组织投资的积极性都会被极大削弱，此时税基会骤减，经济衰退，税收收入不但没有增加，反而会下降。临界点被认为是理论上的“最优税率”，此时可获得最多的税收收入和最大的产量。因此，宏观税负与税收收入及经济增长之间存在相互依存、相互制约的关系。

（二）税收对微观经济的影响

1. 税收对企业投资的影响。

理论上来说，企业投资决策会在边际收益等于边际成本的那一点上做出，此时投资所获利润达到最大。政府征税必然影响包括边际收益在内的税后投资收益和包括边际成本在内的税后投资成本，进而影响企业投资决策。

如果用投资收益率来衡量投资收益大小，那么在考虑企业所得税的前提下，投资者的税后投资收益率 = 利润 ×（1 - 企业所得税税率）÷ 投资额。其中，企业所得税税率越高，税后投资收益率越低，投资的吸引力越小；利润是投资收入扣除投资成本后的余额，利润越高，税收投资收益率越大。目前企业所得税法允许部分投资成本加计扣除，产生了抵税效用，增加了利润，一定程度上鼓励了投资行为。

2. 税收对企业出口的影响。

税收对出口贸易施加影响主要是通过出口退税制度进行。出口退税将出口产品在出口之前已纳的货劳税退回，使其进入国际市场的价格不含出口国所征的货劳税，促成了出口产品与进口国产品在税收上的平等待遇，维护了商品在世界范围内的公平竞争。与不实行出口退税制度相比，这项税收制度增强了本国产品在国际市场上的竞争力，有利于企业扩大市场范围，积累引进国外先进技术和设备所必需的外汇资金，并使本国的生产与世界的生产紧密连接在一起，极大地促进生产力进步和经济发展。

根据经典的西方经济学理论，国内生产总值可由 $Y = C + I + G + (X - M)$ 表示，其中，Y 表示 GDP，C 表示消费，I 表示投资，G 表示政府购买支出，X 表示出口，M 表示进口，$(X - M)$ 则表示净出口。可以看到，出口贸易是影响 GDP 的重要因素。假定其他变量不变，那么 X 增加必然导致国内生产总值 Y 的增加。GDP 增加意味着税基变大，税收收入也会随之增长，这反过来为推行出口退税政策提供财力支持。这一系列过程形成出口退税、经济增长与税收增加三者之间的良性循环。

二、国内外税收影响经济的实证分析

（一）发达国家实证分析——以美国为例

美国市场经济高度发达，在资源配置中发挥基础性作用的主要是市场竞争机制，但是在美国的历次经济危机应对中包括税收政策在内的宏观调控政策也都发挥了重要作用。

1933 年罗斯福政府推行包括累进形式的公司所得税和个人所得税在内的扩张性财政政策全面干预 1929 年爆发的经济大危机；20 世纪六七十年代的美国政府推行降低税率和给予投资税收抵免等“减税计划”应对二战后“滞涨”的经济形势；80 年代，里根政府推行了包括降低个人所得税边际税率、降低资本利得税税率、降低遗产税和赠予税的税率、允许加速折旧等一系列措施，有效地鼓励了投资和消费，促进了产业升级、技术进步和经济结构的调整；90 年代克林顿政府在税收政策上有增有减，1993 年提高了高收入阶层个人所得税的最高边际税率，1997 年调低资本利得税最高税率，配合其他行之有效的政策，美国经济实现了较快增长；2001 年小布什政府全面降低个人所得税率，将 5 档税率降为 4 档，增加抚养子女的税收抵扣额，降低遗产税率并提高起征点。同时，还修改并加强了与住房、储蓄、教育改革、私人投资健康保险、保护生态环境等方面的税收优惠政策。小布什执政四年后，美国经济走出衰退，消费、投资、就业、库存等一系列经济指标都有好转，经济走势趋强的征兆明显。奥巴马政府在延续小布什政府减税政策的基础上，为中产阶级减负，增加抵免和税收优惠，既有助于巩固中产阶级对经济增长和社会稳定的基础性作用，更能从客观上刺激美国经济从次贷危机的阴霾中走出来。

从美国经济历史发展过程来看，当经济危机或者下行时，合理的减税和税收优惠都是促进经济恢复甚至重新走向繁荣的重要政策和有效手段。科学的调控政策可以使得经济主体的生产服务活动既符合社会发展方向，又有广阔的扩展空间，从而带动国家整体经济的发展。

（二）我国运用税收影响经济的实践

1997 年亚洲金融危机爆发，由于我国政府承诺人民币不贬值，出口货物在国际市场上处于劣势地位。在这种情况下，国务院分四次提高了部分商品的出口退税率，使平均出口退税率上升到 15%。这项减税政策有效地刺激了出口贸易，到 1999 年扭转之前连续 8 个月出口负增长的颓势，实现 6.1% 的正增长；2000 年出口增长率更是达到了 27.7%。至此，我国的出口贸易从亚洲金融危机的影响中摆脱出来。

2008 年，美国次贷危机演化为实体经济危机席卷全球并波及我国。为稳定生产并遏制经济大幅下滑，政府出台一系列税收刺激政策。一是提高出口退税率。自 2008 年下半年多次提高出口退税率，使 2009 年 10 月全国外贸出口下降幅度较当年 6 月和 2 月分别收窄 7.5 个百分点和 12 个百分点，遏制了出口额一直下滑的趋势，为后来外贸经济的复苏打下基础。二是 1.6 升及以下排量乘用车减税政策。这一减税政策使 2009 年全年销售量同比增幅超过 60%。三是增值税转型减税政策。2009 年 1 月 1 日，生产型增值税向消费型增值税改革在全国推开，减税规模达 1000 亿元，在减轻企业负担、激发市场活力、熨平经济波动等方面发挥重要作用。

从我国近 20 年来的减税历程来看，在经济下滑趋势明显的关键时期，减税政策对经济的走向起到了止跌拉升的作用。

第二节 各税种税收优惠政策的总体情况

现行税收政策中优惠内容颇多，涉及单位纳税人的税种主要有增值税、企业所得税、房产税、城镇土地使用税、土地增值税、契税和耕地占用税、印花税和资源税，具体详见表 1 - 1。按照优惠对象差异，有对特定行业设定的优惠，对特定产品、项目设定的优惠，对特定行为设定的优惠，对特定企业设定的优惠，对特定区域设定的优惠和对缴税困难设定的优惠等。以下以优惠对象为核心结合不同税种优惠政策，选取部分优惠政策，分析优惠政策对实体经济的影响。

表 1 - 1　　税种优惠政策统计

税　种	优惠事项数量	备　注
增值税	71 项	备案类即征即退 12 项、免税 59 项
消费税	7 项	备案类免税 7 项
企业所得税	42 项	备案类免减税 42 项
房产税	36 项	核准类 1 项；备案类 35 项
城镇土地使用税	56 项	核准类 2 项；备案类 54 项
土地增值税	12 项	核准类 3 项；备案类 9 项
耕地占用税	6 项	核准类 6 项
契税	30 项	核准类 1 项；备案类 29
印花税	17 项	备案类 17 项
资源税	4 项	核准类 1 项；备案类 3 项
合计	281 项	

（一）对特定行业设定的优惠政策及效应

对特定行业设定的优惠政策是指该行业全部纳税人无条件均享受优惠政策。选取营改增行业系列减税政策和软件行业优惠政策进行分析。

1. 营改增行业减税政策效应。

从 2012 年 1 月 1 日上海营改增“1 + 6”试点开始，到 2016 年 5 月 1 日，我国全面推行增值税，减税政策不断完善，受益群体不断增加。

营改增减税政策减税效果明显，在逆周期操作中发挥了促进经济回暖的作用。据统计 2012 年 1 月至 2017 年 2 月，营改增带来的减税累计已超过 1.2 万亿元①；全面营改增一周年，共减税 6993 亿元。作为普惠性减税政策，所有经济实体均受益于营改增减税政策，国家税务总局公布的统计数据显示 98.7% 的纳税人实现税负降低或持平，在 6993 亿元减税中，建筑服务等四大行业减税 2419 亿元，前期营改增的"3+7"行业减税 2162 亿元，原增值税行业减税 2412 亿元②。

营改增减税政策为企业带来新的发展动力和投资信心。据财政部和国家税务总局公布的数据，作为风向标，2016 年前三季度重点税源民营企业投资增速回升，8 月投资增速大幅加快，达到 33.5%，增幅首次超过国有企业；其外购用于增值税进项可抵扣的固定资产金额同比增长 10.2%③，充分表明自由经营的主体对经济发展的信心和预期。

营改增试点行业新办企业数量也有大幅增加，以河南滑县为例，2016 年 4 月 30 日，共有 1723 户营改增纳税人，年内新增纳税人 1250 户④，新增纳税人数量占移户数量的 72.55%。同时，作为营改增试点的主要领域——第三产业在滑县的产业结构中的比重逐年增加，2015 年较上年增长比例高达 6.3%。

营改增也促进了第三产业就业的人数大幅增加，根据中国统计年鉴（2016）显示，在营改增开始的 2012 年，第三产业的就业人员增幅明显提速，尤其是在 2013～2015 年第一、第二产业就业人数减少的情况下，第三产业的就业人员大幅增加，环比增幅分别为 7.03%、5.83% 和 4.70%，说明营改增促进了第三产业的发展。具体就业数据详见表 1-2。

表 1-2　　各产业就业人员统计

	2011 年	2012 年	2013 年	2014 年	2015 年
第一产业（万人）	26594	25773	24171	22790	21919
变动率		-3.09%	-6.22%	-5.71%	-3.82%
第二产业（万人）	22544	23241	23170	23099	22693

① 营改增五年减税规模超 1.2 万亿 2017 年 04 月 30 日 01：40 来源：中国经营报，http：//www.cb.com.cn/economy/2017_0429/1182512.html

② 全面试点一年减税近 7000 亿元，营改增让企业有了多少减负"获得感" 发布日期：2017 年 06 月 13 日　来源：新华社 http：//www.chinatax.gov.cn/n810341/n810780/c2666688/content.html

③ 2016 年前三季度全国税务部门组织税收收入情况　发布日期：2016 年 10 月 21 日　来源：国家税务总局办公厅　http：//www.chinatax.gov.cn/n810214/n810631/c2298595/content.html

④ 浅析"营改增"对经济的影响及对策　2016-06-02　来源：中国税网　作者：宋海涛 http：//www.ctaxnews.com.cn/lilun/tantao/201606/t20160602_68163.htm##1

续表

	2011 年	2012 年	2013 年	2014 年	2015 年
变动率		3.09%	-0.31%	-0.31%	-1.76%
第三产业	27282	27690	29636	31364	32839
变动率		1.50%	7.03%	5.83%	4.70%

2. 软件行业优惠政策效应。

软件行业优惠政策包括增值税即征即退和企业所得税定期减免等两部分。

软件产业作为国家产业结构调整与转型的方向，财税部门通过增值税和企业所得税双重优惠，加大减税力度，让企业减负前行。据大连国税局统计，仅增值税即征即退一项，2012 年 1～11 月，累计办理软件产品退税 8.2 亿元，是实施该政策以来第一个同期即 2011 年同期的 3.6 亿元的 2.28 倍①。减税增加了纳税人的净利润，给纳税人提供资金来源，深圳市奥特迅科技有限公司于 2017 年 9 月 13 日收到 2017 年 6 月 1 日至 2017 年 6 月 30 日期间的软件产品增值税退税款 92.70 万元，占公司 2016 年度经审计合并财务报表中归属于母公司所有者净利润的 10.17%②。

优惠政策促动软件产业发展反过来又增加税收收入。2017 年上半年全国税务部门组织税收收入情况显示长江经济带地区软件和信息技术服务业税收增长 52.5%，高于全国 13.8 个百分点，区域经济优势明显③。

增值税和企业所得税的双重优惠也大力扶持和促进软件产业发展。中国统计年鉴（2016 年）统计数据表明主营业务收入 100 万元以上的软件和信息技术服务业等企业软件业务收入自 2011 年每年都以 25% 左右的比例增加，远高于同期大中型工业企业主营业务收入的增长比例。具体数据详见表 1-3。

表 1-3　软件及信息技术企业和大中型工业企业收入比对表

	2010 年	2011 年	2012 年	2013 年	2014 年	2015 年
软件产品收入（万元）	49305320	61921545.6	78572418.6	98768380.6	121984961.7	136561431.9
增长率（%）		25.59	26.89	25.70	23.51	11.95

① 软件产品退税同比翻了一番多　2012-12-07 00：04　来源：大连日报　http：//dalian.dlxww.com/content/2012-12/07/content_473870.htm

② 奥特迅全资子公司收到软件产品增值税退税　2017-09-14 19：41 来源：金融界 http：//www.howbuy.com/news/2017-09-14/5487009.html

③ 2017 年上半年全国税务部门组织税收收入情况　2017 年 07 月 20 日　来源：国家税务总局办公厅 http：//www.chinatax.gov.cn/n810214/n810631/c2723400/content.html

续表

	2010 年	2011 年	2012 年	2013 年	2014 年	2015 年
大中型工业企业主营业务收入（十万元）	439013.7	554055.83	603021.39	665283.32	705027.12	693927.83
增长率（%）		26.20	8.84	10.32	5.97	-1.57

新办软件企业数量也迅速增加，中国统计年鉴（2016）“按主要行业分法人单位数”统计表明，信息传输、软件和信息技术服务业企业数量受企业所得税优惠政策影响在 2008 年增幅达到 33.18%，高于制造业的 6.81% 和全部产业的 9.29%；2015 年增幅达到 34.126%，再次远超制造业和全部产业。具体数据详见表 1-4。

表 1-4　　按主要行业分法人单位数统计　　单位：个

	2007 年	2008 年	2009 年	2010 年	2011 年	2012 年	2013 年	2014 年	2015 年
信息传输、软件和信息技术服务业	115101	153290	176326	191182	208867	245669	226107	289162	387842
增幅	14.399%	33.179%	15.028%	8.425%	9.250%	17.620%	-7.963%	27.887%	34.126%
制造业	1702455	1818370	1959254	2098370	2240315	2380759	2252225	2616671	2801143
增幅	7.79%	6.81%	7.75%	7.10%	6.76%	6.27%	-5.40%	16.18%	7.05%
所有行业	6495064	7098765	8003868	8754588	9593729	10616530	10825611	13701440	15729199
增幅	7.02%	9.29%	12.75%	9.38%	9.59%	10.66%	1.97%	26.57%	14.80%

同时，中国统计年鉴（2016 年）的统计数据也表明，软件收入前两名为广东省和江苏省，软件产品收入分别为 17236891.6 万元和 16334771.3 万元；最后两名为西藏自治区和青海省，软件产品收入分别为 0 和 2962.1 万元。信息传输、软件和信息技术服务业企业数量前两名为北京市和江苏省，分别为 47988 个和 41381 个，最后两名为西藏自治区和青海省，分别是 175 个和 767 个。辽宁省软件产品收入为 10852226.8 万元，法人数为 14937 个，属于中间位置。

（二）对特定企业设定的优惠政策效应

对特定企业设定的优惠政策是指对符合一定条件的企业才可享受的优惠政策。以下选取小型微型企业的优惠政策和高新技术企业的优惠政策进行分析。

1. 小型微型企业优惠政策效应。

小型微型企业减税政策包括增值税小微企业减税政策和企业所得税小型微利

企业减税政策。

2017 年上半年全国税务部门组织税收收入情况表明，落实支持小微企业发展税收优惠政策减税 828 亿元，同比增长 44.4%，惠及纳税人 3000 万户，户均 2760 元。

2. 高新技术企业优惠政策效应。

高新技术企业现行享受的税收优惠政策主要集中在企业所得税。

高新技术企业优惠政策的受益面有限，但减税规模和力度很大。以青岛市为例，2015 年全市享受所得税优惠的高新技术企业数量达 406 家，同比增长 8.27%；所得税减免总额达 22.95 亿元，较上年增加 3.25 亿元，同比增长 16.5%①。

同时，中国统计年鉴（2016）表明，1995～2015 年，高新技术企业数量与收入均有增长，1995 年高新技术企业 18834 个，2015 年 29631 个，增长 57%；1995 年高新技术企业主营业务收入 3917.1 亿元，2015 年 139968.6 亿元，增长 34.7 倍。具体数据详见图 1－1。

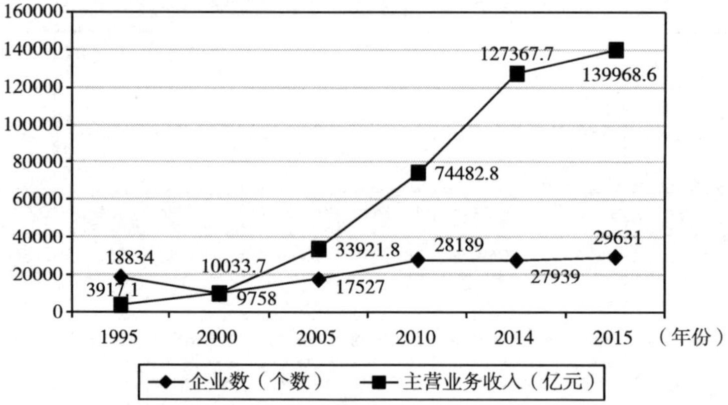

图 1－1　高新技术企业发展趋势

优惠政策在逆周期操作中给高薪技术企业带来了发展，从税收收入的变化可见一斑。2016 年前三季度全国税务部门组织税收收入数据表明，前三季度，在采矿业、非金属矿物制品、有色等行业税收增幅下降趋势减弱的情况下，钢铁行业已经扭转了下降趋势，实现了税收增长 1.4%，比上半年提高 10.5 个百分点。其中钢铁和有色重点税源企业中的高新技术企业 2016 年 1～8 月税收增长 35.3% 和 20.5%，比两行业重点税源企业增幅分别高 24.6 和 24.3 个百分点②。

① 青岛高新技术企业去年减税近 23 亿元　2016－06－30 06：40：00 青岛财经日报 http：//tax.hexun.com/2016－06－30/184665854.html

② 2016 年前三季度全国税务部门组织税收收入情况　2016 年 10 月 21 日　来源：国家税务总局办公厅 http：//www.chinatax.gov.cn/n810214/n810631/c2298595/content.html

（三）对特定项目设定的优惠政策效应

对特定项目设定的优惠政策是指对纳税人经营活动中符合特定条件的项目给予优惠政策。以下以农林牧渔项目优惠政策、创业投资项目优惠政策为例分析其减税效应。

1. 农林牧渔项目优惠政策效应。

农林牧渔生产关系到人们的吃饭问题，是民生问题；同时农林牧渔生产也关系到工业原料的供给问题，是发展问题。国家给予了增值税和企业所得税双重优惠政策。

依据中国统计年鉴（2016 年）统计的农林牧渔业国内生产总值以及国家税务总局公布的农林牧渔业综合增值税负率 0.48% 进行测算，自 2008 年以来增值税减税 1813.8533 亿元；按照《国家税务总局关于调整核定征收企业所得税应税所得率的通知》（国税发〔2007〕104 号）规定，农林牧渔业应税所得率为 3% ~10%，考虑企业所得税既有免税优惠也有减税优惠，本书选择按照 5% 的应税所得率进行测算自 2008 年以来企业所得税减免 4723.5763 亿元。具体数据详见表 1 –5。

表 1 –5　　农林牧渔业业增值税和企业所得税减税测算

	2008 年	2009 年	2010 年	2011 年	2012 年	2013 年	2014 年	2015 年	合计
第一产业 GDP	32753.2	34161.8	39362.6	46163.1	50902.3	55329.1	58343.5	60870.5	377886.1
按 0.48% 农业税负率测算免税增值税	157.2154	163.9766	188.9405	221.5829	244.331	265.5797	280.0488	292.1784	1813.8533
按 5% 应税所得率测算减免所得税	409.415	427.0225	492.0325	577.0388	636.2788	691.6138	729.2938	760.88125	4723.5763

2008 年后，增值税和企业所得税的双重优惠对农林牧渔业发展起到了积极作用。中国统计年鉴（2016 年）统计数据表明农林牧渔法人单位数在 2008 年后，除 2008 年（为兼营第二、第三产业的单位数）和 2013 年（为农林牧渔单位数和兼营第二、第三产业的农林牧渔法人单位）两年因统计口径差异，造成 2008 年、2009 年、2013 年和 2014 年数据不可比较、不可借鉴外，其他年度增幅均在 30% 以上，高于 2006 年、2007 年增幅，更高于所有行业的平均增幅，具体

数据详见表 1－6。

表 1－6　　农林牧渔法人单位数一览

	2006 年	2007 年	2008 年	2009 年	2010 年	2011 年	2012 年	2013 年	2014 年	2015 年
农林牧渔（个）	78205	98546	2023	184764	242429	321086	440853	161824	951045	1204724
变动率（%）	13.67	26.01	－97.95	9033.17	31.21	32.45	37.30	－63.29	487.70	26.67
所有行业（个）	6068912	6495064	7098765	8003868	8754588	9593729	10616530	10825611	13701440	15729199
变动率（%）	7.46	7.02	9.29	12.75	9.38	9.59	10.66	1.97	26.57	14.80

中国统计年鉴（2016 年）统计数据也表明，2015 年农林牧渔法人单位数量最多的是重庆为 80942 个；最少的是西藏自治区为 617 个；辽宁省为 32287 个，具体数据详见表 1－7。

表 1－7　　部分省市农林牧渔法人单位数统计　　单位：个

	全国	重庆	辽宁	西藏
2015 年	1204724	80942	32287	617
占比		6.72%	2.68%	0.05%

2. 创业投资项目优惠政策效应。

企业求发展离不开资金，国家税务总局从 2008 年起，陆续出台了鼓励资本投资于特定对象的所得税政策。

2008 年以来，创业投资企业数量和资产规模呈现持续增长势头。根据历年《中国创业投资行业发展报告》整理，创业投资企业发展情况详见表 1－8。

表 1－8　　创业投资情况一览

	备案创业投资企业数量（家）	总资产（亿元）	累计投资企业数量（家）
2010 年	632	1502.89	
2011 年	882	2207	9216
2012 年	1093	2836	11620
2013 年	1225	3283	13615
2015 年	1557	4706	17996

（四）对特定行为设定的优惠政策及效应

对特定行为设定的优惠政策是指为鼓励纳税人某一行为给予的优惠政策，是最常见的优惠政策类型。以支持和促进重点群体就业的优惠政策、资源综合利用优惠政策、研发费用加计扣除减税政策和固定资产加速折旧政策为例分析减税效应。

1. 促进重点群体就业的优惠政策效应。

为促进社会和谐发展，财政部、国家税务总局出台了一系列针对弱势群体、重点群体就业的优惠政策。包括针对促进残疾人就业、失业人员就业、高校毕业生就业和退役士兵就业等税收政策。

（1）促进残疾人就业。

依据中国残疾人事业发展统计公报（2009～2016年）数据显示，2009～2016年每年均有30多万新增残疾人就业，如表1－9所示。

同时，以2015年为例，残疾人全国城镇就业人数为430.2万人，2015年全国平均最低工资标准为1525.32元，全年18303.84元，按照2015年安置残疾人就业政策规定，扣除限额为最低工资标准的6倍确定，但最高不得超过每人每年3.5万元。该项优惠政策测算减税额最多为1505.7亿元。

表1－9　　残疾人就业情况　　单位：万人

	2008年	2009年	2010年	2011年	2012年	2013年	2014年	2015年	2016年
持证残疾人新增就业	36.8	35.0		31.8	32.9	36.9	27.8	26.3	31.2
残疾人全国城镇就业人数		443.4			444.8	445.6	436.0	430.2	444.8
全国残疾人人口基础数据库收录持证残疾人			1800			4020（持证和非持证残疾人）	2947	3145.7	3219.4

同时，以2016年公布数据为例，城乡持证残疾人就业人数为896.1万人，其中按比例就业66.9万人，集中就业29.3万人，个体就业63.9万人，公益性岗位就业7.9万人，辅助性就业13.9万人，灵活就业262.9万人，451.3万人从事农业种养加。依据上述数据测算2016年企业安置残疾人享受企业所得税加计扣除的人数比例约为（896.1－451.3－63.9）/（896.1－451.3）×100%＝380.9/444.8＝85.63%，以此比例测算2009～2015年残疾人全国城镇就业人数中可享受加计扣除的人数，再结合中国统计年鉴（2016年）统计城镇单位就业人员平均工资（元）数据，可测算出当年享受残疾人工资加计扣除少缴企业所得税的

数额。具体数据详见表 1－10。

表 1－10　　残疾人工资加计扣除企业所得税减税测算

	2009 年	2010 年	2011 年	2012 年	2013 年	2014 年	2015 年
城镇单位就业人员平均工资（元）	32244	36539	41799	46769	51483	56360	62029
残疾人全国城镇就业人数（万人）	443.4			444.8	445.6	436	430.2
按照 2016 年比例测算企业就业人数（万人）	376.89			378.08	378.76	370.6	365.67
测算减免企业所得税（万元）	3038110			4420606	4874925	5221754	5670536

（2）吸纳失业人员就业。

中国统计年鉴（2016 年）统计数据显示，2011～2015 年，每年登记的城镇失业人数为 900 多万。如果这部分失业人员全部重新就业，按照每人每年 4000 元减税额度测算，可享受减税规模为 370 万左右，具体测算数据详见表 1－11。

表 1－11　　吸纳失业人员减税测算

项　目	2011 年	2012 年	2013 年	2014 年	2015 年
城镇就业人员（万人）	35914	37102	38240	39310	40410
测算新增就业岗位		1188	1138	1070	1100
城镇登记失业人数（万人）	922	917	926	952	966
测算减税规模（万元）	368.8	366.8	370.4	380.8	386.4
城镇登记失业率（%）	4.1	4.1	4.05	4.09	4.05

2. 资源综合利用优惠政策效应。

废弃物再利用一直是国家大力扶持的项目，从增值税和企业所得税两方面均给予了减税政策。

根据湖北日报报道，2013 年湖北省 105 家企业生产的 110 个产品（工艺）被认定为资源综合利用产品（工艺）。预计可申请减免增值税 3.8 亿元，所得税

2247.5 万元①。

据鄞州新闻网报道，资源综合利用增值税优惠新政策自 2015 年 7 月开始施行以来，宁波市鄞州区有 12 家企业陆续进行税收优惠资格备案，预计一年可减税 700 万元。其中宁波牦牛纸业有限公司缴纳了 10 月资源综合利用增值税 45.32 万元，获得 22.66 万元退税。该公司预测，资源综合利用增值税优惠新政策，预计一年能获得减税 200 多万元。②

中国统计年鉴（2016 年）统计数据显示，2011 年和 2015 年一般工业固体废物的综合利用率分别为 60.37% 和 60.78%，危险废物综合利用率分别为 51.58% 和 51.55%。具体数据详见表 1－12。

表 1－12　　全国固体废物处理利用情况

	一般工业固体废物产生量	一般固体废物综合利用量	占比	危险废物产生量	危险废物综合利用量	占比
2015 年	327079 万吨	198807 万吨	60.78%	3976.11 万吨	2049.72 万吨	51.55%
2011 年	32.3 亿吨	19.5 亿吨	60.37%	3431.2 万吨	1773.1 万吨	51.68%

3. 研发费用加计扣除政策效应。

2017 年上半年全国税务部门组织税收收入情况显示：上半年，支持科技创新各项优惠政策减税 1243 亿元，增长 25.2%。

中国统计年鉴（2016 年）统计数据显示，有研究与试验发展的企业迅速增加，2004 年为 17075 个到 2015 年已经达到 73570 个，增长 4 倍多，占企业的比例也由 6.2% 上升到 19.2%。经费支出由 1104.5 亿元增加到 10013.9 亿元，增长 9 倍，经费支出占主营业务收入比例由 0.56 上升到 0.9。具体数据详见表 1－13。

表 1－13　　研究与试验发展（R&D）有关数据一览

	2004 年	2009 年	20014 年	2015 年
有 R&D 活动企业数（个）	17075	36387	63676	73570
有 R&D 活动企业所占比重（%）	6.2	8.5	16.9	19.2
R&D 经费支出（亿元）	1104.5	3775.7	9254.3	10013.9
R&D 经费支出与主营业务收入之比（%）	0.56	0.69	0.84	0.9

① 百家企业综合利用资源享受减税　2013－07－16 05：29：00　来源：荆楚网－湖北日报（武汉）http：//news.163.com/13/0716/05/93SO7GF800014AED.html

② 资源综合利用增值税实施：12 家鄞企年减税 700 万，来源，鄞州新闻网 http：//yz.cnnb.com.cn/system/2015/11/26/011310196.shtml

中国统计年鉴（2016年）显示2015年各省研究与试验发展（R&D）经费支出，最多的是广东省15205497万元，最少的是西藏2602万元，辽宁为2418803万元。

4. 固定资产加速折旧政策效应。

固定资产加速折旧可以增加企业所得税前扣除额，减轻盈利企业的纳税负担。

据上海证券交易所的测算，按照国务院最新的固定资产折旧加速政策，A股所有上市公司第一年预计总共节省的税收可以高达2333亿元。

固定资产优惠政策在各地效应不同。2015年，阿克苏地区有22户企业符合加速折旧享受新政条件，主要是重要行业允许一次性扣除的单位价值不超过5000元的机器设备和其他固定资产，全年累计加速折旧政策享受额为86.48万元，减免企业所得税21.62万元①。南充市2015年三季度预缴结束，有355户企业享受加速折旧、一次性扣除金额累计2177万元，产生减税效应537万元②。

据中国统计年鉴（2016年）各行业按建设性质和构成分固定资产投资统计数据显示，生物药品制造业，专用设备制造业，铁路、船舶、航空航天和其他运输设备制造业，计算机、通信和其他电子设备制造业，仪器仪表制造业，信息传输、软件和信息技术服务业等6个行业在2015年的投资额都有所增减，投资额详见表1－14。

表1－14　　六行业按建设性质和构成分固定资产投资一览

行　业	2015年（亿元）
生物药品制造业	5811.9
专用设备制造业	12353.4
铁路、船舶、航空航天和其他运输设备制造业	3226.3
计算机、通信和其他电子设备制造业	9036.1
仪器仪表制造业	1645.9
信息传输、软件和信息技术服务业	5516.4

① 阿克苏地区固定资产加速折旧政策执行效应分析，发布日期：2016年02月26日 来源：新疆维吾尔自治区地方税务局网站，http：//www.xjds.gov.cn/n278/n287/c354949/content.html

② 355家企业获537万元减税红利，时间：2015年11月03日来源：南充日报，http：//www.nanchong.gov.cn/10000/10192/10328/2015/11/03/10125927.shtml

第二章

单位纳税人的税收优惠政策

第一节

适用全行业的税收优惠政策

一、企业所得税优惠政策事项办理

（一）修订后的《企业所得税优惠政策事项办理办法》的主要变化

1. 简化优惠事项办理方式。

根据《企业所得税优惠政策事项办理办法》（以下简称《办法》）规定，企业所得税优惠事项全部采用“自行判别、申报享受、相关资料留存备查”的办理方式。企业在年度纳税申报及享受优惠事项前无须再履行备案手续、报送《企业所得税优惠事项备案表》《汇总纳税企业分支机构已备案优惠事项清单》和享受优惠所需要的相关资料，原备案资料全部作为留存备查资料，保留在企业，以备税务机关后续核查时根据需要提供。

2. 更新《企业所得税优惠事项管理目录》内容。

根据企业所得税优惠政策调整情况，对《企业所得税优惠事项备案管理目录（2017 年版）》进行了修订，编制了《企业所得税优惠事项管理目录（2017 年版）》（以下简称《目录》）。

统一了优惠事项的项目名称，实现了优惠事项名称在《目录》《减免税政策代码目录》《中华人民共和国企业所得税年度纳税申报表（A 类，2017 年版）》等不同文件中的统一，方便企业查询和使用。

对优惠事项进行了调整和补充，同时对政策概述、主要政策依据等内容进行了完善，对主要留存备查资料进行了细化。

增加了“后续管理要求”项目，明确了优惠事项后续管理的有关要求。

3. 强化留存备查资料管理。

留存备查资料是指与企业享受优惠事项有关的合同、协议、凭证、证书、文件、账册、说明等资料，用于证实企业是否符合相关优惠事项规定的条件。由于企业情况不同，留存备查资料难以全部列示，因此《办法》将留存备查资料分为主要留存备查资料和其他留存备查资料。企业应当按照《目录》列示的清单归集和整理主要留存备查资料，其他留存备查资料则由企业根据享受优惠事项的情况自行归集，以助于税务机关在后续管理时能够做出准确判断。

由于我国企业所得税实行法人所得税制，跨地区经营汇总纳税企业享受优惠事项的，应当由总机构负责统一归集并留存相关备查资料，但是分支机构按照规定可以独立享受优惠事项的，则由分支机构负责归集并留存相关备查资料。例如，设在西部地区的鼓励类产业企业减按15%的税率征收企业所得税优惠事项，当设在西部地区的分支机构符合规定条件而享受优惠事项的，由该分支机构负责归集并留存相关备查资料，并同时将其留存备查资料的清单提供总机构汇总。

留存备查资料是企业自行判断是否符合相关优惠事项规定条件的直接依据，企业应当在年度纳税申报前全面归集、整理并认真研判。在本企业完成汇算清缴后，留存备查资料应当归集和整理完毕，以备税务机关核查。例如，企业享受《目录》第1项优惠事项，并在2018年4月30日完成2017年度企业所得税纳税申报和缴纳税款，其应在4月30日同步将第1项优惠事项的留存备查资料归集和整理完毕。分支机构以及被汇总纳税的非居民企业机构、场所按照规定可独立享受优惠事项的，完成汇算清缴后，除需要将留存备查资料应当归集和整理完毕外，还需将留存的备查资料清单报送总机构汇总。例如，企业设在西部地区的分支机构享受《目录》第63项优惠事项，该分支机构在2018年4月30日完成2017年度企业所得税纳税申报和缴纳税款，其应在4月30日同步将第63项优惠事项的留存备查资料归集和整理完毕，并将备查资料清单报送总机构汇总。

《办法》实施后，企业可以根据经营情况自行判断是否符合相关优惠事项规定的条件，在符合条件的情况下，企业可以自行按照《目录》中列示的“享受优惠时间”自预缴申报时开始享受或者在年度纳税申报时享受优惠事项。

在享受优惠事项后，企业有义务提供留存备查资料并对留存备查资料的真实性与合法性负责。如果企业未能按照税务机关的要求提供留存备查资料，或者提供的留存备查资料与实际生产经营情况、财务核算情况、相关技术领域、产业、目录、资格证书等不符不能证实其符合优惠事项规定的条件的，或者存在弄虚作假情况的，税务机关将依法追缴其已享受的企业所得税优惠。

4. 扩大了适用对象。

《办法》所称企业不仅适用居民企业，还适用在中国境内设立机构、场所的非居民企业。

5. 对后续管理提出要求。

为加强管理，《办法》规定税务机关将对企业享受优惠事项开展后续管理，企业应当予以配合并按照税务机关规定的期限和方式提供留存备查资料。其中，按照《财政部　国家税务总局　发展改革委　工业和信息化部关于软件和集成电路产业企业所得税优惠政策有关问题的通知》（财税〔2016〕49号）的有关规定，享受《目录》第30至第31项、第45至第53项、第56至第57项软件和集成电路产业优惠事项的，企业应当在汇算清缴后按照《目录》“后续管理要求”项目中列示的资料清单向税务部门提交资料，提交资料时间不得超过本年度汇算清缴期。如：企业享受《目录》第45项优惠事项，在2018年4月30日完成2017年度企业所得税纳税申报和缴纳税款，其应在4月30日同步将留存备查资料归集和整理完毕，并在2018年5月31日前按照第45项优惠事项“后续管理要求”项目中列示的资料清单向税务机关提交相关资料。

其他优惠事项的核查，由各省税务机关（含计划单列市税务机关）按照统一安排，开展后续管理等。

（二）企业所得税优惠政策事项办理办法内容比较

国家税务总局公告2015年第76号与国家税务总局公告2018年第23号的具体差异，详见表2－1企业所得税优惠政策事项办理办法比较一览表，不同之处用楷体显示。

表2－1　　企业所得税优惠政策事项办理办法比较一览表

企业所得税优惠政策事项办理办法 国家税务总局公告2018年第23号	企业所得税优惠政策事项办理办法 国家税务总局公告2015年第76号
本办法所称优惠事项是指企业所得税法规定的优惠事项，以及国务院和民族自治地方根据企业所得税法授权制定的企业所得税优惠事项。包括免税收入、减计收入、加计扣除、加速折旧、所得减免、抵扣应纳税所得额、减低税率、税额抵免等	本办法所称税收优惠，是指企业所得税法规定的优惠事项，以及税法授权国务院和民族自治地方制定的优惠事项。包括免税收入、减计收入、加计扣除、加速折旧、所得减免、抵扣应纳税所得额、减低税率、税额抵免、民族自治地方分享部分减免等。 本办法所称企业，是指企业所得税法规定的居民企业
企业享受优惠事项采取“自行判别、申报享受、相关资料留存备查”的办理方式。企业应当根据经营情况以及相关税收规定自行判断是否符合优惠事项规定的条件，符合条件的可以按照《目录》列示的时间自行计算减免税额，并通过填报企业所得税纳税申报表享受税收优惠。同时，按照本办法的规定归集和留存相关资料备查	企业应当自行判断其是否符合税收优惠政策规定的条件。凡享受企业所得税优惠的，应当按照本办法规定向税务机关履行备案手续，妥善保管留存备查资料。留存备查资料参见《企业所得税优惠事项备案管理目录》

续表

企业所得税优惠政策事项办理办法 国家税务总局公告 2018 年第 23 号	企业所得税优惠政策事项办理办法 国家税务总局公告 2015 年第 76 号
	本办法所称备案，是指企业向税务机关报送《企业所得税优惠事项备案表》，并按照本办法规定提交相关资料的行为
本办法所称留存备查资料是指与企业享受优惠事项有关的合同、协议、凭证、证书、文件、账册、说明等资料。留存备查资料分为主要留存备查资料和其他留存备查资料两类。主要留存备查资料由企业按照《目录》列示的资料清单准备，其他留存备查资料由企业根据享受优惠事项情况自行补充准备	本办法所称留存备查资料，是指与企业享受优惠事项有关的合同（协议）、证书、文件、会计账册等资料。具体按照《目录》列示优惠事项对应的留存备查资料执行。 省、自治区、直辖市和计划单列市国家税务局、地方税务局（以下简称省税务机关）对《目录》列示的部分优惠事项，可以根据本地区的实际情况，联合补充规定其他留存备查资料
企业享受优惠事项的，应当在完成年度汇算清缴后，将留存备查资料归集齐全并整理完成，以备税务机关核查	企业应当不迟于年度汇算清缴纳税申报时备案。 企业对报送的备案资料、留存备查资料的真实性、合法性承担法律责任。 企业享受定期减免税，在享受优惠起始年度备案。在减免税起止时间内，企业享受优惠政策条件无变化的，不再履行备案手续。企业享受其他优惠事项，应当每年履行备案手续。 定期减免税优惠事项备案后有效年度内，企业减免税条件发生变化的，按照以下情况处理：(1) 仍然符合优惠事项规定，但备案内容需要变更的，企业在变化之日起 15 日内，向税务机关办理变更备案手续。(2) 不再符合税法有关规定的，企业应当主动停止享受税收优惠。 企业应当真实、完整填报《备案表》，对需要附送相关纸质资料的，应当一并报送。税务机关对纸质资料进行形式审核后原件退还企业，复印件税务机关留存。 企业享受小型微利企业所得税优惠政策、固定资产加速折旧（含一次性扣除）政策，通过填写纳税申报表相关栏次履行备案手续。 企业可以到税务机关备案，也可以采取网络方式备案。按照本办法规定需要附送相关纸质资料的企业，应当到税务机关备案。 备案实施方式，由省税务机关确定。 税务机关受理备案时，审核《备案表》内容填写是否完整，附送资料是否齐全。具体按照以下情况处理：(1)《备案表》符合规定形式，填报内容完整，附送资料齐全的，税务机关应当受理，在《备案表》中标注受理意见，注明日期，加盖专用印章。(2)《备案表》不符合规定形式，或者填报内容不完整，或者附送资料不齐全的，税务机关应当一次性告知

续表

企业所得税优惠政策事项办理办法 国家税务总局公告 2018 年第 23 号	企业所得税优惠政策事项办理办法 国家税务总局公告 2015 年第 76 号
企业享受优惠事项的，应当在完成年度汇算清缴后，将留存备查资料归集齐全并整理完成，以备税务机关核查	企业补充更正。企业对《备案表》及附送资料补充更正后符合规定的，税务机关应及时受理备案。 对于到税务机关备案的，税务机关应当场告知受理意见。对于网络方式备案的，税务机关收到电子备案信息起 2 个工作日内告知受理意见。 企业已经享受税收优惠但未按照规定备案的，企业发现后，应当及时补办备案手续，同时提交《目录》列示优惠事项对应的留存备查资料。税务机关发现后，应当责令企业限期备案，并提交《目录》列示优惠事项对应的留存备查资料
企业同时享受多项优惠事项或者享受的优惠事项按照规定分项目进行核算的，应当按照优惠事项或者项目分别归集留存备查资料	企业同时享受多项税收优惠，或者某项税收优惠需要分不同项目核算的，应当分别备案。主要包括：研发费用加计扣除、所得减免项目，以及购置用于环境保护、节能节水、安全生产等专用设备投资抵免税额等优惠事项。 定期减免税事项，按照《目录》优惠事项“政策概述”中列示的“定期减免税”执行
设有非法人分支机构的居民企业以及实行汇总纳税的非居民企业机构、场所享受优惠事项的，由居民企业的总机构以及汇总纳税的主要机构、场所负责统一归集并留存备查资料。分支机构以及被汇总纳税的非居民企业机构、场所按照规定可独立享受优惠事项的，由分支机构以及被汇总纳税的非居民企业机构、场所负责归集并留存备查资料，同时分支机构以及被汇总纳税的非居民企业机构、场所应在当完成年度汇算清缴后将留存的备查资料清单送总机构以及汇总纳税的主要机构、场所汇总	跨地区（省、自治区、直辖市和计划单列市）经营汇总纳税企业（以下简称汇总纳税企业）的优惠事项，按以下情况办理： （1）分支机构享受所得减免、研发费用加计扣除、安置残疾人员、促进就业、部分区域性税收优惠（西部大开发、经济特区、上海浦东新区、深圳前海、广东横琴、福建平潭），以及购置环境保护、节能节水、安全生产等专用设备投资抵免税额优惠，由二级分支机构向其主管税务机关备案。其他优惠事项由总机构统一备案。 （2）总机构应当汇总所属二级分支机构已备案优惠事项，填写《汇总纳税企业分支机构已备案优惠事项清单》，随同企业所得税年度纳税申报表一并报送其主管税务机关。 同一省、自治区、直辖市和计划单列市内跨地区经营的汇总纳税企业优惠事项的备案管理，由省税务机关确定
企业对优惠事项留存备查资料的真实性、合法性承担法律责任	企业应当按照税务机关要求限期提供留存备查资料，以证明其符合税收优惠政策条件

续表

企业所得税优惠政策事项办理办法 国家税务总局公告 2018 年第 23 号	企业所得税优惠政策事项办理办法 国家税务总局公告 2015 年第 76 号
企业留存备查资料应从企业享受优惠事项当年的企业所得税汇算清缴期结束次日起保留 10 年	企业不能提供留存备查资料，或者留存备查资料与实际生产经营情况、财务核算、相关技术领域、产业、目录、资格证书等不符，不能证明企业符合税收优惠政策条件的，税务机关追缴其已享受的减免税，并按照税收征管法规定处理。 企业留存备查资料的保存期限为享受优惠事项后 10 年。税法规定与会计处理存在差异的优惠事项，保存期限为该优惠事项有效期结束后 10 年
税务机关应当严格按照本办法规定的方式管理优惠事项，严禁擅自改变优惠事项的管理方式	税务机关应当严格按照本办法规定管理优惠事项，严禁擅自改变税收优惠管理方式，不得以任何理由变相实施行政审批。同时，要全方位做好对企业税收优惠备案的服务工作
企业享受优惠事项后，税务机关将适时开展后续管理。在后续管理时，企业应当根据税务机关管理服务的需要，按照规定的期限和方式提供留存备查资料，以证实享受优惠事项符合条件。其中，享受集成电路生产企业、集成电路设计企业、软件企业、国家规划布局内的重点软件企业和集成电路设计企业等优惠事项的企业，应当在完成年度汇算清缴后，按照《目录》“后续管理要求”项目中列示的清单向税务机关提交资料	税务机关发现企业预缴申报享受某项税收优惠存在疑点的，应当进行风险提示。必要时，可以要求企业提前履行备案手续或者进行核查。 第十九条 税务机关应当采取税收风险管理、稽查、纳税评估等后续管理方式，对企业享受税收优惠情况进行核查
企业享受优惠事项后发现其不符合优惠事项规定条件的，应当依法及时自行调整并补缴税款及滞纳金	对于不符合税收优惠政策条件的优惠事项，企业已经申报享受税收优惠的，应当予以调整。税务机关后续管理中，发现企业已享受的税收优惠不符合税法规定条件的，应当责令其停止享受优惠，追缴税款及滞纳金
企业未能按照税务机关要求提供留存备查资料，或者提供的留存备查资料与实际生产经营情况、财务核算情况、相关技术领域、产业、目录、资格证书等不符，无法证实符合优惠事项规定条件的，或者存在弄虚作假情况的，税务机关将依法追缴其已享受的企业所得税优惠，并按照税收征管法等相关规定处理	属于弄虚作假的，按照税收征管法有关规定处理

续表

企业所得税优惠政策事项办理办法 国家税务总局公告 2018 年第 23 号	企业所得税优惠政策事项办理办法 国家税务总局公告 2015 年第 76 号
本办法适用于 2017 年度企业所得税汇算清缴及以后年度企业所得税优惠事项办理工作	本办法适用于 2015 年及以后年度企业所得税优惠政策事项办理工作

二、国债利息收入的增值税、企业所得税优惠政策

（一）增值税政策

国债免征增值税。

——关于全面推开营业税改征增值税试点的通知（财税〔2016〕36 号）

（二）企业所得税政策

1. 国债利息收入免征企业所得税。国债利息收入，是指企业持有国务院财政部门发行的国债取得的利息收入。

——企业所得税法及实施条例

2. 企业投资国债从国务院财政部门（以下简称“发行者”）取得的国债利息收入，应以国债发行时约定应付利息的日期，确认利息收入的实现。企业转让国债，应在国债转让收入确认时确认利息收入的实现。

企业从发行者直接投资购买的国债持有至到期，其从发行者取得的国债利息收入，全额免征企业所得税。

企业到期前转让国债或者从非发行者投资购买的国债，其持有期间尚未兑付的国债利息收入，按以下公式计算确定：国债利息收入 = 国债金额 ×（适用年利率 ÷365）× 持有天数。公式中的“国债金额”，按国债发行面值或发行价格确定；“适用年利率”按国债票面年利率或折合年收益率确定；例如企业不同时间多次购买同一品种国债的，“持有天数”可按平均持有天数计算确定。

按照上述公式计算的国债利息收入，免征企业所得税。

3. 企业转让国债，应作为转让财产，其取得的收益（损失）应作为企业应纳税所得额计算纳税。

企业转让国债应在转让国债合同、协议生效的日期，或者国债移交时确认转让收入的实现；企业投资购买国债，到期兑付的，应在国债发行时约定的应付利息的日期，确认国债转让收入的实现。

企业转让或到期兑付国债取得的价款，减除其购买国债成本，并扣除其持有

期间确认的国债利息收入以及交易过程中相关税费后的余额，为企业转让国债收益（损失）。

其中，通过支付现金方式取得的国债，以买入价和支付的相关税费为成本；通过支付现金以外的方式取得的国债，以该资产的公允价值和支付的相关税费为成本。

企业在不同时间购买同一品种国债的，其转让时的成本计算方法，可在先进先出法、加权平均法、个别计价法中选用一种。计价方法一经选用，不得随意改变。

——关于企业国债投资业务企业所得税处理问题的公告（国家税务总局公告2011年第36号）

4. 后续管理。

享受税收优惠的时间：预缴享受。

主要留存备查资料：

一是国债净价交易交割单；

二是购买、转让国债的证明，包括持有时间，票面金额，利率等相关材料；

三是应收利息（投资收益）科目明细账或按月汇总表；

四是减免税计算过程的说明。

后续管理要求：由省税务机关（含计划单列市税务机关）规定。

——企业所得税优惠事项备案管理目录（2017年版）

三、地方政府债券利息的增值税、企业所得税优惠政策

（一）增值税政策

地方政府债免征增值税。

——关于全面推开营业税改征增值税试点的通知（财税〔2016〕36号）

（二）企业所得税政策

1. 对企业取得的2009年、2010年和2011年发行的地方政府债券利息所得，免征企业所得税。地方政府债券是指经国务院批准，以省、自治区、直辖市和计划单列市政府为发行和偿还主体的债券。

——关于地方政府债券利息所得免征所得税问题的通知（财税〔2011〕76号）

2. 对企业取得的2012年及以后年度发行的地方政府债券利息收入，免征企业所得税。

——关于地方政府债券利息免征所得税问题的通知（财税〔2013〕5号）

3. 后续管理。

享受税收优惠的时间：预缴享受。

主要留存备查资料：

一是购买地方政府债券证明，包括持有时间、票面金额、利率等相关材料；

二是应收利息（投资收益）科目明细账或按月汇总表；

三是减免税计算过程的说明。

后续管理要求：由省税务机关（含计划单列市税务机关）规定。

——企业所得税优惠事项备案管理目录（2017 年版）

四、公司债券利息的企业所得税优惠政策

（一）增值税政策

以货币资金投资收取的固定利润或者保底利润，按照贷款服务缴纳增值税。因此，持有公司债券，应缴纳增值税。

——关于全面推开营业税改征增值税试点的通知（财税〔2016〕36 号）

（二）企业所得税政策

1. 对企业持有 2011 ~2013 年发行的中国铁路建设债券取得的利息收入，减半征收企业所得税。

——关于铁路建设债券利息收入企业所得税政策的通知（财税〔2011〕99 号）

2. 对企业持有 2014 年和 2015 年发行的中国铁路建设债券取得的利息收入，减半征收企业所得税。中国铁路建设债券是指经国家发展改革委核准，以中国铁路总公司为发行和偿还主体的债券。

——关于 2014、2015 年铁路建设债券利息收入企业所得税政策的通知（财税〔2014〕2 号）

3. 对企业投资者持有 2016 ~2018 年发行的铁路债券取得的利息收入，减半征收企业所得税。铁路债券是指以中国铁路总公司为发行和偿还主体的债券，包括中国铁路建设债券、中期票据、短期融资券等债务融资工具。

——关于铁路债券利息收入所得税政策问题的通知》（财税〔2016〕30 号）

4. 后续管理。

享受优惠政策的时间：预缴享受。

年度主要备案资料：

一是购买铁路债券证明资料，包括持有时间、票面金额、利率等相关资料；

二是应收利息（投资收益）科目明细账或按月汇总表；

三是减免税计算过程的说明。

后续管理要求：由省税务机关（含计划单列市税务机关）规定。

——企业所得税优惠事项备案管理目录（2017 年版）

五、统借统还业务的增值税优惠政策

统借统还业务中，企业集团或企业集团中的核心企业以及集团所属财务公司按不高于支付给金融机构的借款利率水平或者支付的债券票面利率水平，向企业集团或者集团内下属单位收取的利息，免征增值税。

统借方向资金使用单位收取的利息，高于支付给金融机构借款利率水平或者支付的债券票面利率水平的，应全额缴纳增值税。

前面所称统借统还业务，是指：企业集团或者企业集团中的核心企业向金融机构借款或对外发行债券取得资金后，将所借资金分拨给下属单位（包括独立核算单位和非独立核算单位，下同），并向下属单位收取用于归还金融机构或债券购买方本息的业务。企业集团向金融机构借款或对外发行债券取得资金后，由集团所属财务公司与企业集团或者集团内下属单位签订统借统还贷款合同并分拨资金，并向企业集团或者集团内下属单位收取本息，再转付企业集团，由企业集团统一归还金融机构或债券购买方的业务。

——关于全面推开营业税改征增值税试点的通知财税〔2016〕36 号

六、股息、红利等权益性投资收益的增值税、企业所得税优惠政策

（一）增值税政策

依据营改增征税范围，股息、红利等权益性投资收益不属于征税范围，不征增值税。

——关于全面推开营业税改征增值税试点的通知（财税〔2016〕36 号）

（二）企业所得税政策

1. 股息、红利等权益性投资收益。

（1）符合条件的居民企业之间的股息、红利等权益性投资收益免征企业所得税；在中国境内设立机构、场所的非居民企业从居民企业取得与该机构、场所有实际联系的股息、红利等权益性投资收益免征企业所得税；

所称符合条件的居民企业之间的股息、红利等权益性投资收益，是指居民企业直接投资于其他居民企业取得的投资收益。

所称股息、红利等权益性投资收益，不包括连续持有居民企业公开发行并上

市流通的股票不足 12 个月取得的投资收益。

——企业所得税法及实施条例

（2）后续管理。

享受税收优惠的时间：预缴享受。

主要留存备查资料：

一是被投资企业的最新公司章程（企业在证券交易市场购买上市公司股票获得股权的，提供相关记账凭证、本公司持股比例以及持股时间超过 12 个月情况说明）；

二是被投资企业股东会（或股东大会）利润分配决议或公告、分配表；

三是被投资企业进行清算所得税处理的，留存被投资企业填报的加盖主管税务机关受理章的《中华人民共和国清算所得税申报表》及附表三《剩余财产计算和分配明细表》复印件；

四是投资收益、应收股利科目明细账或按月汇总表。

后续管理要求：由省税务机关（含计划单列市税务机关）规定。

——企业所得税优惠事项备案管理目录（2017 年版）

2. 通过沪港通投资香港联交所上市股票取得的股息红利所得。

（1）自 2014 年 11 月 17 日起，对内地企业投资者通过沪港通投资香港联交所上市股票取得的股息红利所得，计入其收入总额，依法计征企业所得税。其中，内地居民企业连续持有 H 股满 12 个月取得的股息红利所得，依法免征企业所得税。

香港联交所上市 H 股公司应向中国结算提出申请，由中国结算向 H 股公司提供内地企业投资者名册，H 股公司对内地企业投资者不代扣股息红利所得税款，应纳税款由企业自行申报缴纳。

内地企业投资者自行申报缴纳企业所得税时，对香港联交所非 H 股上市公司已代扣代缴的股息红利所得税，可依法申请税收抵免。

——关于沪港股票市场交易互联互通机制试点有关税收政策的通知（财税〔2014〕81 号）

（2）后续管理。

享受税收优惠的时间：预缴享受。

主要留存备查资料：

一是相关记账凭证、本公司持股比例以及持股时间超过 12 个月的情况说明；

二是被投资企业股东会（或股东大会）利润分配决议或公告、分配表；

三是投资收益、应收股利科目明细账或按月汇总表。

后续管理要求：由省税务机关（含计划单列市税务机关）规定

——企业所得税优惠事项备案管理目录（2017 年版）

3. 通过深港通投资香港联交所上市股票取得的股息红利所得。

(1) 自2016年12月5日起，对内地企业投资者通过深港通投资香港联交所上市股票取得的股息红利所得，计入其收入总额，依法计征企业所得税。其中，内地居民企业连续持有H股满12个月取得的股息红利所得，依法免征企业所得税。

香港联交所上市H股公司应向中国结算提出申请，由中国结算向H股公司提供内地企业投资者名册，H股公司对内地企业投资者不代扣股息红利所得税款，应纳税款由企业自行申报缴纳。

内地企业投资者自行申报缴纳企业所得税时，对香港联交所非H股上市公司已代扣代缴的股息红利所得税，可依法申请税收抵免。

——关于深港股票市场交易互联互通机制试点有关税收政策的通知（财税〔2016〕127号）

(2) 后续管理。

享受税收优惠的时间：预缴享受。

主要留存备查资料：

一是相关记账凭证、本公司持股比例以及持股时间超过12个月的情况说明；

二是被投资企业股东会（或股东大会）利润分配决议或公告、分配表；

三是投资收益、应收股利科目明细账或按月汇总表。

后续管理要求：由省税务机关（含计划单列市税务机关）规定。

——企业所得税优惠事项备案管理目录（2017年版）

七、技术转让的增值税、企业所得税优惠政策

关于技术转让所得减免企业所得税有关问题的通知（国税函〔2009〕212号）

关于居民企业技术转让有关企业所得税政策问题的通知（财税〔2010〕111号）

关于技术转让所得减免企业所得税有关问题的公告（国家税务总局公告2013年第62号）

关于许可使用权技术转让所得企业所得税有关问题的公告（国家税务总局公告2015年第82号）

（一）增值税免税政策

1. 纳税人提供技术转让、技术开发和与之相关的技术咨询、技术服务免征增值税。

技术转让、技术开发，是指《销售服务、无形资产、不动产注释》中“转让技术”“研发服务”范围内的业务活动。技术咨询，是指就特定技术项目提供可行性论证、技术预测、专题技术调查、分析评价报告等业务活动。

与技术转让、技术开发相关的技术咨询、技术服务，是指转让方（或者受托方）根据技术转让或者开发合同的规定，为帮助受让方（或者委托方）掌握所转让（或者委托开发）的技术，而提供的技术咨询、技术服务业务，且这部分技术咨询、技术服务的价款与技术转让或者技术开发的价款应当在同一张发票上开具。

2. 备案管理。

试点纳税人申请免征增值税时，须持技术转让、开发的书面合同，到纳税人所在地省级科技主管部门进行认定，并持有关的书面合同和科技主管部门审核意见证明文件报主管税务机关备查。

——关于全面推开营业税改征增值税试点的通知财税〔2016〕36号

（二）企业所得税减税政策

1. 享受优惠的技术转让主体。

享受减免企业所得税优惠的技术转让应符合以下条件：（1）享受优惠的技术转让主体是企业所得税法规定的居民企业；（2）技术转让属于财政部、国家税务总局规定的范围；（3）境内技术转让经省级以上科技部门认定；（4）向境外转让技术经省级以上商务部门认定；（5）国务院税务主管部门规定的其他条件。

——关于技术转让所得减免企业所得税有关问题的通知（国税函〔2009〕212号）

2. 技术转让范围。

专利技术、计算机软件著作权、集成电路布图设计权、植物新品种、生物医药新品种，以及财政部和国家税务总局确定的其他技术。

——关于居民企业技术转让有关企业所得税政策问题的通知（财税〔2010〕111号）

专利（含国防专利）、计算机软件著作权、集成电路布图设计专有权、植物新品种权、生物医药新品种，以及财政部和国家税务总局确定的其他技术。

——关于许可使用权技术转让所得企业所得税有关问题的公告（国家税务总局公告2015年第82号）

3. 技术转让的含义。

技术转让是指居民企业转让其拥有符合规定技术的所有权或5年以上（含5年）全球独占许可使用权的行为。

——关于居民企业技术转让有关企业所得税政策问题的通知（财税〔2010〕111号）

自2015年10月1日起，全国范围内的居民企业转让5年（含，下同）以上非独占许可使用权取得的技术转让所得，纳入享受企业所得税优惠的技术转让所得范围。转让符合条件的5年以上非独占许可使用权的技术，限于其拥有所有权的技术。

——关于许可使用权技术转让所得企业所得税有关问题的公告（国家税务总局公告2015年第82号）

4. 技术所有权的权属确定。

技术所有权的权属由国务院行政主管部门确定。其中，专利由国家知识产权局确定权属；国防专利由总装备部确定权属；计算机软件著作权由国家版权局确定权属；集成电路布图设计专有权由国家知识产权局确定权属；植物新品种权由农业部确定权属；生物医药新品种由国家食品药品监督管理总局确定权属。

——关于许可使用权技术转让所得企业所得税有关问题的公告（国家税务总局公告2015年第82号）

5. 技术转让所得优惠内容。

居民企业的年度技术转让所得不超过500万元的部分，免征企业所得税；超过500万元的部分，减半征收企业所得税。

——企业所得税法实施条例

6. 技术转让所得计算方法。

（1）技术转让所得=技术转让收入-技术转让成本-相关税费。

技术转让收入是指当事人履行技术转让合同后获得的价款，不包括销售或转让设备、仪器、零部件、原材料等非技术性收入。不属于与技术转让项目密不可分的技术咨询、技术服务、技术培训等收入，不得计入技术转让收入。

技术转让成本是指转让的无形资产的净值，即该无形资产的计税基础减除在资产使用期间按照规定计算的摊销扣除额后的余额。

相关税费是指技术转让过程中实际发生的有关税费，包括除企业所得税和允许抵扣的增值税以外的各项税金及其附加、合同签订费用、律师费等相关费用及其他支出。

享受技术转让所得减免企业所得税优惠的企业，应单独计算技术转让所得，并合理分摊企业的期间费用；没有单独计算的，不得享受技术转让所得企业所得税优惠。

——关于居民企业技术转让有关企业所得税政策问题的通知（财税〔2010〕111号）

（2）符合条件的5年以上非独占许可使用权技术转让所得应按以下方法计算：

技术转让所得=技术转让收入-无形资产摊销费用-相关税费-应分摊期间费用。

技术转让收入是指转让方履行技术转让合同后获得的价款，不包括销售或转让设备、仪器、零部件、原材料等非技术性收入。不属于与技术转让项目密不可分的技术咨询、服务、培训等收入，不得计入技术转让收入。无形资产摊销费用是指该无形资产按税法规定当年计算摊销的费用。涉及自用和对外许可使用的，应按照受益原则合理划分。

相关税费是指技术转让过程中实际发生的有关税费，包括除企业所得税和允许抵扣的增值税以外的各项税金及其附加、合同签订费用、律师费等相关费用。

应分摊期间费用（不含无形资产摊销费用和相关税费）是指技术转让按照当年销售收入占比分摊的期间费用。

——关于许可使用权技术转让所得企业所得税有关问题的公告（国家税务总局公告2015年第82号）

7. 与技术转让项目密不可分的技术咨询、服务、培训的判定标准。

自2013年11月1日起，可以计入技术转让收入的技术咨询、技术服务、技术培训收入，是指转让方为使受让方掌握所转让的技术投入使用、实现产业化而提供的必要的技术咨询、技术服务、技术培训所产生的收入，并应同时符合以下条件：在技术转让合同中约定的与该技术转让相关的技术咨询、技术服务、技术培训；技术咨询、技术服务、技术培训收入与该技术转让项目收入一并收取价款。

——关于技术转让所得减免企业所得税有关问题的公告（国家税务总局公告2013年第62号）

8. 技术转让收入确认时间。

技术许可使用权转让收入，应按转让协议约定的许可使用权人应付许可使用权使用费的日期确认收入的实现。

——关于许可使用权技术转让所得企业所得税有关问题的公告（国家税务总局公告2015年第82号）

9. 技术转让认定。

境内技术转让经省级以上科技部门认定；向境外转让技术经省级以上商务部门认定。

——关于技术转让所得减免企业所得税有关问题的通知（国税函〔2009〕212号）

技术转让应签订技术转让合同。其中，境内的技术转让须经省级以上（含省级）科技部门认定登记，跨境的技术转让须经省级以上（含省级）商务部门认定登记，涉及财政经费支持产生技术的转让，需省级以上（含省级）科技部门审批。

——关于居民企业技术转让有关企业所得税政策问题的通知（财税〔2010〕111号）

10. 不得享受优惠的技术转让。

居民企业技术出口应由有关部门按照商务部、科技部发布的《中国禁止出口限制出口技术目录》（商务部、科技部令2008年第12号）进行审查。居民企业取得禁止出口和限制出口技术转让所得，不享受技术转让减免企业所得税优惠政策。

居民企业从直接或间接持有股权之和达到100%的关联方取得的技术转让所得，不享受技术转让减免企业所得税优惠政策。

——关于居民企业技术转让有关企业所得税政策问题的通知（财税〔2010〕111号）

11. 备案管理。

享受优惠政策的时间：预缴享受。

主要留存备查资料：

一是所转让的技术产权证明。

二是企业发生境内技术转让：技术转让合同（副本）；技术合同登记证明；技术转让所得归集、分摊、计算的相关资料；实际缴纳相关税费的证明资料。

三是企业向境外转让技术：技术出口合同（副本）；技术出口合同登记证书或技术出口许可证；技术出口合同数据表；技术转让所得归集、分摊、计算的相关资料；实际缴纳相关税费的证明资料；有关部门按照商务部、科技部发布的《中国禁止出口限制出口技术目录》出具的审查意见。

四是转让技术所有权的，其成本费用情况；转让使用权的，其无形资产费用摊销情况。

五是技术转让年度，转让双方股权关联情况。

——企业所得税优惠事项备案管理目录（2017年版）

八、小规模企业的增值税、企业所得税优惠政策

关于扩大小型微利企业所得税优惠政策范围的通知（财税〔2017〕43号）

（一）增值税免征政策

自2018年1月1日至2020年12月31日，继续对月销售额2万元（含本数）至3万元的增值税小规模纳税人，免征增值税。

——关于延续小微企业增值税政策的通知（财税〔2017〕76号）

增值税小规模纳税人应分别核算销售货物或者加工、修理修配劳务的销售额和销售服务、无形资产的销售额。增值税小规模纳税人销售货物或者加工、修理修配劳务月销售额不超过3万元（按季纳税9万元），销售服务、无形资产月销售额不超过3万元（按季纳税9万元）的，自2018年1月1日起至2020年12月31日，可分别享受小微企业暂免征收增值税优惠政策。

——关于小微企业免征增值税有关问题的公告（国家税务总局公告2017年第52号）

（二）企业所得税优惠政策

1. 减半征收政策。

（1）减税内容。

自2017年1月1日至2019年12月31日，将小型微利企业的年应纳税所得额上限由30万元提高至50万元，对年应纳税所得额低于50万元（含50万元）的小型微利企业，无论采取查账征收方式还是核定征收方式，其所得减按50%计入应纳税所得额，按20%的税率缴纳企业所得税。

所称小型微利企业，是指从事国家非限制和禁止行业，并符合下列条件的企业：①工业企业，年度应纳税所得额不超过50万元，从业人数不超过100人，资产总额不超过3000万元；②其他企业，年度应纳税所得额不超过50万元，从业人数不超过80人，资产总额不超过1000万元。

所称从业人数，包括与企业建立劳动关系的职工人数和企业接受的劳务派遣用工人数。

所称从业人数和资产总额指标，应按企业全年的季度平均值确定。具体计算公式如下：季度平均值＝（季初值＋季末值）÷2；全年季度平均值＝全年各季度平均值之和÷4

年度中间开业或者终止经营活动的，以其实际经营期作为一个纳税年度确定上述相关指标。

——关于扩大小型微利企业所得税优惠政策范围的通知（财税〔2017〕43号）

企业2017年度第一季度预缴企业所得税时，如未完成上一纳税年度汇算清缴，无法判断上一纳税年度是否符合小型微利企业条件的，可暂按企业上一纳税年度第四季度的预缴申报情况判别。

符合条件的小型微利企业，在预缴和年度汇算清缴企业所得税时，通过填写纳税申报表的相关内容，即可享受减半征税政策，无须进行专项备案。

符合条件的小型微利企业，统一实行按季度预缴企业所得税。

本年度企业预缴企业所得税时，按照以下规定享受减半征税政策：

一是查账征收企业。上一纳税年度为符合条件的小型微利企业，分别按照以下规定处理：按照实际利润额预缴的，预缴时累计实际利润不超过50万元的，可以享受减半征税政策；按照上一纳税年度应纳税所得额平均额预缴的，预缴时可以享受减半征税政策；

二是定率征收企业。上一纳税年度为符合条件的小型微利企业，预缴时累计应纳税所得额不超过50万元的，可以享受减半征税政策；

三是定额征收企业。根据减半征税政策规定需要调减定额的，由主管税务机关按照程序调整，依照原办法征收；

四是上一纳税年度为不符合小型微利企业条件的企业，预计本年度符合条件的，预缴时累计实际利润或应纳税所得额不超过50万元的，可以享受减半征税政策；

五是本年度新成立的企业，预计本年度符合小型微利企业条件的，预缴时累计实际利润或应纳税所得额不超过50万元的，可以享受减半征税政策。

企业预缴时享受了减半征税政策，年度汇算清缴时不符合小型微利企业条件的，应当按照规定补缴税款。

——关于贯彻落实扩大小型微利企业所得税优惠政策范围有关征管问题的公告（国家税务总局公告2017年第23号）

（2）后续管理。

享受优惠政策的时间：预缴享受。

主要留存备查资料：

一是所从事行业不属于限制和禁止行业的说明；

二是从业人数的计算过程；

三是资产总额的计算过程。

后续管理要求：由省税务机关（含计划单列市税务机关）规定。

——企业所得税优惠事项备案管理目录（2017年版）

2. 研发和生产经营共用的仪器、设备加速折旧政策。

对生物药品制造业，专用设备制造业，铁路、船舶、航空航天和其他运输设备制造业，计算机、通信和其他电子设备制造业，仪器仪表制造业，信息传输、软件和信息技术服务业等6个行业的小型微利企业2014年1月1日后新购进的研发和生产经营共用的仪器、设备，单位价值不超过100万元的，允许一次性计入当期成本费用在计算应纳税所得额时扣除，不再分年度计算折旧；单位价值超过100万元的，可缩短折旧年限或采取加速折旧的方法。

六大行业中的小型微利企业研发和生产经营共用的仪器、设备，可以执行上述规定。所称小型微利企业，是指企业所得税法第二十八条规定的小型微利企业。

——关于完善固定资产加速折旧企业所得税政策的通知（财税〔2014〕75号）、关于固定资产加速折旧税收政策有关问题的公告（国家税务总局公告2014年第64号）

对轻工、纺织、机械、汽车四个领域重点行业小型微利企业2015年1月1日后新购进的研发和生产经营共用的仪器、设备，单位价值不超过100万元（含）的，允许在计算应纳税所得额时一次性全额扣除；单位价值超过100万元的，允许缩短折旧年限或采取加速折旧方法。

——关于进一步完善固定资产加速折旧企业所得税政策有关问题的公告（国家税务总局公告2015年第68号）

九、收取政府性基金和行政事业性收费的增值税优惠政策

行政单位之外的其他单位收取的符合《试点实施办法》第十条规定条件的政府性基金和行政事业性收费免征增值税。

——关于全面推开营业税改征增值税试点的通知（财税〔2016〕36号）附件3：营业税改征增值税试点过渡政策的规定

十、出售住房的增值税优惠政策

为了配合国家住房制度改革，企业、行政事业单位按房改成本价、标准价出售住房取得的收入免征增值税。

——关于全面推开营业税改征增值税试点的通知（财税〔2016〕36号）

十一、企业获取的保险赔付不征增值税政策

被保险人获得的保险赔付，属于不征收增值税项目。

——关于全面推开营业税改征增值税试点的通知（财税〔2016〕36号）

十二、增值税税控系统专用设备和技术维护费用抵减增值税税额政策

（一）优惠内容

增值税纳税人2011年12月1日（含，下同）以后初次购买增值税税控系统专用设备（包括分开票机）支付的费用，可凭购买增值税税控系统专用设备取得的增值税专用发票，在增值税应纳税额中全额抵减（抵减额为价税合计额），不足抵减的可结转下期继续抵减。增值税纳税人非初次购买增值税税控系统专用设备支付的费用，由其自行负担，不得在增值税应纳税额中抵减。

增值税税控系统包括：增值税防伪税控系统、机动车销售统一发票税控系统。

增值税防伪税控系统的专用设备包括：金税卡、IC卡、读卡器或金税盘和报税盘，机动车销售统一发票税控系统包括税控盘和传输盘。

增值税纳税人2011年12月1日以后缴纳的技术维护费（不含补缴的2011年11月30日以前的技术维护费），可凭技术维护服务单位开具的技术维护费发票，在增值税应纳税额中全额抵减，不足抵减的可结转下期继续抵减。技术维护

费按照价格主管部门核定的标准执行。

增值税一般纳税人支付的二项费用在增值税应纳税额中全额抵减的，其增值税专用发票不作为增值税抵扣凭证，其进项税额不得从销项税额中抵扣。

纳税人购买的增值税税控系统专用设备自购买之日起3年内因质量问题无法正常使用的，由专用设备供应商负责免费维修，无法维修的免费更换。

（二）报表填报

纳税人在填写纳税申报表时，对可在增值税应纳税额中全额抵减的增值税税控系统专用设备费用以及技术维护费，应按以下要求填报：

增值税一般纳税人将抵减金额填入《增值税纳税申报表（适用于增值税一般纳税人）》第23栏“应纳税额减征额”。当本期减征额小于或等于第19栏“应纳税额”与第21栏“简易征收办法计算的应纳税额”之和时，按本期减征额实际填写；当本期减征额大于第19栏“应纳税额”与第21栏“简易征收办法计算的应纳税额”之和时，按本期第19栏与第21栏之和填写，本期减征额不足抵减部分结转下期继续抵减。

小规模纳税人将抵减金额填入《增值税纳税申报表（适用于小规模纳税人）》第16栏“本期应纳税额减征额”。当本期减征额小于或等于第15栏“本期应纳税额”时，按本期减征额实际填写；当本期减征额大于第15栏“本期应纳税额”时，按本期第15栏填写，本期减征额不足抵减部分结转下期继续抵减。

——关于增值税税控系统专用设备和技术维护费用抵减增值税税额有关政策的通知（财税〔2012〕15号）

十三、搬迁企业的增值税、土地增值税、城镇土地使用税、契税优惠政策

（一）增值税政策

土地使用者将土地使用权归还给土地所有者取得的拆迁补偿收入免征增值税。

——关于全面推开营业税改征增值税试点的通知（财税〔2016〕36号）

（二）土地增值税政策

因国家建设需要依法征用、收回的房地产；因城市实施规划、国家建设的需要而搬迁，由纳税人自行转让原房地产的，免征土地增值税。

——中华人民共和国土地增值税暂行条例实施细则

因“城市实施规划”而搬迁是指因旧城改造或因企业污染、扰民（指产生过量废气、废水、废渣和噪音，使城市居民生活受到一定危害），而由政府或政府有关主管部门根据已审批通过的城市规划确定进行搬迁的情况；因“国家建设的需要”而搬迁是指因实施国务院、省级人民政府、国务院有关部委批准的建设项目而进行搬迁的情况。

——关于土地增值税若干问题的通知（财税〔2006〕21号）

（三）土地使用税政策

企业搬迁后，其原有场地和新场地都使用的，均应照章征收土地使用税；原有场地不使用的，可暂免征收土地使用税。

——关于印发《关于土地使用税若干具体问题的补充规定》的通知（国税地字〔1989〕140号）

（四）契税政策

土地、房屋被县级以上人民政府征用、占用后，重新承受土地、房屋权属的，是否减征或者免征契税，由省、自治区、直辖市人民政府确定。

——中华人民共和国契税暂行条例细则（财法字〔1997〕52号）

十四、捐赠的增值税、企业所得税、印花税优惠政策

（一）增值税政策

单位或者个体工商户无偿提供服务，若用于公益事业或者以社会公众为对象，免征增值税。

单位或者个人无偿转让无形资产或者不动产，若用于公益事业或者以社会公众为对象，免征增值税。

——关于全面推开营业税改征增值税试点的通知（财税〔2016〕36号）

（二）企业所得税政策

1. 全额一次性扣除。

对企事业单位、社会团体和个人等社会力量，通过非营利性的社会团体和政府部门向福利性、非营利性的老年服务机构的捐赠，在缴纳企业所得税和个人所得税前准予全额扣除。

所称老年服务机构，是指专门为老年人提供生活照料、文化、护理、健身等多方面服务的福利性、非营利性的机构，主要包括：老年社会福利院、敬老

院（养老院）、老年服务中心、老年公寓（含老年护理院、康复中心、托老所）等。

——关于对老年服务机构有关税收政策问题的通知（财税〔2000〕97号）

2. 限额分次扣除。

（1）一般规定。

企业通过公益性社会组织或者县级（含县级）以上人民政府及其组成部门和直属机构，用于慈善活动、公益事业的捐赠支出，在年度利润总额12%以内的部分，准予在计算应纳税所得额时扣除；超过年度利润总额12%的部分，准予结转以后三年内在计算应纳税所得额时扣除。

所称公益性社会组织，应当依法取得公益性捐赠税前扣除资格。

所称年度利润总额，是指企业依照国家统一会计制度的规定计算的大于零的数额。

企业当年发生及以前年度结转的公益性捐赠支出，准予在当年税前扣除的部分，不能超过企业当年年度利润总额的12%。

企业发生的公益性捐赠支出未在当年税前扣除的部分，准予向以后年度结转扣除，但结转年限自捐赠发生年度的次年起计算最长不得超过三年。

企业在对公益性捐赠支出计算扣除时，应先扣除以前年度结转的捐赠支出，再扣除当年发生的捐赠支出。

本通知自2017年1月1日起执行。2016年9月1日至2016年12月31日发生的公益性捐赠支出未在2016年税前扣除的部分，可按上述规定执行。

——关于公益性捐赠支出企业所得税税前结转扣除有关政策的通知（财税〔2018〕15号）

（2）捐赠住房作为公共租赁住房。

企事业单位、社会团体以及其他组织捐赠住房作为公共租赁住房，符合税收法律法规规定的，对其公益性捐赠支出在年度利润总额12%以内的部分，准予在计算应纳税所得额时扣除。

——关于促进公共租赁住房发展有关税收优惠政策的通知（财税〔2014〕52号）

（3）公益股权捐赠。

自2016年1月1日起，企业向公益性社会团体实施的股权捐赠，应按规定视同转让股权，股权转让收入额以企业所捐赠股权取得时的历史成本确定。

所称的股权，是指企业持有的其他企业的股权、上市公司股票等。

企业实施股权捐赠后，以其股权历史成本为依据确定捐赠额，并依此按照企业所得税法有关规定在所得税前予以扣除。公益性社会团体接受股权捐赠后，应按照捐赠企业提供的股权历史成本开具捐赠票据。

所称公益性社会团体，是指注册在中华人民共和国境内，以发展公益事业为宗旨、且不以营利为目的，并经确定为具有接受捐赠税前扣除资格的基金会、慈善组织等公益性社会团体。

所称股权捐赠行为，是指企业向中华人民共和国境内公益性社会团体实施的股权捐赠行为。企业向中华人民共和国境外的社会组织或团体实施的股权捐赠行为不适用本通知规定。

——关于公益股权捐赠企业所得税政策问题的通知（财税〔2016〕45号）

（三）印花税政策

财产所有人将财产赠给政府、社会福利单位、学校所立的书据免征印花税。

——中华人民共和国印花税暂行条例（国务院令1988年第11号）

十五、环境保护等专用设备的企业所得税优惠政策

财政部　国家税务总局关于执行企业所得税优惠政策若干问题的通知（财税〔2009〕69号）

关于环境保护节能节水 安全生产等专用设备投资抵免企业所得税有关问题的通知（国税函〔2010〕256号）

（一）专用设备的范围

《安全生产专用设备企业所得税优惠目录（2008年版）》

——关于执行环境保护专用设备企业所得税优惠目录 节能节水专用设备企业所得税优惠目录和安全生产专用设备企业所得税优惠目录有关问题的通知（财税〔2008〕48号）

对企业购置并实际使用节能节水和环境保护专用设备享受企业所得税抵免优惠政策的适用目录进行适当调整，统一按《节能节水专用设备企业所得税优惠目录（2017年版）》和《环境保护专用设备企业所得税优惠目录（2017年版）》执行。

自2017年1月1日起施行。《节能节水专用设备企业所得税优惠目录（2008年版）》和《环境保护专用设备企业所得税优惠目录（2008年版）》自2017年10月1日起废止，企业在2017年1月1日至2017年9月30日购置的专用设备符合2008年版优惠目录规定的，也可享受税收优惠。

——关于印发节能节水和环境保护专用设备企业所得税优惠目录（2017年版）的通知（财税〔2017〕71号）

（二）减税内容

企业自2008年1月1日起购置并实际使用列入《目录》范围内的环境保护、节能节水和安全生产专用设备，可以按专用设备投资额的10%抵免当年企业所得税应纳税额；企业当年应纳税额不足抵免的，可以向以后年度结转，但结转期不得超过5个纳税年度。

专用设备投资额是指购买专用设备发票价税合计价格，但不包括按有关规定退还（或抵扣）的增值税税款以及设备运输、安装和调试等费用。

——关于执行环境保护专用设备企业所得税优惠目录 节能节水专用设备企业所得税优惠目录和安全生产专用设备企业所得税优惠目录有关问题的通知（财税〔2008〕48号）

自2009年1月1日起，纳税人购进并实际使用《目录》范围内的专用设备并取得增值税专用发票的，在按照规定进行税额抵免时，如增值税进项税额允许抵扣，其专用设备投资额不再包括增值税进项税额；如增值税进项税额不允许抵扣，其专用设备投资额应为增值税专用发票上注明的价税合计金额。企业购买专用设备取得普通发票的，其专用设备投资额为普通发票上注明的金额。

——关于环境保护节能节水 安全生产等专用设备投资抵免企业所得税有关问题的通知（国税函〔2010〕256号）

当年应纳税额是指企业当年的应纳税所得额乘以适用税率，扣除依照企业所得税法和国务院有关税收优惠规定以及税收过渡优惠规定减征、免征税额后的余额。

——关于执行环境保护专用设备企业所得税优惠目录 节能节水专用设备企业所得税优惠目录和安全生产专用设备企业所得税优惠目录有关问题的通知（财税〔2008〕48号）

购置并实际使用的环境保护、节能节水和安全生产专用设备，包括承租方企业以融资租赁方式租入的、并在融资租赁合同中约定租赁期届满时租赁设备所有权转移给承租方企业，且符合规定条件的上述专用设备。凡融资租赁期届满后租赁设备所有权未转移至承租方企业的，承租方企业应停止享受抵免企业所得税优惠，并补缴已经抵免的企业所得税税款。

——财政部 国家税务总局关于执行企业所得税优惠政策若干问题的通知（财税〔2009〕69号）

（三）享受减税的限制条件

企业利用自筹资金和银行贷款购置专用设备的投资额，可以按企业所得税法的规定抵免企业应纳所得税额；企业利用财政拨款购置专用设备的投资额，不得抵免企业应纳所得税额。

——关于执行环境保护专用设备企业所得税优惠目录、节能节水专用设备企业所得税优惠目录和安全生产专用设备企业所得税优惠目录有关问题的通知（财税〔2008〕48号）

（四）专用设备在5年内转让、出租的处理

企业购置并实际投入适用、已开始享受税收优惠的专用设备，如从购置之日起5个纳税年度内转让、出租的，应在该专用设备停止使用当月停止享受企业所得税优惠，并补缴已经抵免的企业所得税税款。转让的受让方可以按照该专用设备投资额的10%抵免当年企业所得税应纳税额；当年应纳税额不足抵免的，可以在以后5个纳税年度结转抵免。

——关于执行环境保护专用设备企业所得税优惠目录 节能节水专用设备企业所得税优惠目录和安全生产专用设备企业所得税优惠目录有关问题的通知（财税〔2008〕48号）

（五）后续管理

税务部门在执行税收优惠政策过程中，不能准确判定企业购置的专用设备是否符合相关技术指标等税收优惠政策规定条件的，可提请地市级（含）以上发展改革、工业和信息化、环境保护等部门，由其委托专业机构出具技术鉴定意见，相关部门应积极配合。对不符合税收优惠政策规定条件的，由税务机关按《税收征管法》及有关规定进行相应处理。

——关于印发节能节水和环境保护专用设备企业所得税优惠目录（2017年版）的通知（财税〔2017〕71号）

享受税收优惠的时间：预缴享受。

主要留存备查资料：

一是符合《环境保护、节能节水项目企业所得税优惠目录》规定范围、条件和标准的情况说明及证据资料；

二是环境保护、节能节水项目取得的第一笔生产经营收入凭证（原始凭证及账务处理凭证）；

三是环境保护、节能节水项目所得分项目核算资料，以及合理分摊期间共同费用的核算资料；

四是项目权属变动情况及转让方已享受优惠情况的说明及证明资料（优惠期间项目权属发生变动的）。

后续管理要求：由省税务机关（含计划单列市税务机关）规定。

——企业所得税优惠事项备案管理目录（2017年版）

表 2－2　　环境保护专用设备企业所得税优惠目录（2017 年版）

序号	设备类别	设备名称	性能参数	应用领域
1		膜生物反应器	膜通量≥10L/(m^2·h)；出口水质达到地表水环境质量Ⅳ类标准	生活污水和工业废水处理
2		污泥脱水机	滤饼含水率≤50%	生活和工业污泥处理
3	水污染防治设备	超磁分离水体净化设备	出口水质：悬浮物去除率≥90%；SS≤20mg/L；TP在0.05mg/L～0.5mg/L之间，TP去除率80%～90%；油≤5mg/L；藻类去除率80%～85%；非溶解态COD去除率>80%	工业废水处理、重金属废水处理、黑臭水体处理（进口水质：SS≤500mg/L；TP在1mg/L～4mg/L之间；油≤50mg/L）
4		一体化污水处理设备	出口水质：COD≤30mg/L；氨氮≤5mg/L；TP≤0.3mg/L；SS≤5mg/L	生活污水处理（进口水质：COD≤450mg/L；氨氮≤50mg/L；TP≤4mg/L；SS≤200mg/L）
5		袋式除尘器	出口烟尘排放浓度≤10mg/Nm^2；烟气排放达到林格曼一级；进出口压差≤1200Pa；出口温度≤120℃；漏风率≤2%；耐压强度≥5kPa	燃煤发电行业除外的烟尘处理
6		电袋复合除尘器	出口烟灰排放浓度≤30mg/Nm^3；烟气排放达到林格曼一级；进出口压差≤1000Pa；设备阻力<900Pa；漏风率<2%	燃煤发电行业除外的烟尘处理
7	大气污染防治设备	选择性催化还原（SCR）脱硝设备	脱硝效率>80%；系统氨逃逸质量浓度≤2.5mg/m^3；SO_2转化率<1%	燃煤发电行业除外的脱硝
8		VOCs吸附回收装置	消化率>90%	喷涂、石油、化工、包装印刷、油气回收、涂布、制革等行业的VOCs治理
9		生物治理VOCs设备	生物降解净化效率>85%；恶臭异味和VOCs排放浓度达到有关行业环保标准要求	生活污水厂、石化或化工污水处理、垃圾处理厂、发酵堆肥行业、制药行业、饲料和肥料行业、食品加工行业、皮革加工行业等产生的有机废气、异味处理

续表

序号	设备类别	设备名称	性能参数	应用领域
10	大气污染防治设备	VOCs 燃烧装置	燃烧净化效率 >95%； VOCs 排放浓度达到有关行业环保标准要求	石油、化工、喷涂、电线电缆、制药等行业的 VOCs 治理
11		连续自动再生式柴油车黑烟净化过滤器	CO 的起燃温度 <195℃；HC 的起燃温度 <205℃； 黑烟颗粒 PM 的去除效果 >90%（在所有的工况下）； 黑烟颗粒的再生：开始再生温度为 200℃，全部烧完为 500℃，所需时间≤10min	柴油车尾气处理
12	土壤污染防治设备	污染土壤检测修复一体机	掘进速度≥9m/h；最大掘进深度 20m；取样量≥$7\times10^{-3}m^3/h$； 注药量≥90L/min； 注药半径≥1m	污染土壤修复
13	固体废物处置设备	餐厨垃圾自动分选制浆机	处理对象：餐厨垃圾或分类的厨余垃圾；可实现有机物与其他杂物如轻质塑料、织物和金属等的有效分离，实现接收垃圾中有机质的浆化处理；处理后有机物损失 <3%；杂物去除率≥95%；处理量≥10t/h	餐厨垃圾处理
14		废金属破碎分选机	主机功率：450kW ~ 7500kW；处理能力 30t/h ~ 420t/h；送料宽度达 1500mm ~ 3000mm；磁力分选率≥97%；有色金属涡流分选或有色光选分辨率≥98%；危险废物回收率≥95%	金属废物处理
15		电子废物、报废汽车破碎分选机	处理对象：废弃电器电子产品，报废汽车：可实现铁、有色金属、塑料和其他杂质的有效分离，危险废物的安全回收：铁、有色金属回收率及纯净度≥95%，塑料回收率及纯净度≥90%：制冷剂、废油等危险废物回收率≥95%；报废汽车处理能力≥10t/h；废弃电器电子产品处理能力≥1000kg/h	电子垃圾、报废汽车处理

续表

序号	设备类别	设备名称	性能参数	应用领域
16	固体废物处置设备	新能源汽车废旧动力蓄电池处理设备	废旧动力蓄电池在物理环节的模组分离装备自动化拆解效率≥2kg/min；单体单机分离装备自动化拆解效率≥3kg/min；在湿法冶炼条件下，镍、钴、锰的综合回收率≥98%；在火法冶炼条件下，镍、稀土的综合回收率应≥97%	新能源汽车废旧动力蓄电池处理
17		危险废弃物焚烧炉	处理量≥20t/d；焚烧温度：一般危险废物≥1100℃，持久性有机污染物废物≥1200℃，医疗废物≥850℃；烟气停留时间>2s；残渣热灼减率≤5%	医疗、工业领域危险废物处理
18		机械炉排炉	处理量≥200t/d；焚烧温度≥850℃；烟气停留时间≥2s；残渣热灼减率≤5%	生活垃圾处理
19	环境监测专用仪器仪表	烟气排放连续监测仪	可测量以下一种或几种参数：SO_2、NO_2、CO、Hg、HCl、HF、H_2S、颗粒物、流速：颗粒物零点漂移±2%，量程漂移±2%；气态污染物响应时间≤200s，零点漂移±2.5%，量程漂移±2.5%，线性误差≤±5%；流速测量范围0～30m/s，流速测量精度±12%；温度示值偏差≤±3℃	污染源废气监测（火电厂超低排放），垃圾焚烧电厂废气在线监测
20		氨逃逸激光在线分析仪	检测下限：0.1mg/L；重复性：1.0% F.S；线性误差：1.0% F.S；取样流量：10L/min～20L/min；环境温度：－20℃～45℃	烟气脱硝氨逃逸检测

续表

序号	设备类别	设备名称	性能参数	应用领域
21	环境监测专用仪器仪表	挥发性有机物VOCs分析仪	可测量以下一种或几种气态有机污染物成分：甲烷/非甲烷总烃、总挥发性有机物、半挥发性有机物、苯系物或其他特征有机污染物： 最低检测限： （1）C2～C5：1，3－丁二烯或者丁烯≤0.15ppb，其他≤0.5ppb； （2）C6～C12：苯≤0.05ppb，其他≤0.5ppb； 重现性： （1）C2～C5：＜10%4ppb（1，3－丁二烯或者丁烯）； （2）C6～C12：＜10%4ppb（苯）	有机废气排放监测、厂界及周边无组织排放监测
22		重金属水质自动分析仪	可测量以下一种或几种参数：汞、铬、镉、铅和砷； 六价铬水质监测设备：精密度≤5%，准确度±5%，零点漂移±5%，量程漂移±5%； 汞、镉、铅、砷水质监测设备：示值误差±5%，精密度≤5%，零点漂移±5%，量程漂移±10%	污染源废水监测
23	噪声与振动控制	阵列式消声器	吸声体平均吸声系数≥0.9； 基准长度消声器的全压损失系数ξ≤0.7	通风空调系统管道、机房进出风口、空气动力性设备等的消声降噪
24		阻尼弹簧浮置板隔振器	隔振效果≥18dB；阻尼比≥0.08；轨面动态下沉量≤4mm	高铁及城市轨道交通噪声控制

表2－3　节能节水专用设备企业所得税优惠目录（2017年版）

序号	设备类别	设备名称	性能参数	应用领域	执行标准
（一）节能设备					
1	电动机	中小型三相异步电动机	符合执行标准范围和要求，且优于1级能效水平	电力拖动	GB 18613－2012
2		永磁同步电动机	符合执行标准范围和要求，且优于1级能效水平	电力拖动	GB 30253－2013
3		高压三相笼型异步电动机	符合执行标准范围和要求，且优于1级能效水平	电力拖动	GB 30254－2013

续表

序号	设备类别	设备名称	性能参数	应用领域	执行标准
（一）节能设备					
4	空气调节设备	多联式空调（热泵）机组	符合执行标准范围和要求，能效比达到能效等级1级指标基础上再提高10%的要求	制冷（热）	GB 21454－2008
5		冷水机组	符合执行标准范围和要求，且优于1级能效水平	制冷（热）	GB 19577－2015，电机驱动压缩机冷水机组 GB 29540－2013，溴化锂吸收式
6		房间空气调节器	符合执行标准范围和要求，且优于1级能效水平	制冷（热）	GB 12021.3－2010，定频 GB 21455－2013，变频
7		水（地）源热泵机组	符合执行标准范围和要求，且优于1级能效水平	制冷（热）	GB 30721－2014
8	风机	通风机	符合执行标准范围和要求，且优于1级能效水平	通风	GB 19761－2009
9		离心鼓风机	符合执行标准范围和要求，且优于节能评价值水平	鼓风	GB 28381－2012
10	水泵	清水离心泵	符合执行标准范围和要求，且优于节能评价值水平	输送液体	GB 19762－2007
11		石油化工离心泵	符合执行标准范围和要求，且优于1级能效水平	输送液体	GB 32284－2015
12	压缩机	容积式空气压缩机	符合执行标准范围和要求，且优于1级能效水平	压缩空气	GB 19153－2009
13	变频器	1kV及以下通用变频调速设备	符合执行标准范围及技术要求	变频调速	GB/T 30844.1－2014 GB/T 21056－2007
14		1kV以上不超过35kV通用变频调速设备	符合执行标准范围及技术要求		GB/T 30843.1－2014
15	变压器	三相配电变压器	符合执行标准范围和要求，且优于1级能效水平	电力输配	GB 20052－2013
16		电力变压器	符合执行标准范围和要求，且优于1级能效水平	电力输配	GB 24790－2009
17	电焊机	电弧焊机	符合执行标准范围和要求，且优于1级能效水平	电焊	GB 28736－2012

续表

序号	设备类别	设备名称	性能参数	应用领域	执行标准
（一）节能设备					
18	锅炉	工业锅炉	1. 能效等级达到 TSG G0002《锅炉节能技术监督管理规程》中热效率指标的目标值要求； 2. 工业锅炉大气污染物排放浓度值符合 GB 13271－2014《锅炉大气污染物排放标准》要求，电站锅炉大气污染物排放浓度值符合 GB 13223－2011《火电厂大气污染物排放标准》要求； 3. 燃煤锅炉额定蒸发量（或额定热功率）应当大于 10t/h（或 7MW），天然气锅炉不限	输出蒸汽、热水等介质提供热能	TSG G0002《锅炉节能技术监督管理规程》
19	换热器	热交换器	能效等级达到 TSG R0010《热交换器能效测试与评价规则》中的目标值要求	不同流体之间热量传递	TSG R0010《热交换器能效测试与评价规则》
20	LED 照明	LED 路灯、LED 隧道灯/工矿灯	电压 220V，频率 50Hz，规格光通量 3000lm/5400lm/9000lm/14000lm，功率因数不低于 0.95，初始光效不低于 130lm/W，显色指数不低于 70，寿命不低于 30000 小时	道路、隧道、工矿照明	
21		LED 管灯	电压 220V，频率 50Hz，规格 T8/T5，600mm/1200mm，功率因数不低于 0.9，显色指数不低于 85，寿命不低于 25000 小时；色温为 6500k/5000k/4000k 时，初始光效不低于 120lm/W；色温为 3500k/3000k/2700k 时，初始光效不低于 110lm/W	商用照明，单次订购量应在 5000 只以上	
22	发电设备	汽轮机	1000MW 级超超临界机组，28MPa/600℃/620℃/4.9kPa，一次再热＋湿冷＋汽泵：热耗率≤7220kJ/kWh	发电	
			1000MW 级超超临界机组，31MPa/600℃/620℃/620℃/4.9kPa，二次再热＋湿冷＋汽泵：热耗率≤7050kJ/kWh		

续表

序号	设备类别	设备名称	性能参数	应用领域	执行标准
（一）节能设备					
22	发电设备	汽轮机	1000MW 级超超临界机组，28MPa/600℃/620℃/11kPa，一次再热＋空冷＋汽泵：热耗率≤7480kJ/kWh	发电	
23	时效处理仪	频谱谐波时效仪	最大激振力 80kN；循环选择频率，同时具备加速度延时保护功能；振动参数除激振力调节保证有两个最大振动加速度在 30～70m/s²，参数选择由振动设备自动完成，以保证处理效果	机械制造	
24	通信用铅酸蓄电池	通信用耐高温型阀控式密封铅酸蓄电池	35℃工作环境温度，设计浮充寿命≥10 年； 电池最高可承受工作环境温度：75℃； 55℃工作环境温度，80% DOD 循环寿命大于 12 次大循环，每次大循环包含 11 次 80% DOD 放电循环	通信基站数据中心	YD/T2657－2013
（二）节水设备					
25	洗涤设备	工业洗衣机	用水量≤18L/kg，洗净率＞35%	织物洗涤	QB/T 2323－2004
26	冷却设备	空冷式换热器	耐压、气密性、运转试验符合 NB/T 47007－2010 的要求	发电、化工、冶金、机械制造	NB/T 47007－2010
27		机械通风开式冷却塔	循环水量≤1000m³/h 的中小型塔：飘水率≤0.006%；耗电比≤0.035kW/(m³/h)；冷却能力≥95%	空调制冷、冷冻、化工、发电	GB/T 18870－2011
			循环水量＞1000m³/h 的大型塔：飘水率≤0.001%；耗电比≤0.045kW/(m³/h)；冷却能力≥95%		

续表

序号	设备类别	设备名称	性能参数	应用领域	执行标准
（二）节水设备					
28	滴灌设备	喷灌机	大型喷灌机：水量分布均匀系数、同步性能应符合 JB/T 6280－2013 的要求	农业、园林灌溉	JB/T 6280－2013
			轻小型喷灌机：喷洒均匀性、燃油消耗率、喷灌机效率、管路系统密封性应符合 GB/T 25406－2010 的要求		GB/T 25406－2010
29		滴灌带（管）	流量一致性、流量和进水口压力之间关系、耐静水压、耐拉拔应符合 GB/T 17187－2009 的要求	适用于棉花、蔬菜、果树等经济作物的滴灌	GB/T 17187－2009
30	水处理及回用设备	反渗透淡化装置	水回收率 ≥ 75%，脱盐率 ≥95%	含盐量低于 10000mg/L 的苦咸水淡化或农村分散地区的饮用水处理	GB/T 19249－2003
31		中空纤维超滤水处理设备	截留率≥90%； 产水量≥额定产水量	水处理净化	HY/T 060－2002 CJ/T 170－2002
32		海水/苦咸水淡化反渗透膜元件	苦咸水淡化反渗透膜；水通量 $\geq 4.5\times10^{-2}m^3/(m^2\cdot h)$；脱盐率≥99.0%	海水、苦咸水淡化	HY/T 107－2008
			海水淡化反渗透膜；水通量≥ $3.8\times10^{-3}m^3/(m^2\cdot h)$；脱盐率≥99.4%		

十六、研究开发费用税前加计扣除政策的企业所得税优惠政策

（一）可加计扣除的研发项目范围

本通知适用于会计核算健全、实行查账征收并能够准确归集研发费用的居民企业。

研发活动，是指企业为获得科学与技术新知识，创造性运用科学技术新知识，或实质性改进技术、产品（服务）、工艺而持续进行的具有明确目标的系统

性活动。

企业为获得创新性、创意性、突破性的产品进行创意设计活动而发生的相关费用，可按照本通知规定进行税前加计扣除。

创意设计活动是指多媒体软件、动漫游戏软件开发，数字动漫、游戏设计制作；房屋建筑工程设计（绿色建筑评价标准为三星）、风景园林工程专项设计；工业设计、多媒体设计、动漫及衍生产品设计、模型设计等。

——关于完善研究开发费用税前加计扣除政策的通知（财税〔2015〕119号）

（二）允许加计扣除的项目

1. 企业开展研发活动中实际发生的研发费用，未形成无形资产计入当期损益的，在按规定据实扣除的基础上，按照本年度实际发生额的50%，从本年度应纳税所得额中扣除；形成无形资产的，按照无形资产成本的150%在税前摊销。

——关于完善研究开发费用税前加计扣除政策的通知（财税〔2015〕119号）

2. 科技型中小企业开展研发活动中实际发生的研发费用，未形成无形资产计入当期损益的，在按规定据实扣除的基础上，在2017年1月1日至2019年12月31日期间，再按照实际发生额的75%在税前加计扣除；形成无形资产的，在上述期间按照无形资产成本的175%在税前摊销。

——关于提高科技型中小企业研究开发费用税前加计扣除比例的通知（财税〔2017〕34号）

科技型中小企业开展研发活动实际发生的研发费用，在2019年12月31日以前形成的无形资产，在2017年1月1日至2019年12月31日期间发生的摊销费用，可适用《通知》规定的优惠政策。

企业在汇算清缴期内按照《评价办法》第十条、第十一条、第十二条规定取得科技型中小企业登记编号的，其汇算清缴年度可享受《通知》规定的优惠政策。企业按《评价办法》第十二条规定更新信息后不再符合条件的，其汇算清缴年度不得享受《通知》规定的优惠政策。

科技型中小企业办理税收优惠备案时，应将按照《评价办法》取得的相应年度登记编号填入《企业所得税优惠事项备案表》“具有相关资格的批准文件（证书）及文号（编号）”栏次。

因不符合科技型中小企业条件而被科技部门撤销登记编号的企业，相应年度不得享受《通知》规定的优惠政策，已享受的应补缴相应年度的税款。

——关于提高科技型中小企业研究开发费用税前加计扣除比例有关问题的公告（国家税务总局公告2017年第18号）

科技型中小企业研发费用加计扣除事项按照国家税务总局公告2017年第40号执行。

——关于研发费用税前加计扣除归集范围有关问题的公告（国家税务总局公告　2017年第40号）

研发费用的具体范围包括：由2个文件分段明确，具体详见表2－4研发费用具体范围比较表，差异之处用楷体标注。

表2－4　　研发费用具体范围比较表

	关于企业研究开发费用税前加计扣除政策有关问题的公告 总局公告2015年第97号	关于研发费用税前加计扣除归集范围有关问题的公告 国家税务总局公告2017年第40号
	适用于2016年度汇算清缴	适用于2017年度及以后年度汇算清缴
人员人工费用	直接从事研发活动人员的工资薪金、基本养老保险费、基本医疗保险费、失业保险费、工伤保险费、生育保险费和住房公积金，以及外聘研发人员的劳务费用。 企业直接从事研发活动人员包括研究人员、技术人员、辅助人员。研究人员是指主要从事研究开发项目的专业人员；技术人员是指具有工程技术、自然科学和生命科学中一个或一个以上领域的技术知识和经验，在研究人员指导下参与研发工作的人员；辅助人员是指参与研究开发活动的技工。 企业外聘研发人员是指与本企业签订劳务用工协议（合同）和临时聘用的研究人员、技术人员、辅助人员。 企业从事研发活动的人员，同时从事非研发活动的，应对其人员活动情况做必要记录，并将其实际发生的相关费用按实际工时占比等合理方法在研发费用和生产经营费用间分配，未分配的不得加计扣除	指直接从事研发活动人员的工资薪金、基本养老保险费、基本医疗保险费、失业保险费、工伤保险费、生育保险费和住房公积金，以及外聘研发人员的劳务费用。 （1）直接从事研发活动人员包括研究人员、技术人员、辅助人员。研究人员是指主要从事研究开发项目的专业人员；技术人员是指具有工程技术、自然科学和生命科学中一个或一个以上领域的技术知识和经验，在研究人员指导下参与研发工作的人员；辅助人员是指参与研究开发活动的技工。外聘研发人员是指与本企业或劳务派遣企业签订劳务用工协议（合同）和临时聘用的研究人员、技术人员、辅助人员。 接受劳务派遣的企业按照协议（合同）约定支付给劳务派遣企业，且由劳务派遣企业实际支付给外聘研发人员的工资薪金等费用，属于外聘研发人员的劳务费用。 （2）工资薪金包括按规定可以在税前扣除的对研发人员股权激励的支出。 （3）直接从事研发活动的人员、外聘研发人员同时从事非研发活动的，企业应对其人员活动情况做必要记录，并将其实际发生的相关费用按实际工时占比等合理方法在研发费用和生产经营费用间分配，未分配的不得加计扣除

续表

	关于企业研究开发费用税前加计扣除政策有关问题的公告 总局公告2015年第97号	关于研发费用税前加计扣除归集范围有关问题的公告 国家税务总局公告2017年第40号
	适用于2016年度汇算清缴	适用于2017年度及以后年度汇算清缴
直接投入费用	研发活动直接消耗的材料、燃料和动力费用；用于中间试验和产品试制的模具、工艺装备开发及制造费，不构成固定资产的样品、样机及一般测试手段购置费，试制产品的检验费；用于研发活动的仪器、设备的运行维护、调整、检验、维修等费用，以及通过经营租赁方式租入的用于研发活动的仪器、设备租赁费。 企业研发活动直接形成产品或作为组成部分形成的产品对外销售的，研发费用中对应的材料费用不得加计扣除。 企业在计算加计扣除的研发费用时，应扣减已按《通知》规定归集计入研发费用，但在当期取得的研发过程中形成的下脚料、残次品、中间试制品等特殊收入；不足扣减的，允许加计扣除的研发费用按零计算	指研发活动直接消耗的材料、燃料和动力费用；用于中间试验和产品试制的模具、工艺装备开发及制造费，不构成固定资产的样品、样机及一般测试手段购置费，试制产品的检验费；用于研发活动的仪器、设备的运行维护、调整、检验、维修等费用，以及通过经营租赁方式租入的用于研发活动的仪器、设备租赁费。 （1）以经营租赁方式租入的用于研发活动的仪器、设备，同时用于非研发活动的，企业应对其仪器设备使用情况做必要记录，并将其实际发生的租赁费按实际工时占比等合理方法在研发费用和生产经营费用间分配，未分配的不得加计扣除。 （2）企业研发活动直接形成产品或作为组成部分形成的产品对外销售的，研发费用中对应的材料费用不得加计扣除。 产品销售与对应的材料费用发生在不同纳税年度且材料费用已计入研发费用的，可在销售当年以对应的材料费用发生额直接冲减当年的研发费用，不足冲减的，结转以后年度继续冲减。 企业取得研发过程中形成的下脚料、残次品、中间试制品等特殊收入，在计算确认收入当年的加计扣除研发费用时，应从已归集研发费用中扣减该特殊收入，不足扣减的，加计扣除研发费用按零计算
折旧费用	用于研发活动的仪器、设备的折旧费。 企业用于研发活动的仪器、设备，同时用于非研发活动的，应对其仪器设备使用情况做必要记录，并将其实际发生的相关费用按实际工时占比等合理方法在研发费用和生产经营费用间分配，未分配的不得加计扣除。 企业用于研发活动的仪器、设备，符合税法规定且选择加速折旧优惠政策的，在享受研发费用税前加计扣除时，就已经进行会计处理计算的折旧、费用的部分加计扣除，但不得超过按税法规定计算的金额	指用于研发活动的仪器、设备的折旧费。 （1）用于研发活动的仪器、设备，同时用于非研发活动的，企业应对其仪器设备使用情况做必要记录，并将其实际发生的折旧费按实际工时占比等合理方法在研发费用和生产经营费用间分配，未分配的不得加计扣除。 （2）企业用于研发活动的仪器、设备，符合税法规定且选择加速折旧优惠政策的，在享受研发费用税前加计扣除政策时，就税前扣除的折旧部分计算加计扣除

续表

<table>
<tr><td></td><td>关于企业研究开发费用税前加计扣除政策
有关问题的公告
总局公告2015年第97号</td><td>关于研发费用税前加计扣除归
集范围有关问题的公告
国家税务总局公告2017年第40号</td></tr>
<tr><td></td><td>适用于2016年度汇算清缴</td><td>适用于2017年度及以后年度汇算清缴</td></tr>
<tr><td>无形资产摊销</td><td>用于研发活动的软件、专利权、非专利技术（包括许可证、专有技术、设计和计算方法等）的摊销费用
企业用于研发活动的无形资产，同时用于非研发活动的，应对其无形资产使用情况做必要记录，并将其实际发生的相关费用按实际工时占比等合理方法在研发费用和生产经营费用间分配，未分配的不得加计扣除</td><td>指用于研发活动的软件、专利权、非专利技术（包括许可证、专有技术、设计和计算方法等）的摊销费用。
（1）用于研发活动的无形资产，同时用于非研发活动的，企业应对其无形资产使用情况做必要记录，并将其实际发生的摊销费按实际工时占比等合理方法在研发费用和生产经营费用间分配，未分配的不得加计扣除。
（2）用于研发活动的无形资产，符合税法规定且选择缩短摊销年限的，在享受研发费用税前加计扣除政策时，就税前扣除的摊销部分计算加计扣除</td></tr>
<tr><td>三新一勘费</td><td>新产品设计费、新工艺规程制定费、新药研制的临床试验费、勘探开发技术的现场试验费</td><td>新产品设计费、新工艺规程制定费、新药研制的临床试验费、勘探开发技术的现场试验费。指企业在新产品设计、新工艺规程制定、新药研制的临床试验、勘探开发技术的现场试验过程中发生的与开展该项活动有关的各类费用</td></tr>
<tr><td rowspan="2">其他相关费用</td><td>与研发活动直接相关的其他费用，如技术图书资料费、资料翻译费、专家咨询费、高新科技研发保险费，研发成果的检索、分析、评议、论证、鉴定、评审、评估、验收费用，知识产权的申请费、注册费、代理费，差旅费、会议费等。此项费用总额不得超过可加计扣除研发费用总额的10%</td><td>与研发活动直接相关的其他费用，如技术图书资料费、资料翻译费、专家咨询费、高新科技研发保险费，研发成果的检索、分析、评议、论证、鉴定、评审、评估、验收费用，知识产权的申请费、注册费、代理费，差旅费、会议费，职工福利费、补充养老保险费、补充医疗保险费。
此类费用总额不得超过可加计扣除研发费用总额的10%</td></tr>
<tr><td colspan="2">企业在一个纳税年度内进行多项研发活动的，应按照不同研发项目分别归集可加计扣除的研发费用。在计算每个项目其他相关费用的限额时应当按照以下公式计算：
其他相关费用限额＝《通知》第一条第一项允许加计扣除的研发费用中的第1项至第5项的费用之和×10%÷（1－10%）。
当其他相关费用实际发生数小于限额时，按实际发生数计算税前加计扣除数额；当其他相关费用实际发生数大于限额时，按限额计算税前加计扣除数额</td></tr>
</table>

企业开展研发活动中实际发生的研发费用形成无形资产的，其资本化的时点与会计处理保持一致。

失败的研发活动所发生的研发费用可享受税前加计扣除政策。

国家税务总局公告 2017 年第 40 号适用于 2017 年度及以后年度汇算清缴。以前年度已经进行税务处理的不再调整。涉及追溯享受优惠政策情形的，按照 40 号公告的规定执行。

——关于研发费用税前加计扣除归集范围有关问题的公告（国家税务总局公告 2017 年第 40 号）

（三）不适用税前加计扣除政策的情景

1. 不适用的行业：烟草制造业、住宿和餐饮业、批发和零售业、房地产业、租赁和商务服务业、娱乐业、财政部和国家税务总局规定的其他行业。

上述行业以《国民经济行业分类与代码（GB/4754 – 2011）》为准，并随之更新。

——关于完善研究开发费用税前加计扣除政策的通知（财税〔2015〕119 号）

《通知》中不适用税前加计扣除政策行业的企业，是指以《通知》所列行业业务为主营业务，其研发费用发生当年的主营业务收入占企业按税法第六条规定计算的收入总额减除不征税收入和投资收益的余额 50%（不含）以上的企业。

——关于企业研究开发费用税前加计扣除政策有关问题的公告（总局公告 2015 年第 97 号）

2. 某类支出

企业取得作为不征税收入处理的财政性资金用于研发活动所形成的费用或无形资产，不得计算加计扣除或摊销。企业取得的政府补助，会计处理时采用直接冲减研发费用方法且税务处理时未将其确认为应税收入的，应按冲减后的余额计算加计扣除金额。

——国家税务总局公告 2017 年第 40 号规定

法律、行政法规和国务院财税主管部门规定不允许企业所得税前扣除的费用和支出项目不得计算加计扣除。

已计入无形资产但不属于《通知》中允许加计扣除研发费用范围的，企业摊销时不得计算加计扣除。

——关于企业研究开发费用税前加计扣除政策有关问题的公告（总局公告 2015 年第 97 号）

3. 非研发行为

企业产品（服务）的常规性升级；对某项科研成果的直接应用，如直接采用公开的新工艺、材料、装置、产品、服务或知识等；企业在商品化后为顾客提供的技术支持活动；对现存产品、服务、技术、材料或工艺流程进行的重复或简单改变；市场调查研究、效率调查或管理研究；作为工业（服务）流程环节或常规的质量控制、测试分析、维修维护；社会科学、艺术或人文学方面的研究。

——关于完善研究开发费用税前加计扣除政策的通知（财税〔2015〕119号）

（四）委托外部机构或个人进行研发活动所发生的费用

企业委托外部机构或个人进行研发活动所发生的费用，按照费用实际发生额的80%计入委托方研发费用并计算加计扣除，受托方不得再进行加计扣除。委托外部研究开发费用实际发生额应按照独立交易原则确定。

委托方与受托方存在关联关系的，受托方应向委托方提供研发项目费用支出明细情况。委托方委托关联方开展研发活动的，受托方需向委托方提供研发过程中实际发生的研发项目费用支出明细情况。

——国家税务总局公告2017年第40号规定

企业委托境外机构或个人进行研发活动所发生的费用，不得加计扣除。

——关于完善研究开发费用税前加计扣除政策的通知（财税〔2015〕119号）

企业委托外部机构或个人开展研发活动发生的费用，可按规定税前扣除；加计扣除时按照研发活动发生费用的80%作为加计扣除基数。委托个人研发的，应凭个人出具的发票等合法有效凭证在税前加计扣除。“研发活动发生费用”是指委托方实际支付给受托方的费用。无论委托方是否享受研发费用税前加计扣除政策，受托方均不得加计扣除。

——国家税务总局公告2017年第40号规定

企业委托境外研发所发生的费用不得加计扣除，其中受托研发的境外机构是指依照外国和地区（含港澳台）法律成立的企业和其他取得收入的组织。受托研发的境外个人是指外籍（含港澳台）个人。

——关于企业研究开发费用税前加计扣除政策有关问题的公告（总局公告2015年第97号）

（五）共同合作开发的项目扣除

企业共同合作开发的项目，由合作各方就自身实际承担的研发费用分别计算加计扣除。

——关于完善研究开发费用税前加计扣除政策的通知（财税〔2015〕119号）

（六）集团的研发费用扣除

企业集团根据生产经营和科技开发的实际情况，对技术要求高、投资数额大，需要集中研发的项目，其实际发生的研发费用，可以按照权利和义务相一致、费用支出和收益分享相配比的原则，合理确定研发费用的分摊方法，在受益成员企业间进行分摊，由相关成员企业分别计算加计扣除。

——关于完善研究开发费用税前加计扣除政策的通知（财税〔2015〕119号）

（七）会计核算与管理

企业应按照国家财务会计制度要求，对研发支出进行会计处理；同时，对享受加计扣除的研发费用按研发项目设置辅助账，准确归集核算当年可加计扣除的各项研发费用实际发生额。企业在一个纳税年度内进行多项研发活动的，应按照不同研发项目分别归集可加计扣除的研发费用。

企业应对研发费用和生产经营费用分别核算，准确、合理归集各项费用支出，对划分不清的，不得实行加计扣除。

——关于完善研究开发费用税前加计扣除政策的通知（财税〔2015〕119号）

企业应按照国家财务会计制度要求，对研发支出进行会计处理。研发项目立项时应设置研发支出辅助账，由企业留存备查；年末汇总分析填报研发支出辅助账汇总表，并在报送《年度财务会计报告》的同时随附注一并报送主管税务机关。

——关于企业研究开发费用税前加计扣除政策有关问题的公告（总局公告2015年第97号）

（八）企业研发费用各项目的实际发生额归集不准确、汇总额计算不准确的加计扣除

企业研发费用各项目的实际发生额归集不准确、汇总额计算不准确的，税务机关有权对其税前扣除额或加计扣除额进行合理调整。

——关于完善研究开发费用税前加计扣除政策的通知（财税〔2015〕119号）

（九）税务机关对企业享受加计扣除优惠的研发项目有异议的处理

税务机关对企业享受加计扣除优惠的研发项目有异议的，可以转请地市级（含）以上科技行政主管部门出具鉴定意见，科技部门应及时回复意见。企业承担省部级（含）以上科研项目的，以及以前年度已鉴定的跨年度研发项目，不再需要鉴定。

——关于完善研究开发费用税前加计扣除政策的通知（财税〔2015〕119号）

（十）企业应享受而未享受优惠的处理

企业符合本通知规定的研发费用加计扣除条件而在2016年1月1日以后未及时享受该项税收优惠的，可以追溯享受并履行备案手续，追溯期限最长为3年。

——关于完善研究开发费用税前加计扣除政策的通知（财税〔2015〕119号）

（十一）后续管理

享受税收优惠的时间：汇缴享受。

主要留存备查的资料：

1. 开发新技术、新产品、新工艺发生的研究开发费用加计扣除。

一是自主、委托、合作研究开发项目计划书和企业有权部门关于自主、委托、合作研究开发项目立项的决议文件；

二是自主、委托、合作研究开发专门机构或项目组的编制情况和研发人员名单；

三是经科技行政主管部门登记的委托、合作研究开发项目的合同；

四是从事研发活动的人员（包括外聘人员）和用于研发活动的仪器、设备、无形资产的费用分配说明（包括工作使用情况记录及费用分配计算证据材料）；

五是集中研发项目研发费决算表、集中研发项目费用分摊明细情况表和实际分享收益比例等资料；

六是“研发支出”辅助账及汇总表；

七是企业如果已取得地市级（含）以上科技行政主管部门出具的鉴定意见，应作为资料留存备查。

2. 企业为获得创新性、创意性、突破性的产品进行创意设计活动而发生的相关费用加计扣除。

一是创意设计活动相关合同；

二是创意设计活动相关费用核算情况的说明。

3. 科技型中小企业开发新技术、新产品、新工艺发生的研究开发费用加计扣除。

一是自主、委托、合作研究开发项目计划书和企业有权部门关于自主、委托、合作研究开发项目立项的决议文件；

二是自主、委托、合作研究开发专门机构或项目组的编制情况和研发人员名单；

三是经科技行政主管部门登记的委托、合作研究开发项目的合同；

四是从事研发活动的人员（包括外聘人员）和用于研发活动的仪器、设备、无形资产的费用分配说明（包括工作使用情况记录及费用分配计算证据材料）；

五是集中研发项目研发费决算表、集中研发项目费用分摊明细情况表和实际分享收益比例等资料；

六是“研发支出”辅助账及汇总表；

七是企业已取得的地市级（含）以上科技行政主管部门出具的鉴定意见；

八是科技型中小企业取得的入库登记编号证明资料。

后续管理要求：由省税务机关（含计划单列市税务机关）规定。

——企业所得税优惠事项备案管理目录（2017 年版）

（十二）研发费用的企业所得税与财务开支范围比较

详见表2－5研发费用企业所得税与财务开支范围比较，差异之处用楷体标注。

表2－5　　　　研发费用的企业所得税与财务开支范围比较

关于研发费用税前加计扣除归集范围有关问题的公告（总局公告2017年第40号）	财政部关于企业加强研发费用财务管理的若干意见（财企〔2007〕194号）
与研发活动直接相关的其他费用，如技术图书资料费、资料翻译费、专家咨询费、高新科技研发保险费，研发成果的检索、分析、评议、论证、鉴定、评审、评估、验收费用，知识产权的申请费、注册费、代理费，差旅费、会议费，职工福利费、补充养老保险费、补充医疗保险费。 此类费用总额不得超过可加计扣除研发费用总额的10%	与研发活动直接相关的其他费用，包括技术图书资料费、资料翻译费、会议费、差旅费、办公费、外事费、研发人员培训费、培养费、专家咨询费、高新科技研发保险费用等 研发成果的论证、评审、验收、评估以及知识产权的申请费、注册费、代理费等费用
研发活动直接消耗的材料、燃料和动力费用；用于中间试验和产品试制的模具、工艺装备开发及制造费，不构成固定资产的样品、样机及一般测试手段购置费，试制产品的检验费；用于研发活动的仪器、设备的运行维护、调整、检验、维修等费用，以及通过经营租赁方式租入的用于研发活动的仪器、设备租赁费。 以经营租赁方式租入的用于研发活动的仪器、设备，同时用于非研发活动的，企业应对其仪器设备使用情况做必要记录，并将其实际发生的租赁费按实际工时占比等合理方法在研发费用和生产经营费用间分配，未分配的不得加计扣除。 企业研发活动直接形成产品或作为组成部分形成的产品对外销售的，研发费用中对应的材料费用不得加计扣除。 产品销售与对应的材料费用发生在不同纳税年度且材料费用已计入研发费用的，可在销售当年以对应的材料费用发生额直接冲减当年的研发费用，不足冲减的，结转以后年度继续冲减。 企业取得研发过程中形成的下脚料、残次品、中间试制品等特殊收入，在计算确认收入当年的加计扣除研发费用时，应从已归集研发费用中扣减该特殊收入，不足扣减的，加计扣除研发费用按零计算。 用于研发活动的仪器、设备的折旧费。 用于研发活动的仪器、设备，同时用于非研发活动的，企业应对其仪器设备使用情况做必要记录，并将其实际发生的折旧费按实际工时占比等合理方法在研发费用和生产经营费用间分配，未分配的不得加计扣除。 企业用于研发活动的仪器、设备，符合税法规定且选择加速折旧优惠政策的，在享受研发费用税前加计扣除政策时，就税前扣除的折旧部分计算加计扣除	研发活动直接消耗的材料、燃料和动力费用 用于中间试验和产品试制的模具、工艺装备开发及制造费，设备调整及检验费，样品、样机及一般测试手段购置费，试制产品的检验费等。 用于研发活动的仪器、设备、房屋等固定资产的折旧费或租赁费以及相关固定资产的运行维护、维修等费用

续表

关于研发费用税前加计扣除归集范围有关问题的公告（总局公告 2017 年第 40 号）	财政部关于企业加强研发费用财务管理的若干意见（财企〔2007〕194 号）
指直接从事研发活动人员的工资薪金、基本养老保险费、基本医疗保险费、失业保险费、工伤保险费、生育保险费和住房公积金，以及外聘研发人员的劳务费用。 直接从事研发活动人员包括研究人员、技术人员、辅助人员。研究人员是指主要从事研究开发项目的专业人员；技术人员是指具有工程技术、自然科学和生命科学中一个或一个以上领域的技术知识和经验，在研究人员指导下参与研发工作的人员；辅助人员是指参与研究开发活动的技工。外聘研发人员是指与本企业或劳务派遣企业签订劳务用工协议（合同）和临时聘用的研究人员、技术人员、辅助人员。 接受劳务派遣的企业按照协议（合同）约定支付给劳务派遣企业，且由劳务派遣企业实际支付给外聘研发人员的工资薪金等费用，属于外聘研发人员的劳务费用。 工资薪金包括按规定可以在税前扣除的对研发人员股权激励的支出。 直接从事研发活动的人员、外聘研发人员同时从事非研发活动的，企业应对其人员活动情况做必要记录，并将其实际发生的相关费用按实际工时占比等合理方法在研发费用和生产经营费用间分配，未分配的不得加计扣除	企业在职研发人员的工资、奖金、津贴、补贴、社会保险费、住房公积金等人工费用以及外聘研发人员的劳务费用
指用于研发活动的软件、专利权、非专利技术（包括许可证、专有技术、设计和计算方法等）的摊销费用。 用于研发活动的无形资产，同时用于非研发活动的，企业应对其无形资产使用情况做必要记录，并将其实际发生的摊销费按实际工时占比等合理方法在研发费用和生产经营费用间分配，未分配的不得加计扣除。 用于研发活动的无形资产，符合税法规定且选择缩短摊销年限的，在享受研发费用税前加计扣除政策时，就税前扣除的摊销部分计算加计扣除	用于研发活动的软件、专利权、非专利技术等无形资产的摊销费用
新产品设计费、新工艺规程制定费、新药研制的临床试验费、勘探开发技术的现场试验费。指企业在新产品设计、新工艺规程制定、新药研制的临床试验、勘探开发技术的现场试验过程中发生的与开展该项活动有关的各类费用	
企业委托外部机构或个人进行研发活动所发生的费用，按照费用实际发生额的 80% 计入委托方研发费用并计算加计扣除。 企业委托境外机构或个人进行研发活动所发生的费用，不得加计扣除。 企业共同合作开发的项目，由合作各方就自身实际承担的研发费用分别计算加计扣除	通过外包、合作研发等方式，委托其他单位、个人或者与之合作进行研发而支付的费用

十七、购进固定资产企业所得税一次性扣除政策

（一）2014 年 1 月 1 日后购进并专门用于研发活动的仪器、设备

企业在 2014 年 1 月 1 日后购进并专门用于研发活动的仪器、设备，单位价值不超过 100 万元的，可以一次性在计算应纳税所得额时扣除；单位价值超过 100 万元的，允许按不低于企业所得税法规定折旧年限的 60% 缩短折旧年限，或选择采取双倍余额递减法或年数总和法进行加速折旧。

——国家税务总局关于固定资产加速折旧税收政策有关问题的公告（国家税务总局公告 2014 年第 64 号）

（二）持有的单位价值不超过 5000 元的固定资产

企业持有的固定资产，单位价值不超过 5000 元的，可以一次性在计算应纳税所得额时扣除。企业在 2013 年 12 月 31 日前持有的单位价值不超过 5000 元的固定资产，其折余价值部分，2014 年 1 月 1 日以后可以一次性在计算应纳税所得额时扣除。

——国家税务总局关于固定资产加速折旧税收政策有关问题的公告（国家税务总局公告 2014 年第 64 号）

（三）在 2018 年 1 月 1 日至 2020 年 12 月 31 日期间新购进的设备、器具

企业在 2018 年 1 月 1 日至 2020 年 12 月 31 日期间新购进的设备、器具，单位价值不超过 500 万元的，允许一次性计入当期成本费用在计算应纳税所得额时扣除，不再分年度计算折旧；单位价值超过 500 万元的，仍按企业所得税法实施条例、《财政部　国家税务总局关于完善固定资产加速折旧企业所得税政策的通知》（财税〔2014〕75 号）《财政部　国家税务总局关于进一步完善固定资产加速折旧企业所得税政策的通知》（财税〔2015〕106 号）等相关规定执行。所称设备、器具，是指除房屋、建筑物以外的固定资产。

——关于设备 器具扣除有关企业所得税政策的通知（财税〔2018〕54 号）

（四）后续管理

享受优惠政策的时间：预缴享受。

主要留存备查资料：

一是购进固定资产的发票、记账凭证（购入已使用过的固定资产，应提供已使用年限的相关说明）；

二是核算有关资产税法与会计差异的台账。

后续管理要求：由省税务机关（含计划单列市税务机关）规定。

——企业所得税优惠事项备案管理目录（2017 年版）

十八、固定资产缩短折旧年限和加速折旧政策

（一）减税内容

自 2008 年 1 月 1 日起，企业拥有并用于生产经营的主要或关键的固定资产，由于以下原因确需加速折旧的，可以缩短折旧年限或者采取加速折旧的方法：（1）由于技术进步，产品更新换代较快的；（2）常年处于强震动、高腐蚀状态的。

企业拥有并使用的固定资产符合上述规定的，可按以下情况分别处理：

一是企业过去没有使用过与该项固定资产功能相同或类似的固定资产，但有充分的证据证明该固定资产的预计使用年限短于《实施条例》规定的计算折旧最低年限的，企业可根据该固定资产的预计使用年限和本通知的规定，对该固定资产采取缩短折旧年限或者加速折旧的方法。

二是企业在原有的固定资产未达到《实施条例》规定的最低折旧年限前，使用功能相同或类似的新固定资产替代旧固定资产的，企业可根据旧固定资产的实际使用年限和本通知的规定，对新替代的固定资产采取缩短折旧年限或者加速折旧的方法。

企业采取缩短折旧年限方法的，对其购置的新固定资产，最低折旧年限不得低于《实施条例》第六十条规定的折旧年限的 60%；若为购置已使用过的固定资产，其最低折旧年限不得低于《实施条例》规定的最低折旧年限减去已使用年限后剩余年限的 60%。最低折旧年限一经确定，一般不得变更。

企业采取加速折旧方法的，可以采用双倍余额递减法或者年数总和法。加速折旧方法一经确定，一般不得变更。

（1）双倍余额递减法，是指在不考虑固定资产预计净残值的情况下，根据每期期初固定资产原值减去累计折旧后的金额和双倍的直线法折旧率计算固定资产折旧的一种方法。应用这种方法计算折旧额时，由于每年年初固定资产净值没有减去预计净残值，所以在计算固定资产折旧额时，应在其折旧年限到期前的两年期间，将固定资产净值减去预计净残值后的余额平均摊销。计算公式如下：

年折旧率 = 2 ÷ 预计使用寿命（年）× 100%

月折旧率 = 年折旧率 ÷ 12

月折旧额 = 月初固定资产账面净值 × 月折旧率

（2）年数总和法，又称年限合计法，是指将固定资产的原值减去预计净残值后的余额，乘以一个以固定资产尚可使用寿命为分子、以预计使用寿命逐年数字之和为分母的逐年递减的分数计算每年的折旧额。计算公式如下：

年折旧率＝尚可使用年限÷预计使用寿命的年数总和×100%

月折旧率＝年折旧率÷12

月折旧额＝（固定资产原值－预计净残值）×月折旧率

企业主管税务机关应在企业所得税年度纳税评估时，对企业采取加速折旧的固定资产的使用环境及状况进行实地核查。对不符合加速折旧规定条件的，主管税务机关有权要求企业停止该项固定资产加速折旧。

对于采取缩短折旧年限的固定资产，足额计提折旧后继续使用而未进行处置（包括报废等情形）超过12个月的，今后对其更新替代、改造改建后形成的功能相同或者类似的固定资产，不得再采取缩短折旧年限的方法。

对于企业采取缩短折旧年限或者采取加速折旧方法的，主管税务机关应设立相应的税收管理台账，并加强监督，实施跟踪管理。对发现不符合《实施条例》第九十八条及本通知规定的，主管税务机关要及时责令企业进行纳税调整。

——关于企业固定资产加速折旧所得税处理有关问题的通知（国税发〔2009〕81号）

（二）后续管理

享受优惠政策的时间：汇缴享受（税会处理一致的，预缴享受；税会处理不一致的，汇缴享受）。

主要留存备查资料：

一是固定资产的功能、预计使用年限短于规定计算折旧的最低年限的理由、证明资料及有关情况的说明；

二是被替代的旧固定资产的功能、使用及处置等情况的说明；

三是固定资产加速折旧拟采用的方法和折旧额的说明；

四是购入固定资产的发票、记账凭证。

后续管理要求：由省税务机关（含计划单列市税务机关）规定。

——企业所得税优惠事项备案管理目录（2017年版）

十九、外购软件缩短折旧年限政策

（一）优惠内容

企业外购的软件，凡符合固定资产或无形资产确认条件的，可以按照固定资产或无形资产进行核算，其折旧或摊销年限可以适当缩短，最短可为2年（含）。

——财政部　国家税务总局关于进一步鼓励软件产业和集成电路产业发展企业所得税政策的通知（财税〔2012〕27号）

（二）后续管理

享受优惠政策的时间：汇缴享受（税会处理一致的，预缴享受；税会处理不一致的，汇缴享受）

主要留存备查资料：

一是外购软件拟缩短折旧或摊销年限情况的说明；

二是购入固定资产或软件的发票、记账凭证。

后续管理要求：由省税务机关（含计划单列市税务机关）规定。

——企业所得税优惠事项备案管理目录（2017年版）

二十、职工教育经费税前扣除优惠政策

自2018年1月1日起，企业发生的职工教育经费支出，不超过工资薪金总额8%的部分，准予在计算企业所得税应纳税所得额时扣除；超过部分，准予在以后纳税年度结转扣除。

——关于企业职工教育经费税前扣除政策的通知（财税〔2018〕51号）

二十一、毁损不堪房屋和危险房屋的房产税优惠政策

经有关部门鉴定，对毁损不堪居住的房屋和危险房屋，在停止使用后，可免征房产税。

——《财政部　税务总局关于房产税若干具体问题的解释和暂行规定》（财税地字〔1986〕第8号）

二十二、大修停业房屋的房产税优惠政策

纳税人因房屋大修导致连续停用半年以上的，在房屋大修期间免征房产税，免征税额由纳税人在申报缴纳房产税时自行计算扣除，并在申报表附表或备注栏中作相应说明。

纳税人房屋大修停用半年以上需要免征房产税的，应在房屋大修前向主管税务机关报送相关的证明材料，包括大修房屋的名称、坐落地点、产权证编号、房产原值、用途、房屋大修的原因、大修合同及大修的起止时间等信息和资料，以

备税务机关查验。具体报送材料由各省、自治区、直辖市和计划单列市地方税务局确定。

税务机关应对报告大修的房屋加强跟踪管理和检查，如发现虚假情况，按《中华人民共和国税收征收管理法》的有关规定处理。

——国家税务总局关于房产税部分行政审批项目取消后加强后续管理工作的通知（国税函〔2004〕839号）

二十三、地下建筑房产税优惠政策

凡在房产税征收范围内的具备房屋功能的地下建筑，包括与地上房屋相连的地下建筑以及完全建在地面以下的建筑、地下人防设施等，均应当依照有关规定征收房产税。

上述具备房屋功能的地下建筑是指有屋面和维护结构，能够遮风避雨，可供人们在其中生产、经营、工作、学习、娱乐、居住或储藏物资的场所。

（一）自用的地下建筑，按以下方式计税

1. 工业用途房产，以房屋原价的50%—60%作为应税房产原值。

应纳房产税的税额=应税房产原值×[1-(10%-30%)]×1.2%。

2. 商业和其他用途房产，以房屋原价的70%—80%作为应税房产原值。

应纳房产税的税额=应税房产原值×[1-(10%-30%)]×1.2%。

房屋原价折算为应税房产原值的具体比例，由各省、自治区、直辖市和计划单列市财政和地方税务部门在上述幅度内自行确定。

3. 对于与地上房屋相连的地下建筑，如房屋的地下室、地下停车场、商场的地下部分等，应将地下部分与地上房屋视为一个整体按照地上房屋建筑的有关规定计算征收房产税。

（二）出租的地下建筑，按照出租地上房屋建筑的有关规定计算征收房产税

自2006年1月1日起执行。

——关于具备房屋功能的地下建筑征收房产税的通知（财税〔2005〕181号）

二十四、企事业单位等出租、出售、捐赠住房房产税、土地增值税、企业所得税优惠政策

（一）出租住房房产税减税政策

对企事业单位、社会团体以及其他组织按市场价格向个人出租用于居住的住

房，减按4%的税率征收房产税。

——关于廉租住房、经济适用住房和住房租赁有关税收政策的通知（财税〔2008〕24号）

（二）出售旧房免征土地增值税政策

2016年1月1日至2018年12月31日，对企事业单位、社会团体以及其他组织转让旧房作为公共租赁住房房源，且增值额未超过扣除项目金额20%的，免征土地增值税。

——关于公共租赁住房税收优惠政策的通知（财税〔2015〕139号）

（三）捐赠住房企业所得税政策

企事业单位、社会团体以及其他组织捐赠住房作为公共租赁住房，符合税收法律法规规定的，对其公益性捐赠支出在年度利润总额12%以内的部分，准予在计算应纳税所得额时扣除。

——关于公共租赁住房税收优惠政策的通知（财税〔2015〕139号）

二十五、开山填海整治的土地和改造的废弃土地免缴土地使用税政策

经批准开山填海整治的土地和改造的废弃土地，从使用的月份起免缴土地使用税5—10年；开山填海整治的土地和改造的废弃土地，以土地管理机关出具的证明文件为依据确定；具体免税期限由各省、自治区、直辖市税务局在土地使用税暂行条例规定的期限内自行确定。享受免缴土地使用税5—10年的填海整治的土地，是指纳税人经有关部门批准后自行填海整治的土地，不包括纳税人通过出让、转让、划拨等方式取得的已填海整治的土地。

——《国务院关于修改〈中华人民共和国城镇土地使用税暂行条例〉的决定》（中华人民共和国国务院令〔2006〕第483号）

二十六、企业范围内荒山、林地、湖泊等占地免缴土地使用税政策

对已按规定免征城镇土地使用税的企业范围内荒山、林地、湖泊等占地，自2014年1月1日至2015年12月31日，按应纳税额减半征收城镇土地使用税；自2016年1月1日起，全额征收城镇土地使用税。

——财政部　国家税务总局关于企业范围内荒山林地湖泊等占地城镇土地使用税有关政策的通知（财税〔2014〕1号）

二十七、企业铁路专用线、公路等用地土地使用税政策

对企业的铁路专用线、公路等用地，除另有规定者外，在企业厂区（包括生产、办公及生活区）以内的，应照章征收土地使用税；在厂区以外、与社会公用地段未加隔离的，暂免征收土地使用税。

——关于印发《关于土地使用税若干具体问题的补充规定》的通知（国税地字〔1989〕140号）

二十八、企业绿化用地土地使用税政策

对企业厂区（包括生产、办公及生活区）以内的绿化用地，应照章征收土地使用税，厂区以外的公共绿化用地和向社会开放的公园用地，暂免征收土地使用税。

——关于印发《关于土地使用税若干具体问题的补充规定》的通知（国税地字〔1989〕140号）

二十九、防火、防爆、防毒等安全防范用地城镇土地使用税优惠政策

对于各类危险品仓库、厂房所需的防火、防爆、防毒等安全防范用地，可由各省、自治区、直辖市税务局确定，暂免征收土地使用税；对仓库库区、厂房本身用地，应照章征收土地使用税。

——关于印发《关于土地使用税若干具体问题的补充规定》的通知（国税地字〔1989〕140号）

三十、因不可抗力灭失住房而重新购买住房免缴契税政策

因不可抗力灭失住房而重新购买住房的，酌情准予减征或者免征契税；所称不可抗力，是指自然灾害、战争等不能预见、不能避免、并不能克服的客观情况。

——《中华人民共和国契税暂行条例》《中华人民共和国契税暂行条例细则》

三十一、承租人回购售后回租的房屋、土地免征契税政策

对金融租赁公司开展售后回租业务，承受承租人房屋、土地权属的，照章征税。对售后回租合同期满，承租人回购原房屋、土地权属的，免征契税。

——关于企业以售后回租方式进行融资等有关契税政策的通知（财税〔2012〕82号）

三十二、企事业单位、社会团体以及其他组织转让旧房作为改造安置住房房源土地增值税优惠政策

企事业单位、社会团体以及其他组织转让旧房作为改造安置住房房源且增值额未超过扣除项目金额20%的，免征土地增值税。

——关于棚户区改造有关税收政策的通知（财税〔2013〕101号）

企事业单位、社会团体以及其他组织转让旧房作为经济适用住房房源，且增值额未超过扣除项目金额20%的，免征土地增值税。

——关于廉租住房、经济适用住房和住房租赁有关税收政策的通知（财税〔2008〕24号）

三十三、合作建房的土地增值税优惠政策

对于一方出地，一方出资金，双方合作建房，建成后按比例分房自用的，暂免征收土地增值税；建成后转让的，应征收土地增值税。

——关于土地增值税一些具体问题规定的通知（财税字〔1995〕48号）

三十四、企业事业单位改制重组契税、土地增值税、印花税优惠政策

（一）契税政策

企业事业单位改制重组契税优惠政策，先后有两个文件，内容比较详见表2-6改制重组契税比较一览表，差异之处用楷体标注。

表2-6　改制重组契税比较一览表

关于进一步支持企业事业单位改制重组有关契税政策的通知（财税〔2015〕37号）	关于继续支持企业事业单位改制重组有关契税政策的通知（财税〔2018〕17号）
企业按照《中华人民共和国公司法》有关规定整体改制，包括非公司制企业改制为有限责任公司或股份有限公司，有限责任公司变更为股份有限公司，股份有限公司变更为有限责任公司，原企业投资主体存续并在改制（变更）后的公司中所持股权（股份）比例超过75%，且改制（变更）后公司承继原企业权利、义务的，对改制（变更）后公司承受原企业土地、房屋权属，免征契税	企业按照《中华人民共和国公司法》有关规定整体改制，包括非公司制企业改制为有限责任公司或股份有限公司，有限责任公司变更为股份有限公司，股份有限公司变更为有限责任公司，原企业投资主体存续并在改制（变更）后的公司中所持股权（股份）比例超过75%，且改制（变更）后公司承继原企业权利、义务的，对改制（变更）后公司承受原企业土地、房屋权属，免征契税

续表

关于进一步支持企业事业单位改制重组有关契税政策的通知（财税〔2015〕37号）	关于继续支持企业事业单位改制重组有关契税政策的通知（财税〔2018〕17号）
事业单位按照国家有关规定改制为企业，原投资主体存续并在改制后企业中出资（股权、股份）比例超过50%的，对改制后企业承受原事业单位土地、房屋权属，免征契税	事业单位按照国家有关规定改制为企业，原投资主体存续并在改制后企业中出资（股权、股份）比例超过50%的，对改制后企业承受原事业单位土地、房屋权属，免征契税
两个或两个以上的公司，依照法律规定、合同约定，合并为一个公司，且原投资主体存续的，对合并后公司承受原合并各方土地、房屋权属，免征契税	两个或两个以上的公司，依照法律规定、合同约定，合并为一个公司，且原投资主体存续的，对合并后公司承受原合并各方土地、房屋权属，免征契税
公司依照法律规定、合同约定分立为两个或两个以上与原公司投资主体相同的公司，对分立后公司承受原公司土地、房屋权属，免征契税	公司依照法律规定、合同约定分立为两个或两个以上与原公司投资主体相同的公司，对分立后公司承受原公司土地、房屋权属，免征契税
企业依照有关法律法规规定实施破产，债权人（包括破产企业职工）承受破产企业抵偿债务的土地、房屋权属，免征契税；对非债权人承受破产企业土地、房屋权属，凡按照《中华人民共和国劳动法》等国家有关法律法规政策妥善安置原企业全部职工，与原企业全部职工签订服务年限不少于三年的劳动用工合同的，对其承受所购企业土地、房屋权属，免征契税；与原企业超过30%的职工签订服务年限不少于三年的劳动用工合同的，减半征收契税	企业依照有关法律法规规定实施破产，债权人（包括破产企业职工）承受破产企业抵偿债务的土地、房屋权属，免征契税；对非债权人承受破产企业土地、房屋权属，凡按照《中华人民共和国劳动法》等国家有关法律法规政策妥善安置原企业全部职工，与原企业全部职工签订服务年限不少于三年的劳动用工合同的，对其承受所购企业土地、房屋权属，免征契税；与原企业超过30%的职工签订服务年限不少于三年的劳动用工合同的，减半征收契税
对承受县级以上人民政府或国有资产管理部门按规定进行行政性调整、划转国有土地、房屋权属的单位，免征契税。 同一投资主体内部所属企业之间土地、房屋权属的划转，包括母公司与其全资子公司之间，同一公司所属全资子公司之间，同一自然人与其设立的个人独资企业、一人有限公司之间土地、房屋权属的划转，免征契税	对承受县级以上人民政府或国有资产管理部门按规定进行行政性调整，划转国有土地、房屋权属的单位，免征契税。 同一投资主体内部所属企业之间土地、房屋权属的划转，包括母公司与其全资子公司之间，同一公司所属全资子公司之间，同一自然人与其设立的个人独资企业、一人有限公司之间土地、房屋权属的划转，免征契税。 母公司以土地，房屋权属向其全资子公司增资，视同划转，免征契税
经国务院批准实施债权转股权的企业，对债权转股权后新设立的公司承受原企业的土地、房屋权属，免征契税	经国务院批准实施债权转股权的企业，对债权转股权后新设立的公司承受原企业的土地、房屋权属，免征契税

续表

关于进一步支持企业事业单位改制重组有关契税政策的通知（财税〔2015〕37号）	关于继续支持企业事业单位改制重组有关契税政策的通知（财税〔2018〕17号）
以出让方式或国家作价出资（入股）方式承受原改制重组企业、事业单位划拨用地的，不属上述规定的免税范围，对承受方应按规定征收契税	以出让方式或国家作价出资（入股）方式承受原改制重组企业、事业单位划拨用地的，不属上述规定的免税范围，对承受方应按规定征收契税
在股权（股份）转让中，单位、个人承受公司股权（股份），公司土地、房屋权属不发生转移，不征收契税	在股权（股份）转让中，单位、个人承受公司股权（股份），公司土地、房屋权属不发生转移，不征收契税
所称企业、公司，是指依照我国有关法律法规设立并在中国境内注册的企业、公司。 所称投资主体存续，是指原企业、事业单位的出资人必须存在于改制重组后的企业，出资人的出资比例可以发生变动；投资主体相同，是指公司分立前后出资人不发生变动，出资人的出资比例可以发生变动。 自2015年1月1日起至2017年12月31日执行。本通知发布前，企业、事业单位改制重组过程中涉及的契税尚未处理的，符合本通知规定的可按本通知执行	所称企业、公司，是指依照我国有关法律法规设立并在中国境内注册的企业、公司。 所称投资主体存续，是指原企业、事业单位的出资人必须存在于改制重组后的企业，出资人的出资比例可以发生变动；投资主体相同，是指公司分立前后出资人不发生变动，出资人的出资比例可以发生变动。 自2018年1月1日起至2020年12月31日执行。本通知发布前，企业、事业单位改制重组过程中涉及的契税尚未处理的，符合本通知规定的可按本通知执行

（二）土地增值税政策

企业事业单位改制重组土地增值税优惠政策，先后有两个文件，内容比较详见表2-7改制重组土地增值税比较一览表，差异之处用楷体标注。

表2-7　　改制重组土地增值税比较一览表

关于企业改制重组有关土地增值税政策的通知（财税〔2015〕5号）	关于继续实施企业改制重组有关土地增值税政策的通知（财税〔2018〕57号）
按照《中华人民共和国公司法》的规定，非公司制企业整体改建为有限责任公司或者股份有限公司，有限责任公司（股份有限公司）整体改建为股份有限公司（有限责任公司）。对改建前的企业将国有土地、房屋权属转移、变更到改建后的企业，暂不征土地增值税。 所称整体改建是指不改变原企业的投资主体，并承继原企业权利、义务的行为	按照《中华人民共和国公司法》的规定，非公司制企业整体改制为有限责任公司或者股份有限公司，有限责任公司（股份有限公司）整体改制为股份有限公司（有限责任公司），对改制前的企业将国有土地使用权、地上的建筑物及其附着物（以下称房地产）转移、变更到改制后的企业，暂不征土地增值税。 所称整体改制是指不改变原企业的投资主体，并承继原企业权利、义务的行为

续表

关于企业改制重组有关土地增值税政策的通知（财税〔2015〕5号）	关于继续实施企业改制重组有关土地增值税政策的通知（财税〔2018〕57号）
按照法律规定或者合同约定，两个或两个以上企业合并为一个企业，且原企业投资主体存续的，对原企业将国有土地、房屋权属转移、变更到合并后的企业，暂不征土地增值税	按照法律规定或者合同约定，两个或两个以上企业合并为一个企业，且原企业投资主体存续的，对原企业将房地产转移、变更到合并后的企业，暂不征土地增值税
按照法律规定或者合同约定，企业分设为两个或两个以上与原企业投资主体相同的企业，对原企业将国有土地、房屋权属转移、变更到分立后的企业，暂不征土地增值税	按照法律规定或者合同约定，企业分设为两个或两个以上与原企业投资主体相同的企业，对原企业将房地产转移、变更到分立后的企业，暂不征土地增值税
单位、个人在改制重组时以国有土地、房屋进行投资，对其将国有土地、房屋权属转移、变更到被投资的企业，暂不征土地增值税	单位、个人在改制重组时以房地产作价入股进行投资，对其将房地产转移、变更到被投资的企业，暂不征土地增值税
上述改制重组有关土地增值税政策不适用于房地产开发企业	上述改制重组有关土地增值税政策不适用于房地产转移任意一方为房地产开发企业的情形
企业改制重组后再转让国有土地使用权并申报缴纳土地增值税时，应以改制前取得该宗国有土地使用权所支付的地价款和按国家统一规定缴纳的有关费用，作为该企业“取得土地使用权所支付的金额”扣除。企业在重组改制过程中经省级以上（含省级）国土管理部门批准，国家以国有土地使用权作价出资入股的，再转让该宗国有土地使用权并申报缴纳土地增值税时，应以该宗土地作价入股时省级以上（含省级）国土管理部门批准的评估价格，作为该企业“取得土地使用权所支付的金额”扣除。办理纳税申报时，企业应提供该宗土地作价入股时省级以上（含省级）国土管理部门的批准文件和批准的评估价格，不能提供批准文件和批准的评估价格的，不得扣除	企业改制重组后再转让国有土地使用权并申报缴纳土地增值税时，应以改制前取得该宗国有土地使用权所支付的地价款和按国家统一规定缴纳的有关费用，作为该企业“取得土地使用权所支付的金额”扣除。企业在改制重组过程中经省级以上（含省级）国土管理部门批准，国家以国有土地使用权作价出资入股的，再转让该宗国有土地使用权并申报缴纳土地增值税时，应以该宗土地作价入股时省级以上（含省级）国土管理部门批准的评估价格，作为该企业“取得土地使用权所支付的金额”扣除。办理纳税申报时，企业应提供该宗土地作价入股时省级以上（含省级）国土管理部门的批准文件和批准的评估价格，不能提供批准文件和批准的评估价格的，不得扣除
企业按本通知有关规定享受相关土地增值税优惠政策的，应及时向主管税务机关提交相关房产、国有土地权证、价值证明等书面材料	企业在申请享受上述土地增值税优惠政策时，应向主管税务机关提交房地产转移双方营业执照、改制重组协议或等效文件，相关房地产权属和价值证明、转让方改制重组前取得土地使用权所支付地价款的凭据（复印件）等书面材料。 所称不改变原企业投资主体、投资主体相同，是指企业改制重组前后出资人不发生变动，出资人的出资比例可以发生变动；投资主体存续，是指原企业出资人必须存在于改制重组后的企业，出资人的出资比例可以发生变动

续表

关于企业改制重组有关土地增值税政策的通知（财税〔2015〕5号）	关于继续实施企业改制重组有关土地增值税政策的通知（财税〔2018〕57号）
执行期限为2015年1月1日至2017年12月31日	执行期限为2018年1月1日至2020年12月31日

（三）印花税政策

1. 资金账簿的印花税。

实行公司制改造的企业在改制过程中成立的新企业（重新办理法人登记的），其新启用的资金账簿记载的资金或因企业建立资本纽带关系而增加的资金，凡原已贴花的部分可不再贴花，未贴花的部分和以后新增加的资金按规定贴花。

公司制改造包括国有企业依《公司法》整体改造成国有独资有限责任公司；企业通过增资扩股或者转让部分产权，实现他人对企业的参股，将企业改造成有限责任公司或股份有限公司；企业以其部分财产和相应债务与他人组建新公司；企业将债务留在原企业，而以其优质财产与他人组建的新公司。

以合并或分立方式成立的新企业，其新启用的资金账簿记载的资金，凡原已贴花的部分可不再贴花，未贴花的部分和以后新增加的资金按规定贴花。合并包括吸收合并和新设合并。分立包括存续分立和新设分立。

企业债权转股权新增加的资金按规定贴花。

企业改制中经评估增加的资金按规定贴花。

企业其他会计科目记载的资金转为实收资本或资本公积的资金按规定贴花。

2. 各类应税合同的印花税。

企业改制前签订但尚未履行完的各类应税合同，改制后需要变更执行主体的，对仅改变执行主体、其余条款未作变动且改制前已贴花的，不再贴花。

3. 产权转移书据的印花税。

企业因改制签订的产权转移书据免予贴花。

——关于企业改制过程中有关印花税政策的通知（财税〔2003〕183号）

三十五、资金账簿减免印花税政策

自2018年5月1日起，对按万分之五税率贴花的资金账簿减半征收印花税，对按件贴花五元的其他账簿免征印花税。

——关于对营业账簿减免印花税的通知（财税〔2018〕50号）

三十六、新能源汽车免征车辆购置税

自2018年1月1日至2020年12月31日，对购置的新能源汽车免征车辆购置税。

对免征车辆购置税的新能源汽车，通过发布《免征车辆购置税的新能源汽车车型目录》（以下简称《目录》）实施管理。2017年12月31日之前已列入《目录》的新能源汽车，对其免征车辆购置税政策继续有效。

对列入《目录》的新能源汽车，企业上传机动车整车出厂合格证信息时，在“是否列入《免征车辆购置税的新能源汽车车型目录》”字段标注“是”（即免税标识）。工业和信息化部对企业上传的机动车整车出厂合格证信息中的免税标识进行审核，并将通过审核的信息传送税务总局。税务机关依据工业和信息化部审核后的免税标识和机动车统一销售发票（或有效凭证）办理免税手续。

——关于免征新能源汽车车辆购置税的公告（财政部公告2017年第172号）

根据《中华人民共和国工业和信息化部　财政部　国家税务总局公告》（公告2018年17号）的要求，工业和信息化部会同国家税务总局对2017年1月1日以前列入《免征车辆购置税的新能源汽车车型目录》的车型的产量或进口量进行了核查，对无产量或进口量的车型予以撤销。撤销《免征车辆购置税的新能源汽车车型目录》的车型名单详见该政策的附件。

——关于撤销《免征车辆购置税的新能源汽车车型目录》车型的公告（工业和信息化部公告2018年第27号）

三十七、非运输车辆免征车辆购置税

设有固定装置的非运输车辆，免征车辆购置税。设有固定装置的非运输车辆是指，挖掘机、平地机、叉车、装载车（铲车）、起重机（吊车）、推土机等工程机械。

——中华人民共和国车辆购置税暂行条例、关于车辆购置税税收政策及征收管理有关问题的通知（国税发〔2004〕160号）

“设有固定装置的非运输车辆”，是指列入国家税务总局下发的《设有固定装置非运输车辆免税图册》（以下简称“免税图册”）的车辆。所称设有固定装置，是指车辆设有不能轻易移动和拆卸（焊接、铆接或者螺栓固定等）的固定装置。

——国家税务总局公告2015年第4号

纳税人在办理车辆购置税免（减）税手续时，应如实填写纳税申报表和

《车辆购置税免（减）税申报表》，还应提供下列资料：

（1）纳税人身份证明（《组织机构代码证》或者《税务登记证》或者其他有效机构证明）。

——国家税务总局公告2015年第4号

（2）车辆价格证明（境内购置车辆：机动车销售统一发票（发票联和报税联）或者其他有效凭证。进口自用车辆：《海关进口关税专用缴款书》、《海关进口消费税专用缴款书》或者海关进出口货物征免税证明）。

——国家税务总局公告2015年第4号

（3）车辆合格证明（国产车辆：提供整车出厂合格证明或者车辆电子信息单。进口车辆：车辆电子信息单、《中华人民共和国海关货物进口证明书》或者《中华人民共和国海关监管车辆进（出）境领（销）牌照通知书》或者《没收走私汽车、摩托车证明书》）。

——国家税务总局公告2015年第4号

（4）税务机关要求提供的其他资料。

（5）设有固定装置的非运输车辆，提供车辆内、外观彩色5寸照片。

纳税人在办理设有固定装置的非运输车辆免税申报时，主管税务机关应当依据免税图册对车辆固定装置进行核实无误后，办理免税手续。

需要列入免税图册的车辆，机动车生产企业或者纳税人按照规定填写《设有固定装置非运输车辆信息表》（以下简称车辆信息表）向主管税务机关报送车辆有关资料及信息，国家税务总局定期审核下发免税图册。车辆购置税免税图册管理办法由国家税务总局另行制定。

免税车辆因转让、改变用途等原因，其免税条件消失的，纳税人应在免税条件消失之日起60日内到主管税务机关重新申报纳税。

免税车辆发生转让，但仍属于免税范围的，受让方应当自购买或取得车辆之日起60日内到主管税务机关重新申报免税。

免税条件消失的车辆，纳税人在办理纳税申报时，应如实填写《车辆购置税纳税申报表》，同时提供以下资料：（1）发生二手车交易行为的，提供纳税人身份证明、《二手车销售统一发票》和《车辆购置税完税证明》（以下简称完税证明）正本原件；（2）未发生二手车交易行为的，提供纳税人身份证明、完税证明正本原件及有效证明资料。

免税条件消失的车辆，自初次办理纳税申报之日起，使用年限未满10年的，计税价格以免税车辆初次办理纳税申报时确定的计税价格为基准，每满1年扣减10%；未满1年的，计税价格为免税车辆的原计税价格；使用年限10年（含）以上的，计税价格为0。

——车辆购置税征收管理办法（国家税务总局令〔2014〕33号）

三十八、购置新能源汽车车辆购置税、车船税优惠政策

(一) 车辆购置税免税政策

自2018年1月1日至2020年12月31日，对购置的新能源汽车免征车辆购置税。

——关于免征新能源汽车车辆购置税的公告（财政部公告2017年第172号）

(二) 车船税减免政策

对节约能源、使用新能源的车船可以减征或者免征车船税。免征或者减半征收车船税的车船的范围，由国务院财政、税务主管部门商国务院有关部门制订，报国务院批准。

——中华人民共和国车船税法及实施条例

三十九、购置挂车减半征收车辆购置税

(一) 优惠内容

自2018年7月1日至2021年6月30日，对购置挂车减半征收车辆购置税。购置日期按照《机动车销售统一发票》《海关关税专用缴款书》或者其他有效凭证的开具日期确定。

所称挂车，是指由汽车牵引才能正常使用且用于载运货物的无动力车辆。

(二) 管理要求

对挂车产品通过标注减征车辆购置税标识进行管理，具体要求如下：

1. 标注减税标识。

国产挂车：企业上传《机动车整车出厂合格证》信息时，在“是否属于减征车辆购置税挂车”字段标注“是”（即减税标识）。

进口挂车：汽车经销商或个人上传《进口机动车车辆电子信息单》时，在“是否属于减征车辆购置税挂车”字段标注“是”（即减税标识）。

2. 工业和信息化部对企业和个人上传的《机动车整车出厂合格证》或者《进口机动车车辆电子信息单》中减税标识进行核实，并将核实的信息传送给国家税务总局。

3. 税务机关依据工业和信息化部核实后的减税标识以及办理车辆购置税纳税申报需提供的其他资料，办理车辆购置税减征手续。

4. 在《机动车整车出厂合格证》或者《进口机动车车辆电子信息单》中标

注挂车减税标识的企业和个人，应当保证车辆产品与合格证信息或者车辆电子信息相一致。对提供虚假信息等手段骗取减征车辆购置税的企业和个人，经查实后，依照相关法律法规规定予以处罚。

——关于对挂车减征车辆购置税的公告（财政部　税务总局　工业和信息化部公告2018年第69号）

第二节

第一产业适用的税收优惠政策

一、农业生产者增值税、企业所得税、土地使用税、契税、印花税、车船税优惠政策

（一）从事农、林、牧、渔业生产销售增值税、企业所得税、土地使用税、契税、印花税、车船税优惠政策

1. 增值税免税政策。

农业生产者销售的自产初级农业产品免征增值税。

——增值税暂行条例

将土地使用权转让给农业生产者用于农业生产免征增值税。土地使用者将土地使用权归还给土地所有者免征增值税。

——关于全面推开营业税改征增值税试点的通知（财税〔2016〕36号）

2. 企业所得税减免税政策。

企业从事农、林、牧、渔业项目的所得，可以免征、减征企业所得税。

——企业所得税法

（1）企业从事下列项目的所得，免征企业所得税：

蔬菜、谷物、薯类、油料、豆类、棉花、麻类、糖料、水果、坚果的种植；

农作物新品种的选育，是指企业对农作物进行品种和育种材料选育形成的成果，以及由这些成果形成的种子（苗）等繁殖材料的生产、初加工、销售一体化取得的所得；

中药材的种植；

林木的培育和种植，是指企业对树木、竹子的育种和育苗、抚育和管理以及规模造林活动取得的所得，包括企业通过拍卖或收购方式取得林木所有权并经过一定的生长周期，对林木进行再培育取得的所得；

牲畜、家禽的饲养，猪、兔的饲养，按“牲畜、家禽的饲养”项目处理；

饲养牲畜、家禽产生的分泌物、排泄物，按“牲畜、家禽的饲养”项目处理；

林产品的采集；

灌溉、农产品初加工、兽医、农技推广、农机作业和维修等农、林、牧、渔服务业项目；

远洋捕捞，是指对取得农业部颁发的“远洋渔业企业资格证书”并在有效期内的远洋渔业企业，从事远洋捕捞业务取得的所得免征企业所得税。

（2）企业从事下列项目的所得，减半征收企业所得税：

花卉、茶以及其他饮料作物和香料作物的种植，观赏性作物的种植，按“花卉、茶及其他饮料作物和香料作物的种植”项目处理。

海水养殖、内陆养殖，“牲畜、家禽的饲养”以外的生物养殖项目，按“海水养殖、内陆养殖”项目处理。

（3）企业从事国家限制和禁止发展的项目，不得享受上述规定的企业所得税优惠。

（4）企业将购入的农、林、牧、渔产品，在自有或租用的场地进行育肥、育秧等再种植、养殖，经过一定的生长周期，使其生物形态发生变化，且并非由于本环节对农产品进行加工而明显增加了产品的使用价值的，可视为农产品的种植、养殖项目享受相应的税收优惠。主管税务机关对企业进行农产品的再种植、养殖是否符合上述条件难以确定的，可要求企业提供县级以上农、林、牧、渔业政府主管部门的确认意见。

（5）企业委托其他企业或个人从事实施条例第八十六条规定农、林、牧、渔业项目取得的所得，可享受相应的税收优惠政策。

企业受托从事企业所得税法实施条例第八十六条规定农、林、牧、渔业项目取得的收入，比照委托方享受相应的税收优惠政策。

（6）企业购买农产品后直接进行销售的贸易活动产生的所得，不能享受农、林、牧、渔业项目的税收优惠政策。

——企业所得税法实施条例

——关于实施农 林 牧 渔业项目企业所得税优惠问题的公告（国家税务总局公告2011年第48号）

（7）后续管理。

享受税收优惠的时间：预缴享受。

主要留存备查资料：

一是企业从事相关业务取得的资格证书或证明资料，包括有效期内的远洋渔业企业资格证书、从事农作物新品种选育的认定证书、动物防疫条件合格证、林木种子生产经营许可证、兽医的资格证明等；

二是同时从事适用不同企业所得税待遇项目的，每年度单独计算减免税项目所得的计算过程及其相关账册，期间费用合理分摊的依据和标准；

三是生产场地证明资料，包括土地使用权证、租用合同等；

后续管理要求：由省税务机关（含计划单列市税务机关）规定。

——企业所得税优惠事项备案管理目录（2017年版）

3. 城镇土地使用税免税政策。

直接用于农、林、牧、渔业的生产用地免征土地使用税。直接用于农、林、牧、渔业的生产用地，是指直接从事于种植、养殖、饲养的专业用地，不包括农副产品加工场地和生活、办公用地。在城镇土地使用税征收范围内经营采摘、观光农业的单位和个人，其直接用于采摘、观光的种植、养殖、饲养的土地，根据《中华人民共和国城镇土地使用税暂行条例》第六条中“直接用于农、林、牧、渔业的生产用地”的规定，免征城镇土地使用税。

——《财政部 国家税务总局关于房产税、城镇土地使用税有关政策的通知》（财税〔2006〕186号）自2007年1月1日起执行

对林区的有林地、运材道、防火道、防火设施用地，免征土地使用税。林业系统的森林公园、自然保护区，可比照公园免征土地使用税。

——关于林业系统征免土地使用税问题的通知（国税函发〔1991〕1404号）

4. 契税免税政策。

纳税人承受荒山、荒沟、荒丘、荒滩土地使用权，用于农、林、牧、渔业生产的，免征契税。

——中华人民共和国契税暂行条例细则（财法字〔1997〕52号）

对进行股份合作制改革后的农村集体经济组织承受原集体经济组织的土地、房屋权属，免征契税。

对农村集体经济组织以及代行集体经济组织职能的村民委员会、村民小组进行清产核资收回集体资产而承受土地、房屋权属，免征契税。

对因农村集体经济组织以及代行集体经济组织职能的村民委员会、村民小组进行清产核资收回集体资产而签订的产权转移书据，免征印花税。

对农村集体土地所有权、宅基地和集体建设用地使用权及地上房屋确权登记，不征收契税。

——财税〔2017〕55号关于支持农村集体产权制度改革有关税收政策的通知

5. 印花税免税政策。

国家指定的收购部门与村民委员会、农民个人书立的农副产品收购合同免纳印花税。

——中华人民共和国印花税暂行条例施行细则（〔1988〕财税字第255号）

6. 车船税免税政策。

捕捞、养殖渔船免征车船税。捕捞、养殖渔船，是指在渔业船舶登记管理部

门登记为捕捞船或者养殖船的船舶。

——中华人民共和国车船税法及实施条例

（二）农民个人手工简单编织竹制或竹芒藤柳混合坯具免征增值税政策

对于农民个人按照竹器企业提供样品规格，自产或购买竹、芒、藤、木条等，再通过手工简单编织成竹制或竹芒藤柳混合坯具的，属于自产农业初级产品，应当免征销售环节增值税。收购坯具的竹器企业可以凭开具的农产品收购凭证计算进项税额抵扣。

——国家税务总局关于农户手工编织的竹制和竹芒藤柳坯具征收增值税问题的批复（国税函〔2005〕56号）

（三）制种企业销售种子免征增值税政策

自2010年12月1日起，制种企业在下列生产经营模式下生产销售种子，属于农业生产者销售自产农业产品，应根据《中华人民共和国增值税暂行条例》有关规定免征增值税。

制种企业利用自有土地或承租土地，雇佣农户或雇工进行种子繁育，再经烘干、脱粒、风筛等深加工后销售种子。

制种企业提供亲本种子委托农户繁育并从农户手中收回，再经烘干、脱粒、风筛等深加工后销售种子。

——国家税务总局关于制种行业增值税有关问题的公告　国家税务总局公告2010年第17号

（四）农民专业合作社销售农业产品免征增值税、印花税政策

对农民专业合作社销售本社成员生产的农业产品，视同农业生产者销售自产农业产品免征增值税。

增值税一般纳税人从农民专业合作社购进的免税农业产品，可按规定的扣除率计算抵扣增值税进项税额。

对农民专业合作社向本社成员销售的农膜、种子、种苗、农药、农机，免征增值税。

对农民专业合作社与本社成员签订的农业产品和农业生产资料购销合同，免征印花税。本通知所称农民专业合作社，是指依照《中华人民共和国农民专业合作社法》规定设立和登记的农民专业合作社。本通知自2008年7月1日起执行。

——财政部　国家税务总局关于农民专业合作社有关税收政策的通知（财税〔2008〕81号）

二、农产品初加工行业的增值税、企业所得税优惠政策

（一）增值税免税政策

农产品初加工产品仍属于农业初级产品，免征增值税。

——增值税暂行条例

（二）企业所得税减免税政策

1. 农产品初加工所得免征企业所得税。

——企业所得税法暂行条例

企业对外购茶叶进行筛选、分装、包装后进行销售的所得，不享受农产品初加工的优惠政策。

——国家税务总局公告2011年第48号关于实施农 林 牧 渔业项目企业所得税优惠问题的公告

2. 企业根据委托合同，受托对符合《财政部　国家税务总局关于发布享受企业所得税优惠政策的农产品初加工范围（试行）的通知》（财税〔2008〕149号）和《财政部　国家税务总局关于享受企业所得税优惠的农产品初加工有关范围的补充通知》（财税〔2011〕26号）规定的农产品进行初加工服务，其所收取的加工费，可以按照农产品初加工的免税项目处理。

——国家税务总局公告2011年第48号关于实施农 林 牧 渔业项目企业所得税优惠问题的公告

3. 企业从事实施条例第八十六条第（二）项适用企业所得税减半优惠的种植、养殖项目，并直接进行初加工且符合农产品初加工目录范围的，企业应合理划分不同项目的各项成本、费用支出，分别核算种植、养殖项目和初加工项目的所得，并各按适用的政策享受税收优惠。

——国家税务总局公告2011年第48号关于实施农 林 牧 渔业项目企业所得税优惠问题的公告

4. 后续管理。

享受税收优惠的时间：预缴享受。

主要留存备查资料：

一是农产品初加工项目及工艺流程说明（两个或两个以上的分项目说明）；

二是同时从事适用不同企业所得税待遇项目的，每年度单独计算减免税项目所得的计算过程及其相关账册，期间费用合理分摊的依据和标准；

后续管理要求：由省税务机关（含计划单列市税务机关）规定。

——企业所得税优惠事项备案管理目录（2017 年版）

(三) 农产品初加工范围与农业初级产品范围比较

农产品初加工范围与农业初级产品范围，有交叉有也不同，经过农产品初加工后仍属于农产品范畴的，既对销售额免征增值税又对项目所得免征企业所得税。农产品初加工范围与农业初级产品范围的异同，详见表 2 - 8 农产品初加工范围与农业初级产品范围比较表，差异之处用楷体标注。

表 2 - 8　　农产品初加工范围与农业初级产品范围比较表

	享受企业所得税优惠政策的农产品初加工范围（试行）（2008 年版）	农业产品征税范围注释（财税字〔1995〕52 号）
(一) 粮食初加工	1. 小麦初加工。通过对小麦进行清理、配麦、磨粉、筛理、分级、包装等简单加工处理，制成的小麦面粉及各种专用粉。麸皮、麦糠、麦仁。 2. 稻米初加工。通过对稻谷进行清理、脱壳、碾米（或不碾米）、烘干、分级、包装等简单加工处理，制成的成品粮及其初制品，具体包括大米、蒸谷米、稻糠（砻糠、米糠和统糠）。 3. 玉米初加工。通过对玉米籽粒进行清理、浸泡、粉碎、分离、脱水、干燥、分级、包装等简单加工处理，生产的玉米粉、玉米碴、玉米片等；鲜嫩玉米经筛选、脱皮、洗涤、速冻、分级、包装等简单加工处理，生产的鲜食玉米（速冻粘玉米、甜玉米、花色玉米、玉米籽粒）。 4. 薯类初加工。通过对马铃薯、甘薯等薯类进行清洗、去皮、磋磨、切制、干燥、冷冻、分级、包装等简单加工处理，制成薯类初级制品。具体包括：薯粉、薯片、薯条和变性淀粉以外的薯类淀粉。 5. 食用豆类初加工。通过对大豆、绿豆、红小豆等食用豆类进行清理去杂、浸洗、晾晒、分级、包装等简单加工处理，制成的豆面粉、黄豆芽、绿豆芽。 6. 其他类粮食初加工。通过对燕麦、荞麦、高粱、谷子等杂粮进行清理去杂、脱壳、烘干、磨粉、轧片、冷却、包装等简单加工处理，制成的燕麦米、燕麦粉、燕麦麸皮、燕麦片、荞麦米、荞麦面、小米、小米面、高粱米、高粱面。包括大麦、糯米、青稞、芝麻、核桃；相应的初加工产品还包括大麦芽、糯米粉、青稞粉、芝麻粉、核桃粉	(一) 粮食 粮食是指各种主食食科植物果实的总称。本货物的征税范围包括小麦、稻谷、玉米、高粱、谷子和其他杂粮（如：大麦、燕麦等），以及经碾磨、脱壳等工艺加工后的粮食（如：面粉，米，玉米面、渣等）。 切面、饺子皮、馄饨皮、面皮、米粉等粮食复制品，也属于本货物的征税范围。 以粮食为原料加工的速冻食品、方便面、副食品和各种熟食品，不属于本货物的征税范围

续表

	享受企业所得税优惠政策的农产品初加工范围（试行）（2008 年版）	农业产品征税范围注释（财税字〔1995〕52 号）
（二）林木产品初加工	通过将伐倒的乔木、竹（含活立木、竹）去枝、去梢、去皮、去叶、锯段等简单加工处理，制成的原木、原竹、锯材	（十）林业产品 林业产品是指乔木、灌木和竹类植物，以及天然树脂、天然橡胶。林业产品的征税范围包括： 原木是指将砍伐倒的乔木去其枝芽、梢头或者皮的乔木、灌木，以及锯成一定长度的木段。 锯材不属于本货物的征税范围。 原竹是指将砍倒的竹去其枝、梢或者叶的竹类植物，以及锯成一定长度的竹段。 其他林业产品是指除上述列举林业产品以外的其他各种林业产品，如竹笋、笋干、棕竹、棕榈衣、树枝、树叶、树皮、藤条等。 盐水竹笋也属于本货物的征税范围。 竹笋罐头不属于本货物的征税范围
（三）园艺植物初加工	1. 蔬菜初加工 （1）将新鲜蔬菜通过清洗、挑选、切割、预冷、分级、包装等简单加工处理，制成净菜、切割蔬菜。 （2）利用冷藏设施，将新鲜蔬菜通过低温贮藏，以备淡季供应的速冻蔬菜，如速冻茄果类、叶类、豆类、瓜类、葱蒜类、柿子椒、蒜薹。 （3）将植物的根、茎、叶、花、果、种子和食用菌通过干制等简单加工处理，制成的初制干菜，如黄花菜、玉兰片、萝卜干、冬菜、梅干菜、木耳、香菇、平菇。 * 以蔬菜为原料制作的各类蔬菜罐头（罐头是指以金属罐、玻璃瓶、经排气密封的各种食品。下同）及碾磨后的园艺植物（如胡椒粉、花椒粉等）不属于初加工范围	（二）蔬菜 蔬菜是指可作副食的草本、木本植物的总称。本货物的征税范围包括各种蔬菜、菌类植物和少数可作副食的木本植物。 经晾晒、冷藏、冷冻、包装、脱水等工序加工的蔬菜，腌菜、咸菜、酱菜和盐渍蔬菜等，也属于本货物的征税范围。 各种蔬菜罐头（罐头是指以金属罐、玻璃瓶和其他材料包装，经排气密封的各种食品。下同）不属于本货物的征税范围
	2. 水果初加工。通过对新鲜水果（含各类山野果）清洗、脱壳、切块（片）、分类、储藏保鲜、速冻、干燥、分级、包装等简单加工处理，制成的各类水果、果干、原浆果汁、果仁、坚果。新鲜水果包括番茄	园艺植物是指可供食用的果实，如水果、果干（如荔枝干、桂圆干、葡萄干等）、干果、果仁、果用瓜（如甜瓜、西瓜、哈密瓜等），以及胡椒、花椒、大料、咖啡豆等。 经冷冻、冷藏、包装等工序加工的园艺植物，也属于本货物的征税范围

续表

	享受企业所得税优惠政策的农产品初加工范围（试行）（2008 年版）	农业产品征税范围注释（财税字〔1995〕52 号）
（三）园艺植物初加工	2. 水果初加工。通过对新鲜水果（含各类山野果）清洗、脱壳、切块（片）、分类、储藏保鲜、速冻、干燥、分级、包装等简单加工处理，制成的各类水果、果干、原浆果汁、果仁、坚果。新鲜水果包括番茄	各种水果罐头，果脯，蜜饯，炒制的果仁、坚果，碾磨后的园艺植物（如胡椒粉、花椒粉等），不属于本货物的征税范围
	3. 花卉及观赏植物初加工。通过对观赏用、绿化及其他各种用途的花卉及植物进行保鲜、储藏、烘干、分级、包装等简单加工处理，制成的各类鲜、干花	（十一）其他植物 其他植物是指除上述列举植物以外的其他各种人工种植和野生的植物，如树苗、花卉、植物种子、植物叶子、草、麦秸、豆类、薯类、藻类植物等。 干花、干草、薯干、干制的藻类植物，农业产品的下脚料等，也属于本货物的征税范围
（四）油料植物初加工	通过对菜籽、花生、大豆、葵花籽、蓖麻籽、芝麻、胡麻籽、茶子、桐子、棉籽、红花籽及米糠等粮食的副产品等，进行清理、热炒、磨坯、榨油（搅油、墩油）、浸出、冷却、过滤等简单加工处理，制成的植物毛油和饼粕等副产品。具体包括菜籽油、花生油、豆油、葵花油、蓖麻籽油、芝麻油、胡麻籽油、茶子油、桐子油、棉籽油、红花油、米糠油以及油料饼粕、豆饼、棉籽饼。粮食副产品还包括玉米胚芽、小麦胚芽。 * 精炼植物油不属于初加工范围	（七）油料植物 油料植物是指主要用作榨取油脂的各种植物的根、茎、叶、果实、花或者胚芽组织等初级产品，如菜籽（包括芥菜子）、花生、大豆、葵花子、蓖麻子、芝麻子、胡麻子、茶子、桐子、橄榄仁、棕榈仁、棉籽等
（五）糖料植物初加工	通过对各种糖料植物，如甘蔗、甜菜、甜菊等，进行清洗、切割、压榨、过滤、吸附、解析、碳脱、浓缩、干燥等简单加工处理，制成的制糖初级原料产品。甜菊又名甜叶菊	（九）糖料植物 糖料植物是指主要用作制糖的各种植物，如甘蔗、甜菜等
（六）茶叶初加工	通过对茶树上采摘下来的鲜叶和嫩芽进行杀青（萎凋、摇青）、揉捻、发酵、烘干、分级、包装等简单加工处理，制成的初制毛茶。 * 精制茶、边销茶、紧压茶和掺兑各种药物的茶及茶饮料不属于初加工范围	（四）茶叶 茶叶是指从茶树上采摘下来的鲜叶和嫩芽（即茶青），以及经吹干、揉拌、发酵、烘干等工序初制的茶。本货物的征税范围包括各种毛茶（如红毛茶、绿毛茶、乌龙毛茶、白毛茶、黑毛茶等）。 精制茶、边销茶及掺兑各种药物的茶和茶饮料，不属于本货物的征税范围

续表

	享受企业所得税优惠政策的农产品初加工范围（试行）（2008 年版）	农业产品征税范围注释（财税字〔1995〕52 号）
（七）药用植物初加工	通过对各种药用植物的根、茎、皮、叶、花、果实、种子等，进行挑选、整理、捆扎、清洗、晾晒、切碎、蒸煮、炒制等简单加工处理，制成的片、丝、块、段等中药材。 ＊加工的各类中成药不属于初加工范围	（六）药用植物 药用植物是指用作中药原药的各种植物的根、茎、皮、叶、花、果实等。 利用上述药用植物加工制成的片、丝、块、段等中药饮片，也属于本货物的征税范围。 中成药不属于本货物的征税范围
（八）纤维植物初加工	1. 棉花初加工。通过轧花、剥绒等脱绒工序简单加工处理，制成的皮棉、短绒、棉籽	（八）纤维植物 纤维植物是指利用其纤维作纺织、造纸原料或者绳索的植物，如棉（包括籽棉、皮棉、絮棉）、大麻、黄麻、槿麻、苎麻、苘麻、亚麻、罗布麻、蕉麻、剑麻等。 棉短绒和麻纤维经脱胶后的精干（洗）麻，也属于本货物的征税范围
	2. 麻类初加工。通过对各种麻类作物（大麻、黄麻、槿麻、苎麻、苘麻、亚麻、罗布麻、蕉麻、剑麻等）进行脱胶、抽丝等简单加工处理，制成的干（洗）麻、纱条、丝、绳。麻类作物还包括芦苇	
	3. 蚕茧初加工。通过烘干、杀蛹、缫丝、煮剥、拉丝等简单加工处理，制成的蚕、蛹、生丝、丝棉。蚕包括蚕茧，生丝包括厂丝	蚕茧，包括鲜茧和干茧，以及蚕蛹
（九）热带、南亚热带作物初加工	通过对热带、南亚热带作物去除杂质、脱水、干燥、分级、包装等简单加工处理，制成的工业初级原料。具体包括：天然橡胶生胶和天然浓缩胶乳、生咖啡豆、胡椒籽、肉桂油、桉油、香茅油、木薯淀粉、木薯干片、坚果	3. 天然树脂。是指木科植物的分泌物，包括生漆、树脂和树胶，如松脂、桃胶、樱胶、阿拉伯胶、古巴胶和天然橡胶（包括乳胶和干胶）等。提取芳香油的芳香油料植物，也属于本货物的征税范围
（一）畜禽类初加工	1. 肉类初加工。通过对畜禽类动物（包括各类牲畜、家禽和人工驯养、繁殖的野生动物以及其他经济动物）宰杀、去头、去蹄、去皮、去内脏、分割、切块或切片、冷藏或冷冻、分级、包装等简单加工处理，制成的分割肉、保鲜肉、冷藏肉、冷冻肉、绞肉、肉块、肉片、肉丁。还包括火腿等风干肉、猪牛羊杂骨	1. 兽类、禽类和爬行类动物，如牛、马、猪、羊、鸡、鸭等。 2. 兽类、禽类和爬行类动物的肉产品，包括整块或者分割的鲜肉、冷藏或者冷冻肉、盐渍肉，兽类、禽类和爬行类动物的内脏、头、尾、蹄等组织。 各种兽类、禽类和爬行类动物的肉类生制品，如腊肉、腌肉、熏肉等，也属于本货物的征税范围。 各种肉类罐头、肉类熟制品，不属于本货物的征税范围

续表

	享受企业所得税优惠政策的农产品初加工范围（试行）（2008 年版）	农业产品征税范围注释（财税字〔1995〕52 号）
（一）畜禽类初加工	2. 蛋类初加工。通过对鲜蛋进行清洗、干燥、分级、包装、冷藏等简单加工处理，制成的各种分级、包装的鲜蛋、冷藏蛋	3. 蛋类产品是指各种禽类动物和爬行类动物的卵，包括鲜蛋、冷藏蛋。 经加工的咸蛋、松花蛋、腌制的蛋等，也属于本货物的征税范围。 各种蛋类的罐头不属于本货物的征税范围
	3. 奶类初加工。通过对鲜奶进行净化、均质、杀菌或灭菌、灌装等简单加工处理，制成的巴氏杀菌奶、超高温灭菌奶	4. 鲜奶是指各种哺乳类动物的乳汁和经净化、杀菌等加工工序生产的乳汁。 用鲜奶加工的各种奶制品，如酸奶、奶酪、奶油等，不属于本货物的征税范围
	4. 皮类初加工。通过对畜禽类动物皮张剥取、浸泡、刮里、晾干或熏干等简单加工处理，制成的生皮、生皮张	（三）动物皮张 动物皮张是指从各种动物（兽类、禽类和爬行类动物）身上直接剥取的，未经鞣制的生皮、生皮张。 将生皮、生皮张用清水、盐水或者防腐药水浸泡、刮里、脱毛、晒干或者熏干，未经鞣制的，也属于本货物的征税范围
	5. 毛类初加工。通过对畜禽类动物毛、绒或羽绒分级、去杂、清洗等简单加工处理，制成的洗净毛、洗净绒或羽绒	（四）动物毛绒 动物毛绒是指未经洗净的各种动物的毛发、绒发和羽毛。 洗净毛、洗净绒等不属于本货物的征税范围
	6. 蜂产品初加工。通过去杂、过滤、浓缩、熔化、磨碎、冷冻简单加工处理，制成的蜂蜜、蜂蜡、蜂胶、蜂花粉	2. 天然蜂蜜是指采集的未经加工的天然蜂蜜、鲜蜂王浆等
	*肉类罐头、肉类熟制品、蛋类罐头、各类酸奶、奶酪、奶油、王浆粉、各种蜂产品口服液、胶囊不属于初加工范围	

续表

	享受企业所得税优惠政策的农产品初加工范围（试行）（2008 年版）	农业产品征税范围注释（财税字〔1995〕52 号）
（二）饲料类初加工	1. 植物类饲料初加工。通过碾磨、破碎、压榨、干燥、酿制、发酵等简单加工处理，制成的糠麸、饼粕、糟渣、树叶粉	
	2. 动物类饲料初加工。通过破碎、烘干、制粉等简单加工处理，制成的鱼粉、虾粉、骨粉、肉粉、血粉、羽毛粉、乳清粉	其他动物组织，如动物骨、壳、兽角、动物血液、动物分泌物、蚕种等
	3. 添加剂类初加工。通过粉碎、发酵、干燥等简单加工处理，制成的矿石粉、饲用酵母	
（三）牧草类初加工	通过对牧草、牧草种子、农作物秸秆等，进行收割、打捆、粉碎、压块、成粒、分选、青贮、氨化、微化等简单加工处理，制成的干草、草捆、草粉、草块或草饼、草颗粒、牧草种籽以及草皮、秸秆粉（块、粒）	其他植物是指除上述列举植物以外的其他各种人工种植和野生的植物，如树苗、花卉、植物种子、植物叶子、草、麦秸、豆类、薯类、藻类植物等。 干花、干草、薯干、干制的藻类植物，农业产品的下脚料等，也属于本货物的征税范围
（一）水生动物初加工	将水产动物（鱼、虾、蟹、鳖、贝、棘皮类、软体类、腔肠类、两栖类、海兽类动物等）整体或去头、去鳞（皮、壳）、去内脏、去骨（刺）、擂溃或切块、切片，经冰鲜、冷冻、冷藏等保鲜防腐处理、包装等简单加工处理，制成的水产动物初制品。 * 熟制的水产品和各类水产品的罐头以及调味烤制的水产食品不属于初加工范围	（一）水产品 水产品是指人工放养和人工捕捞的鱼、虾、蟹、鳖、贝类、棘皮类、软体类、腔肠类、海兽类动物。本货物的征税范围包括鱼、虾、蟹、鳖、贝类、棘皮类、软体类、腔肠类、海兽类、鱼苗（卵）、虾苗、蟹苗、贝苗（秧），以及经冷冻、冷藏、盐渍等防腐处理和包装的水产品。 干制的鱼、虾、蟹、贝类、棘皮类、软体类、腔肠类，如干鱼、干虾、干虾仁、干贝等，以及未加工成工艺品的贝壳、珍珠，也属于本货物的征税范围。 熟制的水产品和各类水产品的罐头，不属于本货物的征税范围

续表

	享受企业所得税优惠政策的农产品初加工范围（试行）（2008 年版）	农业产品征税范围注释（财税字〔1995〕52 号）
（二）水生植物初加工	将水生植物（海带、裙带菜、紫菜、龙须菜、麒麟菜、江篱、浒苔、羊栖菜、莼菜等）整体或去根、去边梢、切段，经热烫、冷冻、冷藏等保鲜防腐处理、包装等简单加工处理的初制品，以及整体或去根、去边梢、切段、经晾晒、干燥（脱水）、包装、粉碎等简单加工处理的初制品。 * 罐装（包括软罐）产品不属于初加工范围	
		（二）烟叶 烟叶是指各种烟草的叶片和经过简单加工的叶片。本货物的征税范围包括晒烟叶、晾烟叶和初烤烟叶。 1. 晒烟叶是指利用太阳能露天晒制的烟叶。 2. 晾烟叶是指在晾房内自然干燥的烟叶。 3. 初考烟叶是指烟草种植者直接烤制的烟叶。不包括专业复烤厂烤制的复烤烟叶
		3. 动物树脂，如虫胶等

三、“公司 + 农户”经营模式的增值税、企业所得税优惠政策

（一）增值税免税政策

1. “公司 + 农户”模式。

公司与农户签订委托养殖合同，向农户提供畜禽苗、饲料、兽药及疫苗等（所有权属于公司），农户饲养畜禽苗至成品后交付公司回收，公司将回收的成品畜禽用于销售。

——关于纳税人采取“公司 + 农户”经营模式销售畜禽有关增值税问题的公告（国家税务总局公告 2013 年第 8 号）

2. 免税内容。

自 2010 年 12 月 1 日起，制种企业提供亲本种子委托农户繁育并从农户手中收回，再经烘干、脱粒、风筛等深加工后销售种子，属于农业生产者销售自产农

业产品，应根据《中华人民共和国增值税暂行条例》有关规定免征增值税。

——关于制种行业增值税有关问题的公告（国家税务总局公告 2010 年第 17 号）

自 2013 年 4 月 1 日起，纳税人采取“公司 + 农户”经营模式从事畜禽饲养，即公司与农户签订委托养殖合同，向农户提供畜禽苗、饲料、兽药及疫苗等（所有权属于公司），农户饲养畜禽苗至成品后交付公司回收，公司将回收的成品畜禽用于销售。在上述经营模式下，纳税人回收再销售畜禽，属于农业生产者销售自产农产品，应根据《中华人民共和国增值税暂行条例》的有关规定免征增值税。

畜禽是指属于《财政部　国家税务总局关于印发〈农业产品征税范围注释〉的通知》（财税字〔1995〕52 号）文件中规定的农业产品。

——关于纳税人采取“公司 + 农户”经营模式销售畜禽有关增值税问题的公告（国家税务总局公告 2013 年第 8 号）

（二）企业所得税减免税政策

1. “公司 + 农户”模式。

公司与农户签订委托养殖合同，向农户提供畜禽苗、饲料、兽药及疫苗等（所有权〈产权〉仍属于公司），农户将畜禽养大成为成品后交付公司回收。

——关于企业所得税优惠问题的公告（国家税务总局公告 2010 年第 2 号）

2. 委托方。

自 2010 年 1 月 1 日起，鉴于采取“公司 + 农户”经营模式的企业，虽不直接从事畜禽的养殖，但系委托农户饲养，并承担诸如市场、管理、采购、销售等经营职责及绝大部分经营管理风险，公司和农户是劳务外包关系。为此，对此类以“公司 + 农户”经营模式从事农、林、牧、渔业项目生产的企业，可以按照《中华人民共和国企业所得税法实施条例》第八十六条的有关规定，享受减免企业所得税优惠政策。

——关于企业所得税优惠问题的公告（国家税务总局公告 2010 年第 2 号）

企业委托其他企业或个人从事实施条例第八十六条规定农、林、牧、渔业项目取得的所得，可享受相应的税收优惠政策。

——关于实施农 林 牧 渔业项目企业所得税优惠问题的公告（国家税务总局公告 2011 年第 48 号）

3. 受托方。

单位和个人受托种植植物、饲养动物的行为，应按照营业税“服务业”税目征收营业税，不征收增值税。受托种植植物、饲养动物的行为是指，委托方向受托方提供其拥有的植物或动物，受托方提供种植或饲养服务并最终将植物或动物归还给委托方的行为。

——（财税字〔1995〕52号）

——国家税务总局关于受托种植植物、饲养动物征收流转税问题的通知（国税发〔2007〕17号）

企业受托从事实施条例第八十六条规定农、林、牧、渔业项目取得的收入，比照委托方享受相应的税收优惠政策。

——关于实施农 林 牧 渔业项目企业所得税优惠问题的公告（国家税务总局公告2011年第48号）

4. 备案资料。

享受税收优惠的时间：预缴享受。

主要留存备查资料：

一是企业从事相关业务取得的资格证书或证明资料，包括有效期内的远洋渔业企业资格证书、从事农作物新品种选育的认定证书、动物防疫条件合格证、林木种子生产经营许可证、兽医的资格证明等；

二是与农户签订的委托养殖合同（“公司+农户”经营模式的企业）；

三是与家庭承包户签订的内部承包合同（国有农场实行内部家庭承包经营）；

四是同时从事适用不同企业所得税待遇项目的，每年度单独计算减免税项目所得的计算过程及其相关账册，期间费用合理分摊的依据和标准；

五是生产场地证明资料，包括土地使用权证、租用合同等；

六是企业委托或受托其他企业或个人从事符合规定的农林牧渔业项目的委托合同、受托合同、支出明细等证明材料。

后续管理要求：由省税务机关（含计划单列市税务机关）规定。

——企业所得税优惠事项备案管理目录（2017年版）

第三节

第二产业适用的税收优惠政策

一、药品销售免征增值税政策

1. 销售避孕药品和用具免征增值税。

——增值税暂行条例

2. 自2016年1月1日至2018年12月31日，继续对国产抗艾滋病病毒药品免征生产环节和流通环节增值税。详见表2-9国产抗艾滋病病毒药物品种清单。

表 2－9　　国产抗艾滋病病毒药物品种清单

序号	药物品种
1	齐多夫定
2	拉米夫定
3	奈韦拉平
4	依非韦伦
5	替诺福韦
6	洛布那韦
7	利托那韦
8	阿巴卡韦

国产抗艾滋病病毒药物，包括上表中所列药物及其制剂，以及由两种或三种药物组成的复合制剂。

享受上述免征增值税政策的国产抗艾滋病病毒药品，为国家卫生计生委委托中国疾病预防控制中心通过公开招标方式统一采购、各省（自治区、直辖市）艾滋病药品管理部门分散签约支付的抗艾滋病病毒药品。药品生产企业申请办理免税时，应向主管税务机关提交加盖企业公章的药品供货合同复印件、中标通知书复印件及中国政府网中标公告。

抗艾滋病病毒药品的生产企业和流通企业应分别核算免税药品和其他货物的销售额；未分别核算的，不得享受增值税免税政策。

纳税人销售本通知规定的享受免税政策的国产抗艾滋病病毒药品，如果已向购买方开具了增值税专用发票，应将专用发票追回后方可就已售药品申请办理免税。凡专用发票无法追回的，一律按照规定征收增值税，不予免税。

——关于延续免征国产抗艾滋病病毒药品增值税政策的通知（财税〔2016〕97 号）

3. 自 2015 年 1 月 1 日起，药品生产企业销售自产创新药的销售额，为向购买方收取的全部价款和价外费用，其提供给患者后续免费使用的相同创新药，不属于增值税视同销售范围。

本通知所称创新药，是指经国家食品药品监督管理部门批准注册、获批前未曾在中国境内外上市销售，通过合成或者半合成方法制得的原料药及其制剂。

药品生产企业免费提供创新药，应保留如下资料，以备税务机关查验：

（1）国家食品药品监督管理部门颁发的注明注册分类为 1.1 类的药品注册批件；

（2）后续免费提供创新药的实施流程；

（3）第三方（创新药代保管的医院、药品经销单位等）出具免费用药确认证明，以及患者在第三方登记、领取创新药的记录。

——关于创新药后续免费使用有关增值税政策的通知（财税〔2015〕4号）

4. 自2012年7月1日起，属于增值税一般纳税人的药品经营企业销售生物制品，可以选择简易办法按照生物制品销售额和3%的征收率计算缴纳增值税。

药品经营企业，是指取得（食品）药品监督管理部门颁发的《药品经营许可证》，获准从事生物制品经营的药品批发企业和药品零售企业。

属于增值税一般纳税人的药品经营企业销售生物制品，选择简易办法计算缴纳增值税的，36个月内不得变更计税方法。

——关于药品经营企业销售生物制品有关增值税问题的公告（国家税务总局公告2012年第20号）

5. 自2016年4月1日起，属于增值税一般纳税人的兽用药品经营企业销售兽用生物制品，可以选择简易办法按照兽用生物制品销售额和3%的征收率计算缴纳增值税。

兽用药品经营企业，是指取得兽医行政管理部门颁发的《兽药经营许可证》，获准从事兽用生物制品经营的兽用药品批发和零售企业。

属于增值税一般纳税人的兽用药品经营企业销售兽用生物制品，选择简易办法计算缴纳增值税的，36个月内不得变更计税方法。

——关于兽用药品经营企业销售兽用生物制品有关增值税问题的公告（国家税务总局公告2016年第8号）

6. 自2018年5月1日起，增值税一般纳税人生产销售和批发、零售抗癌药品，可选择按照简易办法依照3%征收率计算缴纳增值税。上述纳税人选择简易办法计算缴纳增值税后，36个月内不得变更。

自2018年5月1日起，对进口抗癌药品，减按3%征收进口环节增值税。

纳税人应单独核算抗癌药品的销售额。未单独核算的，不得适用简易征收政策。

所称抗癌药品，是指经国家药品监督管理部门批准注册的抗癌制剂及原料药。抗癌药品清单（第一批）见表2-10。抗癌药品范围实行动态调整，由财政部、海关总署、税务总局、国家药品监督管理局根据变化情况适时明确。

表2-10　　抗癌药品清单（第一批）

一、抗癌药品制剂

序号	药品活性成分名称	已获准上市的剂型	税号
1	阿那曲唑	片剂	30049090
2	阿糖胞苷	注射剂	30021900
3	阿昔替尼	片剂	30049090

续表

序号	药品活性成分名称	已获准上市的剂型	税号
4	阿扎胞苷	注射剂	30049090
5	奥沙利铂	注射剂	30049090
6	奥替拉西/吉美嘧啶/替加氟	胶囊剂、片剂	30049090
7	白消安	片剂、注射剂	30049090
8	苯丁酸氮芥	片剂	30049090
9	比卡鲁胺	片剂、胶囊	30049090
10	表柔比星	注射剂	30042090
11	醋酸阿比特龙	片剂	30043900
12	醋酸奥曲肽	注射剂	30043900
13	醋酸戈舍瑞林	植入剂	30043200
14	醋酸亮丙瑞林	注射剂	30043900
15	醋酸曲普瑞林	注射剂	30043200
16	达卡巴嗪	注射剂	30049090
17	达沙替尼	片剂	30049090
18	地西他滨	注射剂	30049090
19	多西他赛	注射剂	30049090
20	氟尿嘧啶	注射剂、片剂、口服乳剂、乳膏、植入剂、口服溶液	30041090
21	氟他胺	片剂、胶囊	30049090
22	氟维司群	注射剂	30043200
23	福美坦	注射剂	30043900
24	福莫司汀	注射剂	30049090
25	枸橼酸他莫昔芬	片剂、口服溶液	30049090
26	枸橼酸托瑞米芬	片剂	30049090
27	环磷酰胺	注射剂、片剂	30049090
28	吉非替尼	片剂	30049090
29	甲氨蝶呤	注射剂	30049090
30	甲苯磺酸拉帕替尼	片剂	30049090
31	甲苯磺酸索拉非尼	片剂	30049090
32	甲磺酸阿帕替尼	片剂	30049090
33	甲磺酸奥希替尼	片剂	30049090
34	甲磺酸伊马替尼	胶囊剂、片剂	30049090

续表

序号	药品活性成分名称	已获准上市的剂型	税号
35	酒石酸长春瑞滨	胶囊剂、注射剂	30044900
36	卡铂	注射剂	30049090
37	卡莫氟	片剂	30049090
38	卡培他滨	片剂	30049090
39	克拉屈滨	注射剂	30049090
40	克唑替尼	胶囊剂	30049090
41	来那度胺	胶囊剂	30049090
42	来曲唑	片剂	30049090
43	雷替曲塞	注射剂	30049090
44	磷酸雌莫司汀	胶囊剂	30043900
45	磷酸氟达拉滨	片剂、注射剂	30049090
46	磷酸芦可替尼	片剂	30049090
47	磷酸依托泊苷	注射剂	30049090
48	硫酸长春地辛	注射剂	30044900
49	硫酸长春新碱	注射剂	30044900
50	洛铂	注射剂	30049090
51	马来酸阿法替尼	片剂	30049090
52	美法仑	片剂	30049090
53	门冬酰胺酶	注射剂	30049090
54	奈达铂	注射剂	30049090
55	尼洛替尼	胶囊剂	30049090
56	培美曲塞二钠	注射剂	30049090
57	培门冬酶	注射剂	30049090
58	培唑帕尼	片剂	30049090
59	硼替佐米	注射剂	30049090
60	苹果酸舒尼替尼	胶囊剂	30049090
61	羟喜树碱	注射剂	30044900
62	巯嘌呤	片剂	30049090
63	去氧氟尿苷	片剂、胶囊、分散片	30049090
64	瑞戈非尼	片剂	30049090
65	双羟萘酸曲普瑞林	注射剂	30043900
66	顺铂	注射剂	30049090

续表

序号	药品活性成分名称	已获准上市的剂型	税号
67	丝裂霉素	注射剂	30042090
68	替加氟	片剂、注射剂	30049090
69	替莫唑胺	胶囊剂	30049090
70	替尼泊苷	注射剂	30049090
71	维莫非尼	片剂	30049090
72	西达本胺	片剂	30049090
73	亚叶酸钙	注射剂	30049090
74	亚叶酸钠	注射剂	30049090
75	盐酸阿糖胞苷	注射剂	30049090
76	盐酸埃克替尼	片剂	30049090
77	盐酸吡柔比星	注射剂	30049090
78	盐酸表柔比星	注射剂	30049090
79	盐酸博来霉素	注射剂	30042090
80	盐酸氮芥	注射剂	30049090
81	盐酸多柔比星	注射剂	30042090
82	盐酸厄洛替尼	片剂	30049090
83	盐酸吉西他滨	注射剂	30049090
84	盐酸尼莫司汀	注射剂	30049090
85	盐酸平阳霉素	注射剂	30042090
86	盐酸柔红霉素	注射剂	30042090
87	盐酸托泊替康	注射剂	30044900
88	盐酸伊达比星	胶囊剂、注射剂	30042090
89	盐酸伊立替康	注射剂	30049090
90	伊布替尼	胶囊剂	30049090
91	依托泊苷	胶囊剂、注射剂	30049090
92	依维莫司	片剂	30049090
93	依西美坦	片剂	30043200
94	异环磷酰胺	注射剂	30049090
95	重酒石酸长春瑞滨	注射剂	30044900
96	紫杉醇	注射剂	30049090
97	左亚叶酸钙	注射剂	30049090
98	尿嘧啶/替加氟	片剂、胶囊	30049090

续表

序号	药品活性成分名称	已获准上市的剂型	税号
99	贝伐珠单抗注射液	注射剂	30021500
100	利妥昔单抗注射液	注射剂	30021500
101	西妥昔单抗注射液	注射剂	30021200
102	注射用曲妥珠单抗	注射剂	30021500
103	尼妥珠单抗注射液	注射剂	30021500

二、抗癌药品原料药

序号	药品名称	税号
1	阿那曲唑	29339900
2	奥沙利铂	28439000
3	奥替拉西钾	29336990
4	白消安	29053990
5	比卡鲁胺	29309090
6	吡柔比星	29419090
7	醋酸曲普瑞林	29371900
8	达沙替尼	29341090
9	地西他滨	29349990
10	多西他赛	29329990
11	氟脲苷	29349990
12	氟他胺	29242990
13	福美坦	29372319
14	环磷酰胺	29349990
15	吉非替尼	29349990
16	吉美嘧啶	29333990
17	甲磺酸阿帕替尼	29333990
18	甲磺酸伊马替尼	29335990
19	酒石酸长春瑞滨	29397990
20	卡铂	28439000
21	卡培他滨	29349990
22	来那度胺	29337900
23	来曲唑	29339900
24	雷替曲塞	29349990

续表

序号	药品名称	税号
25	磷酸氟达拉滨	29349990
26	硫酸长春新碱	29397990
27	硫唑嘌呤	29335990
28	门冬酰胺酶	35079090
29	奈达铂	28439000
30	培美曲塞二钠	29335990
31	硼替佐米	29339900
32	顺铂	28439000
33	丝裂霉素	29419090
34	替加氟	29349990
35	替莫唑胺	29339900
36	西达本胺	29333990
37	盐酸阿糖胞苷	29349990
38	盐酸埃克替尼	29349990
39	盐酸表柔比星	29419090
40	盐酸多柔比星	29419090
41	盐酸吉西他滨	29349990
42	盐酸米托蒽醌	29225090
43	盐酸平阳霉素	29419090
44	盐酸柔红霉素	29419090
45	盐酸托泊替康	29397990
46	盐酸伊达比星	29419090
47	盐酸伊立替康	29397990
48	依西美坦	29372900
49	异环磷酰胺	29349990
50	紫杉醇	29329990
51	左亚叶酸钙	29335990

——关于抗癌药品增值税政策的通知（财税〔2018〕47号）

二、图书销售免征增值税政策

1. 向社会收购的古旧图书免征增值税。

——增值税暂行条例

2. 自2013年1月1日起至2017年12月31日，免征图书批发、零售环节增值税。图书、报纸、期刊（即杂志）的范围，仍然按照《国家税务总局关于印发〈增值税部分货物征税范围注释〉的通知》（国税发〔1993〕151号）的规定执行。

——关于延续宣传文化增值税和营业税优惠政策的通知（财税〔2013〕87号）

3. 自2018年1月1日起至2020年12月31日，免征图书批发、零售环节增值税。

——关于延续宣传文化增值税优惠政策的通知（财税〔2018〕53号）

三、批发或零售粮食、食用植物油、鲜活肉蛋及蔬菜免征增值税政策

1. 国有粮食购销企业必须按顺价原则销售粮食。对承担粮食收储任务的国有粮食购销企业销售的粮食免征增值税。免征增值税的国有粮食购销企业，由县（市）国家税务局会同同级财政、粮食部门审核确定。

——关于粮食企业增值税征免问题的通知（财税字〔1999〕198号）

2. 对其他粮食企业经营粮食，除下列项目免征增值税外，一律征收增值税。

（1）军队用粮，指凭军用粮票和军粮供应证按军供价供应中国人民解放军和中国人民武装警察部队的粮食；

（2）救灾救济粮，指经县（含）以上人民政府批准，凭救灾救济粮食（证）按规定的销售价格向需救助的灾民供应的粮食；

（3）水库移民口粮，指经县（含）以上人民政府批准，凭水库移民口粮票（证）按规定的销售价格供应给水库移民的粮食。

粮食部门应向同级国家税务局提供军队用粮、救灾救济粮、水库移民口粮的单位、供应数量等有关资料，予以免税。本通知从1999年8月1日起执行。

——关于粮食企业增值税征免问题的通知（财税字〔1999〕198号）

3. 享受免税优惠的国有粮食购销企业可继续使用增值税专用发票。

自1999年8月1日起，凡国有粮食购销企业销售粮食，暂一律开具增值税专用发票。

国有粮食购销企业开具增值税专用发票时，应当比照非免税货物开具增值税专用发票，企业记账销售额为“价税合计”数。

属于一般纳税人的生产、经营单位从国有粮食购销企业购进的免税粮食，可

依照国有粮食购销企业开具的增值税专用发票注明的税额抵扣进项税额。

——关于国有粮食购销企业开具粮食销售发票有关问题的通知（国税明电〔1999〕10号）

4. 国家商品储备管理单位及其直属企业承担商品储备任务，从中央或者地方财政取得的利息补贴收入和价差补贴收入。

国家商品储备管理单位及其直属企业，是指接受中央、省、市、县四级政府有关部门（或者政府指定管理单位）委托，承担粮（含大豆）、食用油、棉、糖、肉、盐（限于中央储备）等6种商品储备任务，并按有关政策收储、销售上述6种储备商品，取得财政储备经费或者补贴的商品储备企业。

利息补贴收入，是指国家商品储备管理单位及其直属企业因承担上述商品储备任务从金融机构贷款，并从中央或者地方财政取得的用于偿还贷款利息的贴息收入。价差补贴收入包括销售价差补贴收入和轮换价差补贴收入。

销售价差补贴收入，是指按照中央或者地方政府指令销售上述储备商品时，销售收入小于库存成本而从中央或者地方财政获得的全额价差补贴收入。轮换价差补贴收入，是指根据要求定期组织政策性储备商品轮换而从中央或者地方财政取得的商品新陈品质价差补贴收入。

——关于全面推开营业税改征增值税试点的通知（财税〔2016〕36号）

5. 对销售食用植物油业务，除政府储备食用植物油的销售继续免征增值税外，一律照章征收增值税。

——关于粮食企业增值税征免问题的通知（财税字〔1999〕198号）

6. 自2012年10月1日起，对从事农产品批发、零售的纳税人销售的部分鲜活肉蛋产品免征增值税。

免征增值税的鲜活肉产品，是指猪、牛、羊、鸡、鸭、鹅及其整块或者分割的鲜肉、冷藏或者冷冻肉，内脏、头、尾、骨、蹄、翅、爪等组织。

免征增值税的鲜活蛋产品，是指鸡蛋、鸭蛋、鹅蛋，包括鲜蛋、冷藏蛋以及对其进行破壳分离的蛋液、蛋黄和蛋壳。

上述产品中不包括《中华人民共和国野生动物保护法》所规定的国家珍贵、濒危野生动物及其鲜活肉类、蛋类产品。

从事农产品批发、零售的纳税人既销售上述鲜活肉蛋产品又销售其他增值税应税货物的，应分别核算上述鲜活肉蛋产品和其他增值税应税货物的销售额；未分别核算的，不得享受部分鲜活肉蛋产品增值税免税政策。

批发、零售纳税人享受免税政策后开具的普通发票不得作为计算抵扣进项税额的凭证。

——关于免征部分鲜活肉蛋产品流通环节增值税政策的通知（财税〔2012〕75号）

7. 自2012年1月1日起，对从事蔬菜批发、零售的纳税人销售的蔬菜免征增值税。

蔬菜是指可作副食的草本、木本植物，包括各种蔬菜、菌类植物和少数可作副食的木本植物。蔬菜的主要品种参照表23蔬菜主要品种目录执行。

经挑选、清洗、切分、晾晒、包装、脱水、冷藏、冷冻等工序加工的蔬菜，属于上述免税蔬菜的范围。

各种蔬菜罐头不属于上述免税蔬菜的范围。蔬菜罐头是指蔬菜经处理、装罐、密封、杀菌或无菌包装而制成的食品。

纳税人既销售蔬菜又销售其他增值税应税货物的，应分别核算蔬菜和其他增值税应税货物的销售额；未分别核算的，不得享受蔬菜增值税免税政策。

——关于免征蔬菜流通环节增值税有关问题的通知（财税〔2011〕137号）

表2-11　　蔬菜主要品种目录

类别	主要品种	别　名
根菜类	萝卜	葖、芦菔、莱菔
	胡萝卜	红萝卜、黄萝卜、丁香萝卜、药性萝卜、番萝卜
	芜菁	蔓菁、圆根、盘菜
	芜菁甘蓝	洋蔓菁、洋疙瘩、洋大头菜
	根甜菜	红菜头、紫菜头
	美洲防风	欧防风芹菜萝卜、蒲芹萝卜
	牛蒡	东洋萝卜、蝙蝠刺、大力子
	根芹菜	根洋芹菜、球根塘蒿
	婆罗门参	西洋牛蒡、蒜叶婆罗门参
	山葵	
	黑婆罗门参	菊牛蒡、鸦葱
薯芋类	马铃薯	土豆、山药蛋、洋芋、地蛋、荷兰薯、爪哇薯
	姜	生姜、黄姜
	芋	芋头、芋艿、毛芋
	魔芋	魔芋、蒟蒻
	山药	薯蓣、白苕、脚板苕、山薯、大薯、佛掌薯
	甘薯	红薯、白薯、地瓜、番薯、红蓣
	豆薯	地瓜、凉薯、沙葛、新罗葛
	葛	
	菊芋	洋姜、鬼子姜
	菜用土圞儿	香芋、美洲土圞儿
	蕉芋	蕉藕、姜芋、食用美人蕉、食用莲蕉
	草石蚕	螺丝菜、宝塔菜、甘露儿、地蚕

续表

类别	主要品种	别　名
葱蒜类	韭	草钟乳、起阳草、懒人菜、韭黄
	大葱	木葱、汉葱
	洋葱	葱头、圆葱
	大蒜	胡蒜、蒜
	蒜薹	蒜薹
	蒜苗	蒜黄、青蒜
	分葱	四季葱、菜葱、冬葱
	胡葱	蒜头葱、瓣子葱、火葱、肉葱
	细香葱	四季葱、香葱、虾夷葱
	韭葱	扁葱、扁叶葱、洋蒜苗
	楼葱	龙爪葱、龙角葱
	薤	藠头、藠子、莱芝
白菜类	大白菜	结球白菜、黄芽菜、包心白菜
	普通白菜	白菜、小白菜、青菜、油菜
	乌塌菜	榻菜、塌棵菜、榻地菘、黑菜
	菜薹	菜心、绿菜薹、菜尖
	薹菜	
	紫菜薹	红菜薹
芥菜类	茎芥	茎瘤芥、青菜头、菜头、包包菜、羊角菜、菱角菜
		抱子芥、儿菜、娃娃菜
		笋子芥、棒菜
	叶芥	青菜、苦菜、春菜、辣菜、雪里蕻
	根芥	辣疙瘩、冲菜、芥头、大头菜、疙瘩菜
	薹芥	
甘蓝类	结球甘蓝	洋白菜、卷心菜、包心菜、椰菜、莲花白、包包白、圆白菜、茴子白
	球茎甘蓝	苤蓝、菘、玉蔓菁、芥蓝头、擘蓝
	花椰菜	花菜、菜花
	青花菜	木立花椰菜、意大利花椰菜、嫩茎花椰菜、绿菜花、西兰花
	芥蓝	白花芥蓝
	抱子甘蓝	芽甘蓝、子持甘蓝
	羽衣甘蓝	绿叶甘蓝、菜用羽衣甘蓝、叶牡丹、花包菜

续表

类别	主要品种	别　名
叶菜类	菠菜	菠稜菜、赤根菜、角菜、波斯草
	莴苣	千金菜、莴笋、生菜、青笋、莴苣笋、莴菜、莜麦菜
	芹菜	芹、药芹、苦堇、堇葵、堇菜、旱芹
	蕹菜	空心菜、竹叶菜、通菜、藤菜、蓊菜
	苋菜	米苋、赤苋、刺苋、青香苋、苋
	叶甜菜	莙荙菜、牛皮菜、厚皮菜、光菜、叶甜菜
	菊苣	欧洲菊苣、苞菜、吉康菜、法国苣荬菜
	冬寒菜	冬苋菜、冬葵、葵菜、滑肠菜
	落葵	木耳菜、软浆叶、软姜子、染浆叶、胭脂豆、豆腐菜、藤菜、紫果菜
	茼蒿	蒿子秆、大叶茼蒿、蓬蒿、春菊
	芫荽	香菜、胡荽、香荽
	茴香	小茴香、香丝菜、结球茴香、鲜茎茴香、甜茴香
	菊花脑	菊花叶、黄菊籽、路边黄、黄菊仔
	荠菜	护生草、菱角菜、地米草、扇子草
	菜苜蓿	草头、金花菜、黄花苜蓿、刺苜蓿、南苜蓿、黄花草子
	番杏	新西兰菠菜、洋菠菜、夏菠菜、白番苋、海滨莴苣、宾菜、蔓菜
	苦苣	花叶生菜、花苣
	紫背天葵	血皮菜、紫背菜、红风菜、观音苋、双色三七草
	罗勒	毛罗勒、九层塔、零陵香、兰香草、光明子、省头草
	马齿苋	马齿菜、长命菜、五行草、瓜子菜、马蛇子菜
	紫苏	荏、赤苏、白苏、香苏、苏叶、桂荏、回回苏
	榆钱菠菜	食用滨藜、洋菠菜、山菠菜、山菠薐草
	薄荷	山野薄荷、蕃荷菜
	莳萝	土茴香、草茴香、小茴香
	鸭儿芹	鸭脚板、三叶芹、山芹菜、野蜀葵、三蜀葵、水芹菜
	蕺菜	鱼腥草、蕺儿根、侧耳根、狗帖耳、鱼鳞草、菹菜
	蒲公英	黄花苗、黄花地丁、婆婆丁、蒲公草
	马兰	马兰头、红梗菜、紫菊、田边菊、马兰菊、鸡儿肠、竹节草
	香芹菜	荷兰芹、洋芫荽、欧芹、法国香菜、旱芹菜
	珍珠菜	角菜、白苞蒿、山芹菜、珍珠花菜、甜菜子、鸭脚艾、乳白艾

续表

类别	主要品种	别　名
瓜类	黄瓜	王瓜、胡瓜
	冬瓜	冬瓜
	节瓜	毛瓜
	南瓜	中国南瓜、倭瓜、番瓜、饭瓜
	笋瓜	印度南瓜、玉瓜、北瓜
	西葫芦	美洲南瓜、蔓瓜、白瓜、香瓜
	越瓜	白瓜、脆瓜、酥瓜、梢瓜
	菜瓜	蛇甜瓜、老羊瓜、酱瓜
	丝瓜	圆筒丝瓜、蛮瓜、水瓜、棱角丝瓜、胜瓜
	苦瓜	凉瓜
	瓠瓜	扁蒲、葫芦、蒲瓜、夜开花、瓠子
	佛手瓜	洋丝瓜、合掌瓜、菜肴梨、瓦瓜、万年瓜、拳头瓜
	蛇瓜	蛇豆、蛇丝瓜、长豆角
茄果类	番茄	西红柿、番柿、柿子、洋柿子
	茄子	落苏
	辣椒	海椒、辣子、辣角、番椒
	青椒	大椒、灯笼椒、柿子椒、彩色甜椒、甜椒
	酸浆	红姑娘、洋姑娘、灯笼草、洛神珠
豆类	菜豆	四季豆、芸豆、芸扁豆、豆角、刀豆、敏豆、玉豆、油豆
	长豇豆	长豆角、豆角、带豆、裙带豆
	菜用大豆	毛豆、枝豆
	豌豆	青斑豆、麻豆、青小豆、荷兰豆、淮豆、留豆、金豆、麦豆、回回豆、甜豌豆
	蚕豆	胡豆、佛豆、寒豆、罗汉豆
	扁豆	峨眉豆、沿篱豆、眉豆、肉豆、龙爪豆
	莱豆	金甲豆、科马豆、荷豆、玉豆、雪豆、洋扁豆、白豆、状元豆、棉豆、荷包豆
	刀豆	大刀豆、关刀豆、洋刀豆
	多花菜豆	红花菜豆、大白芸豆、大花芸豆、看花豆
	四棱豆	翼豆、翅豆、四角豆、贡棱豆、热带大豆、四稔豆
	藜豆	黧豆、黎豆、猫猫豆、毛毛豆、毛胡豆、毛狗豆、小狗豆、狸豆、八升豆、狗爪豆

续表

类别	主要品种	别　名
水生蔬菜	莲藕	莲、藕、荷
	茭白	茭瓜、茭笋、菰首
	慈姑	剪刀草、燕尾草
	水芹	刀芹、楚葵、蜀芹、紫堇、蘄
	荸荠	马蹄、地栗、乌芋、凫茈
	菱	菱角、龙角、水栗
	豆瓣菜	西洋菜、水田芥、水蔊菜
	芡实	鸡头米、鸡头、水底黄蜂
	莼菜	马蹄草、水葵、水荷叶、湖菜、露葵
	蒲菜	香蒲、甘蒲
	海带	江白菜、昆布
	紫菜	
多年生及杂类蔬菜	笋用竹	竹笋
	芦笋	石刁柏、龙须菜
	黄花菜	萱草、金针菜
	百合	夜合、中篷花
	香椿	香椿树、红椿、椿花、椿甜树
	枸杞	枸杞菜、枸杞头、枸杞芽
	蘘荷	阳藿、野姜、蘘草、茗荷、苴蓴
	莱蓟	朝鲜蓟、洋蓟、荷兰百合、法国百合
	辣根	西洋山萮菜、山葵萝卜
	食用大黄	原叶大黄、圆叶大黄
	黄秋葵	秋葵、羊角豆
	桔梗	地参、四叶菜、绿花根、铃铛花、沙油菜、梗草、道拉基
	蕨	蕨菜、蕨苔、龙头菜、蕨儿菜鹿蕨菜
	乾苔	发菜、头发菜、石发
	蒌蒿	芦蒿、水蒿、香艾蒿、小艾、水艾
	薇菜	野豌豆，大巢菜，斑矛架，、野苕子
	车前草	车轮菜、牛舌菜、蛤蟆衣
	食用菊	甘菊、臭菊
	玉米笋	玉笋、多穗玉米、珍珠笋、番麦笋
	嫩玉米	菜玉米、菜苞谷、青玉谷、御麦
	糯玉米	中国玉米、糯苞谷
	甜玉米	甜苞谷、甜玉蜀黍、菜玉米

续表

类别	主要品种	别　名
食用菌	香菇	香蕈、冬菇、花菇
	双孢蘑菇	蘑菇、白蘑菇、双孢菇、洋菇、褐蘑菇、棕色蘑菇
	糙皮侧耳	平菇、北风菌、青蘑、桐子菌
	草菇	兰花菇、美味包脚菇、秆菇、麻菇、中国蘑菇
	金针菇	毛柄金钱菇、冬菇、朴菇、朴菰
	黑木耳	木耳、光木耳、云耳
	银耳	白木耳、雪耳
	猴头菇	猴头蘑、刺猬菌
	毛头鬼伞	鸡腿蘑、鸡腿菇
	姬松茸	巴西蘑菇、巴氏蘑菇
	茶薪菇	杨树菇、柱状田头菇、柳环菌、茶树菇
	真姬菇	玉蕈、斑玉蕈、蟹味菇、胶玉蘑、鸿喜菇、海鲜菇
	灰树花	贝叶多孔菌、云蕈、栗蘑、舞茸、莲花菌、千佛菌
	滑菇	珍珠菇、光帽鳞伞、滑子蘑
	刺芹侧耳	雪茸、干贝菇、杏鲍菇
	白灵侧耳	白灵菇
	阿魏侧耳	阿魏菇
	盖囊侧耳	台湾平菇、鲍鱼菇
	毛木耳	
	竹荪	长裙竹荪、短裙竹荪、棘托竹荪
	肺形侧耳	姬菇、秀珍菇、小平菇
	金顶侧耳	榆黄蘑、玉皇菇
	大球盖菇	
	长根菇	
	大杯蕈	猪肚菇
	洛巴伊口蘑	金福菇
	北冬虫夏草	蛹虫草
	牛肝菌	
	松茸	
	鸡枞	
	羊肚菌	
	榛蘑	蜜环菌

续表

类别	主要品种	别　名
食用菌	鸡油菌	
	红菇	
	口蘑	蒙古口蘑
	青冈菌	
	离褶伞	一窝鸡
芽苗菜	绿豆芽	绿豆芽幼芽
	黄豆芽	黄豆幼芽
	黑豆芽	黑豆幼芽
	青豆芽	青豆幼芽
	红豆芽	红豆幼芽
	蚕豆芽	蚕豆幼芽
	红小豆苗	红小豆幼芽
	豌豆苗	豌豆幼芽
	花生芽	花生幼芽
	苜蓿芽	苜蓿幼芽或幼苗
	小扁豆芽	小扁豆幼芽或幼苗
	萝卜芽	萝卜芽幼苗
	菘蓝芽	菘蓝幼芽或幼苗
	沙芥芽	沙芥幼芽或幼苗
	芥菜芽	芥菜幼芽或幼苗
	芥蓝芽	芥蓝幼芽或幼苗
	白菜芽	白菜幼芽或幼苗
	独行菜芽	独行菜幼苗
	香椿苗	香椿幼苗
	向日葵芽	向日葵幼芽
	荞麦芽	荞麦幼苗
	胡椒芽	胡椒幼芽或幼苗
	紫苏芽	紫苏幼芽或幼苗
	水芹芽	水芹幼苗
	小麦苗	小麦幼苗
	胡麻芽	胡麻幼芽或幼苗
	蕹菜芽	蕹菜幼苗

续表

类别	主要品种	别　名
芽苗菜	芝麻芽	芝麻幼芽或幼苗
	黄秋葵芽	黄秋葵幼苗
	花椒脑	花椒嫩芽
	芽球菊苣	菊苣芽球
	苦苣芽	苦苣幼芽或幼苗
	佛手瓜稍	佛手瓜幼稍
	辣椒尖	辣椒幼稍
	豌豆尖	豌豆幼稍
	草芽	草芽幼嫩假茎
	碧玉笋	黄花菜幼嫩假茎

四、边销茶免征增值税政策

自2011年1月1日起至2018年12月31日，对边销茶生产企业（企业名单见表2－12）销售自产的边销茶及经销企业销售的边销茶免征增值税。

所称边销茶，是指以黑毛茶、老青茶、红茶末、绿茶为主要原料，经过发酵、蒸制、加压或者压碎、炒制，专门销往边疆少数民族地区的紧压茶、方包茶(马茶)。

纳税人销售享受增值税免税政策的边销茶，如果已向购买方开具了增值税专用发票，应将专用发票追回后方可申请办理免税。凡使用增值税专用发票无法追回的，一律照章征收增值税，不予免税。

——关于继续执行边销茶增值税政策的通知（财税〔2011〕89号）、关于延长边销茶增值税政策执行期限的通知（财税〔2016〕73号）

表2－12　　适用增值税免税政策的边销茶生产企业名单

序号	企业名称	企业注册地
1	包头市容兴茶叶精制厂	内蒙古包头市
2	浙江武义骆驼九龙砖茶有限公司	浙江省武义县
3	新昌县江南诚茂砖茶有限公司	浙江省新昌县
4	宁波赤岩峰茶叶有限公司	浙江省宁海县
5	湖北富华茶业有限公司	湖北省英山县
6	湖北省赵李桥茶厂有限责任公司	湖北省赤壁市

续表

序号	企业名称	企业注册地
7	安化怡清源茶业有限公司	湖南省安化县
8	临湘市茶业有限责任公司	湖南省临湘市
9	湖南省临湘永巨茶业有限公司	湖南省临湘市
10	湖南省安化茶厂	湖南省安化县
11	湖南省安化县茶叶公司茶厂	湖南省安化县
12	湖南益阳香炉山茶业有限公司	湖南省桃江县
13	湖南紫艺茶业有限公司	湖南省沅陵县
14	益阳茶厂有限公司	湖南省益阳市
15	岳阳市三湘茶厂	湖南省临湘市
16	临湘市明伦茶业有限公司	湖南省临湘市
17	湖南省白沙溪茶厂有限责任公司	湖南省安化县
18	广西金花茶业有限公司	广西横县
19	广西梧州茂圣茶业有限公司	广西梧州市
20	广西壮族自治区梧州茶厂	广西梧州市
21	四川省雅安茶厂有限公司	四川省雅安市
22	四川吉祥茶业有限公司	四川省雅安市
23	雅安市名山县西藏朗赛茶厂	四川省名山县
24	雅安市友谊茶叶有限公司	四川省雅安市
25	四川省荥经县茶厂	四川省荥经县
26	四川省洪雅县松潘民族茶厂	四川省洪雅县
27	四川省平武茶业有限责任公司	四川省平武县
28	宜宾市外贸金叶茶业有限责任公司	四川省宜宾市
29	贵州省桐梓县金龙茶叶有限责任公司	贵州省桐梓县
30	贵州湄江印象茶业有限责任公司	贵州省湄潭县
31	贵州梵锦茶业有限公司	贵州省松桃县
32	镇宁自治县金瀑农产品开发有限责任公司	贵州省镇宁县
33	云南下关沱茶（集团）股份有限公司	云南省大理市
34	云南龙生茶业股份有限公司	云南省普洱市
35	云南省普洱市江城牛洛河茶业有限公司	云南省江城县
36	云南省耿马县国营洛凌茶厂	云南省耿马县
37	云南省双江自治县双龙古茶厂	云南省双江县
38	云南省陇川县纵歌茶厂	云南省陇川县
39	陕西咸阳泾渭茯茶有限公司	陕西省咸阳市
40	新疆叶尔羌茶业有限公司	新疆乌鲁木齐市

五、销售农业生产资料免征增值税政策

1. 从 2001 年 8 月 1 日起，下列货物免征增值税。

（1）农膜；

（2）批发和零售的种子、种苗、农药、农机。

——关于农业生产资料征免增值税政策的通知（财税〔2001〕113 号）

自 2015 年 9 月 1 日起，对纳税人销售和进口化肥统一按 13% 税率（自 2018 年 5 月 1 日起，按照 10% 税率）征收国内环节和进口环节增值税。钾肥增值税先征后返政策同时停止执行。化肥的具体范围，仍然按照《国家税务总局关于印发〈增值税部分货物征税范围注释〉的通知》（国税发〔1993〕151 号）的规定执行。进口环节恢复征收增值税的化肥税号见附件。

——关于对化肥恢复征收增值税政策的通知（财税〔2015〕90 号）

2. 自 2008 年 6 月 1 日起，纳税人生产销售和批发、零售有机肥产品免征增值税。

享受上述免税政策的有机肥产品是指有机肥料、有机—无机复混肥料和生物有机肥。有机肥料指来源于植物和（或）动物，施于土壤以提供植物营养为主要功能的含碳物料。有机—无机复混肥料指由有机和无机肥料混合和（或）化合制成的含有一定量有机肥料的复混肥料。生物有机肥指特定功能微生物与主要以动植物残体（如禽畜粪便、农作物秸秆等）为来源并经无害化处理、腐熟的有机物料复合而成的一类兼具微生物肥料和有机肥效应的肥料。纳税人销售免税的有机肥产品，应按规定开具普通发票，不得开具增值税专用发票。

——关于有机肥产品免征增值税的通知（财税〔2008〕56 号）

3. 从 2001 年 8 月 1 日起，下列饲料产品免征增值税。

（1）单一大宗饲料。其范围仅限于糠麸、酒糟、鱼粉、草饲料、饲料级磷酸氢钙及除豆粕以外的菜籽粕、棉籽粕、向日葵粕、花生粕等粕类产品。

（2）混合饲料。限于单一大宗饲料、粮食及粮食副产品的掺兑比例不低于 95% 的饲料。

（3）配合饲料。

（4）复合预混饲料。

（5）浓缩饲料。

——关于饲料产品免征增值税问题的通知（财税［2001］121 号）

对饲料级磷酸二氢钙产品可按照现行“单一大宗饲料”的增值税政策规定，免征增值税。纳税人销售饲料级磷酸二氢钙产品，不得开具增值税专用发票；凡

开具专用发票的，不得享受免征增值税政策，应照章全额缴纳增值税。

——关于饲料级磷酸二氢钙产品增值税政策问题的通知（国税函〔2007〕第010号）

自2010年1月1日起，豆粕属于征收增值税的饲料产品，除豆粕以外的其他粕类饲料产品，均免征增值税。

——关于粕类产品征免增值税问题的通知（国税函〔2010〕75号）

膨化血粉、膨化肉粉、水解羽毛粉不属于现行增值税优惠政策所定义的单一大宗饲料产品，应对其照章征收增值税。混合饲料是指由两种以上单一大宗饲料、粮食、粮食副产品及饲料添加剂按照一定比例配置，其中单一大宗饲料、粮食及粮食副产品的掺兑比例不低于95%的饲料。添加其他成分的膨化血粉、膨化肉粉、水解羽毛粉等饲料产品，不符合现行增值税优惠政策有关混合饲料的定义，应对其照章征收增值税。

——关于部分饲料产品征免增值税政策问题的批复（国税函〔2009〕324号）

4. 自2007年7月1日起，纳税人生产销售和批发、零售滴灌带和滴灌管产品免征增值税。滴灌带和滴灌管产品是指农业节水滴灌系统专用的、具有制造过程中加工的孔口或其他出流装置、能够以滴状或连续流状出水的水带和水管产品。滴灌带和滴灌管产品按照国家有关质量技术标准要求进行生产，并与PVC管（主管）、PE管（辅管）、承插管件、过滤器等部件组成为滴灌系统。享受免税政策的纳税人应单独核算滴灌带和滴灌管产品的销售额。未单独核算销售额的，不得免税。纳税人销售免税的滴灌带和滴灌管产品，应一律开具普通发票，不得开具增值税专用发票。

——关于免征滴灌带和滴灌管产品增值税的通知（财税〔2007〕83号）

综合上述政策规定，目前生产资料增值税征免税情况，详见表2－13。

表2－13　　　　　　　　生产资料增值税征免汇总表

生产资料	生产环节	批发环节	零售环节
农膜	免税	免税	免税
氮肥	征税	征税	征税
磷肥	征税	征税	征税
钾肥	征税	征税	征税
复混肥	征税	征税	征税
种子、种苗	适用农业生产者政策免税	免税	免税
农药、农机	征税	免税	免税
有机肥	免税	免税	免税

续表

生产资料	生产环节	批发环节	零售环节
单一大宗饲料（仅限于糠麸、酒糟、鱼粉、草饲料、饲料级磷酸氢钙、饲料级磷酸二氢钙及除豆粕以外的粕类产品）	免税	免税	免税
混合饲料（两种以上单一大宗饲料、粮食、粮食副产品及饲料添加剂按照一定比例配置，其中单一大宗饲料、粮食及粮食副产品的掺兑比例不低于95%的饲料）	免税	免税	免税
配合饲料	免税	免税	免税
复合预混饲料	免税	免税	免税
浓缩饲料	免税	免税	免税
滴灌带和滴灌管	免税	免税	免税

六、黄金交易期货增值税即征即退政策

上海期货交易所会员和客户，通过上海期货交易所进行黄金期货交易并发生实物交割的，按照以下规定办理：

1. 卖方会员或客户按交割结算价向上海期货交易所开具普通发票，对其免征增值税。上海期货交易所按交割结算价向卖方提供《黄金结算专用发票》结算联，发票联、存根联由交易所留存。

2. 买方会员或客户未提取黄金出库的，由上海期货交易所按交割结算价开具《黄金结算专用发票》并提供发票联，存根联、结算联由上海期货交易所留存。

3. 买方会员或客户提取黄金出库的，应向上海期货交易所主管税务机关出具期货交易交割结算单、标准仓单出库确认单、溢短结算单，由税务机关按实际交割价和提货数量，代上海期货交易所向具有增值税一般纳税人资格的买方会员或客户（提货方）开具增值税专用发票（抵扣联），增值税专用发票的发票联和记账联由上海期货交易所留存，抵扣联传递给提货方会员或客户。

买方会员或客户（提货方）不属于增值税一般纳税人的，不得向其开具增值税专用发票。

上海期货交易所应对黄金期货交割并提货环节的增值税税款实行单独核算，并享受增值税即征即退政策，同时免征城市维护建设税、教育费附加。

——关于印发《上海期货交易所黄金期货交易增值税征收管理办法》的通知（国税发〔2008〕46号）

七、与铂金相关增值税即征即退政策

1. 对进口铂金免征进口环节增值税。

2. 对中博世金科贸有限责任公司通过上海黄金交易所销售的进口铂金，以上海黄金交易所开具的《上海黄金交易所发票》（结算联）为依据，实行增值税即征即退政策。采取按照进口铂金价格计算退税的办法，具体如下：

即征即退的税额计算公式：

进口铂金平均单价 = Σ{〔（当月进口铂金报关单价 × 当月进口铂金数量）+ 上月末库存进口铂金总价值〕÷（当月进口铂金数量 + 上月末库存进口铂金数量）}

金额 = 销售数量 × 进口铂金平均单价 ÷（1 + 17%）

即征即退税额 = 金额 × 17%

中博世金科贸有限责任公司进口的铂金没有通过上海黄金交易所销售的，不得享受增值税即征即退政策。

3. 中博世金科贸有限责任公司通过上海黄金交易所销售的进口铂金，由上海黄金交易所主管税务机关按照实际成交价格代开增值税专用发票。增值税专用发票中的单价、金额和税额的计算公式为：

单价 = 实际成交单价 ÷（1 + 17%）

金额 = 成交数量 × 单价

税额 = 金额 × 17%

实际成交单价是指不含黄金交易所收取的手续费的单位价格。

4. 国内铂金生产企业自产自销的铂金实行增值税即征即退政策。

5. 对铂金制品加工企业和流通企业销售的铂金及其制品仍按现行规定征收增值税。

6. 铂金出口不退税；出口铂金制品，对铂金原料部分的进项增值税不实行出口退税，只对铂金制品加工环节的加工费按规定退税率退税。

——关于铂金及其制品税收政策的通知（财税〔2003〕86 号）

需要注意的是，依据《关于调整增值税税率的通知》（财税〔2018〕32 号）规定，从自 2018 年 5 月 1 日起，财税〔2003〕86 号文中的税率应调整为 16%。

八、资源综合利用增值税、消费税、企业所得税优惠政策

（一）增值税优惠政策

1. 自 2015 年 7 月 1 日起，纳税人销售自产的资源综合利用产品和提供资源

综合利用劳务（以下称销售综合利用产品和劳务），可享受增值税即征即退政策。具体综合利用的资源名称、综合利用产品和劳务名称、技术标准和相关条件、退税比例等详见表 2－14 资源综合利用产品和劳务增值税优惠目录。

表 2－14　资源综合利用产品和劳务增值税优惠目录

类别	序号	综合利用的资源名称	综合利用产品和劳务名称	技术标准和相关条件	退税比例
一、共、伴生矿产资源	1.1	油母页岩	页岩油	产品原料 95% 以上来自所列资源	70%
	1.2	煤炭开采过程中产生的煤层气（煤矿瓦斯）	电力	产品燃料 95% 以上来自所列资源	100%
	1.3	油田采油过程中产生的油污泥（浮渣）	乳化油调和剂、防水卷材辅料产品	产品原料 70% 以上来自所列资源	70%
二、废渣、废水（液）、废气	2.1	废渣	砖瓦（不含烧结普通砖）、砌块、陶粒、墙板、管材（管桩）、混凝土、砂浆、道路井盖、道路护栏、防火材料、耐火材料（镁铬砖除外）、保温材料、矿（岩）棉、微晶玻璃、U 型玻璃	产品原料 70% 以上来自所列资源	70%
	2.2	废渣	水泥、水泥熟料	1. 42.5 及以上等级水泥的原料 20% 以上来自所列资源，其他水泥、水泥熟料的原料 40% 以上来自所列资源； 2. 纳税人符合《水泥工业大气污染物排放标准》（GB4915－2013）规定的技术要求	70%

续表

类别	序号	综合利用的资源名称	综合利用产品和劳务名称	技术标准和相关条件	退税比例
二、废渣、废水（液）、废气	2.3	建（构）筑废物、煤矸石	建筑砂石骨料	1. 产品原料90%以上来自所列资源； 2. 产品以建（构）筑废物为原料的，符合《混凝土用再生粗骨料》（GB/T 25177－2010）或《混凝土和砂浆用再生细骨料》（GB/T 25176－2010）的技术要求；以煤矸石为原料的，符合《建设用砂》（GB/T 14684－2011）或《建设用卵石、碎石》（GB/T 14685－2011）规定的技术要求	50%
	2.4	粉煤灰、煤矸石	氧化铝、活性硅酸钙、瓷绝缘子、煅烧高岭土	氧化铝、活性硅酸钙生产原料25%以上来自所列资源，瓷绝缘子生产原料中煤矸石所占比重30%以上，煅烧高岭土生产原料中煤矸石所占比重90%以上	50%
	2.5	煤矸石、煤泥、石煤、油母页岩	电力、热力	1. 产品燃料60%以上来自所列资源； 2. 纳税人符合《火电厂大气污染物排放标准》（GB13223－2011）和国家发展改革委、环境保护部、工业和信息化部《电力（燃煤发电企业）行业清洁生产评价指标体系》规定的技术要求	50%
	2.6	氧化铝赤泥、电石渣	氧化铁、氢氧化钠溶液、铝酸钠、铝酸三钙、脱硫剂	1. 产品原料90%以上来自所列资源； 2. 生产过程中不产生二次废渣	50%
	2.7	废旧石墨	石墨异形件、石墨块、石墨粉、石墨增碳剂	1. 产品原料90%以上来自所列资源； 2. 纳税人符合《工业炉窑大气污染物排放标准》（GB9078－1996）规定的技术要求	50%

续表

类别	序号	综合利用的资源名称	综合利用产品和劳务名称	技术标准和相关条件	退税比例
二、废渣、废水（液）、废气	2.8	垃圾以及利用垃圾发酵产生的沼气	电力、热力	1. 产品燃料80%以上来自所列资源； 2. 纳税人符合《火电厂大气污染物排放标准》（GB13223－2011）或《生活垃圾焚烧污染控制标准》（GB18485－2014）规定的技术要求	100%
	2.9	退役军用发射药	涂料用硝化棉粉	产品原料90%以上来自所列资源	50%
	2.10	废旧沥青混凝土	再生沥青混凝土	1. 产品原料30%以上来自所列资源； 2. 产品符合《再生沥青混凝土》（GB/T 25033－2010）规定的技术要求	50%
	2.11	蔗渣	蔗渣浆、蔗渣刨花板和纸	1. 产品原料70%以上来自所列资源； 2. 生产蔗渣浆及各类纸的纳税人符合国家发展改革委、环境保护部、工业和信息化部《制浆造纸行业清洁生产评价指标体系》规定的技术要求	50%
	2.12	废矿物油	润滑油基础油、汽油、柴油等工业油料	1. 产品原料90%以上来自所列资源； 2. 纳税人符合《废矿物油回收利用污染控制技术规范》（HJ 607－2011）规定的技术要求	50%
	2.13	环己烷氧化废液	环氧环己烷、正戊醇、醇醚溶剂	1. 产品原料90%以上来自所列资源； 2. 纳税人必须通过ISO9000、ISO14000认证	50%
	2.14	污水处理厂出水、工业排水（矿井水）、生活污水、垃圾处理厂渗透（滤）液等	再生水	1. 产品原料100%来自所列资源； 2. 产品符合《再生水水质标准》（SL368－2006）规定的技术要求	50%

续表

类别	序号	综合利用的资源名称	综合利用产品和劳务名称	技术标准和相关条件	退税比例
二、废渣、废水（液）、废气	2.15	废弃酒糟和酿酒底锅水，淀粉、粉丝加工废液、废渣	蒸汽、活性炭、白碳黑、乳酸、乳酸钙、沼气、饲料、植物蛋白	产品原料80%以上来自所列资源	70%
	2.16	含油污水、有机废水、污水处理后产生的污泥，油田采油过程中产生的油污泥（浮渣），包括利用上述资源发酵产生的沼气	微生物蛋白、干化污泥、燃料、电力、热力	产品原料或燃料90%以上来自所列资源，其中利用油田采油过程中产生的油污泥（浮渣）生产燃料的，原料60%以上来自所列资源	70%
	2.17	煤焦油、荒煤气（焦炉煤气）	柴油、石脑油	1. 产品原料95%以上来自所列资源； 2. 纳税人必须通过ISO9000、ISO14000认证	50%
	2.18	燃煤发电厂及各类工业企业生产过程中产生的烟气、高硫天然气	石膏、硫酸、硫酸铵、硫黄	1. 产品原料95%以上来自所列资源； 2. 石膏的二水硫酸钙含量85%以上，硫酸的浓度15%以上，硫酸铵的总氮含量18%以上	50%
	2.19	工业废气	高纯度二氧化碳、工业氢气、甲烷	1. 产品原料95%以上来自所列资源； 2. 高纯度二氧化碳产品符合（GB10621－2006），工业氢气产品符合（GB/T3634.1－2006），甲烷产品符合（HG/T 3633－1999）规定的技术要求	70%
	2.20	工业生产过程中产生的余热、余压	电力、热力	产品原料100%来自所列资源	100%

续表

类别	序号	综合利用的资源名称	综合利用产品和劳务名称	技术标准和相关条件	退税比例
三、再生资源	3.1	废旧电池及其拆解物	金属及镍钴锰氢氧化物、镍钴锰酸锂、氯化钴	1. 产品原料中95%以上利用上述资源； 2. 镍钴锰氢氧化物符合《镍、钴、锰三元素复合氢氧化物》（GB/T26300－2010）规定的技术要求	30%
	3.2	废显（定）影液、废相片、废相纸、废感光剂等废感光材料	银	1. 产品原料95%以上来自所列资源； 2. 纳税人必须通过ISO9000、ISO14000认证	30%
	3.3	废旧电机、废旧电线电缆、废铝制易拉罐、报废汽车、报废摩托车、报废船舶、废旧电器电子产品、废旧太阳能光伏器件、废旧灯泡（管），及其拆解物	经冶炼、提纯生产的金属及合金（不包括铁及铁合金）	1. 产品原料70%来自所列资源； 2. 法律、法规或规章对相关废旧产品拆解规定了资质条件的，纳税人应当取得相应的资质	30%
	3.4	废催化剂、电解废弃物、电镀废弃物、废旧线路板、烟尘灰、湿法泥、熔炼渣、线路板蚀刻废液、锡箔纸灰	经冶炼、提纯或化合生产的金属、合金及金属化合物（不包括铁及铁合金），冰晶石	1. 产品原料70%来自所列资源； 2. 纳税人必须通过ISO9000、ISO14000认证	30%
	3.5	报废汽车、报废摩托车、报废船舶、废旧电器电子产品、废旧农机具、报废机器设备、废旧生活用品、工业边角余料、建筑拆解物等产生或拆解出来的废钢铁	炼钢炉料	1. 产品原料95%以上来自所列资源； 2. 炼钢炉料符合《废钢铁》（GB4223－2004）规定的技术要求； 3. 法律、法规或规章对相关废旧产品拆解规定了资质条件的，纳税人应当取得相应的资质； 4. 纳税人符合工业和信息化部《废钢铁加工行业准入条件》的相关规定	30%

续表

类别	序号	综合利用的资源名称	综合利用产品和劳务名称	技术标准和相关条件	退税比例
三、再生资源				5. 炼钢炉料的销售对象应为符合工业和信息化部《钢铁行业规范条件》或《铸造行业准入条件》并公告的钢铁企业或铸造企业	30%
	3.6	稀土产品加工废料，废弃稀土产品及拆解物	稀土金属及稀土氧化物	1. 产品原料95%以上来自所列资源； 2. 纳税人符合国家发展改革委、环境保护部、工业和信息化部《稀土冶炼行业清洁生产评价指标体系》规定的技术要求	30%
	3.7	废塑料、废旧聚氯乙烯（PVC）制品、废铝塑（纸铝、纸塑）复合纸包装材料	汽油、柴油、石油焦、碳黑、再生纸浆、铝粉、塑木（木塑）制品、（汽车、摩托车、家电、管材用）改性再生专用料、化纤用再生聚酯专用料、瓶用再生聚对苯二甲酸乙二醇酯（PET）树脂及再生塑料制品	1. 产品原料70%以上来自所列资源； 2. 化纤用再生聚酯专用料杂质含量低于0.5mg/g、水分含量低于1%，瓶用再生聚对苯二甲酸乙二醇酯（PET）树脂乙醛质量分数小于等于1ug/g； 3. 纳税人必须通过ISO9000、ISO14000认证	50%
	3.8	废纸、农作物秸秆	纸浆、秸秆浆和纸	1. 产品原料70%以上来自所列资源； 2. 废水排放符合《制浆造纸工业水污染物排放标准》（GB3544－2008）规定的技术要求； 3. 纳税人符合《制浆造纸行业清洁生产评价指标体系》规定的技术要求； 4. 纳税人必须通过ISO9000、ISO14000认证	50%

续表

类别	序号	综合利用的资源名称	综合利用产品和劳务名称	技术标准和相关条件	退税比例
三、再生资源	3.9	废旧轮胎、废橡胶制品	胶粉、翻新轮胎、再生橡胶	1. 产品原料95%以上来自所列资源； 2. 胶粉符合（GB/T19208－2008）规定的技术要求；翻新轮胎符合（GB7037－2007）、（GB14646－2007）或（HG/T3979－2007）规定的技术要求；再生橡胶符合（GB/T13460－2008）规定的技术要求； 3. 纳税人必须通过ISO9000、ISO14000认证	50%
	3.10	废弃天然纤维、化学纤维及其制品	纤维纱及织布、无纺布、毡、粘合剂及再生聚酯产品	产品原料90%以上来自所列资源	50%
	3.11	人发	档发	产品原料90%以上来自所列资源	70%
	3.12	废玻璃	玻璃熟料	1. 产品原料95%以上来自所列资源； 2. 产品符合《废玻璃分类》（SB/T 10900－2012）的技术要求； 3. 纳税人符合《废玻璃回收分拣技术规范》（SB/T11108－2014）规定的技术要求	50%
四、农林剩余物及其他	4.1	餐厨垃圾、畜禽粪便、稻壳、花生壳、玉米芯、油茶壳、棉籽壳、三剩物、次小薪材、农作物秸秆、蔗渣，以及利用上述资源发酵产生的沼气	生物质压块、沼气等燃料，电力、热力	1. 产品原料或者燃料80%以上来自所列资源； 2. 纳税人符合《锅炉大气污染物排放标准》（GB13271－2014）《火电厂大气污染物排放标准》（GB13223－2011）或《生活垃圾焚烧污染控制标准》（GB18485－2001）规定的技术要求	100%

续表

类别	序号	综合利用的资源名称	综合利用产品和劳务名称	技术标准和相关条件	退税比例
四、农林剩余物及其他	4.2	三剩物、次小薪材、农作物秸秆、沙柳	纤维板、刨花板，细木工板、生物炭、活性炭、栲胶、水解酒精、纤维素、木质素、木糖、阿拉伯糖、糠醛、箱板纸	产品原料95%以上来自所列资源	70%
	4.3	废弃动物油和植物油	生物柴油、工业级混合油	1. 产品原料70%以上来自所列资源； 2. 工业级混合油的销售对象须为化工企业	70%
五、资源综合利用劳务	5.1	垃圾处理、污泥处理处置劳务			70%
	5.2	污水处理劳务		污水经加工处理后符合《城镇污水处理厂污染物排放标准》（GB18918－2002）规定的技术要求或达到相应的国家或地方水污染物排放标准中的直接排放限值	70%
	5.3	工业废气处理劳务		经治理、处理后符合《大气污染物综合排放标准》（GB 16297－1996）规定的技术要求或达到相应的国家或地方水污染物排放标准中的直接排放限值	70%

2. 纳税人从事《目录》所列的资源综合利用项目，其申请享受本通知规定的增值税即征即退政策时，应同时符合下列条件：

（1）属于增值税一般纳税人；

（2）销售综合利用产品和劳务，不属于国家发展改革委《产业结构调整指导目录》中的禁止类、限制类项目；

（3）销售综合利用产品和劳务，不属于环境保护部《环境保护综合名录》中的“高污染、高环境风险”产品或者重污染工艺；

（4）综合利用的资源，属于环境保护部《国家危险废物名录》列明的危险废物的，应当取得省级及以上环境保护部门颁发的《危险废物经营许可证》，且许可经营范围包括该危险废物的利用；

（5）纳税信用等级不属于税务机关评定的C级或D级。

纳税人在办理退税事宜时，应向主管税务机关提供其符合本条规定的上述条件以及《目录》规定的技术标准和相关条件的书面声明材料，未提供书面声明材料或者出具虚假材料的，税务机关不得给予退税。

3. 已享受增值税即征即退政策的纳税人，自不符合规定的条件以及《目录》规定的技术标准和相关条件的次月起，不再享受本通知规定的增值税即征即退政策。

4. 已享受本通知规定的增值税即征即退政策的纳税人，因违反税收、环境保护的法律法规受到处罚（警告或单次1万元以下罚款除外）的，自处罚决定下达的次月起36个月内，不得享受本通知规定的增值税即征即退政策。

5. 纳税人应当单独核算适用增值税即征即退政策的综合利用产品和劳务的销售额和应纳税额。未单独核算的，不得享受本通知规定的增值税即征即退政策。

6. 各省、自治区、直辖市、计划单列市税务机关应于每年2月底之前在其网站上，将本地区上一年度所有享受本通知规定的增值税即征即退政策的纳税人，按下列项目予以公示：纳税人名称、纳税人识别号，综合利用的资源名称、数量，综合利用产品和劳务名称。

——关于印发《资源综合利用产品和劳务增值税优惠目录》的通知（财税〔2015〕78号）

（二）消费税免税政策

1. 利用废弃的动物油和植物油为原料生产的纯生物柴油免征消费税政策。

从2009年1月1日起，对同时符合下列条件的纯生物柴油免征消费税：

（1）生产原料中废弃的动物油和植物油用量所占比重不低于70%。

（2）生产的纯生物柴油符合国家《柴油机燃料调合用生物柴油（BD100）》标准。

对不符合本通知第一条规定的生物柴油，或者以柴油、柴油组分调合生产的生物柴油照章征收消费税。

——关于对利用废弃的动植物油生产纯生物柴油免征消费税的通知（财税〔2010〕118号）

2. 所称“废弃的动物油和植物油”的范围明确如下：

（1）餐饮、食品加工单位及家庭产生的不允许食用的动植物油脂。主要包括泔水油、煎炸废弃油、地沟油和抽油烟机凝析油等；

（2）利用动物屠宰分割和皮革加工修削的废弃物处理提炼的油脂，以及肉类加工过程中产生的非食用油脂；

（3）食用油脂精炼加工过程中产生的脂肪酸、甘油脂及含少量杂质的混合物。主要包括酸化油、脂肪酸、棕榈酸化油、棕榈油脂肪酸、白土油及脱臭馏出物等；

（4）油料加工或油脂储存过程中产生的不符合食用标准的油脂。

——关于明确废弃动植物油生产纯生物柴油免征消费税适用范围的通知（财税〔2011〕46号）

3. 废矿物油再生油品免征消费税政策。

自2013年11月1日至2018年10月31日，对以回收的废矿物油为原料生产的润滑油基础油、汽油、柴油等工业油料免征消费税。

废矿物油是指工业生产领域机械设备及汽车、船舶等交通运输设备使用后失去或降低功效更换下来的废润滑油。

纳税人利用废矿物油生产的润滑油基础油、汽油、柴油等工业油料免征消费税，应同时符合下列条件：

（1）纳税人必须取得省级以上（含省级）环境保护部门颁发的《危险废物（综合）经营许可证》，且该证件上核准生产经营范围应包括“利用”或“综合经营”字样。生产经营范围为“综合经营”的纳税人，还应同时提供颁发《危险废物（综合）经营许可证》的环境保护部门出具的能证明其生产经营范围包括“利用”的材料。

纳税人在申请办理免征消费税备案时，应同时提交污染物排放地环境保护部门确定的该纳税人应予执行的污染物排放标准，以及污染物排放地环境保护部门在此前6个月以内出具的该纳税人的污染物排放符合上述标准的证明材料。

纳税人回收的废矿物油应具备能显示其名称、特性、数量、接受日期等项目的《危险废物转移联单》。

（2）生产原料中废矿物油重量必须占到90%以上。产成品中必须包括润滑油基础油，且每吨废矿物油生产的润滑油基础油应不少于0.65吨。

（3）利用废矿物油生产的产品与利用其他原料生产的产品应分别核算。

纳税人销售免税油品时，应在增值税专用发票上注明产品名称，并在产品名称后加注“（废矿物油）”。

符合规定的纳税人利用废矿物油生产的润滑油基础油连续加工生产润滑油，或纳税人外购利用废矿物油生产的润滑油基础油加工生产润滑油，在申报润滑油消费税额时按当期销售的润滑油数量扣减其耗用的符合本通知规定的润滑油基础油数量的余额计算缴纳消费税。

对未达到相应的污染物排放标准或被取消《危险废物（综合）经营许可证》

的纳税人，自发生违规排放行为之日或《危险废物（综合）经营许可证》被取消之日起，取消其享受本通知规定的免征消费税政策的资格，且三年内不得再次申请。纳税人自发生违规排放行为之日起已申请并办理免税的，应予追缴。

——关于对废矿物油再生油品免征消费税的通知（财税〔2013〕105号）

（三）企业所得税减税政策

1. 减税内容。

企业综合利用资源，生产符合国家产业政策规定的产品所取得的收入，可以在计算应纳税所得额时减计收入。

——企业所得税法

所称减计收入，是指企业以表2－15资源综合利用企业所得税优惠目录规定的资源作为主要原材料，生产国家非限制和禁止并符合国家和行业相关标准的产品取得的收入，减按90%计入收入总额。

所称原材料占生产产品材料的比例不得低于《资源综合利用企业所得税优惠目录》规定的标准。

——企业所得税法实施条例

表2－15　　资源综合利用企业所得税优惠目录

类型	序号	综合利用的资源	生产的产品	技术标准
一、共生、伴生矿产资源	1	煤系共生、伴生矿产资源、瓦斯	高岭岩，铝矾土，膨润土，电力、热力及燃气	1. 产品原料100%来自所列资源； 2. 煤炭开发中的废弃物； 3. 产品符合国家和行业标准
二、废水（液）、废气、废渣	2	煤矸石、石煤、煤粉灰、采矿和选矿废渣、冶炼废渣、工业炉渣、脱硫石膏、磷石膏、江河（渠）道的清淤（淤沙）、风积沙、建筑垃圾、生活垃圾焚烧余渣、化工废渣、工业废渣	砖瓦、砌块、墙板类产品、石膏类制品以及商品粉煤灰	产品原料70%以上来自所列资源
	3	转炉渣、电炉渣、铁合金炉渣、氧化铝赤泥、化工废渣、工业废渣	铁、铁合金料、精矿粉、稀土	产品原料100%来自所列资源

续表

类型	序号	综合利用的资源	生产的产品	技术标准
二、废水（液）、废气、废渣	4	化工、纺织、造纸工业废液及废渣	银、盐、锌、纤维、碱、羊毛脂、聚乙烯醇、硫化钠、亚硫酸钠、硝酸、铁盐、铬盐、木素硫酸盐、乙酸、乙二酸、乙酸钠、盐酸、米、黏合剂、酒精、香兰素、饲料酵母、肥料、甘油、乙氰	
	5	制盐液（苦卤）及硼酸废液	氯化钾、硝酸钾、溴素、氯化镁、氢氧化镁、无水硝、石膏、硫酸镁、硫酸钾、肥料	产品原料70%来自所列资源
	6	工矿废水、城市污水	再生水	产品原料100%来自所列资源达到国家有关标准
	7	废生物质油、废弃润滑油	生物柴油及工业油料	产品原料100%来自所列资源
	8	焦炉煤气、化工、石油（炼油）化工废气、发酵废气、火炬气、炭黑尾气	硫黄、硫酸、磷铵、脱硫石膏、可燃气、轻烃、硫酸亚铁、有色金属、一氧化碳、干冰、甲醇、合成氨	
	9	转炉煤气、高炉煤气、火炬气以及除焦炉煤气以外的工业炉气，工业过程中的余热、余压	电力、热力	
三、共生资源	10	废旧电池、电子电器产品	金属（包括稀贵金属）、非金属	产品原料100%来自所列资源
	11	废感光材料、废灯泡（管）	有色（稀贵）金属及其产品	产品原料100%来自所列资源
	12	锯末、树皮、枝丫材	人造板及其制品	1. 符合产品标准； 2. 产品原料100%来自所列资源

续表

类型	序号	综合利用的资源	生产的产品	技术标准
三、共生资源	13	废塑料	塑料制品	产品原料 100% 来自所列资源
	14	废、旧轮胎	翻新轮胎、胶粉	1. 产品符合 GB9037 和 GB14646 标准； 2. 产品原料 100% 来自所列资源； 3. 符合 GB/T19208 等标准规定的性能指标
	15	废弃天然纤维、化学纤维及其制品	造纸原料、纤维纱及织物、无纺布、毡、黏合剂、再生聚酯	产品原料 100% 来自所列资源
	16	农作物秸秆及壳皮（包括粮食作物秸秆、农业经济作物秸秆、粮食壳皮、玉米芯）	代木产品、电力、热力及燃气	产品原料 70% 来自所列资源

2. 后续管理。

享受税收优惠的时间：预缴享受。

主要留存备查资料：

一是企业实际资源综合利用情况（包括综合利用的资源、技术标准、产品名称等）的说明；

二是综合利用资源生产产品取得的收入核算情况说明。

后续管理要求：由省税务机关（含计划单列市税务机关）规定。

——企业所得税优惠事项备案管理目录（2017 年版）

（四）消费税免税政策

从 2009 年 1 月 1 日起，对同时符合下列条件的纯生物柴油免征消费税：

1. 生产原料中废弃的动物油和植物油用量所占比重不低于 70%；

2. 生产的纯生物柴油符合国家《柴油机燃料调合生物柴油（BD100）》标准；

3. 对不符合本通知第一条规定的生物柴油，或者以柴油、柴油组分调合生产的生物柴油照章征收消费税。

——关于对利用废弃的动植物油生产纯生物柴油免征消费税的通知（财税〔2010〕118 号）

九、供热企业增值税、房产税、土地使用税优惠政策

（一）增值税免税政策

自2016年1月1日至2018年供暖期结束，对供热企业向居民个人（以下统称“居民”）供热而取得的采暖费收入免征增值税。

向居民供热而取得的采暖费收入，包括供热企业直接向居民收取的、通过其他单位向居民收取的和由单位代居民缴纳的采暖费。

免征增值税的采暖费收入，应当按照规定单独核算。通过热力产品经营企业向居民供热的热力产品生产企业，应当根据热力产品经营企业实际从居民取得的采暖费收入占该经营企业采暖费总收入的比例确定免税收入比例。

所称供暖期，是指当年下半年供暖开始至次年上半年供暖结束的期间。

（二）房产税、城镇土地使用税免税政策

自2016年1月1日至2018年12月31日，对向居民供热而收取采暖费的供热企业，为居民供热所使用的厂房及土地免征房产税、城镇土地使用税；对供热企业其他厂房及土地，应当按规定征收房产税、城镇土地使用税。

对专业供热企业，按其向居民供热取得的采暖费收入占全部采暖费收入的比例计算免征的房产税、城镇土地使用税。

对兼营供热企业，视其供热所使用的厂房及土地与其他生产经营活动所使用的厂房及土地是否可以区分，按照不同方法计算免征的房产税、城镇土地使用税。可以区分的，对其供热所使用厂房及土地，按向居民供热取得的采暖费收入占全部采暖费收入的比例计算减免税。难以区分的，对其全部厂房及土地，按向居民供热取得的采暖费收入占其营业收入的比例计算减免税。

对自供热单位，按向居民供热建筑面积占总供热建筑面积的比例计算免征供热所使用的厂房及土地的房产税、城镇土地使用税。

所称供热企业，是指热力产品生产企业和热力产品经营企业。热力产品生产企业包括专业供热企业、兼营供热企业和自供热单位。

本通知适用北京市、天津市、河北省、山西省、内蒙古自治区、辽宁省、大连市、吉林省、黑龙江省、山东省、青岛市、河南省、陕西省、甘肃省、青海省、宁夏回族自治区和新疆维吾尔自治区。

——关于供热企业增值税、房产税、城镇土地使用税优惠政策的通知（财税〔2016〕94号）

十、饮水工程运营管理单位契税、印花税、房产税、城镇土地使用税、增值税、企业所得税优惠政策

2016年1月1日至2018年12月31日期间：

1. 对饮水工程运营管理单位为建设饮水工程而承受土地使用权，免征契税。

2. 对饮水工程运营管理单位为建设饮水工程取得土地使用权而签订的产权转移书据，以及与施工单位签订的建设工程承包合同免征印花税。

3. 对饮水工程运营管理单位自用的生产、办公用房产、土地，免征房产税、城镇土地使用税。

4. 对饮水工程运营管理单位向农村居民提供生活用水取得的自来水销售收入，免征增值税。

5. 对饮水工程运营管理单位从事《公共基础设施项目企业所得税优惠目录》规定的饮水工程新建项目投资经营的所得，自项目取得第一笔生产经营收入所属纳税年度起，第一年至第三年免征企业所得税，第四年至第六年减半征收企业所得税。

所称饮水工程，是指为农村居民提供生活用水而建设的供水工程设施。所称饮水工程运营管理单位，是指负责饮水工程运营管理的自来水公司、供水公司、供水（总）站（厂、中心）、村集体、农民用水合作组织等单位。

对于既向城镇居民供水，又向农村居民供水的饮水工程运营管理单位，依据向农村居民供水收入占总供水收入的比例免征增值税；依据向农村居民供水量占总供水量的比例免征契税、印花税、房产税和城镇土地使用税。无法提供具体比例或所提供数据不实的，不得享受上述税收优惠政策。

——关于继续实行农村饮水安全工程建设运营税收优惠政策的通知（财税〔2016〕19号）

十一、电力行业增值税、企业所得税、土地使用税优惠政策

（一）增值税免税政策

对农村电管站在收取电价时一并向用户收取的农村电网维护费（包括低压线路损耗和维护费以及电工经费）免征增值税。鉴于部分地区农村电网维护费改由其他单位收取后，只是收费的主体发生了变化，收取方法、对象以及使用用途均未发生变化，为保持政策的一致性，对其他单位收取的农村电网维护费免征增值税，不得开具增值税专用发票。

——关于农村电网维护费征免增值税问题的通知（国税函〔2009〕591号）

（二）光伏发电增值税即征即退政策

自2016年1月1日至2018年12月31日，对纳税人销售自产的利用太阳能生产的电力产品，实行增值税即征即退50%的政策。文到之日前，已征的按本通知规定应予退还的增值税，可抵减纳税人以后月份应缴纳的增值税或予以退还。

——关于继续执行光伏发电增值税政策的通知（财税〔2016〕81号）

（三）电网企业电网新建项目享受企业所得税优惠政策

根据《中华人民共和国企业所得税法》及其实施条例的有关规定，居民企业从事符合《公共基础设施项目企业所得税优惠目录（2008年版）》规定条件和标准的电网（输变电设施）的新建项目，可依法享受"三免三减半"的企业所得税优惠政策。基于企业电网新建项目的核算特点，暂以资产比例法，即以企业新增输变电固定资产原值占企业总输变电固定资产原值的比例，合理计算电网新建项目的应纳税所得额，并据此享受"三免三减半"的企业所得税优惠政策。电网企业新建项目享受优惠的具体计算方法如下：

对于企业能独立核算收入的330千伏以上跨省及长度超过200千米的交流输变电新建项目和500千伏以上直流输变电新建项目，应在项目投运后，按该项目营业收入、营业成本等单独计算其应纳税所得额；该项目应分摊的期间费用，可按照企业期间费用与分摊比例计算确定，计算公式为：

应分摊的期间费用＝企业期间费用×分摊比例

第一年分摊比例＝该项目输变电资产原值÷［（当年企业期初总输变电资产原值＋当年企业期末总输变电资产原值）÷2］×（当年取得第一笔生产经营收入至当年底的月份数÷12）

第二年及以后年度分摊比例＝该项目输变电资产原值÷［（当年企业期初总输变电资产原值＋当年企业期末总输变电资产原值）÷2］

对于企业符合优惠条件但不能独立核算收入的其他新建输变电项目，可先依照企业所得税法及相关规定计算出企业的应纳税所得额，再按照项目投运后的新增输变电固定资产原值占企业总输变电固定资产原值的比例，计算得出该新建项目减免的应纳税所得额。享受减免的应纳税所得额计算公式为：

当年减免的应纳税所得额＝当年企业应纳税所得额×减免比例

减免比例＝［当年新增输变电资产原值÷（当年企业期初总输变电资产原值＋当年企业期末总输变电资产原值）÷2］×1/2＋（符合税法规定、享受到第二年和第三年输变电资产原值之和）÷［（当年企业期初总输变电资产原值＋当年企业期末总输变电资产原值）÷2］＋［（符合税法规定、享受到第四年至第六年输变电资产

原值之和)÷(当年企业期初总输变电资产原值+当年企业期末总输变电资产原值)÷2]×1/2

自2013年1月1日起施行。居民企业符合条件的2013年1月1日前的电网新建项目，已经享受企业所得税优惠的不再调整；未享受企业所得税优惠的可依照本公告的规定享受剩余年限的企业所得税优惠政策。

——国家税务总局关于电网企业电网新建项目享受所得税优惠政策问题的公告（国家税务总局公告2013年第26号）

（四）城镇土地使用税免税政策

对火电厂厂区围墙内的用地，均应照章征收土地使用税。对厂区围墙外的灰场、输灰管、输油（气）管道、铁路专用线用地，免征土地使用税；厂区围墙外的其他用地，应照章征税。

对水电站的发电厂房用地（包括坝内、坝外式厂房），生产、办公、生活用地，照章征收土地使用税；对其他用地给予免税照顾。

对供电部门的输电线路用地、变电站用地，免征土地使用税。

——关于电力行业征免土地使用税问题的规定（1989年国税地字第13号）

十二、水利设施城镇土地使用税优惠政策

对水利设施及其管护用地（如水库库区、大坝、堤防、灌渠、泵站等用地），免征土地使用税；其他用地，如生产、办公、生活用地，应照章征收城镇土地使用税。

对兼有发电的水利设施用地征免土地使用税问题，比照电力行业征免土地使用税的有关规定办理。

——关于水利设施用地征免土地使用税问题的规定（1989年国税地字第14号）

十三、港口用地土地增值税优惠政策

对港口的码头（即泊位，包括岸边码头、伸入水中的浮码头、堤岸、堤坝、栈桥等）用地，免征土地使用税。

——关于对交通部门的港口用地征免土地使用税问题的规定》（国税地字〔1989〕123号）

港口、航道占用耕地，减按每平方米2元的税额征收耕地占用税。减税的港口，具体范围限于经批准建设的港口内供船舶进出、停靠以及旅客上下、货物装卸的场所。减税的航道，具体范围限于在江、河、湖泊、港湾等水域内供船舶安

全航行的通道。

——中华人民共和国耕地占用税暂行条例及实施细则

十四、矿山企业土地使用税、资源税优惠政策

(一) 土地使用税免税政策

对矿山的采矿场、排土场、尾矿库、炸药库的安全区、采区运矿及运岩公路、尾矿输送管道及回水系统用地，免征土地使用税。

对矿山企业采掘地下矿造成的塌陷地以及荒山占地，在未利用之前，暂免征收土地使用税。

除上述规定外，对矿山企业的其他生产用地及办公、生活区用地，应照章征收土地使用税。

矿山企业，包括黑色冶金矿和有色金属矿及除煤矿外的其他非金属矿。

——关于对矿山企业征免土地使用税问题的通知（国税地字〔1989〕122 号）

(二) 资源税减免政策

对依法在建筑物下、铁路下、水体下通过充填开采方式采出的矿产资源，资源税减征50%。充填开采是指随着回采工作面的推进，向采空区或离层带等空间充填废石、尾矿、废渣、建筑废料以及专用充填合格材料等采出矿产品的开采方法。

对实际开采年限在 15 年以上的衰竭期矿山开采的矿产资源，资源税减征30%。衰竭期矿山是指剩余可采储量下降到原设计可采储量的 20%（含）以下或剩余服务年限不超过 5 年的矿山，以开采企业下属的单个矿山为单位确定。

对鼓励利用的低品位矿、废石、尾矿、废渣、废水、废气等提取的矿产品，由省级人民政府根据实际情况确定是否给予减税或免税。

为促进共伴生矿的综合利用，纳税人开采销售共伴生矿，共伴生矿与主矿产品销售额分开核算的，对共伴生矿暂不计征资源税；没有分开核算的，共伴生矿按主矿产品的税目和适用税率计征资源税。财政部、国家税务总局另有规定的，从其规定。

——关于资源税改革具体政策问题的通知（财税〔2016〕54 号）

十五、煤炭企业土地使用税、资源税优惠政策

(一) 土地使用税免税政策

煤炭企业的矸石山、排土场用地，防排水沟用地，矿区办公、生活区以外的

公路、铁路专用线及轻便道和输变电线路用地，火炸药库库房外安全区用地，向社会开放的公园及公共绿化带用地，暂免征收土地使用税。

利用报废矿井搞工商业生产经营或用于居住的占地，应按规定征收土地使用税；其他在开征范围内的煤炭生产及办公、生活区用地，均应依照规定征收土地使用税。

——关于对煤炭企业用地征免土地使用税问题的规定（国税地字〔1989〕89号）

1989年8月23日—2006年9月1日，煤炭企业的塌陷地、荒山，在未利用之前，暂缓征收土地使用税（国税地字〔1989〕89号）。自2006年9月1日起，对位于城镇土地使用税征收范围内的煤炭企业已取得土地使用权、但未利用的塌陷地，恢复征收城镇土地使用税。

——关于煤炭企业未利用塌陷地城镇土地使用税政策的通知（财税〔2006〕74号）

（二）资源税减税政策

对衰竭期煤矿开采的煤炭，资源税减征30%。衰竭期煤矿，是指剩余可采储量下降到原设计可采储量的20%（含）以下，或者剩余服务年限不超过5年的煤矿。

对充填开采置换出来的煤炭，资源税减征50%。纳税人开采的煤炭，同时符合上述减税情形的，纳税人只能选择其中一项执行，不能叠加适用。

——关于实施煤炭资源税改革的通知（财税〔2014〕72号）

十六、盐场城镇土地使用税优惠政策

对盐场的盐滩、盐矿的矿井用地，暂免征收土地使用税。对盐场、盐矿的生产厂房、办公、生活区用地，应照章征收土地使用税。对盐场、盐矿的其他用地，由省、自治区、直辖市税务局根据实际情况，确定征收土地使用税或给予定期减征、免征的照顾。

——关于对盐场、盐矿征免城镇土地使用税问题的通知（国税地字〔1989〕141号）

十七、核相关企业免征城镇土地使用税

（一）核电站免征城镇土地使用税

对核电站的核岛、常规岛、辅助厂房和通信设施用地（不包括地下线路用

地），生活、办公用地按规定征收城镇土地使用税，其他用地免征城镇土地使用税。

对土地使用税应税土地在基建期内减半征收城镇土地使用税。

——关于核电站用地征免城镇土地使用税的通知（财税〔2007〕124号）

（二）核工业总公司所属企业免征城镇土地使用税政策

对生产核系列产品的厂矿，为照顾其特殊情况，除生活区、办公区用地应依照规定征收土地使用税外，其他用地暂予免征土地使用税。

——国家税务局关于对核工业总公司所属企业征免土地使用税问题的若干规定（国税地字〔1989〕第7号）

十八、软件产品增值税、企业所得税优惠政策

（一）软件产品税收优惠政策

1. 软件产品增值税即征即退政策。

（1）增值税减税政策内容。

增值税一般纳税人销售其自行开发生产的软件产品，按17%税率征收增值税后，对其增值税实际税负超过3%的部分实行即征即退政策。

增值税一般纳税人将进口软件产品进行本地化改造后对外销售，其销售的软件产品可享受增值税即征即退政策。本地化改造是指对进口软件产品进行重新设计、改进、转换等，单纯对进口软件产品进行汉字化处理不包括在内。

（2）软件产品界定及分类。

所称软件产品，是指信息处理程序及相关文档和数据。软件产品包括计算机软件产品、信息系统和嵌入式软件产品。嵌入式软件产品是指嵌入在计算机硬件、机器设备中并随其一并销售，构成计算机硬件、机器设备组成部分的软件产品。

（3）满足下列条件的软件产品，可以享受上述增值税优惠政策。

①取得省级软件产业主管部门认可的软件检测机构出具的检测证明材料；

②取得软件产业主管部门颁发的《软件产品登记证书》或著作权行政管理部门颁发的《计算机软件著作权登记证书》。

（4）软件产品增值税即征即退税额的计算。

①软件产品增值税即征即退税额的计算方法：

即征即退税额 = 当期软件产品增值税应纳税额 - 当期软件产品销售额 ×3%

当期软件产品增值税应纳税额 = 当期软件产品销项税额 - 当期软件产品可抵

扣进项税额

当期软件产品销项税额 = 当期软件产品销售额 × 17%

②嵌入式软件产品增值税即征即退税额的计算：

嵌入式软件产品增值税即征即退税额的计算方法：

即征即退税额 = 当期嵌入式软件产品增值税应纳税额 - 当期嵌入式软件产品销售额 × 3%

当期嵌入式软件产品增值税应纳税额 = 当期嵌入式软件产品销项税额 - 当期嵌入式软件产品可抵扣进项税额

当期嵌入式软件产品销项税额 = 当期嵌入式软件产品销售额 × 17%

当期嵌入式软件产品销售额的计算公式：

当期嵌入式软件产品销售额 = 当期嵌入式软件产品与计算机硬件、机器设备销售额合计 - 当期计算机硬件、机器设备销售额

计算机硬件、机器设备销售额按照下列顺序确定：

按纳税人最近同期同类货物的平均销售价格计算确定；

按其他纳税人最近同期同类货物的平均销售价格计算确定；

按计算机硬件、机器设备组成计税价格计算确定。

计算机硬件、机器设备组成计税价格 = 计算机硬件、机器设备成本 × (1 + 10%)。

(5) 按照上述办法计算，即征即退税额大于零时，税务机关应按规定，及时办理退税手续。

(6) 增值税一般纳税人在销售软件产品的同时销售其他货物或者应税劳务的，对于无法划分的进项税额，应按照实际成本或销售收入比例确定软件产品应分摊的进项税额；对专用于软件产品开发生产设备及工具的进项税额，不得进行分摊。纳税人应将选定的分摊方式报主管税务机关备案，并自备案之日起一年内不得变更。

专用于软件产品开发生产的设备及工具，包括但不限于用于软件设计的计算机设备、读写打印器具设备、工具软件、软件平台和测试设备。

(7) 对增值税一般纳税人随同计算机硬件、机器设备一并销售嵌入式软件产品，如果适用上述规定按照组成计税价格计算确定计算机硬件、机器设备销售额的，应当分别核算嵌入式软件产品与计算机硬件、机器设备部分的成本。凡未分别核算或者核算不清的，不得享受本通知规定的增值税政策。

(8) 各省、自治区、直辖市、计划单列市税务机关可根据本通知规定，制定软件产品增值税即征即退的管理办法。主管税务机关可对享受本通知规定增值税政策的纳税人进行定期或不定期检查。纳税人凡弄虚作假骗取享受本通知规定增值税政策的，税务机关除根据现行规定进行处罚外，自发生上述违法违规行为年度起，取消其享受本通知规定增值税政策的资格，纳税人三年内不得再次

申请。

——关于软件产品增值税政策的通知（财税〔2011〕100号）

2. 软件企业所得税减免税政策。

（1）享受软件减税政策的企业资格。

软件企业是指以软件产品开发销售（营业）为主营业务并同时符合下列条件的企业：

①在中国境内（不包括港、澳、台地区）依法注册的居民企业；

②汇算清缴年度具有劳动合同关系且具有大学专科以上学历的职工人数占企业月平均职工总人数的比例不低于40%，其中研究开发人员占企业月平均职工总数的比例不低于20%；

③拥有核心关键技术，并以此为基础开展经营活动，且汇算清缴年度研究开发费用总额占企业销售（营业）收入总额的比例不低于6%；其中，企业在中国境内发生的研究开发费用金额占研究开发费用总额的比例不低于60%；

④汇算清缴年度软件产品开发销售（营业）收入占企业收入总额的比例不低于50%（嵌入式软件产品和信息系统集成产品开发销售（营业）收入占企业收入总额的比例不低于40%），其中：软件产品自主开发销售（营业）收入占企业收入总额的比例不低于40%（嵌入式软件产品和信息系统集成产品开发销售（营业）收入占企业收入总额的比例不低于30%）；

⑤主营业务拥有自主知识产权；

⑥具有与软件开发相适应软硬件设施等开发环境（如合法的开发工具等）；

⑦汇算清缴年度未发生重大安全、重大质量事故或严重环境违法行为；

国家规划布局内重点软件企业是除符合上述软件企业的七项规定外，还应至少符合下列条件中的一项：

①汇算清缴年度软件产品开发销售（营业）收入不低于2亿元，应纳税所得额不低于1000万元，研究开发人员占企业月平均职工总数的比例不低于25%；

②在国家规定的重点软件领域内，汇算清缴年度软件产品开发销售（营业）收入不低于5000万元，应纳税所得额不低于250万元，研究开发人员占企业月平均职工总数的比例不低于25%，企业在中国境内发生的研究开发费用金额占研究开发费用总额的比例不低于70%；

③汇算清缴年度软件出口收入总额不低于800万美元，软件出口收入总额占本企业年度收入总额比例不低于50%，研究开发人员占企业月平均职工总数的比例不低于25%。

国家规定的重点软件领域及重点集成电路设计领域，由国家发展改革委、工业和信息化部会同财政部、税务总局根据国家产业规划和布局确定，并实行动态调整。

——关于软件和集成电路产业企业所得税优惠政策有关问题的通知（财税〔2016〕49号）

软件产品开发销售（营业）收入，是指软件企业从事计算机软件、信息系统或嵌入式软件等软件产品开发并销售的收入，以及信息系统集成服务、信息技术咨询服务、数据处理和存储服务等技术服务收入。

——关于进一步鼓励软件产业和集成电路产业发展企业所得税政策的通知（财税〔2012〕27号）

软件企业的收入总额，是指《企业所得税法》第六条规定的收入总额。

软件、集成电路企业规定条件中所称研究开发费用政策口径，2015年度仍按《国家税务总局关于印发〈企业研究开发费用税前扣除管理办法（试行）〉的通知》（国税发〔2008〕116号）和《财政部　国家税务总局关于研究开发费用税前加计扣除有关政策的通知》（财税〔2013〕70号）的规定执行，2016年及以后年度按照《财政部　国家税务总局 科技部关于完善研究开发费用税前加计扣除政策的通知》（财税〔2015〕119号）的规定执行。

——关于软件和集成电路产业企业所得税优惠政策有关问题的通知（财税〔2016〕49号）

（2）减免税内容。

我国境内符合条件的软件企业，经认定后（依据国家税务总局令第42号《关于公布失效废止的税务部门规章和税收规范性文件目录的决定》，已取消认定），在2017年12月31日前自获利年度起，第一年至第二年免征企业所得税，第三年至第五年按照25%的法定税率减半征收企业所得税，并享受至期满为止。

国家规划布局内重点软件企业可减按10%的税率征收企业所得税。国家规划布局内的重点软件企业，如当年未享受免税优惠的，可减按10%的税率征收企业所得税。

——关于进一步鼓励软件产业和集成电路产业发展企业所得税政策的通知（财税〔2012〕27号）

软件企业应从企业的获利年度起计算定期减免税优惠期。如获利年度不符合优惠条件的，应自首次符合软件、集成电路企业条件的年度起，在其优惠期的剩余年限内享受相应的减免税优惠。

——关于软件和集成电路产业企业所得税优惠政策有关问题的通知（财税〔2016〕49号）

软件企业的获利年度，是指软件企业开始生产经营后，第一个应纳税所得额大于零的纳税年度，包括对企业所得税实行核定征收方式的纳税年度。

软件企业享受定期减免税优惠的期限应当连续计算，不得因中间发生亏损或其他原因而间断。

——关于执行软件企业所得税优惠政策有关问题的公告（国家税务总局公告2013年第43号）

符合条件的软件企业按照《财政部　国家税务总局关于软件产品增值税政策的通知》（财税〔2011〕100号）规定取得的即征即退增值税款，由企业专项用于软件产品研发和扩大再生产并单独进行核算，可以作为不征税收入，在计算应纳税所得额时从收入总额中减除。

符合条件软件企业的职工培训费用，应单独进行核算并按实际发生额在计算应纳税所得额时扣除。

企业外购的软件，凡符合固定资产或无形资产确认条件的，可以按照固定资产或无形资产进行核算，其折旧或摊销年限可以适当缩短，最短可为2年（含）。

——关于进一步鼓励软件产业和集成电路产业发展企业所得税政策的通知（财税〔2012〕27号）

软件开发业的企业2014年1月1日后新购进的固定资产，可缩短折旧年限或采取加速折旧的方法。

——财政部　国家税务总局关于完善固定资产加速折旧企业所得税政策的通知（财税〔2014〕75号）

（3）后续管理。

享受优惠政策的时间、主要留存备查资料、后续管理要求详见表2－16。

表2－16　软件企业所得税后续管理一览表

优惠事项	减免内容	主要留存备查资料	享受时间	后续管理要求
动漫企业自主开发、生产动漫产品定期减免企业所得税	经认定的动漫企业自主开发、生产动漫产品，可申请享受国家现行鼓励软件产业发展的所得税优惠政策。即在2017年12月31日前自获利年度起，第一年至第二年免征企业所得税，第三年至第五年按照25%的法定税率减半征收企业所得税，并享受至期满为止	1. 动漫企业认定证明； 2. 动漫企业认定资料； 3. 动漫企业年审通过名单； 4. 获利年度情况说明	汇缴享受	由省税务机关（含计划单列市税务机关）规定

续表

优惠事项	减免内容	主要留存备查资料	享受时间	后续管理要求
符合条件的软件企业减免企业所得税	我国境内符合条件的软件企业，在2017年12月31日前自获利年度起，第一年至第二年免征企业所得税，第三年至第五年按照25%的法定税率减半征收企业所得税，并享受至期满为止	后续管理要求提交资料的留存件	预缴享受	在汇算清缴期结束前向税务机关提交以下资料： 1. 企业开发销售的主要软件产品列表或技术服务列表； 2. 主营业务为软件产品开发的企业，提供至少1个主要产品的软件著作权或专利权等自主知识产权的有效证明文件，以及第三方检测机构提供的软件产品测试报告；主营业务仅为技术服务的企业提供核心技术说明； 3. 企业职工人数、学历结构、研究开发人员及其占企业职工总数的比例说明，以及汇算清缴年度最后一个月社会保险缴纳证明等相关证明材料； 4. 经具有资质的中介机构鉴证的企业财务会计报告（包括会计报表、会计报表附注和财务情况说明书）以及软件产品开发销售（营业）收入、软件产品自主开发销售（营业）收入、研究开发费用、境内研究开发费用等情况说明； 5. 与主要客户签订的一至两份代表性的软件产品销售合同或技术服务合同复印件； 6. 企业开发环境相关证明材料
国家规划布局内重点软件企业可减按10%的税率征收企业所得税	国家规划布局内的重点软件企业，如当年未享受免税优惠的，可减按10%的税率征收企业所得税	后续管理要求提交资料的留存件	预缴享受	在汇算清缴期结束前向税务机关提交以下资料： 1. 企业开发销售的主要软件产品列表或技术服务列表； 2. 主营业务为软件产品开发的企业，提供至少1个主要产品的软件著作权或专利权等自主知识产权的有效证明文件，以及第三方检测机构提供的软件产品测试报告；主营业务仅为技术服务的企业提供核心技术说明

续表

优惠事项	减免内容	主要留存备查资料	享受时间	后续管理要求
国家规划布局内重点软件企业可减按10%的税率征收企业所得税	国家规划布局内的重点软件企业，如当年未享受免税优惠的，可减按10%的税率征收企业所得税	后续管理要求提交资料的留存件	预缴享受	3. 企业职工人数、学历结构、研究开发人员及其占企业职工总数的比例说明，以及汇算清缴年度最后一个月社会保险缴纳证明等相关证明材料； 4. 经具有资质的中介机构鉴证的企业财务会计报告（包括会计报表、会计报表附注和财务情况说明书）以及软件产品开发销售（营业）收入、软件产品自主开发销售（营业）收入、研究开发费用、境内研究开发费用等情况说明； 5. 与主要客户签订的一至两份代表性的软件产品销售合同或技术服务合同复印件； 6. 企业开发环境相关证明材料； 7. 符合财税〔2016〕49号文件第六条规定的第二类条件的，应提供在国家规定的重点软件领域内销售（营业）情况说明； 8. 符合财税〔2016〕49号文件第六条规定的第三类条件的，应提供商务主管部门核发的软件出口合同登记证书，以及有效出口合同和结汇证明等材料

——企业所得税优惠事项备案管理目录（2017年版）

（二）动漫软件税收优惠政策

1. 动漫软件增值税即征即退政策。

自2018年1月1日至2018年4月30日，对动漫企业增值税一般纳税人销售其自主开发生产的动漫软件，按照17%的税率征收增值税后，对其增值税实际税负超过3%的部分，实行即征即退政策。

自2018年5月1日至2020年12月31日，对动漫企业增值税一般纳税人销售其自主开发生产的动漫软件，按照16%的税率征收增值税后，对其增值税实际税负超过3%的部分，实行即征即退政策。

动漫软件出口免征增值税。

动漫软件，按照《财政部 国家税务总局关于软件产品增值税政策的通知》（财税〔2011〕100号）中软件产品相关规定执行。

动漫企业和自主开发、生产动漫产品的认定标准和认定程序，按照《文化部 财政部 国家税务总局关于印发〈动漫企业认定管理办法（试行）〉的通知》（文市发〔2008〕51号）的规定执行。

——关于延续动漫产业增值税政策的通知（财税〔2018〕38号）

2. 动漫企业所得税减免税政策。

经认定的动漫企业自主开发、生产动漫产品，可申请享受国家现行鼓励软件产业发展的所得税优惠政策。

——关于扶持动漫产业发展有关税收政策问题的通知（财税〔2009〕65号）

十九、集成电路相关产业企业所得税优惠政策

集成电路相关产业包括集成电路生产企业，集成电路设计企业，集成电路封装、测试企业，集成电路关键专用材料生产企业或集成电路专用设备生产企业。其享受税收优惠需具备的条件、税收优惠内容都有所区别。

1. 享受优惠需具备的条件。

享受优惠的企业需具备的条件，详见表2-17与集成电路相关企业的减税条件。

表2-17　　与集成电路相关企业的减税条件

集成电路生产企业	集成电路设计企业	集成电路封装、测试企业	集成电路关键专用材料生产企业或集成电路专用设备生产企业
集成电路生产企业，是指以单片集成电路、多芯片集成电路、混合集成电路制造为主营业务并同时符合下列条件的企业： （一）在中国境内（不包括港、澳、台地区）依法注册并在发展改革、工业和信息化部门备案的居民企业	集成电路设计企业是指以集成电路设计为主营业务并同时符合下列条件的企业： （一）在中国境内（不包括港、澳、台地区）依法注册的居民企业	2014年1月1日后依法在中国境内成立的法人企业	2014年1月1日后依法在中国境内成立的法人企业

续表

集成电路生产企业	集成电路设计企业	集成电路封装、测试企业	集成电路关键专用材料生产企业或集成电路专用设备生产企业
（二）汇算清缴年度具有劳动合同关系（2018 年后变更为“具有劳动合同关系或劳务派遣、聘用关系”）且具有大学专科以上学历职工人数占企业月平均职工总人数的比例不低于40%，其中研究开发人员占企业月平均职工总数的比例不低于20%	（二）汇算清缴年度具有劳动合同关系且具有大学专科以上学历的职工人数占企业月平均职工总人数的比例不低于40%，其中研究开发人员占企业月平均职工总数的比例不低于20%	签订劳动合同关系且具有大学专科以上学历的职工人数占企业当年月平均职工总人数的比例不低于40%，其中，研究开发人员占企业当年月平均职工总数的比例不低于20%	签订劳动合同关系且具有大学专科以上学历的职工人数占企业当年月平均职工总人数的比例不低于40%，其中，研究开发人员占企业当年月平均职工总数的比例不低于20%
（三）拥有核心关键技术，并以此为基础开展经营活动，且汇算清缴年度研究开发费用总额占企业销售（营业）收入（主营业务收入与其他业务收入之和，下同）总额的比例不低于5%（2018年后调整为“不低于2%”）；其中，企业在中国境内发生的研究开发费用金额占研究开发费用总额的比例不低于60%	（三）拥有核心关键技术，并以此为基础开展经营活动，且汇算清缴年度研究开发费用总额占企业销售（营业）收入总额的比例不低于6%；其中，企业在中国境内发生的研究开发费用金额占研究开发费用总额的比例不低于60%	拥有核心关键技术，并以此为基础开展经营活动，且当年度的研究开发费用总额占企业销售（营业）收入（主营业务收入与其他业务收入之和，下同）总额的比例不低于3.5%，其中，企业在中国境内发生的研究开发费用金额占研究开发费用总额的比例不低于60%	拥有核心关键技术，并以此为基础开展经营活动，且当年度的研究开发费用总额占企业销售（营业）收入总额的比例不低于5%，其中，企业在中国境内发生的研究开发费用金额占研究开发费用总额的比例不低于60%
（四）汇算清缴年度集成电路制造销售（营业）收入占企业收入总额的比例不低于60%	（四）汇算清缴年度集成电路设计销售（营业）收入占企业收入总额的比例不低于60%，其中集成电路自主设计销售（营业）收入占企业收入总额的比例不低于50%	集成电路封装、测试销售（营业）收入占企业收入总额的比例不低于60%	集成电路关键专用材料或专用设备销售收入占企业销售（营业）收入总额的比例不低于30%
	（五）主营业务拥有自主知识产权		
（五）具有保证产品生产的手段和能力，并获得有关资质认证（包括ISO质量体系认证）	（六）具有与集成电路设计相适应的软硬件设施等开发环境（如EDA工具、服务器或工作站等）	具有保证产品生产的手段和能力，并获得有关资质认证（包括ISO质量体系认证、人力资源能力认证等）	具有保证集成电路关键专用材料或专用设备产品生产的手段和能力，并获得有关资质认证（包括ISO质量体系认证、人力资源能力认证等）

续表

集成电路生产企业	集成电路设计企业	集成电路封装、测试企业	集成电路关键专用材料生产企业或集成电路专用设备生产企业
（六）汇算清缴年度未发生重大安全、重大质量事故或严重环境违法行为	（七）汇算清缴年度未发生重大安全、重大质量事故或严重环境违法行为		
		具有与集成电路封装、测试相适应的经营场所、软硬件设施等基本条件	具有与集成电路关键专用材料或专用设备生产相适应的经营场所、软硬件设施等基本条件
	国家规划布局内重点集成电路设计企业除符合上述（一）~（七）项条件外，还应至少符合下列条件中的一项： （一）汇算清缴年度集成电路设计销售（营业）收入不低于2亿元，年应纳税所得额不低于1000万元，研究开发人员占月平均职工总数的比例不低于25%； （二）在国家规定的重点集成电路设计领域内，汇算清缴年度集成电路设计销售（营业）收入不低于2000万元，应纳税所得额不低于250万元，研究开发人员占月平均职工总数的比例不低于35%，企业在中国境内发生的研发开发费用金额占研究开发费用总额的比例不低于70%		《集成电路关键专用材料企业所得税优惠目录》； 《集成电路专用设备企业所得税优惠目录》

2. 与集成电路相关企业减免税政策。

（1）集成电路生产企业。

①2017年度及之前年度。

集成电路线宽小于0.8微米（含）的集成电路生产企业，经认定后，在2017年12月31日前自获利年度起计算优惠期，第一年至第二年免征企业所得税，第三年至第五年按照 25% 的法定税率减半征收企业所得税，并享受至期满为止。

集成电路线宽小于 0.25 微米或投资额超过 80 亿元的集成电路生产企业，经认定后，减按 15% 的税率征收企业所得税，其中经营期在 15 年以上的，在 2017 年 12 月 31 日前自获利年度起计算优惠期，第一年至第五年免征企业所得税，第六年至第十年按照 25% 的法定税率减半征收企业所得税，并享受至期满为止。

——关于进一步鼓励软件产业和集成电路产业发展企业所得税政策的通知（财税〔2012〕27 号）

②2018 年度及以后年度。

自 2018 年 1 月 1 日起，2018 年 1 月 1 日后投资新设的集成电路线宽小于 130 纳米，且经营期在 10 年以上的集成电路生产企业或项目，第一年至第二年免征企业所得税，第三年至第五年按照 25% 的法定税率减半征收企业所得税，并享受至期满为止。

2018 年 1 月 1 日后投资新设的集成电路线宽小于 65 纳米或投资额超过 150 亿元，且经营期在 15 年以上的集成电路生产企业或项目，第一年至第五年免征企业所得税，第六年至第十年按照 25% 的法定税率减半征收企业所得税，并享受至期满为止。

对于按照集成电路生产企业享受上述税收优惠政策的，优惠期自企业获利年度起计算；对于按照集成电路生产项目享受上述优惠的，优惠期自项目取得第一笔生产经营收入所属纳税年度起计算。

享受上述税收优惠政策的集成电路生产项目，其主体企业应符合集成电路生产企业条件，且能够对该项目单独进行会计核算、计算所得，并合理分摊期间费用。

2017 年 12 月 31 日前设立但未获利的集成电路线宽小于 0.25 微米或投资额超过 80 亿元，且经营期在 15 年以上的集成电路生产企业，自获利年度起第一年至第五年免征企业所得税，第六年至第十年按照 25% 的法定税率减半征收企业所得税，并享受至期满为止。

2017 年 12 月 31 日前设立但未获利的集成电路线宽小于 0.8 微米（含）的集成电路生产企业，自获利年度起第一年至第二年免征企业所得税，第三年至第五年按照 25% 的法定税率减半征收企业所得税，并享受至期满为止。

享受本通知规定税收优惠政策的集成电路生产企业的范围和条件，按照表 16 所列条件执行。

——关于集成电路生产企业有关企业所得税政策问题的通知（财税〔2018〕27 号）

③集成电路生产企业的生产设备，其折旧年限可以适当缩短，最短可为 3 年

（含）。

④企业外购的软件，凡符合固定资产或无形资产确认条件的，可以按照固定资产或无形资产进行核算，其折旧或摊销年限可以适当缩短，最短可为2年（含）。

——关于进一步鼓励软件产业和集成电路产业发展企业所得税政策的通知（财税〔2012〕27号）

（2）集成电路设计企业。

我国境内新办的集成电路设计企业，经认定后，在2017年12月31日前自获利年度起计算优惠期，第一年至第二年免征企业所得税，第三年至第五年按照25%的法定税率减半征收企业所得税，并享受至期满为止。

国家规划布局内的集成电路设计企业，如当年未享受免税优惠的，可减按10%的税率征收企业所得税。

集成电路设计企业的职工培训费用，应单独进行核算并按实际发生额在计算应纳税所得额时扣除。

企业外购的软件，凡符合固定资产或无形资产确认条件的，可以按照固定资产或无形资产进行核算，其折旧或摊销年限可以适当缩短，最短可为2年（含）。

——关于进一步鼓励软件产业和集成电路产业发展企业所得税政策的通知（财税〔2012〕27号）

（3）集成电路封装、测试企业。

符合条件的集成电路封装、测试企业，在2017年（含2017年）前实现获利的，自获利年度起，第一年至第二年免征企业所得税，第三年至第五年按照25%的法定税率减半征收企业所得税，并享受至期满为止；2017年前未实现获利的，自2017年起计算优惠期，享受至期满为止。

——关于进一步鼓励集成电路产业发展企业所得税政策的通知（财税〔2015〕6号）

（4）集成电路关键专用材料生产企业、集成电路专用设备生产企业。

符合条件的集成电路关键专用材料生产企业、集成电路专用设备生产企业，在2017年（含2017年）前实现获利的，自获利年度起，第一年至第二年免征企业所得税，第三年至第五年按照25%的法定税率减半征收企业所得税，并享受至期满为止；2017年前未实现获利的，自2017年起计算优惠期，享受至期满为止。

——关于进一步鼓励集成电路产业发展企业所得税政策的通知（财税〔2015〕6号）

3. 定期减免税优惠期确定。

软件、集成电路企业应从企业的获利年度起计算定期减免税优惠期。如获利年度不符合优惠条件的，应自首次符合软件、集成电路企业条件的年度起，在其优惠期的剩余年限内享受相应的减免税优惠。

——关于软件和集成电路产业企业所得税优惠政策有关问题的通知（财税〔2016〕49号）

4. 研究开发费用政策口径。

软件、集成电路企业规定条件中所称研究开发费用政策口径，2015年度仍按《国家税务总局关于印发〈企业研究开发费用税前扣除管理办法（试行）〉的通知》（国税发〔2008〕116号）和《财政部　国家税务总局关于研究开发费用税前加计扣除有关政策的通知》（财税〔2013〕70号）的规定执行，2016年及以后年度按照《财政部　国家税务总局　科技部关于完善研究开发费用税前加计扣除政策的通知》（财税〔2015〕119号）的规定执行。

——关于软件和集成电路产业企业所得税优惠政策有关问题的通知（财税〔2016〕49号）

5. 后续管理。

享受优惠政策的时间、主要留存备查资料以及后续管理要求详见表2－18集成电路相关企业所得税优惠后续管理一览表。

表2－18　　集成电路相关企业所得税优惠后续管理一览表

优惠事项	减免内容	主要留存备查资料	享受时间	后续管理要求
线宽小于130纳米的集成电路生产项目的所得减免企业所得税	2018年1月1日后投资新设的集成电路线宽小于130纳米，且经营期在10年以上的集成电路项目，第一年至第二年免征企业所得税，第三年至第五年按照25%的法定税率减半征收企业所得税，并享受至期满为止	后续管理要求提交资料的留存件。	预缴享受	在汇算清缴期结束前向税务机关提交以下资料： 1. 在发展改革或工业和信息化部门立项的备案文件（应注明总投资额、工艺线宽标准）复印件以及企业取得的其他相关资质证书复印件等； 2. 企业职工人数、学历结构、研究开发人员情况及其占企业职工总数的比例说明，以及汇算清缴年度最后一个月社会保险缴纳证明等相关证明材料； 3. 加工集成电路产品主要列表及国家知识产权局（或国外知识产权相关主管机构）出具的企业自主开发或拥有的一至两份代表性知识产权（如专利、布图设计登记、软件著作权等）的证明材料
线宽小于130纳米的集成电路生产企业减免企业所得税	2018年1月1日后投资新设的集成电路线宽小于130纳米，且经营期在10年以上的集成电路生产企业，第一年至第二年免征企业所得税，第三年至第五年按照25%的法定税率减半征收企业所得税，并享受至期满为止	后续管理要求提交资料的留存件	预缴享受	

续表

优惠事项	减免内容	主要留存备查资料	享受时间	后续管理要求
投资额超过80亿元的集成电路生产企业减按15%税率征收企业所得税	投资额超过80亿元的集成电路生产企业，减按15%的税率征收企业所得税			
投资额超过80亿元的集成电路生产企业减免企业所得税	投资额超过80亿元的集成电路生产企业，经营期在15年以上的，在2017年12月31日前自获利年度起计算优惠期，第一年至第五年免征企业所得税，第六年至第十年按照25%的法定税率减半征收企业所得税，并享受至期满为止	后续管理要求提交资料的留存件。	预缴享受	
线宽小于65纳米或投资额超过150亿元的集成电路生产项目的所得减免企业所得税	2018年1月1日后投资新设的集成电路线宽小于65纳米或投资额超过150亿元，且经营期在15年以上的集成电路项目，第一年至第五年免征企业所得税，第六年至第十年按照25%的法定税率减半征收企业所得税，并享受至期满为止	后续管理要求提交资料的留存件	预缴享受	4. 经具有资质的中介机构鉴证的企业财务会计报告（包括会计报表、会计报表附注和财务情况说明书）以及集成电路制造销售（营业）收入、研究开发费用、境内研究开发费用等情况说明； 5. 与主要客户签订的一至两份代表性销售合同复印件； 6. 保证产品质量的相关证明材料（如质量管理认证证书复印件等）
线宽小于65纳米或投资额超过150亿元的集成电路生产企业减免企业所得税	2018年1月1日后投资新设的集成电路线宽小于65纳米或投资额超过150亿元，且经营期在15年以上的集成电路生产企业，第一年至第五年免征企业所得税，第六年至第十年按照25%的法定税率减半征收企业所得税，并享受至期满为止			

续表

优惠事项	减免内容	主要留存备查资料	享受时间	后续管理要求
线宽小于0.8微米（含）的集成电路生产企业减免企业所得税	集成电路线宽小于0.8微米（含）的集成电路生产企业，在2017年12月31日前自获利年度起计算优惠期，第一年至第二年免征企业所得税，第三年至第五年按照25%的法定税率减半征收企业所得税，并享受至期满为止			
线宽小于0.25微米的集成电路生产企业减按15%税率征收企业所得税	线宽小于0.25微米的集成电路生产企业，减按15%的税率征收企业所得税			
线宽小于0.25微米的集成电路生产企业减免企业所得税	线宽小于0.25微米的集成电路生产企业，经营期在15年以上的，在2017年12月31日前自获利年度起计算优惠期，第一年至第五年免征企业所得税，第六年至第十年按照25%的法定税率减半征收企业所得税，并享受至期满为止			
新办集成电路设计企业减免企业所得税	我国境内新办的集成电路设计企业，在2017年12月31日前自获利年度起，第一年至第二年免征企业所得税，第三年至第五年按照25%的法定税率减半征收企业所得税，并享受至期满为止	后续管理要求提交资料的留存件	预缴享受	在汇算清缴期结束前向税务机关提交以下资料： 1. 企业职工人数、学历结构、研究开发人员情况及其占企业职工总数的比例说明，以及汇算清缴年度最后一个月社会保险缴纳证明等相关证明材料； 2. 企业开发销售的主要集成电路产品列表，以及国家知识产权局（或国外知识产权相关主管机构）出具的企业自主开发或拥有的一至两份代表性知识产权（如专利、布图设计登记、软件著作权等）的证明材料； 3. 经具有资质的中介机构鉴证的企业财务会计报告（包括会计报

续表

优惠事项	减免内容	主要留存备查资料	享受时间	后续管理要求
新办集成电路设计企业减免企业所得税	我国境内新办的集成电路设计企业，在2017年12月31日前自获利年度起，第一年至第二年免征企业所得税，第三年至第五年按照25%的法定税率减半征收企业所得税，并享受至期满为止	后续管理要求提交资料的留存件	预缴享受	表、会计报表附注和财务情况说明书）以及集成电路设计销售（营业）收入、集成电路自主设计销售（营业）收入、研究开发费用、境内研究开发费用等情况表； 4. 第三方检测机构提供的集成电路产品测试报告或用户报告，以及与主要客户签订的一至两份代表性销售合同复印件； 5. 企业开发环境等相关证明材料
国家规划布局内集成电路设计企业可减按10%的税率征收企业所得税	国家规划布局内的集成电路设计企业，如当年未享受免税优惠的，可减按10%的税率征收企业所得税	后续管理要求提交资料的留存件	预缴享受	在汇算清缴期结束前向税务机关提交以下资料： 1. 企业职工人数、学历结构、研究开发人员情况及其占企业职工总数的比例说明，以及汇算清缴年度最后一个月社会保险缴纳证明等相关证明材料； 2. 企业开发销售的主要集成电路产品列表，以及国家知识产权局（或国外知识产权相关主管机构）出具的企业自主开发或拥有的一至两份代表性知识产权（如专利、布图设计登记、软件著作权等）的证明材料； 3. 经具有资质的中介机构鉴证的企业财务会计报告（包括会计报表、会计报表附注和财务情况说明书）以及集成电路设计销售（营业）收入、集成电路自主设计销售（营业）收入、研究开发费用、境内研究开发费用等情况表； 4. 第三方检测机构提供的集成电路产品测试报告或用户报告，以及与主要客户签订的一至两份代表性销售合同复印件； 5. 企业开发环境等相关证明材料； 6. 符合财税〔2016〕49号文件第五条规定的第二类条件的，应提供在国家规定的重点集成电路设计领域内销售（营业）情况说明

续表

优惠事项	减免内容	主要留存备查资料	享受时间	后续管理要求
符合条件的集成电路封装、测试企业定期减免企业所得税	符合条件的集成电路封装、测试企业，在2017年（含2017年）前实现获利的，自获利年度起，第一年至第二年免征企业所得税，第三年至第五年按照25%的法定税率减半征收企业所得税，并享受至期满为止；2017年前未实现获利的，自2017年起计算优惠期，享受至期满为止	省级相关部门根据发展改革委等部门规定办法出具的证明	预缴享受	由省税务机关（含计划单列市税务机关）规定
符合条件的集成电路关键专用材料生产企业、集成电路专用设备生产企业定期减免企业所得税	符合条件的集成电路关键专用材料生产企业、集成电路专用设备生产企业，在2017年（含2017年）前实现获利的，自获利年度起，第一年至第二年免征企业所得税，第三年至第五年按照25%的法定税率减半征收企业所得税，并享受至期满为止；2017年前未实现获利的，自2017年起计算优惠期，享受至期满为止	省级相关部门根据发展改革委等部门规定办法出具的证明	预缴享受	由省税务机关（含计划单列市税务机关）规定
企业固定资产或购入软件等可以加速折旧或摊销	集成电路生产企业的生产设备，其折旧年限可以适当缩短，最短可为3年（含）。企业外购的软件，凡符合固定资产或无形资产确认条件的，可以按照固定资产或无形资产进行核算，其折旧或摊销年限可以适当缩短，最短可为2年（含）	1. 固定资产的功能、预计使用年限短于规定计算折旧的最低年限的理由、证明资料及有关情况的说明； 2. 被替代的旧固	汇缴享受（税会处理一致的，预缴享受；税会处理不一致的，汇缴享受）	由省税务机关（含计划单列市税务机关）规定

续表

优惠事项	减免内容	主要留存备查资料	享受时间	后续管理要求
企业固定资产或购入软件等可以加速折旧或摊销	集成电路生产企业的生产设备，其折旧年限可以适当缩短，最短可为3年（含）。企业外购的软件，凡符合固定资产或无形资产确认条件的，可以按照固定资产或无形资产进行核算，其折旧或摊销年限可以适当缩短，最短可为2年（含）	定资产的功能、使用及处置等情况的说明； 3. 固定资产加速折旧拟采用的方法和折旧额的说明，外购软件拟缩短折旧或摊销年限情况的说明； 4. 集成电路生产企业证明材料； 5. 购入固定资产或软件的发票、记账凭证	汇缴享受（税会处理一致的，预缴享受；税会处理不一致的，汇缴享受）	由省税务机关（含计划单列市税务机关）规定

——企业所得税优惠事项备案管理目录（2017年版）

享受上述税收优惠的集成电路关键专用材料生产企业、集成电路专用设备生产企业，有下述情况之一的，应取消其享受税收优惠的资格，并补缴存在以下行为所属年度已减免的企业所得税税款：

①在申请认定过程中提供虚假信息的；

②有偷、骗税等行为的；

③发生重大安全、质量事故的；

④有环境等违法、违规行为，受到有关部门处罚的。

——关于进一步鼓励集成电路产业发展企业所得税政策的通知（财税〔2015〕6号）

6. 减税政策叠加处理。

集成电路生产企业、集成电路设计企业依照本通知规定可以享受的企业所得税优惠政策与企业所得税其他相同方式优惠政策存在交叉的，由企业选择一项最优惠政策执行，不叠加享受。

——关于进一步鼓励软件产业和集成电路产业发展企业所得税政策的通知（财税〔2012〕27号）

集成电路封装、测试企业以及集成电路关键专用材料生产企业、集成电路专用设备生产企业等依照本通知规定可以享受的企业所得税优惠政策与其他定期减免税优惠政策存在交叉的，由企业选择一项最优惠政策执行，不叠加享受。自2014年1月1日起执行。

——关于进一步鼓励集成电路产业发展企业所得税政策的通知（财税〔2015〕6号）

二十、高新技术企业所得税优惠政策

1. 减税内容。

国家需要重点扶持的高新技术企业，减按15%的税率征收企业所得税。

——企业所得税法

自2010年1月1日起，以境内、境外全部生产经营活动有关的研究开发费用总额、总收入、销售收入总额、高新技术产品（服务）收入等指标申请并经认定的高新技术企业，其来源于境外的所得可以享受高新技术企业所得税优惠政策，即对其来源于境外所得可以按照15%的优惠税率缴纳企业所得税，在计算境外抵免限额时，可按照15%的优惠税率计算境内外应纳税总额。上述高新技术企业境外所得税收抵免的其他事项，仍按照财税〔2009〕125号文件的有关规定执行。

——关于高新技术企业境外所得适用税率及税收抵免问题的通知（财税〔2011〕47号）

2. 享受减税政策的起始时间。

企业获得高新技术企业资格后，自高新技术企业证书注明的发证时间所在年度起申报享受税收优惠，并按规定向主管税务机关办理备案手续。

企业的高新技术企业资格期满当年，在通过重新认定前，其企业所得税暂按15%的税率预缴，在年底前仍未取得高新技术企业资格的，应按规定补缴相应期间的税款。

——关于实施高新技术企业所得税优惠政策有关问题的公告（国家税务总局公告2017年第24号）

3. 后续管理。

享受优惠政策的时间：预缴享受。

主要留存备查资料：

一是高新技术企业资格证书；

二是高新技术企业认定资料；

三是知识产权相关材料；

四是年度主要产品（服务）发挥核心支持作用的技术属于《国家重点支持的高新技术领域》规定范围的说明，高新技术产品（服务）及对应收入资料；

五是年度职工和科技人员情况证明材料；

六是当年和前两个会计年度研发费用总额及占同期销售收入比例、研发费用管理资料以及研发费用辅助账，研发费用结构明细表。

后续管理要求：由省税务机关（含计划单列市税务机关）规定。

——企业所得税优惠事项备案管理目录（2017 年版）

对取得高新技术企业资格且享受税收优惠的高新技术企业，税务部门如在日常管理过程中发现其在高新技术企业认定过程中或享受优惠期间不符合《认定办法》第十一条规定的认定条件的，应提请认定机构复核。复核后确认不符合认定条件的，由认定机构取消其高新技术企业资格，并通知税务机关追缴其证书有效期内自不符合认定条件年度起已享受的税收优惠。

——关于实施高新技术企业所得税优惠政策有关问题的公告（国家税务总局公告 2017 年第 24 号）

4. 政策衔接。

上述优惠政策适用于 2017 年度及以后年度企业所得税汇算清缴。2016 年 1 月 1 日以后按《认定办法》认定的高新技术企业按本公告规定执行。2016 年 1 月 1 日前按《科技部 财政部　国家税务总局关于印发〈高新技术企业认定管理办法〉的通知》（国科发火〔2008〕172 号）认定的高新技术企业，仍按《国家税务总局关于实施高新技术企业所得税优惠有关问题的通知》（国税函〔2009〕203 号）和国家税务总局公告 2015 年第 76 号的规定执行。

——关于实施高新技术企业所得税优惠政策有关问题的公告（国家税务总局公告 2017 年第 24 号）

5. 高新技术企业认定管理办法比较。

高新技术企业认定管理办法先后有两个政策：关于印发《高新技术企业认定管理办法》的通知（国科发火〔2008〕172 号）、关于修订印发《高新技术企业认定管理办法》的通知（国科发火〔2016〕32 号）。其差异详见表 2－19 高新技术企业认定管理办法比较一览表，不同之处有楷体标注。

表 2－19　　高新技术企业认定管理办法比较一览表

关于印发《高新技术企业认定管理办法》的通知（国科发火〔2008〕172 号）	关于修订印发《高新技术企业认定管理办法》的通知（国科发火〔2016〕32 号）
第二条　本办法所称的高新技术企业是指：在《国家重点支持的高新技术领域》内，持续进行研究开发与技术成果转化，形成企业核心自主知识产权，并以此为基础开展经营活动，在中国境内（不包括港、澳、台地区）注册一年以上的居民企业	第二条　本办法所称的高新技术企业是指：在《国家重点支持的高新技术领域》内，持续进行研究开发与技术成果转化，形成企业核心自主知识产权，并以此为基础开展经营活动，在中国境内（不包括港、澳、台地区）注册的居民企业
第三条　高新技术企业认定管理工作应遵循突出企业主体、鼓励技术创新、实施动态管理、坚持公平公正的原则	第三条　高新技术企业认定管理工作应遵循突出企业主体、鼓励技术创新、实施动态管理、坚持公平公正的原则
第五条　科技部、财政部、税务总局负责指导、管理和监督全国高新技术企业认定工作	第五条　科技部、财政部、税务总局负责全国高新技术企业认定工作的指导、管理和监督
第六条　科技部、财政部、税务总局组成全国高新技术企业认定管理工作领导小组（以下称“领导小组”），其主要职责为： （一）确定全国高新技术企业认定管理工作方向，审议高新技术企业认定管理工作报告； （二）协调、解决认定及相关政策落实中的重大问题； （三）裁决高新技术企业认定事项中的重大争议，监督、检查各地区认定工作； （四）对高新技术企业认定工作出现重大问题的地区，提出整改意见	第六条　科技部、财政部、税务总局组成全国高新技术企业认定管理工作领导小组（以下称“领导小组”），其主要职责为： （一）确定全国高新技术企业认定管理工作方向，审议高新技术企业认定管理工作报告； （二）协调、解决认定管理及相关政策落实中的重大问题； （三）裁决高新技术企业认定管理事项中的重大争议，监督、检查各地区认定管理工作，对发现的问题指导整改
第七条　领导小组下设办公室。办公室设在科技部，其主要职责为： （一）提交高新技术企业认定管理工作报告； （二）组织实施对高新技术企业认定管理工作的检查； （三）负责高新技术企业认定工作的专家资格的备案管理； （四）建立并管理“高新技术企业认定管理工作网”； （五）领导小组交办的其他工作	第七条　领导小组下设办公室，由科技部、财政部、税务总局相关人员组成，办公室设在科技部，其主要职责为： （一）提交高新技术企业认定管理工作报告，研究提出政策完善建议； （二）指导各地区高新技术企业认定管理工作，组织开展对高新技术企业认定管理工作的监督检查，对发现的问题提出整改处理建议； （三）负责各地区高新技术企业认定工作的备案管理，公布认定的高新技术企业名单，核发高新技术企业证书编号； （四）建设并管理“高新技术企业认定管理工作网”； （五）完成领导小组交办的其他工作

续表

关于印发《高新技术企业认定管理办法》的通知（国科发火〔2008〕172 号）	关于修订印发《高新技术企业认定管理办法》的通知（国科发火〔2016〕32 号）
第八条 各省、自治区、直辖市、计划单列市科技行政管理部门同本级财政、税务部门组成本地区高新技术企业认定管理机构（以下称“认定机构”），根据本办法开展下列工作： （一）负责本行政区域内的高新技术企业认定工作； （二）选择参与高新技术企业认定工作的专家并报领导小组办公室备案； （三）负责对已认定企业进行监督检查，受理、核实并处理有关举报； （四）接受企业提出的高新技术企业资格复审	第八条 各省、自治区、直辖市、计划单列市科技行政管理部门同本级财政、税务部门组成本地区高新技术企业认定管理机构（以下称“认定机构”）。认定机构下设办公室，由省级、计划单列市科技、财政、税务部门相关人员组成，办公室设在省级、计划单列市科技行政主管部门。认定机构主要职责为： （一）负责本行政区域内的高新技术企业认定工作，每年向领导小组办公室提交本地区高新技术企业认定管理工作报告； （二）负责将认定后的高新技术企业按要求报领导小组办公室备案，对通过备案的企业颁发高新技术企业证书； （三）负责遴选参与认定工作的评审专家（包括技术专家和财务专家），并加强监督管理； （四）负责对已认定企业进行监督检查，受理、核实并处理复核申请及有关举报等事项，落实领导小组及其办公室提出的整改建议； （五）完成领导小组办公室交办的其他工作
第九条 企业取得高新技术企业资格后，应依照本办法第四条的规定到主管税务机关办理减税、免税手续。享受减税、免税优惠的高新技术企业，减税、免税条件发生变化的，应当自发生变化之日起 15 日内向主管税务机关报告；不再符合减税、免税条件的，应当依法履行纳税义务；未依法纳税的，主管税务机关应当予以追缴。同时，主管税务机关在执行税收优惠政策过程中，发现企业不具备高新技术企业资格的，应提请认定机构复核。复核期间，可暂停企业享受减免税优惠	第十条 企业获得高新技术企业资格后，自高新技术企业证书颁发之日所在年度起享受税收优惠，可依照本办法第四条的规定到主管税务机关办理税收优惠手续
第十条 高新技术企业认定须同时满足以下条件： （一）在中国境内（不含港、澳、台地区）注册的企业，近三年内通过自主研发、受让、受赠、并购等方式，或通过 5 年以上的独占许可方式，对其主要产品（服务）的核心技术拥有自主知识产权； （二）产品（服务）属于《国家重点支持的高新技术领域》规定的范围； （三）具有大学专科以上学历的科技人员占企业当年职工总数的 30% 以上，其中研发人员占企业当年职工总数的 10% 以上	第十一条 认定为高新技术企业须同时满足以下条件： （一）企业申请认定时须注册成立一年以上； （二）企业通过自主研发、受让、受赠、并购等方式，获得对其主要产品（服务）在技术上发挥核心支持作用的知识产权的所有权； （三）对企业主要产品（服务）发挥核心支持作用的技术属于《国家重点支持的高新技术领域》规定的范围； （四）企业从事研发和相关技术创新活动的科

续表

关于印发《高新技术企业认定管理办法》的通知（国科发火〔2008〕172号）	关于修订印发《高新技术企业认定管理办法》的通知（国科发火〔2016〕32号）
（四）企业为获得科学技术（不包括人文、社会科学）新知识，创造性运用科学技术新知识，或实质性改进技术、产品（服务）而持续进行了研究开发活动，且近三个会计年度的研究开发费用总额占销售收入总额的比例符合如下要求： 1. 最近一年销售收入小于5000万元的企业，比例不低于6%； 2. 最近一年销售收入在5000万元至20000万元的企业，比例不低于4%； 3. 最近一年销售收入在20000万元以上的企业，比例不低于3%。 其中，企业在中国境内发生的研究开发费用总额占全部研究开发费用总额的比例不低于60%。企业注册成立时间不足三年的，按实际经营年限计算； （五）高新技术产品（服务）收入占企业当年总收入的60%以上； （六）企业研究开发组织管理水平、科技成果转化能力、自主知识产权数量、销售与总资产成长性等指标符合《高新技术企业认定管理工作指引》（另行制定）的要求	技人员占企业当年职工总数的比例不低于10%； （五）企业近三个会计年度（实际经营期不满三年的按实际经营时间计算，下同）的研究开发费用总额占同期销售收入总额的比例符合如下要求： 1. 最近一年销售收入小于5000万元（含）的企业，比例不低于5%； 2. 最近一年销售收入在5000万元至2亿元（含）的企业，比例不低于4%； 3. 最近一年销售收入在2亿元以上的企业，比例不低于3%。 其中，企业在中国境内发生的研究开发费用总额占全部研究开发费用总额的比例不低于60%； （六）近一年高新技术产品（服务）收入占企业同期总收入的比例不低于60%； （七）企业创新能力评价应达到相应要求； （八）企业申请认定前一年内未发生重大安全、重大质量事故或严重环境违法行为
第十一条　高新技术企业认定的程序如下： （一）企业自我评价及申请 企业登录“高新技术企业认定管理工作网”，对照本办法第十条规定条件，进行自我评价。认为符合认定条件的，企业可向认定机构提出认定申请。 （二）提交下列申请材料 1. 高新技术企业认定申请书； 2. 企业营业执照副本、税务登记证（复印件）； 3. 知识产权证书（独占许可合同）、生产批文，新产品或新技术证明（查新）材料、产品质量检验报告、省级以上科技计划立项证明，以及其他相关证明材料； 4. 企业职工人数、学历结构以及研发人员占企业职工的比例说明； 5. 经具有资质的中介机构鉴证的企业近三个会计年度研究开发费用情况表（实际年限不足三年的按实际经营年限），并附研究开发活动说明材料； 6. 经具有资质的中介机构鉴证的企业近三个会计年度的财务报表（含资产负债表、损益表、现金流量表，实际年限不足三年的按实际经营年限）以及技术性收入的情况表	第十二条　高新技术企业认定程序如下： （一）企业申请 企业对照本办法进行自我评价。认为符合认定条件的在“高新技术企业认定管理工作网”注册登记，向认定机构提出认定申请。申请时提交下列材料： 1. 高新技术企业认定申请书； 2. 证明企业依法成立的相关注册登记证件； 3. 知识产权相关材料、科研项目立项证明、科技成果转化、研究开发的组织管理等相关材料； 4. 企业高新技术产品（服务）的关键技术和技术指标、生产批文、认证认可和相关资质证书、产品质量检验报告等相关材料； 5. 企业职工和科技人员情况说明材料； 6. 经具有资质的中介机构出具的企业近三个会计年度研究开发费用和近一个会计年度高新技术产品（服务）收入专项审计或鉴证报告，并附研究开发活动说明材料； 7. 经具有资质的中介机构鉴证的企业近三个

续表

关于印发《高新技术企业认定管理办法》的通知（国科发火〔2008〕172 号）	关于修订印发《高新技术企业认定管理办法》的通知（国科发火〔2016〕32 号）
（三）合规性审查 认定机构应建立高新技术企业认定评审专家库；依据企业的申请材料，抽取专家库内专家对申报企业进行审查，提出认定意见。 （四）认定、公示与备案 认定机构对企业进行认定。经认定的高新技术企业在“高新技术企业认定管理工作网”上公示15个工作日，没有异议的，报送领导小组办公室备案，在“高新技术企业认定管理工作网”上公告认定结果，并向企业颁发统一印制的“高新技术企业证书”	会计年度的财务会计报告（包括会计报表、会计报表附注和财务情况说明书）； 8. 近三个会计年度企业所得税年度纳税申报表。 （二）专家评审 认定机构应在符合评审要求的专家中，随机抽取组成专家组。专家组对企业申报材料进行评审，提出评审意见。 （三）审查认定 认定机构结合专家组评审意见，对申请企业进行综合审查，提出认定意见并报领导小组办公室。认定企业由领导小组办公室在“高新技术企业认定管理工作网”公示 10 个工作日，无异议的，予以备案，并在“高新技术企业认定管理工作网”公告，由认定机构向企业颁发统一印制的“高新技术企业证书”；有异议的，由认定机构进行核实处理。 第十三条　企业获得高新技术企业资格后，应每年5月底前在“高新技术企业认定管理工作网”填报上一年度知识产权、科技人员、研发费用、经营收入等年度发展情况报表。 第十四条　对于涉密企业，按照国家有关保密工作规定，在确保涉密信息安全的前提下，按认定工作程序组织认定
	第十五条　科技部、财政部、税务总局建立随机抽查和重点检查机制，加强对各地高新技术企业认定管理工作的监督检查。对存在问题的认定机构提出整改意见并限期改正，问题严重的给予通报批评，逾期不改的暂停其认定管理工作。 第十六条　对已认定的高新技术企业，有关部门在日常管理过程中发现其不符合认定条件的，应提请认定机构复核。复核后确认不符合认定条件的，由认定机构取消其高新技术企业资格，并通知税务机关追缴其不符合认定条件年度起已享受的税收优惠
第十二条　高新技术企业资格自颁发证书之日起有效期为三年。企业应在期满前三个月内提出复审申请，不提出复审申请或复审不合格的，其高新技术企业资格到期自动失效	第九条　通过认定的高新技术企业，其资格自颁发证书之日起有效期为三年

续表

关于印发《高新技术企业认定管理办法》的通知（国科发火〔2008〕172 号）	关于修订印发《高新技术企业认定管理办法》的通知（国科发火〔2016〕32 号）
第十三条　高新技术企业复审须提交近三年开展研究开发等技术创新活动的报告。 复审时应重点审查第十条（四）款，对符合条件的，按照第十一条（四）款进行公示与备案。 通过复审的高新技术企业资格有效期为三年。期满后，企业再次提出认定申请的，按本办法第十一条的规定办理	
第十四条　高新技术企业经营业务、生产技术活动等发生重大变化（如并购、重组、转业等）的，应在十五日内向认定管理机构报告；变化后不符合本办法规定条件的，应自当年起终止其高新技术企业资格；需要申请高新技术企业认定的，按本办法第十一条的规定办理。 高新技术企业更名的，由认定机构确认并经公示、备案后重新核发认定证书，编号与有效期不变	第十七条　高新技术企业发生更名或与认定条件有关的重大变化（如分立、合并、重组以及经营业务发生变化等）应在三个月内向认定机构报告。经认定机构审核符合认定条件的，其高新技术企业资格不变，对于企业更名的，重新核发认定证书，编号与有效期不变；不符合认定条件的，自更名或条件变化年度起取消其高新技术企业资格
第十五条　已认定的高新技术企业有下述情况之一的，应取消其资格： （一）在申请认定过程中提供虚假信息的； （二）有偷、骗税等行为的； （三）发生重大安全、质量事故的； （四）有环境等违法、违规行为，受到有关部门处罚的。 被取消高新技术企业资格的企业，认定机构在 5 年内不再受理该企业的认定申请	第十九条　已认定的高新技术企业有下列行为之一的，由认定机构取消其高新技术企业资格： （一）在申请认定过程中存在严重弄虚作假行为的； （二）发生重大安全、重大质量事故或有严重环境违法行为的； （三）未按期报告与认定条件有关重大变化情况，或累计两年未填报年度发展情况报表的。 对被取消高新技术企业资格的企业，由认定机构通知税务机关按《税收征管法》及有关规定，追缴其自发生上述行为之日所属年度起已享受的高新技术企业税收优惠
	第十八条　跨认定机构管理区域整体迁移的高新技术企业，在其高新技术企业资格有效期内完成迁移的，其资格继续有效；跨认定机构管理区域部分搬迁的，由迁入地认定机构按照本办法重新认定

续表

关于印发《高新技术企业认定管理办法》的通知（国科发火〔2008〕172号）	关于修订印发《高新技术企业认定管理办法》的通知（国科发火〔2016〕32号）
国家重点支持的高新技术领域： 1. 电子信息技术 2. 生物与新医药技术 3. 航空航天技术 4. 新材料技术 5. 高技术服务业 6. 新能源及节能技术 7. 资源与环境技术 8. 高新技术改造传统产业	国家重点支持的高新技术领域： 1. 电子信息 2. 生物与新医药 3. 航空航天 4. 新材料 5. 高技术服务 6. 新能源与节能 7. 资源与环境 8. 先进制造与自动化
自2008年1月1日起实施	自2016年1月1日起实施

二十一、特殊行业固定资产加速折旧企业所得税政策

（一）适用缩短折旧年限或采取加速折旧的企业的范围

对生物药品制造业，专用设备制造业，铁路、船舶、航空航天和其他运输设备制造业，计算机、通信和其他电子设备制造业，仪器仪表制造业，信息传输、软件和信息技术服务业等6个行业的企业2014年1月1日后新购进的固定资产，可缩短折旧年限或采取加速折旧的方法。

——关于完善固定资产加速折旧企业所得税政策的通知（财税〔2014〕75号）

对轻工、纺织、机械、汽车等四个领域重点行业（具体范围见附件）的企业2015年1月1日后新购进的固定资产，可由企业选择缩短折旧年限或采取加速折旧的方法。

——关于进一步完善固定资产加速折旧企业所得税政策的通知（财税〔2015〕106号）

由于技术进步，产品更新换代较快的固定资产及常年处于强震动、高腐蚀状态的固定资产，企业可以采取缩短折旧年限或者采取加速折旧的方法。

——关于企业固定资产加速折旧所得税处理有关问题的通知（国税发〔2009〕81号）

集成电路生产企业的生产设备，其折旧年限可以适当缩短，最短可为3年（含）。企业外购的软件，凡符合固定资产或无形资产确认条件的，可以按照固定资产或无形资产进行核算，其折旧或摊销年限可以适当缩短，最短可为2年（含）。

——关于进一步鼓励软件产业和集成电路产业发展企业所得税政策的通知（财税〔2012〕27号）

（二）缩短折旧年限或采取加速折旧的具体规定

按不低于企业所得税法规定折旧年限的 60% 缩短折旧年限，或选择采取双倍余额递减法或年数总和法进行加速折旧。

——关于固定资产加速折旧税收政策有关问题的公告（国家税务总局公告 2014 年第 64 号）

企业按规定缩短折旧年限的，最低折旧年限不得低于企业所得税法实施条例第六十条规定折旧年限的 60%；采取加速折旧方法的，可采取双倍余额递减法或者年数总和法。

按照企业所得税法及其实施条例有关规定，企业根据自身生产经营需要，也可选择不实行加速折旧政策。

——关于进一步完善固定资产加速折旧企业所得税政策的通知（财税〔2015〕106 号）

（三）行业确定依据

六大行业按照国家统计局《国民经济行业分类与代码（GB/4754—2011）》确定，详见表 2－20 国民经济行业分类与代码中的六大行业。今后国家有关部门更新国民经济行业分类与代码，从其规定。

六大行业企业是指以上述行业业务为主营业务，其固定资产投入使用当年主营业务收入占企业收入总额 50%（不含）以上的企业。所称收入总额，是指企业所得税法第六条规定的收入总额。

——关于固定资产加速折旧税收政策有关问题的公告（国家税务总局公告 2014 年第 64 号）

表 2－20　　国民经济行业分类与代码中的六大行业

276		2760	生物药品制造	指利用生物技术生产生物化学药品、基因工程药物的生产活动
35			专用设备制造业	
	351		采矿、冶金、建筑专用设备制造	
		3511	矿山机械制造	指用于各种固体矿物及石料的开采和洗选的机械设备及其专门配套设备的制造；包括建井设备，采掘、凿岩设备，矿山提升设备，矿物破碎、粉磨设备，矿物筛分、洗选设备，矿用牵引车及矿车等产品及其专用配套件的制造

续表

		3512	石油钻采专用设备制造	指对陆地和海洋的石油、天然气等专用开采设备的制造；不包括海上石油、天然气勘探开采平台及相关漂浮设备的制造
		3513	建筑工程用机械制造	指建筑施工及市政公共工程用机械的制造
		3514	海洋工程专用设备制造	指海上工程、海底工程、近海工程的专用设备制造，不含港口工程设备以及船舶、潜水、救捞等设备制造
		3515	建筑材料生产专用机械制造	指生产水泥、水泥制品、玻璃及玻璃纤维、建筑陶瓷、砖瓦等建筑材料所使用的各种生产、搅拌成型机械的制造
		3516	冶金专用设备制造	指金属冶炼、锭坯铸造、轧制及其专用配套设备等生产专用设备的制造
	352		化工、木材、非金属加工专用设备制造	
		3521	炼油、化工生产专用设备制造	指炼油、化学工业生产专用设备的制造，但不包括包装机械等通用设备的制造
		3522	橡胶加工专用设备制造	指加工橡胶，或以橡胶为材料生产橡胶制品的专用机械制造
		3523	塑料加工专用设备制造	指塑料加工工业中所使用的各类专用机械和装置的制造
		3524	木材加工机械制造	指加工木材、木质板材及木制品的生产专用机械的制造，包括人造板成套设备及非木质人造板成套设备制造、人造板二次加工成套设备制造
		3525	模具制造	指金属铸造用模具、矿物材料用模具、橡胶或塑料用模具及其他用途的模具的制造
		3529	其他非金属加工专用设备制造	
	353		食品、饮料、烟草及饲料生产专用设备制造	
		3531	食品、酒、饮料及茶生产专用设备制造	指主要用于食品、酒、饮料生产及茶制品加工等专用设备的制造

续表

		3532	农副食品加工专用设备制造	指对谷物、干豆类等农作物的筛选、碾磨、储存等专用机械，糖料和油料作物加工机械，畜禽屠宰、水产品加工及盐加工机械的制造
		3533	烟草生产专用设备制造	
		3534	饲料生产专用设备制造	
	354		印刷、制药、日化及日用品生产专用设备制造	
		3541	制浆和造纸专用设备制造	指在制浆、造纸、纸加工及纸制品的生产过程中所用的各类机械和设备的制造
		3542	印刷专用设备制造	指使用印刷或其他方式将图文信息转移到承印物上的专用生产设备的制造
		3543	日用化工专用设备制造	指日用化学工业产品，如洗涤用品、口腔清洁用品、化妆品、香精、香料、动物胶、感光材料及其他日用化学制品专用生产设备的制造
		3544	制药专用设备制造	指化学原料药和药剂、中药饮片及中成药专用生产设备的制造
		3545	照明器具生产专用设备制造	指用于生产各种电灯泡、荧光灯管等电光源和各种照明器具产品专用生产设备的制造
		3546	玻璃、陶瓷和搪瓷制品生产专用设备制造	指用于生产加工玻璃制品、玻璃器皿的专用机械，陶瓷器等类似产品的加工机床和生产专用机械，以及搪瓷制品生产设备的制造
		3549	其他日用品生产专用设备制造	指上述未列明的日用品、工艺美术品的生产专用机械设备的制造
	355		纺织、服装和皮革加工专用设备制造	
		3551	纺织专用设备制造	指纺织纤维预处理、纺纱、织造和针织机械的制造
		3552	皮革、毛皮及其制品加工专用设备制造	指在制革、毛皮鞣制及其制品的加工生产过程中所使用的各种专用设备的制造

续表

	3553	缝制机械制造	指用于服装、鞋帽、箱包等制作的专用缝纫机械制造，以及生产加工各种面料服装、鞋帽所包括的铺布、裁剪、整烫、输送管理等机械和羽绒加工设备的制造
	3554	洗涤机械制造	指洗衣店等专业洗衣机械的制造；不包括家用洗衣机的制造
356		电子和电工机械专用设备制造	
	3561	电工机械专用设备制造	指电机、电线、电缆等电站、电工专用机械及器材的生产设备的制造
	3562	电子工业专用设备制造	指生产半导体器件、集成电路、电子元件、电真空器件专用设备的制造，以及电子设备整机装配专用设备的制造
357		农、林、牧、渔专用机械制造	
	3571	拖拉机制造	
	3572	机械化农业及园艺机具制造	指用于土壤处理，作物种植或施肥，种植物收割的农业、园艺或其他机械的制造
	3573	营林及木竹采伐机械制造	
	3574	畜牧机械制造	指草原建设、管理，畜禽养殖及畜禽产品采集等专用机械的制造
	3575	渔业机械制造	指渔业养殖、渔业捕捞等专用设备的制造
	3576	农林牧渔机械配件制造	拖拉机配件和其他农林牧渔机械配件的制造
	3577	棉花加工机械制造	指棉花加工专用机械制造，棉花加工成套设备的制造和安装
	3579	其他农、林、牧、渔业机械制造	指用于农产品初加工机械，以及其他未列明的农、林、牧、渔业机械的制造
358		医疗仪器设备及器械制造	
	3581	医疗诊断、监护及治疗设备制造	指用于内科、外科、眼科、妇产科、中医等医疗专用诊断、监护、治疗等方面的设备制造
	3582	口腔科用设备及器具制造	指用于口腔治疗、修补设备及器械的制造

续表

		3583	医疗实验室及医用消毒设备和器具制造	指医疗实验室或医疗用消毒、灭菌设备及器具的制造
		3584	医疗、外科及兽医用器械制造	指各种手术室、急救室、诊疗室等医疗专用及兽医用手术器械、医疗诊断用品和医疗用具的制造
		3585	机械治疗及病房护理设备制造	指各种治疗设备、病房护理及康复专用设备的制造
		3586	假肢、人工器官及植（介）入器械制造	指外科、牙科等医疗专用及兽医用假肢、人工器官、植入器械的制造，还包括矫形器具的制造
		3589	其他医疗设备及器械制造	指外科、牙科等医疗专用及兽医用家具器械的制造，以及其他未列明的医疗设备及器械的制造
	359		环保、社会公共服务及其他专用设备制造	
		3591	环境保护专用设备制造	指环境污染防治、废旧物品加工，以及工业材料回收专用设备的制造
		3592	地质勘查专用设备制造	指地质勘查（勘探）专用设备的制造；不包括通用钻采、挖掘机械的制造
		3593	邮政专用机械及器材制造	
		3594	商业、饮食、服务专用设备制造	
		3595	社会公共安全设备及器材制造	指公安、消防、安全等社会公共安全设备及器材的制造和加工
		3596	交通安全、管制及类似专用设备制造	指除铁路运输以外的道路运输、水上运输及航空运输等有关的管理、安全、控制专用设备的制造；不包括电气照明设备、信号设备的制造
		3597	水资源专用机械制造	指水利工程管理、节水工程及水的生产、供应专用设备的制造
		3599	其他专用设备制造	指上述类别中未列明的其他专用设备的制造，包括同位素设备的制造
37			铁路、船舶、航空航天和其他运输设备制造业	
	371		铁路运输设备制造	

续表

	3711	铁路机车车辆及动车组制造	指以外来电源或以蓄电池驱动的，或以压燃式发动机及其他方式驱动的，能够牵引铁路车辆的动力机车、铁路动车组的制造，以及用于运送旅客和用以装运货物的客车、货车及其他铁路专用车辆的制造
	3712	窄轨机车车辆制造	指可用于交通运输的窄轨内燃机车、电力机车和窄轨非机动车的制造
	3713	铁路机车车辆配件制造	指铁道或有轨机车及其拖拽车辆的专用零配件的制造
	3714	铁路专用设备及器材、配件制造	指铁路安全或交通控制设备的制造，以及其他铁路专用设备及器材、配件的制造
	3719	其他铁路运输设备制造	
372	3720	城市轨道交通设备制造	
373		船舶及相关装置制造	
	3731	金属船舶制造	指以钢质、铝质等各种金属为主要材料，为民用或军事部门建造远洋、近海或内陆河湖的金属船舶的制造
	3732	非金属船舶制造	指以各种木材、水泥、玻璃钢等非金属材料，为民用或军事部门建造船舶的活动
	3733	娱乐船和运动船制造	指游艇和用于娱乐或运动的其他船只的制造
	3734	船用配套设备制造	指船用主机、辅机设备的制造
	3735	船舶改装与拆除	
	3739	航标器材及其他相关装置制造	指用于航标的各种器材，以及不以航行为主的船只的制造，不含海上浮动装置的制造
374		航空、航天器及设备制造	
	3741	飞机制造	指在大气同温层以内飞行的用于运货或载客，用于国防，以及用于体育运动或其他用途的各种飞机及其零件的制造，包括飞机发动机的制造
	3742	航天器制造	

续表

		3743	航空、航天相关设备制造	
		3749	其他航空航天器制造	
	375		摩托车制造	
		3751	摩托车整车制造	指不论是否装有边斗的摩托车制造，包括摩托车发动机的制造
		3752	摩托车零部件及配件制造	
	376		自行车制造	
		3761	脚踏自行车及残疾人座车制造	指未装马达，主要以脚蹬驱动，装有一个或多个轮子的脚踏车辆、残疾人座车及其零件的制造
		3762	助动自行车制造	指主要以蓄电池作为辅助能源，具有两个车轮，能实现人力骑行、电动或电动助力功能的特种自行车及其零件的制造
	377	3770	非公路休闲车及零配件制造	指运动休闲车（不含跑车、山地车和越野车）、四轮休闲车、草地车、观光车等的制造
	379		潜水救捞及其他未列明运输设备制造	
		3791	潜水及水下救捞装备制造	指潜水装置及水下作业、救捞装备的制造
		3799	其他未列明运输设备制造	指手推车辆、牲畜牵引车辆的制造，以及上述未列明的交通运输设备的制造
39			计算机、通信和其他电子设备制造业	
	391		计算机制造	
		3911	计算机整机制造	指将可进行算术或逻辑运算的中央处理器和外围设备集成计算整机的制造，也包括硬件与软件集成计算机系统的制造，还包括来件组装计算机的加工
		3912	计算机零部件制造	指组成电子计算机的内存、板卡、硬盘、电源、机箱、显示器等部件的制造
		3913	计算机外围设备制造	指计算机外围设备及附属设备的制造；包括输入设备、输出设备和外存储设备等的制造

续表

		3919	其他计算机制造	指计算机应用电子设备（以中央处理器为核心，配以专业功能模块、外围设备等构成各行业应用领域专用的电子产品及设备，如金融电子、汽车电子、医疗电子、工业控制计算机及装置、信息采集及识别设备、数字化3C产品等）、信息安全设备（用于保护网络和计算机中信息和数据安全的专用设备，包括边界安全、通信安全、身份鉴别与访问控制、数据安全、基础平台、内容安全、评估审计与监控、安全应用设备等），以及其他未列明计算机设备的制造
	392		通信设备制造	
		3921	通信系统设备制造	指固定或移动通信接入、传输、交换设备等通信系统建设所需设备的制造
		3922	通信终端设备制造	指固定或移动通信终端设备的制造
	393		广播电视设备制造	
		3931	广播电视节目制作及发射设备制造	指广播电视节目制作、发射设备及器材的制造
		3932	广播电视接收设备及器材制造	指专业广播电视接收设备、专业用录音录像重放、音响设备及其他配套的广播电视设备的制造，但不包括家用广播电视接收设备及装置的制造
		3939	应用电视设备及其他广播电视设备制造	指应用电视设备、其他广播电视设备和器材的制造
	394	3940	雷达及配套设备制造	指雷达整机及雷达配套产品的制造
	395		视听设备制造	
		3951	电视机制造	指非专业用电视机制造
		3952	音响设备制造	指非专业用无线电收音机、收录音机、唱机等音响设备的制造
		3953	影视录放设备制造	指非专业用录像机、摄像机、激光视盘机等影视设备整机及零部件的制造，包括教学用影视设备的制造，但不包括广播电视等专业影视设备的制造
	396		电子器件制造	
		3961	电子真空器件制造	指电子热离子管、冷阴极管或光电阴极管及其他真空电子器件，以及电子管零件的制造

续表

		3962	半导体分立器件制造	
		3963	集成电路制造	指单片集成电路、混合式集成电路的制造
		3969	光电子器件及其他电子器件制造	指光电子器件、显示器件和组件，以及其他未列明的电子器件的制造
	397		电子元件制造	
		3971	电子元件及组件制造	指组装好的电子模压组件、微型组件或类似组件的制造
		3972	印制电路板制造	指在绝缘板上通过常规或非常规的印刷工艺，使导电元件、触点或电感器件、电阻器和电容器等其他印刷元件组成的电路及专用元件的制造
	399	3990	其他电子设备制造	指电子（气）物理设备及其他未列明的电子设备的制造
40			仪器仪表制造业	
	401		通用仪器仪表制造	
		4011	工业自动控制系统装置制造	指用于连续或断续生产制造过程中，测量和控制生产制造过程的温度、压力、流量、物位等变量或者物体位置、倾斜、旋转等参数的工业用计算机控制系统、检测仪表、执行机构和装置的制造
		4012	电工仪器仪表制造	指用于电压、电流、电阻、功率等电磁量的测量、计量、采集、监测、分析、处理、检验与控制用仪器仪表及系统装置的制造
		4013	绘图、计算及测量仪器制造	指供设计、制图、绘图、计算、测量，以及学习或办公、教学等使用的测量和绘图用具、器具、精密天平及量仪的制造
		4014	实验分析仪器制造	指利用物质的物理、化学、电学等性能对物质进行定性、定量分析和结构分析，以及湿度、黏度、质量、比重等性能测定所使用的仪器的制造；用于对各种物体在温度、湿度、光照、辐射等环境变化后适应能力的实验装置的制造；各种物体物化特性参数测量的仪器、实验装置及相关器具的制造

续表

		4015	试验机制造	指测试、评定和研究材料、零部件及其制成品的物理性能、机械（力学）性能、工艺性能、安全性能、舒适性能的实验仪器和设备的制造
		4019	供应用仪表及其他通用仪器制造	指电、气、水、油和热等类似气体或液体的供应过程中使用的计量仪表、自动调节或控制仪器及装置，以及其他未列明的通用仪器仪表和仪表元器件的制造
	402		专用仪器仪表制造	
		4021	环境监测专用仪器仪表制造	指对环境中的污染物、噪声、放射性物质、电磁波等进行监测和监控的专用仪器仪表及系统装置的制造
		4022	运输设备及生产用计数仪表制造	指汽车、船舶及工业生产用转数计、生产计数器、里程记录器及类似仪表的制造
		4023	导航、气象及海洋专用仪器制造	指用于气象、海洋、水文、天文、航海、航空等方面的导航、制导、测量仪器和仪表及类似装置的制造
		4024	农林牧渔专用仪器仪表制造	指农、林、牧、渔生产专用仪器、仪表及类似装置的制造
		4025	地质勘探和地震专用仪器制造	指地质勘探、钻采、地震等地球物理专用仪器、仪表及类似装置的制造
		4026	教学专用仪器制造	指专供教学示范或展览，而无其他用途的专用仪器的制造
		4027	核子及核辐射测量仪器制造	指专门用于核离子射线的测量或检验的仪器、装置，核辐射探测器等核专业用仪器仪表的制造
		4028	电子测量仪器制造	指用电子技术实现对被测对象（电子产品）的电参数定量检测装置的制造
		4029	其他专用仪器制造	指用于纺织、电站热工仪表等其他未列明的专用仪器的制造
	403	4030	钟表与计时仪器制造	指各种钟、表、钟表机芯、时间记录装置、计时器的制造，还包括装有钟表机芯或同步马达，用以测量、记录或指示时间间隔的装置、定时开关，以及钟表零配件的制造

续表

		404		光学仪器及眼镜制造	
			4041	光学仪器制造	指用玻璃或其他材料（如石英、萤石、塑料或金属）制作的光学配件、装配好的光学元件、组合式光学显微镜，以及军用望远镜等光学仪器的制造
			4042	眼镜制造	指眼镜成镜、眼镜框架和零配件、眼镜镜片、角膜接触镜（隐形眼镜）及护理产品的制造
		409	4090	其他仪器仪表制造业	指上述未列明的仪器、仪表的制造
I				信息传输、软件和信息技术服务业	本门类包括 63 ~ 65 大类
	63			电信、广播电视和卫星传输服务	
		631		电信	指利用有线、无线的电磁系统或者光电系统，传送、发射或者接收语音、文字、数据、图像以及其他任何形式信息的活动
			6311	固定电信服务	指从事固定通信业务活动
			6312	移动电信服务	指从事移动通信业务活动
			6319	其他电信服务	指除固定电信服务、移动电信服务外，利用固定、移动通信网从事的信息服务
		632		广播电视传输服务	
			6321	有线广播电视传输服务	指有线广播电视网和信号的传输服务
			6322	无线广播电视传输服务	指无线广播电视信号的传输服务
		633	6330	卫星传输服务	指人造卫星的电信传输和广播电视传输服务
	64			互联网和相关服务	
		641	6410	互联网接入及相关服务	指除基础电信运营商外，基于基础传输网络为存储数据、数据处理及相关活动，提供接入互联网的有关应用设施的服务
		642	6420	互联网信息服务	指除基础电信运营商外，通过互联网提供在线信息、电子邮箱、数据检索、网络游戏等信息服务

续表

		649	6490	其他互联网服务	指除基础电信运营商服务、互联网接入及相关服务、互联网信息服务以外的其他未列明互联网服务
	65			软件和信息技术服务业	指对信息传输、信息制作、信息提供和信息接收过程中产生的技术问题或技术需求所提供的服务
		651	6510	软件开发	指为用户提供计算机软件、信息系统或者设备中嵌入的软件，或者在系统集成、应用服务等技术服务时提供软件的开发和经营活动；包括基础软件、支撑软件、应用软件、嵌入式软件、信息安全软件、计算机（应用）系统、工业软件以及其他软件的开发和经营活动
		652	6520	信息系统集成服务	指基于需方业务需求进行的信息系统需求分析和系统设计，并通过结构化的综合布缆系统、计算机网络技术和软件技术，将各个分离的设备、功能和信息等集成到相互关联的、统一和协调的系统之中，以及为信息系统的正常运行提供支持的服务；包括信息系统设计、集成实施、运行维护等服务
		653	6530	信息技术咨询服务	指在信息资源开发利用、工程建设、人员培训、管理体系建设、技术支撑等方面向需方提供的管理或技术咨询评估服务；包括信息化规划、信息技术管理咨询、信息系统工程监理、测试评估、信息技术培训等
		654	6540	数据处理和存储服务	指供方向需方提供的信息和数据的分析、整理、计算、编辑、存储等加工处理服务，以及应用软件、业务运营平台、信息系统基础设施等的租用服务；包括各种数据库活动、网站内容更新、数据备份服务、数据存储服务、在线企业资源规划(ERP)、在线杀毒、电子商务平台、物流信息服务平台、服务器托管、虚拟主机等

续表

		655	6550	集成电路设计	指IC设计服务，即企业开展的集成电路功能研发、设计等服务
		659		其他信息技术服务业	
			6591	数字内容服务	指数字内容的加工处理，即将图片、文字、视频、音频等信息内容运用数字化技术进行加工处理并整合应用的服务
			6592	呼叫中心	指受企事业单位委托，利用与公用电话网或因特网连接的呼叫中心系统和数据库技术，经过信息采集、加工、存储等建立信息库，通过固定网、移动网或因特网等公众通信网络向用户提供有关该企事业单位的业务咨询、信息咨询和数据查询等服务
			6599	其他未列明信息技术服务业	

4个领域重点行业详见表2－21“轻工、纺织、机械、汽车4个领域重点行业范围”确定。今后国家有关部门更新国民经济行业分类与代码，从其规定。4个领域重点行业企业是指以上述行业业务为主营业务，其固定资产投入使用当年的主营业务收入占企业收入总额50%（不含）以上的企业。所称收入总额，是指企业所得税法第六条规定的收入总额。

——关于进一步完善固定资产加速折旧企业所得税政策有关问题的公告（国家税务总局公告2015年第68号）

表2－21　　轻工、纺织、机械、汽车四个领域重点行业范围

代码			类别名称	备注
大类	中类	小类		
	268		日用化学产品制造	轻工
		2681	肥皂及合成洗涤剂制造	
		2682	化妆品制造	
		2683	口腔清洁用品制造	
		2684	香料、香精制造	
		2689	其他日用化学产品制造	

续表

代码			类别名称	备注
大类	中类	小类		
27			医药制造业	轻工
	271		化学药品原料药制造	
	272		化学药品制剂制造	
	273		中药饮片加工	
	274		中成药生产	
	275		兽用药品制造	
	277		卫生材料及医药用品制造	
13			农副食品加工业	轻工
	131		谷物磨制	
	132		饲料加工	
	133		植物油加工	
	134		制糖业	
	135		屠宰及肉类加工	
	136		水产品加工	
	137		蔬菜、水果和坚果加工	
	139		其他农副食品加工	
14			食品制造业	轻工
	141		焙烤食品制造	
	142		糖果、巧克力及蜜饯制造	
	143		方便食品制造	
	144		乳制品制造	
	145		罐头食品制造	
	146		调味品、发酵制品制造	
	149		其他食品制造	
17			纺织业	纺织
	171		棉纺织及印染精加工	
	172		毛纺织及染整精加工	
	173		麻纺织及染整精加工	
	174		丝绢纺织及印染精加工	
	175		化纤织造及印染精加工	
	176		针织或钩针编织物及其制品制造	

续表

代码			类别名称	备注
大类	中类	小类		
	177		家用纺织制成品制造	
	178		非家用纺织制成品制造	
18			纺织服装、服饰业	纺织
	181		机织服装制造	
	182		针织或钩针编织服装制造	
	183		服饰制造	
19			皮革、毛皮、羽毛及其制品和制鞋业	轻工
	191		皮革鞣制加工	
	192		皮革制品制造	
	193		毛皮鞣制及制品加工	
	194		羽毛（绒）加工及制品制造	
	195		制鞋业	
20			木材加工和木、竹、藤、棕、草制品业	轻工
	201		木材加工	
	202		人造板制造	
	203		木制品制造	
	204		竹、藤、棕、草等制品制造	
21			家具制造业	轻工
	211		木质家具制造	
	212		竹、藤家具制造	
	213		金属家具制造	
	214		塑料家具制造	
	219		其他家具制造	
22			造纸和纸制品业	轻工
	221		纸浆制造	
	222		造纸	
	223		纸制品制造	
23			印刷和记录媒介复制业	轻工
	231		印刷	
	232		装订及印刷相关服务	
	233		记录媒介复制	

续表

代码			类别名称	备注
大类	中类	小类		
24			文教、工美、体育和娱乐用品制造业	轻工
	241		文教办公用品制造	
	242		乐器制造	
	243		工艺美术品制造	
	244		体育用品制造	
	245		玩具制造	
28			化学纤维制造业	纺织
	281		纤维素纤维原料及纤维制造	
	282		合成纤维制造	
	292		塑料制品业	轻工
		2921	塑料薄膜制造	
		2922	塑料板、管、型材制造	
		2923	塑料丝、绳及编织品制造	
		2924	泡沫塑料制造	
		2925	塑料人造革、合成革制造	
		2926	塑料包装箱及容器制造	
		2927	日用塑料制品制造	
		2928	塑料零件制造	
		2929	其他塑料制品制造	
33			金属制品业	机械
	331		结构性金属制品制造	
	332		金属工具制造	
	333		集装箱及金属包装容器制造	
	334		金属丝绳及其制品制造	
	335		建筑、安全用金属制品制造	
	336		金属表面处理及热处理加工	
	337		搪瓷制品制造	
	338		金属制日用品制造	
	339		其他金属制品制造	
34			通用设备制造业	机械
	341		锅炉及原动设备制造	

续表

代码			类别名称	备注
大类	中类	小类		
	342		金属加工机械制造	
	343		物料搬运设备制造	
	344		泵、阀门、压缩机及类似机械制造	
	345		轴承、齿轮和传动部件制造	
	346		烘炉、风机、衡器、包装等设备制造	
	347		文化、办公用机械制造	
	348		通用零部件制造	
	349		其他通用设备制造业	
36			汽车制造业	汽车
	361		汽车整车制造	
	362		改装汽车制造	
	363		低速载货汽车制造	
	364		电车制造	
	365		汽车车身、挂车制造	
	366		汽车零部件及配件制造	
38			电气机械和器材制造业	机械
	381		电机制造	
	382		输配电及控制设备制造	
	383		电线、电缆、光缆及电工器材制造	
	384		电池制造	
	385		家用电力器具制造	
	386		非电力家用器具制造	
	387		照明器具制造	
	389		其他电气机械及器材制造	

注：以上代码和类别名称来自《国民经济行业分类（GB/T 4754－2011)》。

（四）购置旧固定资产的优惠政策

企业采取缩短折旧年限方法的，对其购置的新固定资产，最低折旧年限不得低于企业所得税法实施条例第六十条规定的折旧年限的60%；企业购置已使用过的固定资产，其最低折旧年限不得低于实施条例规定的最低折旧年限减去已使用年限后剩余年限的60%。最低折旧年限一经确定，一般不得变更。

——关于固定资产加速折旧税收政策有关问题的公告（国家税务总局公告2014年第64号）、关于进一步完善固定资产加速折旧企业所得税政策有关问题的公告（国家税务总局公告2015年第68号）

（五）与其他固定资产优惠政策并存

企业的固定资产既符合本公告优惠政策条件，同时又符合《国家税务总局关于企业固定资产加速折旧所得税处理有关问题的通知》（国税发〔2009〕81号）《财政部　国家税务总局关于进一步鼓励软件产业和集成电路产业发展企业所得税政策的通知》（财税〔2012〕27号）中相关加速折旧政策条件的，可由企业选择其中最优惠的政策执行，且一经选择，不得改变。

——关于固定资产加速折旧税收政策有关问题的公告（国家税务总局公告2014年第64号）、关于进一步完善固定资产加速折旧企业所得税政策有关问题的公告（国家税务总局公告2015年第68号）

（六）后续管理

享受优惠政策的时间：预缴享受。

主要留存备查资料：

一是企业属于重点行业、领域企业的说明材料〔以某重点行业业务为主营业务，固定资产投入使用当年主营业务收入占企业收入总额50%（不含）以上〕；

二是购进固定资产的发票、记账凭证（购入已使用过的固定资产，应提供已使用年限的相关说明）；

三是核算有关资产税法与会计差异的台账。

后续管理要求：由省税务机关（含计划单列市税务机关）规定。

——企业所得税优惠事项备案管理目录（2017年版）

二十二、技术先进型服务企业所得税优惠政策

1. 自2017年1月1日起，在全国范围内实行以下企业所得税优惠政策：

（1）对经认定的技术先进型服务企业，减按15%的税率征收企业所得税；

（2）经认定的技术先进型服务企业发生的职工教育经费支出，不超过工资薪金总额8%的部分，准予在计算应纳税所得额时扣除；超过部分，准予在以后纳税年度结转扣除。

2. 享受本通知第一条规定的企业所得税优惠政策的技术先进型服务企业必须同时符合以下条件：

（1）在中国境内（不包括港、澳、台地区）注册的法人企业；

（2）从事《技术先进型服务业务认定范围（试行）》中的一种或多种技术先进型服务业务，采用先进技术或具备较强的研发能力；

（3）具有大专以上学历的员工占企业职工总数的50%以上；

（4）从事《技术先进型服务业务认定范围（试行）》中的技术先进型服务业务取得的收入占企业当年总收入的50%以上；

（5）从事离岸服务外包业务取得的收入不低于企业当年总收入的35%。

从事离岸服务外包业务取得的收入，是指企业根据境外单位与其签订的委托合同，由本企业或其直接转包的企业为境外单位提供表2－22技术先进型服务业务认定范围（试行）中所规定的信息技术外包服务（ITO）、技术性业务流程外包服务（BPO）和技术性知识流程外包服务（KPO），而从上述境外单位取得的收入。

3. 技术先进型服务企业的认定管理。

（1）省级科技部门会同本级商务、财政、税务和发展改革部门根据本通知规定制定本省（自治区、直辖市、计划单列市）技术先进型服务企业认定管理办法，并负责本地区技术先进型服务企业的认定管理工作。各省（自治区、直辖市、计划单列市）技术先进型服务企业认定管理办法应报科技部、商务部、财政部、税务总局和国家发展改革委备案。

（2）符合条件的技术先进型服务企业应向所在省级科技部门提出申请，由省级科技部门会同本级商务、财政、税务和发展改革部门联合评审后发文认定，并将认定企业名单及有关情况通过科技部“全国技术先进型服务企业业务办理管理平台”备案，科技部与商务部、财政部、税务总局和国家发展改革委共享备案信息。符合条件的技术先进型服务企业须在商务部“服务贸易统计监测管理信息系统（服务外包信息管理应用）”中填报企业基本信息，按时报送数据。

（3）经认定的技术先进型服务企业，持相关认定文件向所在地主管税务机关办理享受本通知第一条规定的企业所得税优惠政策事宜。享受企业所得税优惠的技术先进型服务企业条件发生变化的，应当自发生变化之日起15日内向主管税务机关报告；不再符合享受税收优惠条件的，应当依法履行纳税义务。主管税务机关在执行税收优惠政策过程中，发现企业不具备技术先进型服务企业资格的，应提请认定机构复核。复核后确认不符合认定条件的，应取消企业享受税收优惠政策的资格。

（4）省级科技、商务、财政、税务和发展改革部门对经认定并享受税收优惠政策的技术先进型服务企业应做好跟踪管理，对变更经营范围、合并、分立、转业、迁移的企业，如不再符合认定条件，应及时取消其享受税收优惠政策的资格。

现有 31 个中国服务外包示范城市已认定的 2017 年度技术先进型服务企业继续有效。从 2018 年 1 月 1 日起，中国服务外包示范城市技术先进型服务企业认定管理工作依照所在省（自治区、直辖市、计划单列市）制定的管理办法实施。

4. 后续管理。

享受优惠政策的时间：预缴享受。

主要留存备查资料：

一是技术先进型服务企业认定文件；

二是技术先进型服务企业认定资料；

三是优惠年度技术先进型服务业务收入总额、离岸服务外包业务收入总额占本企业当年收入总额比例情况说明；

四是企业具有大专以上学历的员工占企业总职工总数比例情况说明。

后续管理要求：由省税务机关（含计划单列市税务机关）规定。

——企业所得税优惠事项备案管理目录（2017 年版）

表 2－22　　技术先进型服务业务认定范围（试行）

信息技术外包服务（ITO）（一）软件研发及外包	
类　别	适用范围
软件研发及开发服务	用于金融、政府、教育、制造业、零售、服务、能源、物流、交通、媒体、电信、公共事业和医疗卫生等部门和企业，为用户的运营/生产/供应链/客户关系/人力资源和财务管理、计算机辅助设计/工程等业务进行软件开发，包括定制软件开发，嵌入式软件、套装软件开发，系统软件开发、软件测试等
软件技术服务	软件咨询、维护、培训、测试等技术性服务
信息技术外包服务（ITO）（二）信息技术研发服务外包	
集成电路和电子电路设计	集成电路和电子电路产品设计以及相关技术支持服务等
测试平台	为软件、集成电路和电子电路的开发运用提供测试平台
信息技术外包服务（ITO）（三）信息系统运营维护外包	
信息系统运营和维护服务	客户内部信息系统集成、网络管理、桌面管理与维护服务；信息工程、地理信息系统、远程维护等信息系统应用服务
基础信息技术服务	基础信息技术管理平台整合、IT 基础设施管理、数据中心、托管中心、安全服务、通讯服务等基础信息技术服务
技术性业务流程外包服务（BPO）	
企业业务流程设计服务	为客户企业提供内部管理、业务运作等流程设计服务
企业内部管理服务	为客户企业提供后台管理、人力资源管理、财务、审计与税务管理、金融支付服务、医疗数据及其他内部管理业务的数据分析、数据挖掘、数据管理、数据使用的服务；承接客户专业数据处理、分析和整合服务

续表

技术性业务流程外包服务（BPO）	
类　别	适用范围
企业运营服务	为客户企业提供技术研发服务、为企业经营、销售、产品售后服务提供的应用客户分析、数据库管理等服务。主要包括金融服务业务、政务与教育业务、制造业务和生命科学、零售和批发与运输业务、卫生保健业务、通讯与公共事业业务、呼叫中心、电子商务平台等
企业供应链管理服务	为客户企业提供采购、物流的整体方案设计及数据库服务
技术性知识流程外包服务（KPO）	
知识产权研究、医药和生物技术研发和测试、产品技术研发、工业设计、分析学和数据挖掘、动漫及网游设计研发、教育课件研发、工程设计等领域	

——关于将技术先进型服务企业所得税政策推广至全国实施的通知（财税〔2017〕79号）

二十三、节能服务公司增值税、企业所得税优惠政策

（一）增值税免税政策

同时符合下列条件的合同能源管理服务免征增值税：

1. 节能服务公司实施合同能源管理项目相关技术，应当符合国家质量监督检验检疫总局和国家标准化管理委员会发布的《合同能源管理技术通则》（GB/T24915－2010）规定的技术要求。

2. 节能服务公司与用能企业签订节能效益分享型合同，其合同格式和内容，符合《中华人民共和国合同法》和《合同能源管理技术通则》（GB/T24915－2010）等规定。

——关于全面推开营业税改征增值税试点的通知（财税〔2016〕36号）

（二）企业所得税减税政策

1. 符合条件的节能服务公司的条件。

所称“符合条件”是指同时满足以下条件：

（1）具有独立法人资格，注册资金不低于100万元，且能够单独提供用能状况诊断、节能项目设计、融资、改造（包括施工、设备安装、调试、验收等）、运行管理、人员培训等服务的专业化节能服务公司；

（2）节能服务公司实施合同能源管理项目相关技术应符合国家质量监督检验检疫总局和国家标准化管理委员会发布的《合同能源管理技术通则》（GB/

T24915－2010）规定的技术要求；

（3）节能服务公司与用能企业签订《节能效益分享型》合同，其合同格式和内容，符合《合同法》和国家质量监督检验检疫总局和国家标准化管理委员会发布的《合同能源管理技术通则》（GB/T24915－2010）等规定；

（4）节能服务公司实施合同能源管理的项目符合《财政部　国家税务总局　国家发展改革委关于公布环境保护节能节水项目企业所得税优惠目录（试行）的通知》（财税〔2009〕166号）"节能减排技术改造"类中第一项至第八项规定的项目和条件；

（5）节能服务公司投资额不低于实施合同能源管理项目投资总额的70%；

（6）节能服务公司拥有匹配的专职技术人员和合同能源管理人才，具有保障项目顺利实施和稳定运行的能力。

——关于促进节能服务产业发展增值税 营业税和企业所得税政策问题的通知（财税〔2010〕110号）

凡实行查账征收所得税的居民企业并符合企业所得税法和本公告有关规定的，该项目可享受财税〔2010〕110号规定的企业所得税"三免三减半"优惠政策。

——关于落实节能服务企业合同能源管理项目企业所得税优惠政策有关征收管理问题的公告（国家税务总局 国家发展改革委公告2013年第77号）

2. 具体优惠政策。

自项目取得第一笔生产经营收入所属纳税年度起，第一年至第三年免征企业所得税，第四年至第六年按照25%的法定税率减半征收企业所得税。

——关于促进节能服务产业发展增值税 营业税和企业所得税政策问题的通知（财税〔2010〕110号）

3. 节能与用能企业约定的实际分享期未超过6年，适用优惠政策。

如果节能服务企业的分享型合同约定的效益分享期短于6年的，按实际分享期享受优惠。

——关于落实节能服务企业合同能源管理项目企业所得税优惠政策有关征收管理问题的公告（国家税务总局 国家发展改革委公告2013年第77号）

4. 优惠期限内转让享受优惠的项目，受让方优惠政策适用。

对在优惠期限内转让所享受优惠的项目给其他符合条件的节能服务企业，受让企业承续经营该项目的，可自项目受让之日起，在剩余期限内享受规定的优惠；优惠期限届满后转让的，受让企业不得就该项目重复享受优惠。

——关于落实节能服务企业合同能源管理项目企业所得税优惠政策有关征收管理问题的公告（国家税务总局 国家发展改革委公告2013年第77号）

5. 项目所得额确认。

节能服务公司与用能企业之间的业务往来，应当按照独立企业之间的业务往来收取或者支付价款、费用。不按照独立企业之间的业务往来收取或者支付价款、费用，而减少其应纳税所得额的，税务机关有权进行合理调整。

能源管理合同期满后，节能服务公司转让给用能企业的因实施合同能源管理项目形成的资产，按折旧或摊销期满的资产进行税务处理，用能企业从节能服务公司接受有关资产的计税基础也应按折旧或摊销期满的资产进行税务处理；

能源管理合同期满后，节能服务公司与用能企业办理有关资产的权属转移时，用能企业已支付的资产价款，不再另行计入节能服务公司的收入。

节能服务公司同时从事适用不同税收政策待遇项目的，其享受税收优惠项目应当单独计算收入、扣除，并合理分摊企业的期间费用；没有单独计算的，不得享受税收优惠政策。

——关于促进节能服务产业发展增值税 营业税和企业所得税政策问题的通知（财税〔2010〕110 号）

节能服务企业投资项目所发生的支出，应按税法规定作资本化或费用化处理。形成的固定资产或无形资产，应按合同约定的效益分享期计提折旧或摊销。

节能服务企业应分别核算各项目的成本费用支出额。对在合同约定的效益分享期内发生的期间费用划分不清的，应合理进行分摊，期间费用的分摊应按照项目投资额和销售（营业）收入额两个因素计算分摊比例，两个因素的权重各为 50%。

——关于落实节能服务企业合同能源管理项目企业所得税优惠政策有关征收管理问题的公告（国家税务总局 国家发展改革委公告 2013 年第 77 号）

6. 享受企业所得税优惠政策的项目的范围。

节能服务公司实施合同能源管理的项目符合《财政部　国家税务总局国家发展改革委关于公布环境保护节能节水项目企业所得税优惠目录（试行）的通知》（财税〔2009〕166 号）“4. 节能减排技术改造”类中第一项至第八项规定的项目和条件。

——关于促进节能服务产业发展增值税 营业税和企业所得税政策问题的通知（财税〔2010〕110 号）

享受企业所得税优惠政策的项目应属于《财政部　国家税务总局 国家发展改革委关于公布环境保护节能节水项目企业所得税优惠目录（试行）的通知》（财税〔2009〕166 号）规定的节能减排技术改造项目，包括余热余压利用、绿色照明等节能效益分享型合同能源管理项目。

——关于落实节能服务企业合同能源管理项目企业所得税优惠政策有关征收管理问题的公告（国家税务总局 国家发展改革委公告 2013 年第 77 号）

享受企业所得税优惠政策的项目的范围，详见表 2－23。

表 2 – 23　　合同能源管理项目列表

<table>
<tr><td rowspan="9">4</td><td rowspan="9">节能减排技术改造</td><td>1. 既有高能耗建筑节能改造项目</td><td rowspan="8">1. 具有独立法人资质，且注册资金不低于 100 万元的节能减排技术服务公司以合同能源管理的形式，通过以节省能源费用或节能量来支付项目成本的节能减排技术改造项目
2. 项目应符合国家产业政策，并达到国家有关节能和环境标准
3. 经建筑能效测评机构检测，既有高能耗建筑节能改造和北方既有居住建筑供热计量及节能改造达到现行节能强制性标准要求，既有建筑太阳能光热、光电建筑一体化技术或浅层地能热泵技术改造后达到现行国家有关标准要求
4. 经省级节能节水主管部门验收，工业锅炉、工业窑炉技术改造和电机系统节能、能量系统优化技术改造项目年节能量折算后不小于 1000 吨标准煤，煤炭工业复合式干法选煤技术改造、钢铁行业干式除尘技术改造和有色金属行业干式除尘净化技术改造项目年节水量不小于 200 万立方米
5. 项目应纳税所得额的计算应符合独立交易原则
6. 国务院财政、税务主管部门规定的其他条件</td></tr>
<tr><td>2. 既有建筑太阳能光热、光电建筑一体化技术或浅层地能热泵技术改造项目</td></tr>
<tr><td>3. 既有居住建筑供热计量及节能改造项目</td></tr>
<tr><td>4. 工业锅炉、工业窑炉节能技术改造项目</td></tr>
<tr><td>5. 电机系统节能、能量系统优化技术改造项目</td></tr>
<tr><td>6. 煤炭工业复合式干法选煤技术改造项目</td></tr>
<tr><td>7. 钢铁行业干式除尘技术改造项目</td></tr>
<tr><td>8. 有色金属行业干式除尘净化技术改造项目</td></tr>
<tr><td>9. 燃煤电厂烟气脱硫技术改造项目</td><td>1. 按照国家有关法律法规设立的，具有独立法人资质，且注册资金不低于 500 万元的专门从事脱硫服务的公司从事的符合规定的脱硫技术改造项目
2. 改造后，采用干法或半干法脱硫的项目脱硫效率应高于 85%，采用湿法或其他方法脱硫的项目脱硫效率应高于 98%
3. 项目改造后经国家有关部门评估，综合效益良好
4. 设施能够稳定运行，达到环境保护行政主管部门对二氧化硫的排放总量及浓度控制要求
5. 项目应纳税所得额的计算应符合独立交易原则
6. 国务院财政、税务主管部门规定的其他条件</td></tr>
</table>

7. 备案要求。

享受减税政策的时间：预缴享受。

主要留存被查资料：

一是能源管理合同；

二是国家发展改革委、财政部公布的第三方机构出具的合同能源管理项目情况确认表，或者政府节能主管部门出具的合同能源管理项目确认意见；

三是项目转让合同、项目原享受优惠的备案文件（项目发生转让的，受让节能服务企业）；

四是合同能源管理项目取得第一笔生产经营收入凭证（原始凭证及账务处理凭证）；

五是合同能源管理项目应纳税所得额计算表；

六是合同能源管理项目所得单独核算资料，以及合理分摊期间共同费用的核算资料。

后续管理要求：由省税务机关（含计划单列市税务机关）规定。

——企业所得税优惠事项备案管理目录（2017 年版）

二十四、公共基础设施项目所得税政策

（一）实施国家重点扶持的公共基础设施项目企业所得税优惠政策

1. 优惠政策的具体内容。

自该项目取得第一笔生产经营收入所属纳税年度起，第一年至第三年免征企业所得税，第四年至第六年减半征收企业所得税。

第一笔生产经营收入，是指公共基础设施项目建成并投入运营（包括试运营）后所取得的第一笔主营业务收入。

——关于实施国家重点扶持的公共基础设施项目企业所得税优惠问题的通知（国税发〔2009〕80 号）

2. 适用对象。

对居民企业（以下简称企业）经有关部门批准，从事符合表 2－24《公共基础设施项目企业所得税优惠目录》（以下简称《目录》）规定范围、条件和标准的公共基础设施项目的投资经营所得。

——关于实施国家重点扶持的公共基础设施项目企业所得税优惠问题的通知（国税发〔2009〕80 号）

根据经济社会发展需要及企业所得税优惠政策实施情况，国务院财政、税务主管部门会同国家发展改革委等有关部门适时对《目录》内的项目进行调整和修订，并在报国务院批准后对《目录》进行更新。

——关于执行公共基础设施项目企业所得税优惠目录有关问题的通知（财税〔2008〕46 号）

表 2-24　　公共基础设施项目企业所得税优惠目录（2008 年版）

序号	类别	项目	范围、条件及技术标准
1	港口码头	码头、泊位、通航建筑物新建项目	由省级以上政府投资主管部门核准的沿海港口万吨级及以上泊位、内河千吨级及以上泊位、滚装泊位、内河航运枢纽新建项目
2	机场	民用机场新建项目	由国务院核准的民用机场新建项目，包括民用机场迁建、军航机场军民合用改造项目
3	铁路	铁路新线建设项目	由省级以上政府投资主管部门或国务院行业主管部门核准的客运专线、城际轨道交通和Ⅲ级及以上铁路建设项目
4	铁路	既有线路改造项目	由省级以上政府投资主管部门或国务院行业主管部门核准的铁路电气化改造、增建二线项目以及其他改造投入达到项目固定资产账面原值 75% 以上的改造项目
5	公路	公路新建项目	由省级以上政府投资主管部门核准的一级以上的公路建设项目
6	城市公共交通	城市快速轨道交通新建项目	由国务院核准的城市地铁、轻轨新建项目
7	电力	水力发电新建项目（包括控制性水利枢纽工程）	由国务院投资主管部门核准的在主要河流上新建的水电项目，总装机容量在 25 万千瓦及以上的新建水电项目，以及抽水蓄能电站项目
8	电力	核电站新建项目	由国务院核准的核电站新建项目
9	电力	电网（输变电设施）新建项目	由国务院投资主管部门核准的 330kv 及以上跨省及长度超过 200km 的交流输变电新建项目，500kv 及以上直流输变电新建项目；由省级以上政府投资主管部门核准的革命老区、老少边穷地区电网新建工程项目；农网输变电新建项目
10	电力	风力发电新建项目	由政府投资主管部门核准的风力发电新建项目
11	电力	海洋能发电新建项目	由省级以上政府投资主管部门核准的海洋能发电新建项目
12	电力	太阳能发电新建项目	由政府投资主管部门核准的太阳能发电新建项目
13	电力	地热发电新建项目	由政府投资主管部门核准的地热发电新建项目

续表

序号	类别	项目	范围、条件及技术标准
14	水利	灌区配套设施及农业节水灌溉工程新建项目	由政府投资主管部门核准的灌区水源工程、灌排系统工程、节水工程
15		地表水水源工程新建项目	由政府投资主管部门核准的水库、塘堰、水窖及配套工程
16		调水工程新建项目	由政府投资主管部门核准的取水、输水、配水工程
17		农村人畜饮水工程新建项目	由政府投资主管部门核准的农村人畜饮水工程中取水、输水、净化水、配水工程
18		牧区水利工程新建项目	由政府投资主管部门核准的牧区水利工程中的取水、输配水、节水灌溉及配套工程

3. 从事《目录》规定项目，但不享受企业所得税优惠政策的情况。

企业从事承包经营、承包建设和内部自建自用《目录》规定项目的所得，不得享受前款规定的企业所得税优惠。

承包经营，是指与从事该项目经营的法人主体相独立的另一法人经营主体，通过承包该项目的经营管理而取得劳务性收益的经营活动。

承包建设，是指与从事该项目经营的法人主体相独立的另一法人经营主体，通过承包该项目的工程建设而取得建筑劳务收益的经营活动。

内部自建自用，是指项目的建设仅作为本企业主体经营业务的设施，满足本企业自身的生产经营活动需要，而不属于向他人提供公共服务业务的公共基础设施建设项目。

——关于实施国家重点扶持的公共基础设施项目企业所得税优惠问题的通知（国税发〔2009〕80号）

4. 2008年之前批准的公共基础设施项目优惠政策适用。

企业从事符合《公共基础设施项目企业所得税优惠目录》规定于2007年12月31日前已经批准的公共基础设施项目投资经营的所得，可在该项目取得第一笔生产经营收入所属纳税年度起，按新税法规定计算的企业所得税“三免三减半”优惠期间内，自2008年1月1日起享受其剩余年限的减免企业所得税优惠。

——关于公共基础设施项目和环境保护节能节水项目关于公共基础设施项目和环境保护节能节水项目（财税〔2012〕10号）

5. 一次核准，分次建成的公共基础设施项目优惠政策。

企业投资经营符合《公共基础设施项目企业所得税优惠目录》规定条件和标准的公共基础设施项目，采用一次核准、分批次（如码头、泊位、航站楼、跑道、路段、发电机组等）建设的，凡同时符合以下条件的，可按每一批次为单位计算所得，并享受企业所得税“三免三减半”优惠：

（1）不同批次在空间上相互独立；

（2）每一批次自身具备取得收入的功能；

（3）以每一批次为单位进行会计核算，单独计算所得，并合理分摊期间费用。

——财政部　国家税务总局关于公共基础设施项目享受企业所得税优惠政策问题的补充通知（财税〔2014〕55号）

6. 企业同时从事不在《目录》范围的生产经营项目取得的所得税务处理。

企业同时从事不在《目录》范围的生产经营项目取得的所得，应与享受优惠的公共基础设施项目经营所得分开核算，并合理分摊企业的期间共同费用；没有单独核算的，不得享受上述企业所得税优惠。

期间共同费用的合理分摊比例可以按照投资额、销售收入、资产额、人员工资等参数确定。上述比例一经确定，不得随意变更。凡特殊情况需要改变的，需报主管税务机关核准。

——关于实施国家重点扶持的公共基础设施项目企业所得税优惠问题的通知（国税发〔2009〕80号）

7. 转让所享受减免税优惠的项目税务处理。

企业在减免税期限内转让所享受减免税优惠的项目，受让方承续经营该项目的，可自受让之日起，在剩余优惠期限内享受规定的减免税优惠；减免税期限届满后转让的，受让方不得就该项目重复享受减免税优惠。

——关于实施国家重点扶持的公共基础设施项目企业所得税优惠问题的通知（国税发〔2009〕80号）

8. 后续管理。

享受税收优惠的时间：预缴享受。

主要留存备查资料：

一是有关部门批准该项目文件；

二是公共基础设施项目建成并投入运行后取得的第一笔生产经营收入凭证（原始凭证及账务处理凭证）；

三是公共基础设施项目完工验收报告；

四是项目权属变动情况及转让方已享受优惠情况的说明及证明资料（优惠期间项目权属发生变动的）；

五是公共基础设施项目所得分项目核算资料，以及合理分摊期间共同费用的核算资料；

六是符合《公共基础设施项目企业所得税优惠目录》规定范围、条件和标准的情况说明及证据资料。

后续管理要求：由省税务机关（含计划单列市税务机关）规定。

——企业所得税优惠事项备案管理目录（2017 年版）

企业因生产经营发生变化或因《目录》调整，不再符合本办法规定减免税条件的，企业应当自发生变化 15 日内向主管税务机关提交书面报告并停止享受优惠，依法缴纳企业所得税。

税务机关应结合纳税检查、执法检查或其他专项检查，每年定期对企业享受公共基础设施项目企业所得税减免税款事项进行核查，核查的主要内容包括：（1）企业是否继续符合减免所得税的资格条件，所提供的有关情况证明材料是否真实。（2）企业享受减免企业所得税的条件发生变化时，是否及时将变化情况报送税务机关，并根据本办法规定对适用优惠进行了调整。

企业实际经营情况不符合企业所得税减免税规定条件的或采取虚假申报等手段获取减免税的、享受减免税条件发生变化未及时向税务机关报告的，以及未按本办法规定程序报送备案资料而自行减免税的，企业主管税务机关应按照税收征管法有关规定进行处理。

——关于实施国家重点扶持的公共基础设施项目企业所得税优惠问题的通知（国税发〔2009〕80 号）

（二）电网企业电网新建项目享受所得税优惠政策

根据《中华人民共和国企业所得税法》及其实施条例的有关规定，居民企业从事符合《公共基础设施项目企业所得税优惠目录（2008 年版）》规定条件和标准的电网（输变电设施）的新建项目，可依法享受“三免三减半”的企业所得税优惠政策。基于企业电网新建项目的核算特点，暂以资产比例法，即以企业新增输变电固定资产原值占企业总输变电固定资产原值的比例，合理计算电网新建项目的应纳税所得额，并据此享受“三免三减半”的企业所得税优惠政策。电网企业新建项目享受优惠的具体计算方法如下：

对于企业能独立核算收入的 330KV 以上跨省及长度超过 200KM 的交流输变电新建项目和 500KV 以上直流输变电新建项目，应在项目投运后，按该项目营业收入、营业成本等单独计算其应纳税所得额；该项目应分摊的期间费用，可按照企业期间费用与分摊比例计算确定，计算公式为：

应分摊的期间费用 = 企业期间费用 × 分摊比例

第一年分摊比例 = 该项目输变电资产原值 ÷ [（当年企业期初总输变电资产原值 + 当年企业期末总输变电资产原值）÷ 2] ×（当年取得第一笔生产经营收入至当年底的月份数 ÷ 12）

第二年及以后年度分摊比例 = 该项目输变电资产原值 ÷ [（当年企业期初总输变电资产原值 + 当年企业期末总输变电资产原值）÷ 2]

对于企业符合优惠条件但不能独立核算收入的其他新建输变电项目，可先依照企业所得税法及相关规定计算出企业的应纳税所得额，再按照项目投运后的新增输变电固定资产原值占企业总输变电固定资产原值的比例，计算得出该新建项目减免的应纳税所得额。享受减免的应纳税所得额计算公式为：

当年减免的应纳税所得额 = 当年企业应纳税所得额 × 减免比例

减免比例 = [当年新增输变电资产原值 ÷（当年企业期初总输变电资产原值 + 当年企业期末总输变电资产原值）÷2] ×1/2 +（符合税法规定、享受到第二年和第三年输变电资产原值之和）÷[（当年企业期初总输变电资产原值 + 当年企业期末总输变电资产原值）÷2] + [（符合税法规定、享受到第四年至第六年输变电资产原值之和）÷（当年企业期初总输变电资产原值 + 当年企业期末总输变电资产原值）÷2] ×1/2

自 2013 年 1 月 1 日起施行。居民企业符合条件的 2013 年 1 月 1 日前的电网新建项目，已经享受企业所得税优惠的不再调整；未享受企业所得税优惠的可依照本公告的规定享受剩余年限的企业所得税优惠政策。

——国家税务总局关于电网企业电网新建项目享受所得税优惠政策问题的公告（国家税务总局公告 2013 年第 26 号）

二十五、环境保护、节能节水项目企业所得税优惠政策

从事符合条件的环境保护、节能节水项目的所得，可以免征、减征企业所得税。

——企业所得税法

所称符合条件的环境保护、节能节水项目，包括公共污水处理、公共垃圾处理、沼气综合开发利用、节能减排技术改造、海水淡化等。项目的具体条件和范围详见表 2－25。

企业从事前款规定的符合条件的环境保护、节能节水项目的所得，自项目取得第一笔生产经营收入所属纳税年度起，第一年至第三年免征企业所得税，第四年至第六年减半征收企业所得税。

享受减免税优惠的项目，在减免税期限内转让的，受让方自受让之日起，可以在剩余期限内享受规定的减免税优惠；减免税期限届满后转让的，受让方不得就该项目重复享受减免税优惠。

——企业所得税法实施条例

自 2016 年 1 月 1 日起，将垃圾填埋沼气发电项目列入《财政部　国家税务总局 国家发展改革委关于公布环境保护节能节水项目企业所得税优惠目录（试行）的通知》（财税〔2009〕166 号）规定的“沼气综合开发利用”范围。企业从事垃圾填埋沼气发电项目取得的所得，符合《环境保护、节能节水项目企业所

得税优惠目录（试行）》规定优惠政策条件的，可依照规定享受企业所得税优惠。

——关于垃圾填埋沼气发电列入《环境保护、节能节水项目 企业所得税优惠目录（试行）》的通知　财税〔2016〕131号

表2-25　　环境保护、节能节水项目企业所得税优惠目录（试行）

类别	项目	条　件
公共污水处理	城镇污水处理项目	1. 根据全国城镇污水处理设施建设规划等全国性规划设立； 2. 专门从事城镇污水的收集、贮存、运输、处置以及污泥处置（含符合国家产业政策和准入条件的水泥窑协同处置）； 3. 根据国家规定获得污水处理特许经营权，或符合环境保护行政主管部门规定的生活污水类污染治理设施运营资质条件； 4. 项目设计、施工和运行管理人员具备国家相应职业资格； 5. 项目按照国家法律法规要求，通过相关验收； 6. 项目经设区的市或者市级以上环境保护行政主管部门总量核查； 7. 排放水符合国家及地方规定的水污染物排放标准和重点水污染物排放总量控制指标； 8. 国务院财政、税务主管部门规定的其他条件
	工业废水处理项目	1. 根据全国重点流域水污染防治规划等全国性规划设立，但按照国家规定作为企业必备配套设施的自用的污水处理项目除外； 2. 专门从事工业污水的收集、贮存、运输、处置以及污泥处置（含符合国家产业政策和准入条件的水泥窑协同处置）； 3. 符合环境保护行政主管部门规定的工业废水类污染治理设施运营资质条件； 4. 项目设计、施工和运行管理人员具备国家相应职业资格； 5. 项目按照国家法律法规要求，通过相关验收； 6. 项目经设区的市或者市级以上环境保护行政主管部门总量核查； 7. 排放水符合国家及地方规定的水污染物排放标准和重点水污染物排放总量控制指标； 8. 国务院财政、税务主管部门规定的其他条件
公共垃圾处理	生活垃圾处理项目	1. 根据全国城镇垃圾处理设施建设规划等全国性规划设立； 2. 专门从事生活垃圾的收集、贮存、运输、处置； 3. 采用符合国家规定标准的卫生填埋、焚烧、热解、堆肥、水泥窑协同处置等工艺，其中：水泥窑协同处置要符合国家产业政策和准入条件； 4. 根据国家规定获得垃圾处理特许经营权，或符合环境保护行政主管部门规定的生活垃圾类污染治理设施运营资质条件； 5. 项目设计、施工和运行管理人员具备国家相应职业资格； 6. 按照国家法律法规要求，通过相关验收； 7. 项目经设区的市或者市级以上环境保护行政主管部门总量核查； 8. 国务院财政、税务主管部门规定的其他条件

续表

类别	项目	条 件
公共垃圾处理	工业固体废物处理项目	1. 根据全国危险废物处置设施建设规划等全国性规划设立，但按照国家规定作为企业必备配套设施的自用的废弃物处理项目除外； 2. 专门从事工业固体废物或危险废物的收集、贮存、运输、处置； 3. 采用符合国家规定标准的卫生填埋、焚烧、热解、堆肥、水泥窑协同处置等工艺，其中：水泥窑协同处置要符合国家产业政策和准入条件； 4. 工业固体废物处理项目符合环境保护行政主管部门规定的工业固体废物类污染治理设施运营资质条件，危险废物处理项目取得县级以上人民政府环境保护行政主管部门颁发的危险废物经营许可证； 5. 项目设计、施工和运行管理人员具备国家相应职业资格； 6. 按照国家法律法规要求，通过相关验收； 7. 项目经设区的市或者市级以上环境保护行政主管部门总量核查； 8. 国务院财政、税务主管部门规定的其他条件
	危险废物处理项目	
沼气综合开发利用	畜禽养殖场和养殖小区沼气工程项目	1. 单体装置容积不小于300立方米，年平均日产沼气量不低于300立方米/天，且符合国家有关沼气工程技术规范的项目； 2. 废水排放、废渣处置、沼气利用符合国家和地方有关标准，不产生二次污染； 3. 项目包括完整的发酵原料的预处理设施、沼渣和沼液的综合利用或进一步处理系统，沼气净化、储存、输配和利用系统； 4. 项目设计、施工和运行管理人员具备国家相应职业资格； 5. 项目按照国家法律法规要求，通过相关验收； 6. 国务院财政、税务主管部门规定的其他条件
	垃圾填埋沼气发电项目	
节能减排技术改造	1. 既有高能耗建筑节能改造项目	1. 具有独立法人资质，且注册资金不低于100万元的节能减排技术服务公司以合同能源管理的形式，通过以节省能源费用或节能量来支付项目成本的节能减排技术改造项目； 2. 项目应符合国家产业政策，并达到国家有关节能和环境标准； 3. 经建筑能效测评机构检测，既有高能耗建筑节能改造和北方既有居住建筑供热计量及节能改造达到现行节能强制性标准要求，既有建筑太阳能光热、光电建筑一体化技术或浅层地能热泵技术改造后达到现行国家有关标准要求； 4. 经省级节能节水主管部门验收，工业锅炉、工业窑炉技术改造和电机系统节能、能量系统优化技术改造项目年节能量折算后不小于1000吨标准煤，煤炭工业复合式干法选煤技术改造、钢铁行业干式除尘技术改造和有色金属行业干式除尘净化技术改造项目年节水量不小于200万立方米； 5. 项目应纳税所得额的计算应符合独立交易原则； 6. 国务院财政、税务主管部门规定的其他条件
	2. 既有建筑太阳能光热、光电建筑一体化技术或浅层地能热泵技术改造项目	
	3. 既有居住建筑供热计量及节能改造项目	
	4. 工业锅炉、工业窑炉节能技术改造项目	
	5. 电机系统节能、能量系统优化技术改造项目	

续表

类别	项目	条件
节能减排技术改造	6. 煤炭工业复合式干法选煤技术改造项目	
	7. 钢铁行业干式除尘技术改造项目	
	8. 有色金属行业干式除尘净化技术改造项目	
	9. 燃煤电厂烟气脱硫技术改造项目	1. 按照国家有关法律法规设立的，具有独立法人资质，且注册资金不低于500万元的专门从事脱硫服务的公司从事的符合规定的脱硫技术改造项目； 2. 改造后，采用干法或半干法脱硫的项目脱硫效率应高于85%，采用湿法或其他方法脱硫的项目脱硫效率应高于98%； 3. 项目改造后经国家有关部门评估，综合效益良好； 4. 设施能够稳定运行，达到环境保护行政主管部门对二氧化硫的排放总量及浓度控制要求； 5. 项目应纳税所得额的计算应符合独立交易原则； 6. 国务院财政、税务主管部门规定的其他条件
海水淡化	用作工业、生活用水的海水淡化项目	1. 符合《海水利用专项规划》中规定的发展重点以及区域布局等要求； 2. 规模不小于淡水产量10000吨/日； 3. 热法海水淡化项目的物能消耗指标为吨水耗电量小于1.8千瓦时/吨、造水比大于8，膜法海水淡化项目的能耗指标为吨水耗电量小于4.0千瓦时/吨； 4. 国务院财政、税务主管部门规定的其他条件
	用作海岛军民饮用水的海水淡化项目	1. 符合《海水利用专项规划》中规定的发展重点以及区域布局等要求； 2. 热法海水淡化项目的物能消耗指标为吨水耗电量小于1.8千瓦时/吨、造水比大于8，膜法海水淡化项目的能耗指标为吨水耗电量小于4.0千瓦时/吨； 3. 国务院财政、税务主管部门规定的其他条件

二十六、石油天然气（含页岩气、煤层气）生产企业城镇土地使用税、资源税、消费税优惠政策

（一）城镇土地使用税免税政策

1. 自2015年7月1日起，下列石油天然气生产建设用地暂免征收城镇土地

使用税：

（1）地质勘探、钻井、井下作业、油气田地面工程等施工临时用地；

（2）企业厂区以外的铁路专用线、公路及输油（气、水）管道用地；

（3）油气长输管线用地。

2. 在城市、县城、建制镇以外工矿区内的消防、防洪排涝、防风、防沙设施用地，暂免征收城镇土地使用税。

享受上述税收优惠的用地，用于非税收优惠用途的，不得享受本通知规定的税收优惠。

除上述列举免税的土地外，其他油气生产及办公、生活区用地，依照规定征收城镇土地使用税。

地方人民政府应按照城镇土地使用税有关规定，确定工矿区范围。对在工矿区范围内的油气生产、办公、生活用地，其税额标准不得高于相邻的县城、建制镇的适用税额标准。

石油天然气生产企业应按照有关税收减免管理规定向主管税务机关备案免税土地情况。

——财政部　国家税务总局关于石油天然气生产企业城镇土地使用税政策的通知（财税〔2015〕76号）

（二）资源税免税政策

1. 开采原油过程中用于加热、修井的原油，免征资源税；

2. 纳税人开采或者生产应税产品过程中，因意外事故或者自然灾害等原因遭受重大损失的，由省、自治区、直辖市人民政府酌情决定减免资源税。

——中华人民共和国资源税暂行条例

3. 为促进页岩气开发利用，有效增加天然气供给，经国务院同意，自2018年4月1日至2021年3月31日，对页岩气资源税（按6%的规定税率）减征30%。

——关于对页岩气减征资源税的通知（财税〔2018〕26号）

（三）消费税返还政策

自2009年1月1日起，对油（气）田企业在开采原油过程中耗用的内购成品油，暂按实际缴纳成品油消费税的税额，全额返还所含消费税。

享受税收返还政策的成品油必须同时符合以下三个条件：

1. 由油（气）田企业所隶属的集团公司（总厂）内部的成品油生产企业生产；

2. 从集团公司（总厂）内部购买；

3. 油（气）田企业在地质勘探、钻井作业和开采作业过程中，作为燃料、动力（不含运输）耗用。

油（气）田企业所隶属的集团公司（总厂）向财政部驻当地财政监察专员办事处统一申请税收返还。具体退税办法由财政部另行制定。

——关于对油（气）田企业生产自用成品油先征后返消费税的通知（财税〔2011〕7号）

二十七、成品油生产企业消费税优惠政策

1. 生产成品油过程中消耗的自产成品油免征消费税。

从2009年1月1日起，对成品油生产企业在生产成品油过程中，作为燃料、动力及原料消耗掉的自产成品油，免征消费税。对用于其他用途或直接对外销售的成品油照章征收消费税。

——关于对成品油生产企业生产自用油免征消费税的通知（财税〔2010〕98号）

2. 已税汽油生产的乙醇汽油免征消费税政策。

对用外购或委托加工收回的已税汽油生产的乙醇汽油免税。用自产汽油生产的乙醇汽油，按照生产乙醇汽油所耗用的汽油数量申报纳税。

——关于提高成品油消费税税率后相关成品油消费税政策的通知（财税〔2008〕168号）

3. 自产石脑油、燃料油用于生产乙烯、芳烃类化工产品免征消费税政策。

自2011年10月1日起，生产企业自产石脑油、燃料油用于生产乙烯、芳烃类化工产品的，按实际耗用数量暂免征消费税。

——关于延续执行部分石脑油燃料油消费税政策的通知（财税〔2011〕87号）

4. 外购石脑油、燃料油用于生产乙烯、芳烃类化工产品退还消费税政策。

自2011年10月1日起，对使用石脑油、燃料油生产乙烯、芳烃的企业（以下简称使用企业）购进并用于生产乙烯、芳烃类化工产品的石脑油、燃料油，按实际耗用数量暂退还所含消费税。

退还石脑油、燃料油所含消费税计算公式为：

应退还消费税税额 = 石脑油、燃料油实际耗用数量 × 石脑油、燃料油消费税单位税额

——关于延续执行部分石脑油燃料油消费税政策的通知（财税〔2011〕87号）

中国石油天然气总公司所属企业、单位用地征免土地使用税政策

1. 下列油气生产建设用地暂免征收土地使用税：

（1）石油地质勘探、钻井、井下作业、油田地面工程等施工临时用地；

（2）各种采油（气）井、注水（气）井、水源井用地；

（3）油田内办公、生活区以外的公路、铁路专用线及输油（气、水）管道用地；

（4）石油长输管线用地；

（5）通讯、输变电线路用地。

2. 在城市、县城、建制镇以外工矿区内的下列油气生产、生活用地，也暂免征收土地使用税：

（1）与各种采油（气）井相配套的地面设施用地，包括油气采集、计量、接转、储运、装卸、综合处理等各种站的用地；

（2）与注水（气）井相配套的地面设施用地，包括配水、取水、转水以及供气、配气、压气、气举等各种站的用地；

（3）供（配）电、供排水、消防、防洪排涝、防风、防沙等设施用地；

（4）职工和家属居住的简易房屋、活动板房、野营房、帐篷等用地。

除上述土地外，其他在开征范围内的油气生产及办公、生活区用地，均应依照规定征收土地使用税。

——关于对中国石油天然气总公司所属单位用地征免土地使用税问题的规定（税地字〔1989〕88号）

二十八、石油储备基地营业税、城市维护建设税、教育费附加、城镇土地使用税、印花税、耕地占用税和契税优惠政策

1. 对国家石油储备基地第一期项目建设过程中涉及的营业税、城市维护建设税、教育费附加、城镇土地使用税、印花税、耕地占用税和契税予以免征。国家石油储备基地第一期项目包括大连、黄岛、镇海、舟山4个储备基地。

——关于国家石油储备基地建设有关税收政策的通知》（财税〔2005〕23号）

2. 对国家石油储备基地第二期项目建设过程中涉及的城镇土地使用税予以免征。

——关于国家石油储备基地有关税收政策的通知》（财税〔2011〕80号）

二十九、商品储备管理公司及其直属库印花税、房产税、城镇土地使用税优惠政策

（一）印花税免税政策

对商品储备管理公司及其直属库资金账簿免征印花税；对其承担商品储备业务过

程中书立的购销合同免征印花税，对合同其他各方当事人应缴纳的印花税照章征收。

（二）房产税、城镇土地使用税免税政策

对商品储备管理公司及其直属库承担商品储备业务自用的房产、土地，免征房产税、城镇土地使用税。

所称商品储备管理公司及其直属库，是指接受中央、省、市、县四级政府有关部门委托，承担粮（含大豆）、食用油、棉、糖、肉、盐（限于中央储备）6种商品储备任务，取得财政储备经费或补贴的商品储备企业。

中粮集团有限公司所属储备库接受中国储备粮管理总公司、分公司及其直属库委托，承担的粮（含大豆）、食用油商品储备业务，按上述（一）、（二）规定享受税收优惠。

承担中央政府有关部门委托商品储备业务的储备管理公司及其直属库，以及接受中国储备粮管理总公司、分公司及其直属库的委托承担粮（含大豆）、食用油等商品储备业务的中粮集团有限公司所属储备库名单见附件1。

承担省、市、县政府有关部门委托商品储备业务的储备管理公司及其直属库名单由省、自治区、直辖市财政、税务部门会同有关部门明确或制定具体管理办法，并报省、自治区、直辖市人民政府批准后予以发布。名单若有变化，财政、税务等部门应及时进行调整。

上述优惠政策执行时间为2016年1月1日至2018年12月31日。

——关于部分国家储备商品有关税收政策的通知（财税〔2016〕28号）

三十、建筑施工企业免缴房产税政策

凡是在基建工地为基建工地服务的各种工棚、材料棚、休息棚和办公室、食堂、茶炉房、汽车房等临时性房屋，不论是施工企业自行建造还是由基建单位出资建造交施工企业使用的，在施工期间，一律免征房产税。但是，如果在基建工程结束以后，施工企业将这种临时性房屋交还或者估价转让给基建单位的，应当从基建单位接收的次月起，依照规定征收房产税。

——关于房产税若干具体问题的解释和暂行规定（财税〔1986〕8号）

三十一、房地产开发企业城镇土地使用税、印花税、土地增值税优惠政策

（一）在棚户区改造中税收优惠政策

在棚户区改造中，对改造安置住房建设用地免征城镇土地使用税。

对改造安置住房经营管理单位、开发商与改造安置住房相关的印花税以及购买安置住房的个人涉及的印花税予以免征。

在商品住房等开发项目中配套建造安置住房的，依据政府部门出具的相关材料、房屋征收（拆迁）补偿协议或棚户区改造合同（协议），按改造安置住房建筑面积占总建筑面积的比例免征城镇土地使用税、印花税。

所称棚户区是指简易结构房屋较多、建筑密度较大、房屋使用年限较长、使用功能不全、基础设施简陋的区域，具体包括城市棚户区、国有工矿（含煤矿）棚户区、国有林区棚户区和国有林场危旧房、国有垦区危房。棚户区改造是指列入省级人民政府批准的棚户区改造规划或年度改造计划的改造项目；改造安置住房是指相关部门和单位与棚户区被征收人签订的房屋征收（拆迁）补偿协议或棚户区改造合同（协议）中明确用于安置被征收人的住房或通过改建、扩建、翻建等方式实施改造的住房。

——关于棚户区改造有关税收政策的通知（财税〔2013〕101号）

（二）建设经济适用住房免征城镇土地使用税政策

开发商在商品住房项目中配套建造经济适用住房，如能提供政府部门出具的相关材料，可按经济适用住房建筑面积占总建筑面积的比例免征开发商应缴纳的城镇土地使用税。

开发商在商品住房项目中配套建造经济适用住房，如能提供政府部门出具的相关材料，可按经济适用住房建筑面积占总建筑面积的比例免征开发商应缴纳的印花税。

——关于廉租住房、经济适用住房和住房租赁有关税收政策的通知（财税〔2008〕24号）

（三）建造公共租赁住房免征城镇土地使用税

2016年1月1日至2018年12月31日，对公共租赁住房建设期间用地及公共租赁住房建成后占地免征城镇土地使用税。在其他住房项目中配套建设公共租赁住房，依据政府部门出具的相关材料，按公共租赁住房建筑面积占总建筑面积的比例免征建设、管理公共租赁住房涉及的城镇土地使用税。

——关于公共租赁住房税收优惠政策的通知（财税〔2015〕139号）

（四）建造普通标准住宅出售免征土地增值税政策

纳税人建造普通标准住宅出售，增值额未超过扣除项目金额20%的，免征土地增值税。

——中华人民共和国土地增值税暂行条例

三十二、吸纳重点群体就业扣减增值税、城市维护建设税、教育费附加、地方教育附加和企业所得税优惠政策

1. 减税内容。

对商贸企业、服务型企业、劳动就业服务企业中的加工型企业和街道社区具有加工性质的小型企业实体，在新增加的岗位中，当年新招用在人力资源社会保障部门公共就业服务机构登记失业半年以上且持《就业创业证》或《就业失业登记证》（注明“企业吸纳税收政策”）人员，与其签订1年以上期限劳动合同并依法缴纳社会保险费的，在3年内按实际招用人数予以定额依次扣减增值税、城市维护建设税、教育费附加、地方教育附加和企业所得税优惠。定额标准为每人每年4000元，最高可上浮30%，各省、自治区、直辖市人民政府可根据本地区实际情况在此幅度内确定具体定额标准，并报财政部和税务总局备案。

按上述标准计算的税收扣减额应在企业当年实际应缴纳的增值税、城市维护建设税、教育费附加、地方教育附加和企业所得税税额中扣减，当年扣减不完的，不得结转下年使用。

服务型企业，是指从事《销售服务、无形资产、不动产注释》中“不动产租赁服务”“商务辅助服务”（不含货物运输代理和代理报关服务）“生活服务”（不含文化体育服务）范围内业务活动的企业以及按照《民办非企业单位登记管理暂行条例》（国务院令第251号）登记成立的民办非企业单位。

税收优惠执行期限为2017年1月1日至2019年12月31日。本通知规定的税收优惠政策按照备案减免税管理，纳税人应向主管税务机关备案。税收优惠政策在2019年12月31日未享受满3年的，可继续享受至3年期满为止。

对《财政部　国家税务总局关于全面推开营业税改征增值税试点的通知》（财税〔2016〕36号）文件附件3第三条第（二）项政策，纳税人在2016年12月31日未享受满3年的，可按现行政策继续享受至3年期满为止。

上述人员不得重复享受税收优惠政策，以前年度已享受扶持就业的专项税收优惠政策的人员不得再享受本通知规定的税收优惠政策。如果企业的就业人员既适用上述规定的税收优惠政策，又适用其他扶持就业的专项税收优惠政策，企业可选择适用最优惠的政策，但不能重复享受。

——关于继续实施支持和促进重点群体创业就业有关税收政策的通知（财税〔2017〕49号）

2. 办理程序。

符合条件的企业、民办非企业单位持下列材料向县以上人力资源社会保障部门递交申请：

（1）新招用人员持有的《就业创业证》。

（2）企业、民办非企业单位与新招用持《就业创业证》人员签订的劳动合同（副本），企业、民办非企业单位为职工缴纳的社会保险费记录。可通过内部信息共享、数据比对等方式审核的地方，可不再要求企业提供缴纳社会保险费记录。

（3）《持〈就业创业证〉人员本年度实际工作时间表》。

其中，劳动就业服务企业要提交《劳动就业服务企业证书》，民办非企业单位提交《民办非企业单位登记证书》。

县以上人力资源社会保障部门接到企业、民办非企业单位报送的材料后，重点核实以下情况：

（1）新招用人员是否属于享受税收优惠政策人员范围，以前是否已享受过税收优惠政策；

（2）企业、民办非企业单位是否与新招用人员签订了1年以上期限劳动合同，为新招用人员缴纳社会保险费的记录；

（3）企业、民办非企业单位的经营范围是否符合税收政策规定。

核实后，对符合条件的人员，在《就业创业证》上注明"企业吸纳税收政策"，对符合条件的企业、民办非企业单位核发《企业实体吸纳失业人员认定证明》。

3. 税款减免顺序及额度。

（1）纳税人按本单位吸纳人数和签订的劳动合同时间核定本单位减免税总额，在减免税总额内每月依次扣减增值税、城市维护建设税、教育费附加和地方教育附加。纳税人实际应缴纳的增值税、城市维护建设税、教育费附加和地方教育附加小于核定减免税总额的，以实际应缴纳的增值税、城市维护建设税、教育费附加、地方教育附加为限；实际应缴纳的增值税、城市维护建设税、教育费附加和地方教育附加大于核定减免税总额的，以核定减免税总额为限。

纳税年度终了，如果纳税人实际减免的增值税、城市维护建设税、教育费附加和地方教育附加小于核定的减免税总额，纳税人在企业所得税汇算清缴时，以差额部分扣减企业所得税。当年扣减不完的，不再结转以后年度扣减。

$$\text{减免税总额} = \sum \text{每名失业人员本年度在本企业工作月份} \div 12 \times \text{定额}$$

企业、民办非企业单位自吸纳失业人员的次月起享受税收优惠政策。

上述城市维护建设税、教育费附加、地方教育附加的计税依据是享受本项税收优惠政策前的增值税应纳税额。

（2）第二年及以后年度当年新招用人员、原招用人员及其工作时间按上述程序和办法执行。计算每名失业人员享受税收优惠政策的期限最长不超过3年。

4. 税收减免备案。

（1）经县以上人力资源社会保障部门核实后，纳税人依法享受税收优惠政策。纳税人持县以上人力资源社会保障部门核发的《企业实体吸纳失业人员认定证明》《持〈就业创业证〉人员本年度实际工作时间表》，在享受本项税收优惠纳税申报时向主管税务机关备案。

（2）企业、民办非企业单位纳税年度终了前招用失业人员发生变化的，应当在人员变化次月按照前项规定重新备案。

——关于继续实施支持和促进重点群体创业就业有关税收政策具体操作问题的公告（国家税务总局公告2017年第27号）

5. 抵减企业所得税优惠办理。

享受优惠时间：汇缴时享受。

主要留存备查资料：县以上人力资源社会保障部门核发的《企业实体吸纳失业人员认定证明》《持〈就业创业证〉人员本年度实际工作时间表》；企业当年已享受增值税和附加税抵减税额优惠的证明资料。

后续管理要求：由省税务机关（含计划单列市税务机关）规定。

——企业所得税优惠事项备案管理目录（2017年版）

6. 税收优惠政策管理。

（1）任何单位或个人不得伪造、涂改、转让、出租相关凭证，违者将依法予以惩处；对采取上述手段已经获取减免税的企业、民办非企业单位和个人，主管税务机关要追缴其已减免的税款，并依法予以处罚。

（2）《就业创业证》采用实名制，限持证者本人使用。被用人单位录用的，享受税收优惠政策期间，证件由用人单位保管。《就业创业证》由人力资源社会保障部统一样式，各省、自治区、直辖市人力资源社会保障部门负责印制，统一编号备案，作为审核劳动者就业失业状况和享受政策情况的有效凭证。

（3）《企业实体吸纳失业人员认定证明》由人力资源社会保障部统一式样，各省、自治区、直辖市人力资源社会保障部门统一印制，统一编号备案。

（4）县以上税务、财政、人力资源社会保障、教育、民政部门要建立劳动者就业信息交换和协查制度。人力资源社会保障部建立全国统一的就业信息平台，供各级人力资源社会保障、税务、财政、民政部门查询《就业创业证》信息。地方各级人力资源社会保障部门要及时将《就业创业证》信息（包括发放信息和内容更新信息）按规定上报人力资源社会保障部。

（5）主管税务机关应当在纳税人备案时，在《就业创业证》中加盖戳记，注明减免税所属时间。各级税务机关对《就业创业证》有疑问的，可提请同级人力资源社会保障部门予以协查，同级人力资源社会保障部门应根据具体情况规定合理的工作时限，并在时限内将协查结果通报提请协查的税务机关。

本公告自2017年1月1日起施行。

——关于继续实施支持和促进重点群体创业就业有关税收政策具体操作问题的公告（国家税务总局公告2017年第27号）

三十三、吸纳退役士兵就业扣减增值税、城市维护建设税、教育费附加和地方教育附加和企业所得税优惠政策

对商贸企业、服务型企业、劳动就业服务企业中的加工型企业和街道社区具有加工性质的小型企业实体，在新增加的岗位中，当年新招用自主就业退役士兵，与其签订1年以上期限劳动合同并依法缴纳社会保险费的，在3年内按实际招用人数予以定额依次扣减增值税、城市维护建设税、教育费附加、地方教育附加和企业所得税优惠。定额标准为每人每年4000元，最高可上浮50%，各省、自治区、直辖市人民政府可根据本地区实际情况在此幅度内确定具体定额标准，并报财政部和税务总局备案。

所称服务型企业是指从事《销售服务、无形资产、不动产注释》中“不动产租赁服务”“商务辅助服务”（不含货物运输代理和代理报关服务）“生活服务”（不含文化体育服务）范围内业务活动的企业以及按照《民办非企业单位登记管理暂行条例》（国务院令第251号）登记成立的民办非企业单位。

纳税人按企业招用人数和签订的劳动合同时间核定企业减免税总额，在核定减免税总额内每月依次扣减增值税、城市维护建设税、教育费附加和地方教育附加。纳税人实际应缴纳的增值税、城市维护建设税、教育费附加和地方教育附加小于核定减免税总额的，以实际应缴纳的增值税、城市维护建设税、教育费附加和地方教育附加为限；实际应缴纳的增值税、城市维护建设税、教育费附加和地方教育附加大于核定减免税总额的，以核定减免税总额为限。

纳税年度终了，如果企业实际减免的增值税、城市维护建设税、教育费附加和地方教育附加小于核定的减免税总额，企业在企业所得税汇算清缴时扣减企业所得税。当年扣减不完的，不再结转以后年度扣减。

计算公式为：企业减免税总额 $=\sum$ 每名自主就业退役士兵本年度在本企业工作月份 $\div 12 \times$ 定额标准。

企业自招用自主就业退役士兵的次月起享受税收优惠政策，并于享受税收优惠政策的当月，持下列材料向主管税务机关备案：（1）新招用自主就业退役士兵的《中国人民解放军义务兵退出现役证》或《中国人民解放军士官退出现役证》；（2）企业与新招用自主就业退役士兵签订的劳动合同（副本），企业为职工缴纳的社会保险费记录；（3）自主就业退役士兵本年度在企业工作时间表

（见附件）；（4）主管税务机关要求的其他相关材料。

所称自主就业退役士兵是指依照《退役士兵安置条例》（国务院、中央军委令第608号）的规定退出现役并按自主就业方式安置的退役士兵。

本通知的执行期限为2017年1月1日至2019年12月31日。税收优惠政策在2019年12月31日未享受满3年的，可继续享受至3年期满为止。本通知规定的税收优惠政策按照备案减免税管理，纳税人应向主管税务机关备案。（其中，企业所得税减税后续管理：汇缴时享受；主要留存备查资料为新招用自主就业退役士兵的《中国人民解放军义务兵退出现役证》或《中国人民解放军士官退出现役证》、企业当年已享受增值税和附加税抵减税额优惠的证明资料；后续管理要求由省税务机关（含计划单列市税务机关）规定。

——企业所得税优惠事项备案管理目录2017年版）

对《财政部　国家税务总局关于全面推开营业税改征增值税试点的通知》（财税〔2016〕36号）附件3第三条第（一）项政策，纳税人在2016年12月31日未享受满3年的，可按现行政策继续享受至3年期满为止。

如果企业招用的自主就业退役士兵既适用本通知规定的税收优惠政策，又适用其他扶持就业的专项税收优惠政策，企业可选择适用最优惠的政策，但不能重复享受。

——关于继续实施扶持自主就业退役士兵创业就业有关税收政策的通知（财税〔2017〕46号）

三十四、促进残疾人就业增值税、企业所得税、城镇土地使用税优惠政策

（一）政策依据

财政部　国家税务总局关于促进残疾人就业增值税优惠政策的通知（财税〔2016〕52号）。

关于发布《促进残疾人就业增值税优惠政策管理办法》的公告（国家税务总局公告2016年第33号）。

关于民政福利企业税收优惠政策适用问题的批复（税总函〔2016〕609号）。

企业所得税法及实施条例。

财政部　国家税务总局关于安置残疾人员就业有关企业所得税优惠政策问题的通知（财税〔2009〕70号）。

增值税限额即征即退政策

1. 优惠内容。

自2016年5月1日起。

（1）对安置残疾人的单位和个体工商户（以下称纳税人），实行由税务机关按纳税人安置残疾人的人数，限额即征即退增值税的办法。

安置的每位残疾人每月可退还的增值税具体限额，由县级以上税务机关根据纳税人所在区县（含县级市、旗，下同）适用的经省（含自治区、直辖市、计划单列市，下同）人民政府批准的月最低工资标准的4倍确定。

上述增值税优惠政策仅适用于生产销售货物，提供加工、修理修配劳务，以及提供营改增现代服务和生活服务税目（不含文化体育服务和娱乐服务）范围的服务取得的收入之和，占其增值税收入的比例达到50%的纳税人，但不适用于上述纳税人直接销售外购货物（包括商品批发和零售）以及销售委托加工的货物取得的收入。

纳税人应当分别核算上述享受税收优惠政策和不得享受税收优惠政策业务的销售额，不能分别核算的，不得享受本通知规定的优惠政策。

——财政部 国家税务总局关于促进残疾人就业增值税优惠政策的通知》（财税〔2016〕52号）

（2）纳税人本期应退增值税额计算

本期应退增值税额=本期所含月份每月应退增值税额之和

月应退增值税额=纳税人本月安置残疾人员人数×本月最低工资标准的4倍

月最低工资标准，是指纳税人所在区县（含县级市、旗）适用的经省（含自治区、直辖市、计划单列市）人民政府批准的月最低工资标准。

纳税人本期已缴增值税额小于本期应退税额不足退还的，可在本年度内以前纳税期已缴增值税额扣除已退增值税额的余额中退还，仍不足退还的可结转本年度内以后纳税期退还。年度已缴增值税额小于或等于年度应退税额的，退税额为年度已缴增值税额；年度已缴增值税额大于年度应退税额的，退税额为年度应退税额。年度已缴增值税额不足退还的，不得结转以后年度退还。

纳税人新安置的残疾人从签订劳动合同并缴纳社会保险的次月起计算，其他职工从录用的次月起计算；安置的残疾人和其他职工减少的，从减少当月计算。

——关于发布《促进残疾人就业增值税优惠政策管理办法》的公告（国家税务总局公告2016年第33号）

2. 享受增值税即征即退政策的条件。

（1）纳税人（除盲人按摩机构外）月安置的残疾人占在职职工人数的比例不低于25%（含25%），并且安置的残疾人人数不少于10人（含10人）；盲人按摩机构月安置的残疾人占在职职工人数的比例不低于25%（含25%），并且安置的残疾人人数不少于5人（含5人）。

（2）依法与安置的每位残疾人签订了一年以上（含一年）的劳动合同或服

务协议。

（3）为安置的每位残疾人按月足额缴纳了基本养老保险、基本医疗保险、失业保险、工伤保险和生育保险等社会保险。

（4）通过银行等金融机构向安置的每位残疾人，按月支付了不低于纳税人所在区县适用的经省人民政府批准的月最低工资标准的工资。

残疾人，是指法定劳动年龄内，持有《中华人民共和国残疾人证》或者《中华人民共和国残疾军人证（1至8级）》的自然人，包括具有劳动条件和劳动意愿的精神残疾人。

残疾人个人，是指自然人。

在职职工人数，是指与纳税人建立劳动关系并依法签订劳动合同或者服务协议的雇员人数。

——关于促进残疾人就业增值税优惠政策的通知（财税〔2016〕52号）

《财政部　国家税务总局关于促进残疾人就业税收优惠政策的通知》（财税〔2007〕92号）和《财政部　国家税务总局关于促进残疾人就业增值税优惠政策的通知》（财税〔2016〕52号）的实质要求是一致的。重庆驰成金属冶炼有限公司享受税收优惠政策，应对报送资料的真实性和合法性负责。无论适用财税〔2007〕92号文件还是财税〔2016〕52号文件，如税务机关发现该企业存在“挂名未上岗”或其他情形导致不符合促进残疾人就业税收优惠政策适用条件的，应将其发生相应违法违规行为年度内实际享受到的减（退）税款全额追缴入库。

——关于民政福利企业税收优惠政策适用问题的批复（税总函〔2016〕609号）

3. 特殊教育学校举办的企业适用限额即征即退增值税政策规定。

《财政部　国家税务总局关于教育税收政策的通知》（财税〔2004〕39号）第一条第7项规定的特殊教育学校举办的企业，只要符合纳税人（除盲人按摩机构外）月安置的残疾人占在职职工人数的比例不低于25%（含25%），并且安置的残疾人人数不少于10人（含10人），即可享受按纳税人安置残疾人的人数，限额即征即退增值税政策。这类企业在计算残疾人人数时可将在企业上岗工作的特殊教育学校的全日制在校学生计算在内，在计算企业在职职工人数时也要将上述学生计算在内。

特殊教育学校举办的企业，是指特殊教育学校主要为在校学生提供实习场所、并由学校出资自办、由学校负责经营管理、经营收入全部归学校所有的企业。

4. 不享受增值税减税政策的企业。

纳税人中纳税信用等级为税务机关评定的C级或D级的，不得享受对安置残疾人的单位和个体工商户（以下称“纳税人”）实行由税务机关按纳税人安置残疾人的人数限额即征即退增值税政策和特殊教育学校举办的企业适用的减税政策。

5. 同时适用同类增值税税收优惠政策的处理。

如果既适用促进残疾人就业增值税优惠政策，又适用重点群体、退役士兵、随军家属、军转干部等支持就业的增值税优惠政策的，纳税人可自行选择适用的优惠政策，但不能累加执行。一经选定，36 个月内不得变更。

——财政部 国家税务总局关于促进残疾人就业增值税优惠政策的通知（财税〔2016〕52 号）

6. 增值税减税政策备案管理。

纳税人首次申请享受税收优惠政策，应向主管税务机关提供以下备案资料：

（1）《税务资格备案表》。

（2）安置的残疾人的《中华人民共和国残疾人证》或者《中华人民共和国残疾军人证（1 至 8 级）》复印件，注明与原件一致，并逐页加盖公章。安置精神残疾人的，提供精神残疾人同意就业的书面声明以及其法定监护人签字或印章的证明精神残疾人具有劳动条件和劳动意愿的书面材料。

（3）安置的残疾人的身份证明复印件，注明与原件一致，并逐页加盖公章。

主管税务机关受理备案后，应将全部《中华人民共和国残疾人证》或者《中华人民共和国残疾军人证（1 至 8 级）》信息以及所安置残疾人的身份证明信息录入征管系统。

纳税人提供的备案资料发生变化的，应于发生变化之日起 15 日内就变化情况向主管税务机关办理备案。

7. 纳税人申请退还增值税时报送资料。

（1）《退（抵）税申请审批表》；

（2）《安置残疾人纳税人申请增值税退税声明》（见附件）；

（3）当期为残疾人缴纳社会保险费凭证的复印件及由纳税人加盖公章确认的注明缴纳人员、缴纳金额、缴纳期间的明细表；

（4）当期由银行等金融机构或纳税人加盖公章的按月为残疾人支付工资的清单。

特殊教育学校举办的企业，申请退还增值税时，不提供资料（3）和资料（4）。

8. 办理退税时税务机关的职责。

纳税人申请享受税收优惠政策，应对报送资料的真实性和合法性承担法律责任。主管税务机关对纳税人提供资料的完整性和增值税退税额计算的准确性进行审核。

主管税务机关受理退税申请后，查询纳税人的纳税信用等级，对符合信用条件的，审核计算应退增值税额，并按规定办理退税。

——关于发布《促进残疾人就业增值税优惠政策管理办法》的公告（国家税务总局公告 2016 年第 33 号）

9. 后续管理。

税务机关发现已享受本通知增值税优惠政策的纳税人，存在不符合本通知规定条件，或者采用伪造或重复使用残疾人证、残疾军人证等手段骗取本通知规定的增值税优惠的，应将纳税人发生上述违法违规行为的纳税期内按本通知已享受到的退税全额追缴入库，并自发现当月起36个月内停止其享受本通知规定的各项税收优惠。

——财政部　国家税务总局关于促进残疾人就业增值税优惠政策的通知（财税〔2016〕52号）

主管税务机关应于每年2月底之前，在其网站或办税服务厅，将本地区上一年度享受安置残疾人增值税优惠政策的纳税人信息，按下列项目予以公示：纳税人名称、纳税人识别号、法人代表、计算退税的残疾人职工人次等。

享受促进残疾人就业增值税优惠政策的纳税人，对能证明或印证符合政策规定条件的相关材料负有留存备查义务。纳税人在税务机关后续管理中不能提供相关材料的，不得继续享受优惠政策。税务机关应追缴其相应纳税期内已享受的增值税退税，并依照税收征管法及其实施细则的有关规定处理。

各地税务机关要加强税收优惠政策落实情况的后续管理，对纳税人进行定期或不定期检查。检查发现纳税人不符合财税〔2016〕52号文件规定的，按有关规定予以处理。

——关于发布《促进残疾人就业增值税优惠政策管理办法》的公告（国家税务总局公告2016年第33号）

（二）企业所得税加计扣除政策

1. 优惠内容。

企业安置残疾人员及国家鼓励安置的其他就业人员所支付的工资，在计算应纳税所得额时，按照支付工资数额的100%加计扣除。

——企业所得税法及实施条例

2. 享受企业所得税前加计扣除政策的条件。

企业享受安置残疾职工工资100%加计扣除应同时具备如下条件：

（1）依法与安置的每位残疾人签订了1年以上（含1年）的劳动合同或服务协议，并且安置的每位残疾人在企业实际上岗工作。

（2）为安置的每位残疾人按月足额缴纳了企业所在区县人民政府根据国家政策规定的基本养老保险、基本医疗保险、失业保险和工伤保险等社会保险。

（3）定期通过银行等金融机构向安置的每位残疾人实际支付了不低于企业所在区县适用的经省级人民政府批准的最低工资标准的工资。

（4）具备安置残疾人上岗工作的基本设施。

残疾人员的范围适用《中华人民共和国残疾人保障法》的有关规定。

——财政部　国家税务总局关于安置残疾人员就业有关企业所得税优惠政策问题的通知（财税〔2009〕70号）

3. 企业所得税减税政策备案管理。

享受优惠政策的时间：汇缴享受。

主要留存备查资料：

一是为安置的每位残疾人按月足额缴纳了企业所在区县人民政府根据国家政策规定的基本养老保险、基本医疗保险、失业保险和工伤保险等社会保险证明资料；

二是通过非现金方式支付工资薪酬的证明；

三是安置残疾职工名单及其《残疾人证》或《残疾军人证》；

四是与残疾人员签订的劳动合同或服务协议。

后续管理要求：由省税务机关（含计划单列市税务机关）规定。

——企业所得税优惠事项备案管理目录（2017年版）

（三）安置残疾人就业单位的城镇土地使用税

对在一个纳税年度内月平均实际安置残疾人就业人数占单位在职职工总数的比例高于25%（含25%）且实际安置残疾人人数高于10人（含10人）的单位，可减征或免征该年度城镇土地使用税。具体减免税比例及管理办法由省、自治区、直辖市财税主管部门确定。

——关于安置残疾人就业单位城镇土地使用税等政策的通知（财税〔2010〕121号）

三十五、生产和装配伤残人员专门用品增值税、企业所得税优惠政策

（一）增值税免税政策

供残疾人专用的假肢、轮椅、矫形器（包括上肢矫形器、下肢矫形器、脊椎侧弯矫形器），免征增值税。

——关于增值税几个税收政策问题的通知（财税字〔1994〕60号）

（二）企业所得税免税政策

自2016年1月1日至2020年12月31日期间，对符合下列条件的居民企业，免征企业所得税：

1. 生产和装配伤残人员专门用品，且在民政部发布的《中国伤残人员专门

用品目录》范围之内。《中国伤残人员专门用品目录》详见表 2-26。

2. 以销售本企业生产或者装配的伤残人员专门用品为主，其所取得的年度伤残人员专门用品销售收入（不含出口取得的收入）占企业收入总额 60% 以上。

3. 企业账证健全，能够准确、完整地向主管税务机关提供纳税资料，且本企业生产或者装配的伤残人员专门用品所取得的收入能够单独、准确核算。

4. 企业拥有假肢制作师、矫形器制作师资格证书的专业技术人员不得少于 1 人；其企业生产人员如超过 20 人，则其拥有假肢制作师、矫形器制作师资格证书的专业技术人员不得少于全部生产人员的 1/6。

5. 具有与业务相适应的测量取型、模型加工、接受腔成型、打磨、对线组装、功能训练等生产装配专用设备和工具。

6. 具有独立的接待室、假肢或者矫形器（辅助器具）制作室和假肢功能训练室，使用面积不少于 115 平方米。

——关于生产和装配伤残人员专门用品企业免征企业所得税的通知（财税〔2016〕111 号）

表 2-26　　中国伤残人员专门用品目录

产品名称	单位	用途及材料结构
一、上肢假肢		
1. 手部假肢。		
假手指	只	用于手指截肢的装饰性假肢，成品硅胶
假手指	只	用于手指截肢的装饰性假肢，定制硅胶仿真
部分手假肢	只	用于部分手截肢的装饰性假肢，成品硅胶
部分手假肢	只	用于部分手截肢的装饰性假肢，硅胶仿真手套
部分手假肢	只	用于部分手截肢的装饰性假肢，定制硅胶仿真手套
半掌单自由度肌电假肢	具	用于掌骨截肢
半掌肌电手假肢功能训练费	天	用于掌骨截肢患者肌电信号和功能训练
2. 腕离断假肢。		
腕离断装饰手假肢	具	用于腕关节离断、有被动功能
腕离断装饰手假肢	具	用于腕关节离断、有被动功能，硅胶仿真手套
腕离断自身力源手假肢	具	用于腕关节离断、牵引索控制假手，树脂接受腔
腕离断自身来源手假肢	具	用于腕关节离断、牵引索控制假手，树脂接受腔、硅胶仿真手套
腕离断单自由度肌电手假肢	具	用于腕关节离断，双层树脂接受腔
腕离断假肢功能训练费	天	用于腕离断截肢患者肌电信号和功能训练

续表

产品名称	单位	用途及材料结构
一、上肢假肢		
3. 前臂假肢。		
前臂装饰手假肢	具	用于前臂截肢，有被动功能
前臂装饰手假肢	具	用于前臂截肢、有被动功能，硅胶仿真手套
前臂自身力源手假肢	具	用于前臂截肢牵引索控制假手，树脂接受腔
前臂电动手假肢	具	用于前臂截肢、单自由度、开关控制假手，双层树脂接受腔
前臂单自由度肌电手假肢	具	用于前臂截肢、肌电信号控制假手，双层树脂接受腔
前臂双自由度肌电手假肢	具	用于前臂截肢、肌电信号控制假手，双层树脂接受腔
前臂双自由度比例控制肌电手假肢	具	用于前臂截肢、肌电信号控制假手，双层树脂接受腔
前臂假肢功能训练费	天	用于前臂截肢患者肌电信号和功能训练
4. 肘离断假肢。		
骨骼式肘离断装饰手假肢	具	用于肘关节离断、有被动功能，双层树脂接受腔
壳式肘离断装饰手假肢	具	用于肘关节离断、有被动功能，双层树脂接受腔
肘离断自身力源手假肢	具	用于肘关节离断、牵引索实现屈肘和开闭手动作双层树脂接受腔
肘离断单自由度肌电手假肢	具	用于肘关节离断、自身力源肘关节、肌电信号控制手，双层树脂接受腔
肘离断双自由度肌电手假肢	具	用于肘关节离断、自身力源肘关节、肌电信号控制手，双层树脂接受腔
肘离断假肢功能训练费	天	用于肘离断截肢患者肌电信号和功能训练
5. 上臂假肢。		
骨骼式上臂装饰手假肢	具	用于上臂截肢、有被动功能，双层树脂接受腔
壳式上臂装饰手假肢	具	用于上臂截肢、有被动功能，双层树脂接受腔
上臂自身力源手假肢	具	用于上臂中长残肢、牵引索实现屈肘和开闭手动作，双层树脂接受腔
上臂自身力源手假肢	具	用于上臂短残肢、牵引索实现屈肘和开闭手动作，双层树脂接受腔
上臂单自由度肌电手假肢	具	用于上臂截肢、自身力源肘关节、肌电信号控制手，双层树脂接受腔

续表

产品名称	单位	用途及材料结构
一、上肢假肢		
上臂双自由度肌电手假肢	具	用于上臂截肢、自身力源肘关节、肌电信号控制手，双层树脂接受腔
上臂电动肘关节单自由度肌电手假肢	具	用于上臂截肢、开关控制肘关节、肌电信号控制手，双层树脂接受腔
上臂电动肘关节双自由度肌电手假肢	具	用于上臂截肢、开关控制肘关节、肌电信号控制手，双层树脂接受腔，上臂电动肘关节双自由度比例控制
肌电手假肢	具	用于上臂截肢、开关控制肘关节、肌电信号控制手，双层树脂接受腔
上臂三自由度肌电手假肢	具	用于上臂截肢、肌电信号控制肘关节和手，双层树脂接受腔
上臂三自由度比例控制肌电手假肢	具	用于上臂截肢、肌电信号控制肘关节和手，双层树脂接受腔
上臂假肢功能训练费	天	用于上臂截肢患者肌电信号和功能训练
6. 肩部假肢。		
骨骼式肩离断装饰手假肢	具	用于肩关节离断等、有被动功能，双层树脂接受腔
壳式肩离断装饰手假肢	具	用于肩关节离断等、有被动功能，双层树脂接受腔
肩离断电动肘关节两自由度肌电手假肢	具	用于肩关节离断等、开关控制肘关节、肌电信号控制手，双层树脂接受腔
肩离断三自由度肌电手假肢	具	用于肩关节离断等、肌电信号控制肘关节和手双层树脂接受腔
肩离断三自由度比例控制肌电手假肢	具	用于肩关节离断等、肌电信号控制肘关节和手，双层树脂接受腔
肩离断假肢功能训练费	天	用于肩离断截肢患者肌电信号和功能训练
二、下肢假肢		
1. 足部假肢。		
部分足假肢	具	用于部分足截肢、取型，硅胶制作
部分足假肢	具	用于部分足截肢、取型，硅胶仿真制作
足部假肢	具	用于足部截肢，碳纤增强树脂接受腔、聚氨脂脚
足部假肢	具	用于足部截肢，碳纤增强树脂接受腔、碳纤储能脚
足部假肢功能训练费	天	用于足部截肢患者功能训练

续表

产品名称	单位	用途及材料结构
二、下肢假肢		
2. 小腿假肢。		
小腿假肢接受腔	个	全面接触式 PTK 接受腔
临时小腿假肢	具	用于小腿截肢、EVA 内衬套、树脂（或 PP）全面接触式 PTK 接受腔（不包括零部件）
壳式 SACH 脚小腿假肢	具	用于小腿截肢、EVA 内衬套、树脂（或 PP）全面接触式 PTK 接受腔
壳式单轴动踝脚小腿假肢	具	用于小腿截肢、EVA 内衬套、树脂（或 PP）全面接触式 PTK 接受腔
壳式储能脚小腿假肢	具	用于小腿截肢、EVA 内衬套、树脂（或 PP）全面接触式 PTK 接受腔
壳式万向踝脚小腿假肢	具	用于小腿截肢、EVA 内衬套、树脂（或 PP）全面接触式 PTK 接受腔
骨骼式合金钢 SACH 脚小腿假肢	具	用于小腿截肢、EVA 内衬套、树脂（或 PP）全面接触式 PTK 接受腔、合金钢连接件
骨骼式不锈钢 SACH 脚小腿假肢	具	用于小腿截肢、EVA 内衬套、树脂（或 PP）全面接触式 PTK 接受腔、不锈钢连接件
骨骼式钛合金 SACH 脚小腿假肢	具	用于小腿截肢、EVA 内衬套、树脂（或 PP）全面接触式 PTK 接受腔、钛合金连接件
骨骼式镁铝合金 SACH 脚小腿假肢	具	用于小腿截肢、EVA 内衬套、树脂（或 PP）全面接触式 PTK 接受腔、镁铝合金连接件
骨骼式碳纤 SACH 脚小腿假肢	具	用于小腿截肢、EVA 内衬套、树脂（或 PP）全面接触式 PTK 接受腔、碳纤连接件
骨骼式合金钢储能脚小腿假肢	具	用于小腿截肢、EVA 内衬套、树脂（或 PP）全面接触式 PTK 接受腔、合金钢连接件
骨骼式不锈钢储能脚小腿假肢	具	用于小腿截肢、EVA 内衬套、树脂（或 PP）全面接触式 PTK 接受腔、不锈钢连接件

7. 备案资料及留存备查资料。

享受税收优惠的时间：预缴时享受。

主要留存备查资料：

一是生产和装配伤残人员专门用品，在民政部《中国伤残人员专门用品目录》范围之内的说明；

二是伤残人员专门用品制作师名册、《执业资格证书》（假肢制作师、矫形器制作师）；

三是企业的生产和装配条件以及帮助伤残人员康复的其他辅助条件的说明

材料。

后续管理要求：由省税务机关（含计划单列市税务机关）规定。

——企业所得税优惠事项备案管理目录（2017 年版）

三十六、节能环保电池免征消费税

对无汞原电池、金属氢化物镍蓄电池（又称“氢镍蓄电池”或“镍氢蓄电池”）、锂原电池、锂离子蓄电池、太阳能电池、燃料电池和全钒液流电池免征消费税。

——关于对电池涂料征收消费税的通知（财税〔2015〕16 号）

纳税人生产、委托加工符合税收优惠政策规定的应税消费品，应当持有省级以上质量技术监督部门认定的检测机构出具的产品检测报告，并按主管税务机关的要求报送相关产品的检测报告。

——关于电池、涂料消费税征收管理有关问题的公告（国家税务总局公告 2015 年第 5 号）

所称“省级以上质量技术监督部门认定的检测机构”是指具有国家认证认可监督管理委员会或省级质量技术监督部门依法颁发、现行有效的《资质认定计量认证证书》（使用 CMA 徽标），且《资质认定计量认证证书》附表中具备相应电池、涂料检测项目的检测机构。

纳税人生产、委托加工电池，可按类别提供检测报告，但纳税人在提供检测报告时应一并报送该类产品明细清单，且明细清单的货物名称、规格、型号应与会计核算、销售发票内容相一致。

——关于明确电池、涂料消费税征收管理有关事项的公告（国家税务总局公告 2015 年第 95 号）

三十七、节能环保涂料免征消费税

对施工状态下挥发性有机物（Volatile Organic Compounds，VOC）含量低于 420 克/升（含）的涂料免征消费税。

——关于对电池、涂料征收消费税的通知（财税〔2015〕16 号）

纳税人生产、委托加工符合税收优惠政策规定的应税消费品，应当持有省级以上质量技术监督部门认定的检测机构出具的产品检测报告，并按主管税务机关的要求报送相关产品的检测报告。

——关于电池、涂料消费税征收管理有关问题的公告（国家税务总局公告 2015 年第 5 号）

所称“省级以上质量技术监督部门认定的检测机构”是指具有国家认证认可监督管理委员会或省级质量技术监督部门依法颁发、现行有效的《资质认定计量认证证书》（使用CMA徽标），且《资质认定计量认证证书》附表中具备相应电池、涂料检测项目的检测机构。

纳税人生产、委托加工涂料，可按类别提供检测报告，但纳税人在提供检测报告时应一并报送该类产品明细清单，且明细清单的货物名称、规格、型号应与会计核算、销售发票内容相一致。

——关于明确电池、涂料消费税征收管理有关事项的公告（国家税务总局公告2015年第95号）

三十八、铁路货车修理免征增值税政策

从2001年1月1日起，对铁路系统内部单位为本系统修理货车的业务免征增值税。

——关于铁路货车修理免征增值税的通知（财税〔2001〕54号）

三十九、飞机维修劳务增值税即征即退政策

自2000年1月1日起，对飞机维修劳务增值税实际税负超过6%的部分实行由税务机关即征即退的政策。

——关于飞机维修增值税问题的通知（财税〔2000〕102号）

四十、飞机租赁企业印花税优惠政策

自2014年1月1日起至2018年12月31日止，暂免征收飞机租赁企业购机环节购销合同印花税。

——关于飞机租赁企业有关印花税政策的通知（财税〔2014〕18号）

四十一、民航机场城镇土地使用税优惠政策

机场飞行区（包括跑道、滑行道、停机坪、安全带、夜航灯光区）用地，场内外通讯导航设施用地和飞行区四周排水防洪设施用地，免征土地使用税。

机场道路，区分为场内、场外道路。场外道路用地免征土地使用税；场内道路用地依照规定征收土地使用税。

机场工作区（包括办公、生产和维修用地及候机楼、停车场）用地、生活

区用地、绿化用地，均须依照规定征收土地使用税。

——关于对民航机场用地征免土地使用税问题的规定（国税地字〔1989〕32号）

飞机场跑道、停机坪占用耕地，减按每平方米2元的税额征收耕地占用税。减税的飞机场跑道、停机坪，具体范围限于经批准建设的民用机场专门用于民用航空器起降、滑行、停放的场所。

——中华人民共和国耕地占用税暂行条例及实施细则

按照中国民用航空局公布的《民用机场飞行区技术标准》（MH5001－2006），飞行区包括升降带、跑道端安全区、滑行道、机坪以及机场净空；跑道是指机场飞行区内供飞机起飞和着陆使用的特定场地。因此，跑道、停机坪属于飞行区的一部分。根据《中华人民共和国耕地占用税暂行条例》及其实施细则的规定，飞机场跑道、停机坪占用耕地减按每平方米2元的税额征收耕地占用税；飞机场内飞行区范围的其他建设用地，按照当地适用税额征收耕地占用税。

——关于揭阳潮汕机场减征耕地占用税问题的批复（财税〔2009〕126号）

四十二、公交企业免征车辆购置税

自2016年1月1日起至2020年12月31日止，对城市公交企业购置的公共汽电车辆免征车辆购置税。

上述城市公交企业是指，由县级以上（含县级）人民政府交通运输主管部门认定的，依法取得城市公交经营资格，为公众提供公交出行服务的企业。

上述公共汽电车辆是指，由县级以上（含县级）人民政府交通运输主管部门按照车辆实际经营范围和用途等界定的，在城市中按规定的线路、站点、票价和时刻表营运，供公众乘坐的经营性客运汽车和无轨电车。

免税车辆因转让、改变用途等原因不再属于免税范围的，应按照《中华人民共和国车辆购置税暂行条例》第十五条的规定补缴车辆购置税。

城市公交企业在办理车辆购置税纳税申报时，需向所在地主管税务机关提供所在地县级以上（含县级）交通运输主管部门出具的城市公交企业和公共汽电车辆认定证明，主管税务机关依据证明文件为企业办理免税手续。城市公交企业办理免税手续的截止日期为2021年3月31日，逾期不办理的，不予免税。

2016年1月1日后，城市公交企业购置的公共汽电车辆，在本通知下发前已缴纳车辆购置税的，主管税务机关按规定退还已征税款。

——关于城市公交企业购置公共汽电车辆免征车辆购置税的通知（财税〔2016〕84号）

免税车辆因转让、改变用途等原因，其免税条件消失的，纳税人应在免税条件消失之日起60日内到主管税务机关重新申报纳税。

免税车辆发生转让，但仍属于免税范围的，受让方应当自购买或取得车辆之日起60日内到主管税务机关重新申报免税。

——车辆购置税征收管理办法（国家税务总局令〔2014〕33号）

四十三、公路占地耕地占用税优惠政策

公路线路占用耕地，减按每平方米2元的税额征收耕地占用税。减税的公路线路，具体范围限于经批准建设的国道、省道、县道、乡道和属于农村公路的村道的主体工程以及两侧边沟或者截水沟。专用公路和城区内机动车道占用耕地的，按照当地适用税额缴纳耕地占用税。

——中华人民共和国耕地占用税暂行条例及实施细则

第四节 第三产业适用的税收优惠政策

一、创业投资企业增值税、企业所得税优惠政策

（一）增值税政策

创业投资企业的经营所得应为股息、红利等权益性投资收益。依据营改增征税范围，股息、红利等权益性投资收益不属于征税范围，不征增值税。

——关于全面推开营业税改征增值税试点的通知（财税〔2016〕36号）

（二）企业所得税政策

1. 符合条件的创业投资企业采取股权投资方式投资于未上市的中小高新技术企业优惠政策。

（1）减税内容。

符合条件的创业投资企业采取股权投资方式投资于未上市的中小高新技术企业2年（24个月）以上，可以按照其对中小高新技术企业投资额的70%，在股权持有满2年的当年抵扣该创业投资企业的应纳税所得额；当年不足抵扣的，可以在以后纳税年度结转抵扣。

（2）享受优惠政策的创业投资企业的条件。

①经营范围符合《创业投资企业管理暂行办法》规定，且工商登记为“创

业投资有限责任公司”“创业投资股份有限公司”等专业性法人创业投资企业。

②按照《创业投资企业管理暂行办法》规定的条件和程序完成备案，经备案管理部门年度检查核实，投资运作符合《创业投资企业管理暂行办法》的有关规定。

③创业投资企业投资的中小高新技术企业，除应按照科技部、财政部、国家税务总局《关于印发〈高新技术企业认定管理办法〉的通知》（国科发火〔2008〕172号）和《关于印发〈高新技术企业认定管理工作指引〉的通知》（国科发火〔2008〕362号）的规定［此处应修改为：科技部　财政部　国家税务总局关于修订印发《高新技术企业认定管理办法》的通知（国科发火〔2016〕32号）和科技部财政部　国家税务总局关于修订印发《高新技术企业认定管理工作指引》的通知（国科发火〔2016〕195号）］，通过高新技术企业认定以外，还应符合职工人数不超过500人，年销售（营业）额不超过2亿元，资产总额不超过2亿元的条件。

④财政部、国家税务总局规定的其他条件。

（3）中小企业接受创业投资之后，经认定符合高新技术企业标准的，应自其被认定为高新技术企业的年度起，计算创业投资企业的投资期限。该期限内中小企业接受创业投资后，企业规模超过中小企业标准，但仍符合高新技术企业标准的，不影响创业投资企业享受有关税收优惠。

——关于实施创业投资企业所得税优惠问题的通知（国税发〔2009〕87号）

2. 有限合伙制创业投资企业采取股权投资方式投资于未上市的中小高新技术企业所得税政策。

（1）享受优惠政策的企业的条件。

有限合伙制创业投资企业是指依照《中华人民共和国合伙企业法》《创业投资企业管理暂行办法》（国家发展和改革委员会令第39号）和《外商投资创业投资企业管理规定》（外经贸部、科技部、工商总局、税务总局、外汇管理局令2003年第2号）设立的专门从事创业投资活动的有限合伙企业。

有限合伙制创业投资企业的法人合伙人，是指实行查账征收企业所得税的居民企业。

（2）减税内容。

有限合伙制创业投资企业采取股权投资方式投资于未上市的中小高新技术企业满2年（24个月，下同）的，其法人合伙人可按照对未上市中小高新技术企业投资额的70%抵扣该法人合伙人从该有限合伙制创业投资企业分得的应纳税所得额，当年不足抵扣的，可以在以后纳税年度结转抵扣。

所称满2年是指2015年10月1日起，有限合伙制创业投资企业投资于未上市中小高新技术企业的实缴投资满2年，同时，法人合伙人对该有限合伙制创业投资企业的实缴出资也应满2年。

（3）有限合伙制创业投资企业多个创业投资项目涉税处理。

如果法人合伙人投资于多个符合条件的有限合伙制创业投资企业，可合并计算其可抵扣的投资额和应分得的应纳税所得额。当年不足抵扣的，可结转以后纳税年度继续抵扣；当年抵扣后有结余的，应按照企业所得税法的规定计算缴纳企业所得税。

（4）有限合伙制创业投资企业的法人合伙人的投资额确定。

有限合伙制创业投资企业的法人合伙人对未上市中小高新技术企业的投资额，按照有限合伙制创业投资企业对中小高新技术企业的投资额和合伙协议约定的法人合伙人占有限合伙制创业投资企业的出资比例计算确定。其中，有限合伙制创业投资企业对中小高新技术企业的投资额按实缴投资额计算；法人合伙人占有限合伙制创业投资企业的出资比例按法人合伙人对有限合伙制创业投资企业的实缴出资额占该有限合伙制创业投资企业的全部实缴出资额的比例计算。

（5）有限合伙制创业投资企业的法人合伙人的应纳税所得额确定。

有限合伙制创业投资企业应纳税所得额的确定及分配，按照《财政部　国家税务总局关于合伙企业合伙人所得税问题的通知》（财税〔2008〕159号）相关规定执行。

——关于有限合伙制创业投资企业法人合伙人企业所得税有关问题的公告（国家税务总局公告2015年第81号）

合伙企业生产经营所得和其他所得采取“先分后税”的原则。

前款所称生产经营所得和其他所得，包括合伙企业分配给所有合伙人的所得和企业当年留存的所得（利润）。

合伙企业的合伙人按照下列原则确定应纳税所得额：一是合伙企业的合伙人以合伙企业的生产经营所得和其得，按照合伙协议约定的分配比例确定应纳税所得额。二是合伙协议未约定或者约定不明确的，以全部生产经营所得和其他所得，按照合伙人协商决定的分配比例确定应纳税所得额。三是协商不成的，以全部生产经营所得和其他所得，按照合伙人实缴出资比例确定应纳税所得额。四是无法确定出资比例的，以全部生产经营所得和其他所得，按照合伙人数量平均计算每个合伙人的应纳税所得额。

合伙协议不得约定将全部利润分配给部分合伙人。

合伙企业的合伙人是法人和其他组织的，合伙人在计算其缴纳企业所得税时，不得用合伙企业的亏损抵减其盈利。

——关于合伙企业合伙人所得税问题的通知（财税〔2008〕159号）

3. 公司制创业投资企业采取股权投资方式直接投资于初创科技型企业所得税政策。

国家税务总局先后出台了适用部分地区的创业投资企业和天使投资个人有关

税收试点政策、适用全国的创业投资企业和天使投资个人有关税收政策，具体内容详见表 2－27。

表 2－27　创业投资企业直接投资于初创科技型企业所得税政策一览表

关于创业投资企业和天使投资个人有关税收政策的通知（财税〔2018〕55 号）	关于创业投资企业和天使投资个人有关税收试点政策的通知（财税〔2017〕38 号） 关于创业投资企业和天使投资个人税收试点政策有关问题的公告（国家税务总局公告 2017 年第 20 号）
（一）公司制创业投资企业采取股权投资方式直接投资于种子期、初创期科技型企业（以下简称初创科技型企业）满 2 年（24 个月，下同）的，可以按照投资额的 70% 在股权持有满 2 年的当年抵扣该公司制创业投资企业的应纳税所得额；当年不足抵扣的，可以在以后纳税年度结转抵扣	公司制创业投资企业采取股权投资方式直接投资于种子期、初创期科技型企业（以下简称初创科技型企业）满 2 年（24 个月，下同）的，可以按照投资额的 70% 在股权持有满 2 年的当年抵扣该公司制创业投资企业的应纳税所得额；当年不足抵扣的，可以在以后纳税年度结转抵扣。 《通知》第一条所称满 2 年是指公司制创业投资企业（以下简称“公司制创投企业”）、有限合伙制创业投资企业（以下简称“合伙创投企业”）和天使投资个人投资于种子期、初创期科技型企业（以下简称“初创科技型企业”）的实缴投资满 2 年，投资时间从初创科技型企业接受投资并完成工商变更登记的日期算起
有限合伙制创业投资企业（以下简称合伙创投企业）采取股权投资方式直接投资于初创科技型企业满 2 年的，该合伙创投企业的合伙人分别按以下方式处理： 法人合伙人可以按照对初创科技型企业投资额的 70% 抵扣法人合伙人从合伙创投企业分得的所得；当年不足抵扣的，可以在以后纳税年度结转抵扣	有限合伙制创业投资企业（以下简称合伙创投企业）采取股权投资方式直接投资于初创科技型企业满 2 年的，该合伙创投企业的合伙人分别按以下方式处理： 法人合伙人可以按照对初创科技型企业投资额的 70% 抵扣法人合伙人从合伙创投企业分得的所得；当年不足抵扣的，可以在以后纳税年度结转抵扣
本通知所称初创科技型企业，应同时符合以下条件： 1. 在中国境内（不包括港、澳、台地区）注册成立、实行查账征收的居民企业； 2. 接受投资时，从业人数不超过 200 人，其中具有大学本科以上学历的从业人数不低于 30%；资产总额和年销售收入均不超过 3000 万元； 3. 接受投资时设立时间不超过 5 年（60 个月）； 4. 接受投资时以及接受投资后 2 年内未在境内外证券交易所上市； 5. 接受投资当年及下一纳税年度，研发费用总额占成本费用支出的比例不低于 20%	本通知所称初创科技型企业，应同时符合以下条件： 1. 在中国境内（不包括港、澳、台地区）注册成立、实行查账征收的居民企业； 2. 接受投资时，从业人数不超过 200 人，其中具有大学本科以上学历的从业人数不低于 30%；资产总额和年销售收入均不超过 3000 万元； 3. 接受投资时设立时间不超过 5 年（60 个月）； 4. 接受投资时以及接受投资后 2 年内未在境内外证券交易所上市； 5. 接受投资当年及下一纳税年度，研发费用总额占成本费用支出的比例不低于 20%

续表

（二）享受本通知规定税收政策的创业投资企业，应同时符合以下条件： 1. 在中国境内（不含港、澳、台地区）注册成立、实行查账征收的居民企业或合伙创投企业，且不属于被投资初创科技型企业的发起人； 2. 符合《创业投资企业管理暂行办法》（发展改革委等10部门令第39号）规定或者《私募投资基金监督管理暂行办法》（证监会令第105号）关于创业投资基金的特别规定，按照上述规定完成备案且规范运作； 3. 投资后2年内，创业投资企业及其关联方持有被投资初创科技型企业的股权比例合计应低于50%	所称符合条件的合伙创投企业既包括符合《通知》规定条件的合伙创投企业，也包括符合《国家税务总局关于有限合伙制创业投资企业法人合伙人企业所得税有关问题的公告》（国家税务总局公告2015年第81号）规定条件的合伙创投企业
享受本通知规定的税收政策的投资，仅限于通过向被投资初创科技型企业直接支付现金方式取得的股权投资，不包括受让其他股东的存量股权	
所称研发费用口径，按照《财政部　国家税务总局 科技部关于完善研究开发费用税前加计扣除政策的通知》（财税〔2015〕119号）等规定执行	
所称从业人数，包括与企业建立劳动关系的职工人员及企业接受的劳务派遣人员。从业人数和资产总额指标，按照企业接受投资前连续12个月的平均数计算，不足12个月的，按实际月数平均计算。 所称销售收入，包括主营业务收入与其他业务收入；年销售收入指标，按照企业接受投资前连续12个月的累计数计算，不足12个月的，按实际月数累计计算。 所称成本费用，包括主营业务成本、其他业务成本、销售费用、管理费用、财务费用	所称从业人数及资产总额指标，按照初创科技型企业接受投资前连续12个月的平均数计算，不足12个月的，按实际月数平均计算。具体计算公式如下： 月平均数=（月初数+月末数）÷2 接受投资前连续12个月平均数=接受投资前连续12个月平均数之和÷12 所称研发费用总额占成本费用支出的比例，是指企业接受投资当年及下一纳税年度的研发费用总额合计占同期成本费用总额合计的比例
所称投资额，按照创业投资企业或天使投资个人对初创科技型企业的实缴投资额确定。 合伙创投企业的合伙人对初创科技型企业的投资额，按照合伙创投企业对初创科技型企业的实缴投资额和合伙协议约定的合伙人占合伙创投企业的出资比例计算确定。合伙人从合伙创投企业分得的所得，按照《财政部　国家税务总局关于合伙企业合伙人所得税问题的通知》（财税〔2008〕159号）规定计算	所称出资比例，按投资满2年当年年末各合伙人对合伙创投企业的实缴出资额占所有合伙人全部实缴出资额的比例计算

续表

享受本通知规定的税收政策的纳税人，其主管税务机关对被投资企业是否符合初创科技型企业条件有异议的，可以转请被投资企业主管税务机关提供相关材料。对纳税人提供虚假资料，违规享受税收政策的，应按税收征管法相关规定处理，并将其列入失信纳税人名单，按规定实施联合惩戒措施	
自2018年1月1日起执行。执行日期前2年内发生的投资，在执行日期后投资满2年，且符合本通知规定的其他条件的，可以适用本通知规定的税收政策。《财政部　税务总局关于创业投资企业和天使投资个人有关税收试点政策的通知》（财税〔2017〕38号）自2018年7月1日起废止，符合试点政策条件的投资额可按本通知的规定继续抵扣	本通知规定的企业所得税政策自2017年1月1日起试点执行。执行日期前2年内发生的投资，在执行日期后投资满2年，且符合本通知规定的其他条件的，可以适用本通知规定的税收试点政策

4. 后续管理。

享受上述优惠政策的时间、主要留存备查资料以及后续管理要求详见表2－28。

表2－28　　　　创业投资相关企业所得税优惠后续管理一览表

优惠事项	主要留存备查资料	享受时间	后续管理要求
投资于未上市的中小高新技术企业的创业投资企业按投资额的一定比例抵扣应纳税所得额	1. 发展改革或证监部门出具的符合创业投资企业条件的年度证明材料； 2. 中小高新技术企业投资合同（协议）、章程、实际出资等相关材料； 3. 由省、自治区、直辖市和计划单列市高新技术企业认定管理机构出具的中小高新技术企业有效的高新技术企业证书复印件（注明“与原件一致”，并加盖公章）； 4. 中小高新技术企业基本情况〔包括企业职工人数、年销售（营业）额、资产总额、未上市等〕说明	汇缴享受	由省税务机关（含计划单列市税务机关）规定
投资于种子期、初创期科技型企业的创业投资企业按投资额的一定比例抵扣应纳税所得额	1. 发展改革或证监部门出具的符合创业投资企业条件的年度证明材料； 2. 初创科技型企业接受现金投资时的投资合同（协议）、章程、实际出资的相关证明材料； 3. 创业投资企业与其关联方持有初创科技型企业的股权比例的说明； 4. 被投资企业符合初创科技型企业条件的有关资料： （1）接受投资时从业人数、资产总额、年销售收入和大学本科以上学历的从业人数比例的情况说明； （2）接受投资时设立时间不超过5年的证明材料； （3）接受投资时以及接受投资后2年内未在境内外证券交易所上市情况说明； （4）研发费用总额占成本费用总额比例的情况说明	汇缴享受	由省税务机关（含计划单列市税务机关）规定

续表

优惠事项	主要留存备查资料	享受时间	后续管理要求
投资于未上市的中小高新技术企业的有限合伙制创业投资企业法人合伙人按投资额的一定比例抵扣应纳税所得额	1. 发展改革或证监部门出具的符合创业投资企业条件的年度证明材料； 2. 中小高新技术企业投资合同（协议）、章程、实际出资等相关材料； 3. 省、自治区、直辖市和计划单列市高新技术企业认定管理机构出具的中小高新技术企业有效的高新技术企业证书复印件（注明“与原件一致”，并加盖公章）； 4. 中小高新技术企业基本情况〔包括企业职工人数、年销售（营业）额、资产总额、未上市等〕说明； 5. 法人合伙人应纳税所得额抵扣情况明细表； 6. 有限合伙制创业投资企业法人合伙人应纳税所得额分配情况明细表	汇缴享受	由省税务机关（含计划单列市税务机关）规定
投资于种子期、初创期科技型企业的有限合伙制创业投资企业法人合伙人按投资额的一定比例抵扣应纳税所得额	1. 发展改革或证监部门出具的符合创业投资企业条件的年度证明材料； 2. 初创科技型企业接受现金投资时的投资合同（协议）、章程、实际出资的相关证明材料； 3. 创业投资企业与其关联方持有初创科技型企业的股权比例的说明； 4. 被投资企业符合初创科技型企业条件的有关资料： (1) 接受投资时从业人数、资产总额、年销售收入和大学本科以上学历的从业人数比例的情况说明； (2) 接受投资时设立时间不超过5年的证明材料； (3) 接受投资时以及接受投资后2年内未在境内外证券交易所上市情况说明； (4) 接受投资当年及下一纳税年度研发费用总额占成本费用总额比例的情况说明； 5. 法人合伙人投资于合伙创投企业的出资时间、出资金额、出资比例及分配比例的相关证明材料、合伙创投企业主管税务机关受理后的《合伙创投企业法人合伙人所得分配情况明细表》	汇缴享受	由省税务机关（含计划单列市税务机关）规定

——企业所得税优惠事项备案管理目录（2017年版）

二、保险保障基金企业所得税、印花税、货劳税优惠政策

(一) 企业所得税免税政策

1. 优惠内容。

自2015年1月1日起至2017年12月31日，对中国保险保障基金有限责任公司（以下简称保险保障基金公司）根据《保险保障基金管理办法》（以下简称

《管理办法》）取得的下列收入，免征企业所得税：

（1）境内保险公司依法缴纳的保险保障基金；

（2）依法从撤销或破产保险公司清算财产中获得的受偿收入和向有关责任方追偿所得，以及依法从保险公司风险处置中获得的财产转让所得；

（3）捐赠所得；

（4）银行存款利息收入；

（5）购买政府债券、中央银行、中央企业和中央级金融机构发行债券的利息收入；

（6）国务院批准的其他资金运用取得的收入。

——财政部　国家税务总局关于保险保障基金有关税收政策问题的通知（财税〔2016〕10号）

2. 备案管理。

享受税收优惠的时间：预缴享受。

主要留存备查资料：由省税务机关规定。

后续管理要求：由省税务机关规定。

——企业所得税优惠事项备案管理目录（2017年版）

（二）印花税免税政策

对保险保障基金公司下列应税凭证，免征印花税：

1. 新设立的资金账簿；

2. 在对保险公司进行风险处置和破产救助过程中签订的产权转移书据；

3. 在对保险公司进行风险处置过程中与中国人民银行签订的再贷款合同；

4. 以保险保障基金自有财产和接收的受偿资产与保险公司签订的财产保险合同。

对与保险保障基金公司签订上述产权转移书据或应税合同的其他当事人照章征收印花税。

——财政部　国家税务总局关于保险保障基金有关税收政策问题的通知（财税〔2016〕10号）

（三）货劳税减免税政策

营改增前，对保险保障基金公司根据《管理办法》取得的下列收入，免征营业税：境内保险公司依法缴纳的保险保障基金；依法从撤销或破产保险公司清算财产中获得的受偿收入和向有关责任方追偿所得。

营改增后，目前国家税务总局尚未下文明确上述收入是否免征增值税。因此，应依法缴纳增值税。

三、证券投资基金企业所得税优惠政策

（一）优惠内容

1. 对证券投资基金从证券市场中取得的收入，包括买卖股票、债券的差价收入，股权的股息、红利收入，债券的利息收入及其他收入，暂不征收企业所得税。

2. 对投资者从证券投资基金分配中取得的收入，暂不征收企业所得税。

3. 对证券投资基金管理人运用基金买卖股票、债券的差价收入，暂不征收企业所得税。

——财税〔2008〕1号关于企业所得税若干优惠政策的通知

（二）后续管理

享受税收优惠的时间：预缴享受。

主要留存备查资料：

一是购买证券投资基金记账凭证；

二是证券投资基金分配公告；

三是免税的分配收入明细账及按月汇总表。

后续管理要求：由省税务机关（含计划单列市税务机关）规定。

——企业所得税优惠事项备案管理目录（2017年版）

四、全国社会保障基金免征增值税政策

全国社会保障基金理事会、全国社会保障基金投资管理人运用全国社会保障基金买卖证券投资基金、股票、债券取得的金融商品转让收入，免征增值税。

——关于营业税改征增值税试点若干政策的通知（财税〔2016〕39号）

五、资产公司免征增值税政策

中国信达资产管理股份有限公司、中国华融资产管理股份有限公司、中国长城资产管理公司和中国东方资产管理公司及各自经批准分设于各地的分支机构（以下称资产公司），在收购、承接和处置剩余政策性剥离不良资产和改制银行剥离不良资产过程中开展的以下业务，免征增值税：

1. 接受相关国有银行的不良债权，借款方以货物、不动产、无形资产、有

价证券和票据等抵充贷款本息的，资产公司销售、转让该货物、不动产、无形资产、有价证券、票据以及利用该货物、不动产从事的融资租赁业务；

2. 接受相关国有银行的不良债权取得的利息；

3. 资产公司所属的投资咨询类公司，为本公司收购、承接、处置不良资产而提供的资产、项目评估和审计服务。

中国长城资产管理公司和中国东方资产管理公司如经国务院批准改制后，继承其权利、义务的主体及其分支机构处置剩余政策性剥离不良资产和改制银行剥离不良资产，比照上述政策执行。

上述政策性剥离不良资产，是指资产公司按照国务院规定的范围和额度，以账面价值进行收购的相关国有银行的不良资产。

上述改制银行剥离不良资产，是指资产公司按照《中国银行和中国建设银行改制过程中可疑类贷款处置管理办法》（财金〔2004〕53 号）《中国工商银行改制过程中可疑类贷款处置管理办法》（银发〔2005〕148 号）规定及中国交通银行股份制改造时国务院确定的不良资产的范围和额度收购的不良资产。

上述处置不良资产，是指资产公司按照有关法律、行政法规，为使不良资产的价值得到实现而采取的债权转移的措施，具体包括运用出售、置换、资产重组、债转股、证券化等方法对贷款及其抵押品进行处置。

资产公司（含中国长城资产管理公司和中国东方资产管理公司如经国务院批准改制后继承其权利、义务的主体）除收购、承接、处置本通知规定的政策性剥离不良资产和改制银行剥离不良资产业务外，从事其他经营业务应一律依法纳税。

除另有规定者外，资产公司所属、附属企业，不得享受资产公司免征增值税的政策。

——关于营业税改征增值税试点若干政策的通知（财税〔2016〕39 号）

六、托儿所、幼儿园的增值税、房产税、土地使用税、契税、印花税税收优惠政策

（一）增值税免税政策

托儿所、幼儿园提供的保育和教育服务，免征增值税。

托儿所、幼儿园，是指经县级以上教育部门审批成立、取得办园许可证的实施 0 ~6 岁学前教育的机构，包括公办和民办的托儿所、幼儿园、学前班、幼儿班、保育院、幼儿院。

公办托儿所、幼儿园免征增值税的收入是指，在省级财政部门和价格主管部

门审核报省级人民政府批准的收费标准以内收取的教育费、保育费。

民办托儿所、幼儿园免征增值税的收入是指，在报经当地有关部门备案并公示的收费标准范围内收取的教育费、保育费。

超过规定收费标准的收费，以开办实验班、特色班和兴趣班等为由另外收取的费用以及与幼儿入园挂钩的赞助费、支教费等超过规定范围的收入，不属于免征增值税的收入。

——关于全面推开营业税改征增值税试点的通知［（财税〔2016〕36号），附件3：营业税改征增值税试点过渡政策的规定］

（二）房产税、城镇土地使用税、契税、印花税等免税政策

1. 对国家拨付事业经费和企业办的托儿所、幼儿园自用的房产、土地，免征房产税、城镇土地使用税。

——关于教育税收政策的通知（财税〔2004〕39号）

企业办的各类托儿所、幼儿园自用的房产，可以比照由国家财政部门拨付事业经费的单位自用的房产，免征房产税。

——关于房产税若干具体问题的解释和暂行规定（财税地字〔1986〕8号）

2. 对财产所有人将财产赠给学校所立的书据，免征印花税。

3. 国家机关、事业单位、社会团体、军事单位承受土地房屋权属用于教学的，免征契税。用于教学的，是指教室（教学楼）以及其他直接用于教学的土地、房屋。对县级以上人民政府教育行政主管部门或劳动行政主管部门审批并颁发办学许可证，由企业事业组织、社会团体及其他社会和公民个人利用非国家财政性教育经费面向社会举办的学校及教育机构，其承受的土地、房屋权属用于教学的，免征契税。

——财政部　国家税务总局关于教育税收政策的通知（财税〔2004〕39号）

4. 幼儿园占用耕地免征耕地占用税。免税的幼儿园，具体范围限于县级人民政府教育行政部门登记注册或者备案的幼儿园内专门用于幼儿保育、教育的场所。

——中华人民共和国耕地占用税暂行条例及实施细则

七、高等、中等和初等学校增值税、房产税、城镇土地使用税、耕地占用税、契税、印花税税收优惠政策

（一）从事学历教育的学校增值税免税政策

1. 从事学历教育的学校提供的教育服务取得的收入增值税免税政策。

学历教育是指受教育者经过国家教育考试或者国家规定的其他入学方式，进入国家有关部门批准的学校或者其他教育机构学习，获得国家承认的学历证书的教育形式。具体包括：

（1）初等教育：普通小学、成人小学。

（2）初级中等教育：普通初中、职业初中、成人初中。

（3）高级中等教育：普通高中、成人高中和中等职业学校（包括普通中专、成人中专、职业高中、技工学校）。

（4）高等教育：普通本专科、成人本专科、网络本专科、研究生（博士、硕士）、高等教育自学考试、高等教育学历文凭考试。

从事学历教育的学校，是指：

（1）普通学校。

（2）经地（市）级以上人民政府或者同级政府的教育行政部门批准成立、国家承认其学员学历的各类学校。

（3）经省级及以上人力资源社会保障行政部门批准成立的技工学校、高级技工学校。

（4）经省级人民政府批准成立的技师学院。

上述学校均包括符合规定的从事学历教育的民办学校，但不包括职业培训机构等国家不承认学历的教育机构。

提供教育服务免征增值税的收入，是指对列入规定招生计划的在籍学生提供学历教育服务取得的收入，具体包括：经有关部门审核批准并按规定标准收取的学费、住宿费、课本费、作业本费、考试报名费收入，以及学校食堂提供餐饮服务取得的伙食费收入。除此之外的收入，包括学校以各种名义收取的赞助费、择校费等，不属于免征增值税的范围。

学校食堂是指依照《学校食堂与学生集体用餐卫生管理规定》（教育部令第14号）管理的学校食堂。

2. 政府举办的从事学历教育的高等、中等和初等学校（不含下属单位），举办进修班、培训班取得的全部归该学校所有的收入免征增值税。

全部归该学校所有，是指举办进修班、培训班取得的全部收入进入该学校统一账户，并纳入预算全额上缴财政专户管理，同时由该学校对有关票据进行统一管理和开具。

举办进修班、培训班取得的收入进入该学校下属部门自行开设账户的，不予免征增值税。

3. 政府举办的职业学校设立的主要为在校学生提供实习场所、并由学校出资自办、由学校负责经营管理、经营收入归学校所有的企业，从事《销售服务、无形资产或者不动产注释》中“现代服务”（不含融资租赁服务、广告服务和其他现代服务）“生活服务”（不含文化体育服务、其他生活服务和桑拿、氧吧）业务活动取得的收入免征增值税。

——关于全面推开营业税改征增值税试点的通知（财税〔2016〕36号）

（二）从事学历教育的学校房产税、城镇土地使用税、印花税、耕地占用税、契税等免税政策

1. 对国家拨付事业经费和企业办的各类学校自用的房产、土地，免征房产税、城镇土地使用税。

2. 对财产所有人将财产赠给学校所立的书据，免征印花税。

3. 对学校经批准征用的耕地，免征耕地占用税。享受免税的学校用地的具体范围包括全日制大、中、小学校（包括部门、企业办的学校）的教学用房、实验室、操场、图书馆、办公室及师生员工食堂宿舍用地。学校从事非农业生产经营占用的耕地，不予免税。职工夜校、学习班、培训中心、函授学校等不在免税之列。

4. 事业单位承受土地房屋权属用于教学、科研的，免征契税。用于教学的，是指教室（教学楼）以及其他直接用于教学的土地、房屋。用于科研的，是指科学实验的场所以及其他直接用于科研的土地、房屋。对县级以上人民政府教育行政主管部门或劳动行政主管部门审批并颁发办学许可证，由企业事业组织、社会团体及其他社会和公民个人利用非国家财政性教育经费面向社会举办的学校及教育机构，其承受的土地、房屋权属用于教学的，免征契税。

——关于教育税收政策的通知（财税〔2004〕39号）

（三）高校学生公寓免征房产税、租赁合同免征印花税政策

自2016年1月1日至2018年12月31日，对高校学生公寓免征房产税；对与高校学生签订的高校学生公寓租赁合同，免征印花税。

高校学生公寓，是指为高校学生提供住宿服务，按照国家规定的收费标准收取住宿费的学生公寓。

高校学生食堂，是指依照《学校食堂与学生集体用餐卫生管理规定》（教育部令第14号）管理的高校学生食堂。

——关于继续执行高校学生公寓和食堂有关税收政策的通知（财税〔2016〕82号）

学校占用耕地免征耕地占用税。免税的学校，具体范围包括县级以上人民政府教育行政部门批准成立的大学、中学、小学、学历性职业教育学校以及特殊教育学校。学校内经营性场所和教职工住房占用耕地的，按照当地适用税额缴纳耕地占用税。

——中华人民共和国耕地占用税暂行条例及实施细则

免税的学校范围，包括由国务院人力资源社会保障行政部门，省、自治区、直辖市人民政府或其人力资源社会保障行政部门批准成立的技工院校。

——关于技工院校占用耕地免征耕地占用税的通知（财税〔2012〕22号）

八、大学科技园增值税、房产税、城镇土地使用税、企业所得税优惠政策

（一）增值税、房产税、城镇土地使用税免税政策

1. 自2016年1月1日至2018年12月31日，对符合条件的科技园自用以及无偿或通过出租等方式提供给孵化企业使用的房产、土地，免征房产税和城镇土地使用税。

2. 在营业税改征增值税试点期间，对其向孵化企业出租场地、房屋以及提供孵化服务的收入，免征增值税。

享受本通知规定的房产税、城镇土地使用税以及营业税、增值税优惠政策的科技园，应当同时符合以下条件：

（1）科技园符合国家大学科技园条件。国务院科技和教育行政主管部门负责发布国家大学科技园名单。

（2）科技园将面向孵化企业出租场地、房屋以及提供孵化服务的业务收入在财务上单独核算。

（3）科技园提供给孵化企业使用的场地面积（含公共服务场地）占科技园可自主支配场地面积的60%以上（含60%），孵化企业数量占科技园内企业总数量的75%以上（含75%）。

公共服务场地是指科技园提供给孵化企业共享的活动场所，包括公共餐厅、接待室、会议室、展示室、活动室、技术检测室和图书馆等非营利性配套服务场地。

所称“孵化企业”应当同时符合以下条件：

（1）企业注册地及主要研发、办公场所在科技园的工作场地内。

（2）新注册企业或申请进入科技园前企业成立时间不超过3年。

（3）企业在科技园内孵化的时间不超过48个月。海外高层次创业人才或从事生物医药、集成电路设计等特殊领域的创业企业，孵化时间不超过60个月。

（4）符合《中小企业划型标准规定》所规定的小型、微型企业划型标准。

（5）单一在孵企业使用的孵化场地面积不超过1000平方米。从事航空航天、现代农业等特殊领域的单一在孵企业，不超过3000平方米。

（6）企业产品（服务）属于科学技术部、财政部、国家税务总局印发的

《国家重点支持的高新技术领域》规定的范围。

所称“孵化服务”是指为孵化企业提供的“经纪代理”“经营租赁”“研发和技术”“信息技术”和“鉴证咨询”等服务。

国务院科技和教育行政主管部门负责组织对科技园是否符合本通知规定的各项条件定期进行审核确认，并向纳税人出具证明材料，列明纳税人用于孵化的房产和土地的地址、范围、面积等具体信息，并发送给国务院税务主管部门。

纳税人按照税务部门的要求享受税收减免。

（二）企业所得税优惠政策

符合非营利组织条件的科技园的收入，按照企业所得税法及其实施条例和有关税收政策规定享受企业所得税优惠政策。

——关于国家大学科技园税收政策的通知（财税〔2016〕98号）

九、科技企业孵化器增值税、房产税、城镇土地使用税、企业所得税优惠政策

（一）增值税、房产税、城镇土地使用税免税政策

1. 自2016年1月1日至2018年12月31日，对符合条件的孵化器自用以及无偿或通过出租等方式提供给孵化企业使用的房产、土地，免征房产税和城镇土地使用税；

2. 在营业税改征增值税试点期间，对其向孵化企业出租场地、房屋以及提供孵化服务的收入，免征增值税。

享受优惠政策的孵化器，应同时符合以下条件：

（1）孵化器需符合国家级科技企业孵化器条件。国务院科技行政主管部门负责发布国家级科技企业孵化器名单。

（2）孵化器应将面向孵化企业出租场地、房屋以及提供孵化服务的业务收入在财务上单独核算。

（3）孵化器提供给孵化企业使用的场地面积（含公共服务场地）应占孵化器可自主支配场地面积的75%以上（含75%）。孵化企业数量应占孵化器内企业总数量的75%以上（含75%）。

公共服务场地是指孵化器提供给孵化企业共享的活动场所，包括公共餐厅、接待室、会议室、展示室、活动室、技术检测室和图书馆等非营利性配套服务场地。

所称“孵化企业”应当同时符合以下条件：

（1）企业注册地和主要研发、办公场所必须在孵化器的孵化场地内。

（2）新注册企业或申请进入孵化器前企业成立时间不超过2年。

（3）企业在孵化器内孵化的时间不超过48个月。纳入“创新人才推进计划”及“海外高层次人才引进计划”的人才或从事生物医药、集成电路设计、现代农业等特殊领域的创业企业，孵化时间不超过60个月。

（4）符合《中小企业划型标准规定》所规定的小型、微型企业划型标准。

（5）单一在孵企业入驻时使用的孵化场地面积不大于1000平方米。从事航空航天等特殊领域的在孵企业，不大于3000平方米。

（6）企业产品（服务）属于科学技术部、财政部、国家税务总局印发的《国家重点支持的高新技术领域》规定的范围。

所称“孵化服务”是指为孵化企业提供的“经纪代理”“经营租赁”“研发和技术”“信息技术”和“鉴证咨询”等服务。

省级科技行政主管部门负责定期核实孵化器是否符合本通知规定的各项条件，并报国务院科技行政主管部门审核确认。国务院科技行政主管部门审核确认后向纳税人出具证明材料，列明用于孵化的房产和土地的地址、范围、面积等具体信息，并发送给国务院税务主管部门。

纳税人按照税务机关的要求，享受税收减免。

（二）企业所得税优惠政策

符合非营利组织条件的孵化器的收入，按照企业所得税法及其实施条例和有关税收政策规定享受企业所得税优惠政策。

——关于科技企业孵化器税收政策的通知（财税〔2016〕89号）

十、非营利性科研机构

（一）增值税、企业所得税优惠政策

非营利性科研机构从事技术开发、技术转让业务和与之相关的技术咨询、技术服务所得的收入，按有关规定享受增值税、企业所得税优惠政策。具体规定详见第一章第一节“七、技术转让的增值税、企业所得税优惠政策”。

（二）房产税、城镇土地使用税免税政策

自2001年1月1日起，非营利性科研机构自用的房产、土地，免征房产税、城镇土地使用税。

——关于非营利性科研机构税收政策的通知（财税〔2001〕5号）

十一、养老机构增值税、房产税、城镇土地使用税、车船使用税优惠政策

（一）增值税免税政策

养老机构提供的养老服务免征增值税。养老机构，是指依照民政部《养老机构设立许可办法》（民政部令第48号）设立并依法办理登记的为老年人提供集中居住和照料服务的各类养老机构；养老服务，是指上述养老机构按照民政部《养老机构管理办法》（民政部令第49号）的规定，为收住的老年人提供的生活照料、康复护理、精神慰藉、文化娱乐等服务。

——关于全面推开营业税改征增值税试点的通知（财税〔2016〕36号）

（二）企业所得税、房产税、城镇土地使用税、车船使用税等免税政策

1. 自2000年10月1日起，对政府部门和企事业单位、社会团体以及个人等社会力量投资兴办的福利性、非营利性的老年服务机构，暂免征收企业所得税，以及老年服务机构自用房产、土地、车船的房产税、城镇土地使用税、车船使用税。

所称老年服务机构，是指专门为老年人提供生活照料、文化、护理、健身等多方面服务的福利性、非营利性的机构，主要包括：老年社会福利院、敬老院（养老院）、老年服务中心、老年公寓（含老年护理院、康复中心、托老所）等。

——财政部　国家税务总局关于对老年服务机构有关税收政策问题的通知（财税〔2000〕97号）

2. 养老院占用耕地免征耕地占用税。免税的养老院，具体范围限于经批准设立的养老院内专门为老年人提供生活照顾的场所。

——中华人民共和国耕地占用税暂行条例及实施细则

十二、残疾人福利机构免征增值税政策

残疾人福利机构提供的育养服务免征增值税。

——关于全面推开营业税改征增值税试点的通知（财税〔2016〕36号）

十三、婚姻介绍服务免征增值税政策

婚姻介绍服务免征增值税。

——关于全面推开营业税改征增值税试点的通知（财税〔2016〕36号）

十四、殡葬服务增值税、房产税、城镇土地使用税优惠政策

（一）增值税减税政策

殡葬服务免征增值税。殡葬服务，是指收费标准由各地价格主管部门会同有关部门核定，或者实行政府指导价管理的遗体接运（含抬尸、消毒）、遗体整容、遗体防腐、存放（含冷藏）、火化、骨灰寄存、吊唁设施设备租赁、墓穴租赁及管理等服务。

——关于全面推开营业税改征增值税试点的通知（财税〔2016〕36号）

（二）房产税、城镇土地使用税减税政策

殡仪馆是一个具有公益性的殡葬事业单位。因此，可依据房产税、城镇土地使用税下列规定，享受免税政策。

下列房产免纳房产税：由国家财政部门拨付事业经费的单位自用的房产；指这些单位本身的业务用房。实行差额预算管理的事业单位，虽然有一定的收入，但收入不够本身经费开支的部分，还要由国家财政部门拨付经费补助。因此，对实行差额预算管理的事业单位，也属于是由国家财政部门拨付事业经费的单位，对其本身自用的房产免征房产税。

——中华人民共和国房产税暂行条例（国发〔1986〕90号）

下列土地免缴土地使用税：由国家财政部门拨付事业经费的单位自用的土地；是指由国家财政部门拨付经费、实行全额预算管理或差额预算管理的事业单位。不包括实行自收自支、自负盈亏的事业单位。事业单位自用的土地，是指这些单位本身的业务用地。

——中华人民共和国城镇土地使用税暂行条例（国务院令第17号）

十五、医疗机构增值税、房产税、土地使用税、车船税优惠政策

（一）增值税免税政策

医疗机构提供的医疗服务免征增值税。医疗机构，是指依据国务院《医疗机构管理条例》（国务院令第149号）及卫生部《医疗机构管理条例实施细则》（卫生部令第35号）的规定，经登记取得《医疗机构执业许可证》的机构，以及军队、武警部队各级各类医疗机构。具体包括：各级各类医院、门诊部（所）、社区卫生服务中心（站）、急救中心（站）、城乡卫生院、护理院（所）、疗养院、临床检验中心，各级政府及有关部门举办的卫生防疫站（疾病控制中

心）、各种专科疾病防治站（所），各级政府举办的妇幼保健所（站）、母婴保健机构、儿童保健机构，各级政府举办的血站（血液中心）等医疗机构。

所称的医疗服务，是指医疗机构按照不高于地（市）级以上价格主管部门会同同级卫生主管部门及其他相关部门制定的医疗服务指导价格（包括政府指导价和按照规定由供需双方协商确定的价格等）为就医者提供《全国医疗服务价格项目规范》所列的各项服务，以及医疗机构向社会提供卫生防疫、卫生检疫的服务。

——关于全面推开营业税改征增值税试点的通知（财税〔2016〕36号）

（二）房产税、城镇土地使用税、车船税等免税政策

医疗机构有非营利性医疗机构和营利性医疗机构之分。

1. 对非营利性医疗机构按照国家规定的价格取得的医疗服务收入，免征各项税收。不按照国家规定价格取得的医疗服务收入不得享受这项政策。

对非营利性医疗机构从事非医疗服务取得的收入，如租赁收入、财产转让收入、培训收入、对外投资收入等应按规定征收各项税收。

非营利性医疗机构的药房分离为独立的药品零售企业，应按规定征收各项税收。

对非营利性医疗机构自用的房产、土地、车船，免征房产税、城镇土地使用税和车船使用税。

2. 对疾病控制机构和妇幼保健机构等卫生机构自用的房产、土地、车船，免征房产税、城镇土地使用税和车船使用税。

——关于医疗卫生机构有关税收政策的通知（财税〔2000〕42号）

（三）契税免税政策

事业单位承受土地、房屋用于办公、教学、医疗、科研的，免征契税。

——中华人民共和国契税暂行条例（国务院令第224号）

所称用于办公的，是指办公室（楼）以及其他直接用于办公的土地、房屋。用于教学的，是指教室（教学楼）以及其他直接用于教学的土地、房屋。用于医疗的，是指门诊部以及其他直接用于医疗的土地、房屋。所称用于科研的，是指科学试验的场所以及其他直接用于科研的土地、房屋。所称其他直接用于办公、教学、医疗、科研的以及其他直接用于军事设施的土地、房屋的具体范围，由省、自治区、直辖市人民政府确定。

——中华人民共和国契税暂行条例细则（财法字〔1997〕52号）

（四）血站免征增值税、房产税、土地使用税政策

1. 鉴于血站是采集和提供临床用血，不以营利为目的的公益性组织，又属

于财政拨补事业费的单位，因此，自1999年11月1日起，对血站自用的房产和土地免征房产税和城镇土地使用税。

2. 对血站供应给医疗机构的临床用血免征增值税。所称血站，是指根据《中华人民共和国献血法》的规定，由国务院或省级人民政府卫生行政部门批准的，从事采集、提供临床用血，不以营利为目的的公益性组织。

——关于血站有关税收问题的通知（财税字〔1999〕264号）

3. 医院占用耕地免征耕地占用税。免税的医院，具体范围限于县级以上人民政府卫生行政部门批准设立的医院内专门用于提供医护服务的场所及其配套设施。医院内职工住房占用耕地的，按照当地适用税额缴纳耕地占用。

——中华人民共和国耕地占用税暂行条例及实施细则

十六、农业机耕等农业相关服务增值税、企业所得税、房产税、土地使用税、车船税优惠政策

（一）增值税免税政策

农业机耕、排灌、病虫害防治、植物保护、农牧保险以及相关技术培训业务，家禽、牲畜、水生动物的配种和疾病防治取得收入免征增值税。

农业机耕，是指在农业、林业、牧业中使用农业机械进行耕作（包括耕耘、种植、收割、脱粒、植物保护等）的业务；排灌，是指对农田进行灌溉或者排涝的业务；病虫害防治，是指从事农业、林业、牧业、渔业的病虫害测报和防治的业务；农牧保险，是指为种植业、养殖业、牧业种植和饲养的动植物提供保险的业务；相关技术培训，是指与农业机耕、排灌、病虫害防治、植物保护业务相关以及为使农民获得农牧保险知识的技术培训业务；家禽、牲畜、水生动物的配种和疾病防治业务的免税范围，包括与该项服务有关的提供药品和医疗用具的业务。

——关于全面推开营业税改征增值税试点的通知（财税〔2016〕36号）

（二）企业所得税免税政策

灌溉、农产品初加工、兽医、农技推广、农机作业和维修等农、林、牧、渔服务业项目所得免征企业所得税。

——企业所得税法实施条例

（三）房产税、土地使用税、车船税等免税政策

对农林牧渔业用地和农民居住用房屋及土地，不征收房产税和土地使用税。

——关于调整房产税和土地使用税具体征税范围解释规定的通知（国税发〔1999〕44号）

下列土地免征城镇土地使用税：直接用于农、林、牧、渔业的生产用地。直接用于农、林、牧、渔业的生产用地，是指直接从事于种植、养殖、饲养的专业用地，不包括农副产品加工场地和生活、办公用地。

——土地使用税暂行条例及实施细则

在城镇土地使用税征收范围内经营采摘、观光农业的单位和个人，其直接用于采摘、观光的种植、养殖、饲养的土地，根据《中华人民共和国城镇土地使用税暂行条例》第六条中“直接用于农、林、牧、渔业的生产用地”的规定，免征城镇土地使用税。

——关于房产税城镇土地使用税有关政策的通知（财税〔2006〕186号）

下列车船免征车船税：捕捞、养殖渔船。所称的捕捞、养殖渔船，是指在渔业船舶登记管理部门登记为捕捞船或者养殖船的船舶。

——中华人民共和国车船税法及实施条例

十七、纪念馆等增值税、房产税、土地使用税税收优惠政策

（一）增值税免税政策

1. 纪念馆、博物馆、文化馆、文物保护单位管理机构、美术馆、展览馆、书画院、图书馆在自己的场所提供文化体育服务取得的第一道门票收入免征增值税。

2. 科普单位的门票收入免税。

（1）2017年12月31日前，科普单位的门票收入，以及县级及以上党政部门和科协开展科普活动的门票收入免征增值税。

科普单位，是指科技馆、自然博物馆，对公众开放的天文馆（站、台）、气象台（站）、地震台（站），以及高等院校、科研机构对公众开放的科普基地。

科普活动，是指利用各种传媒以浅显的、让公众易于理解、接受和参与的方式，向普通大众介绍自然科学和社会科学知识，推广科学技术的应用，倡导科学方法，传播科学思想，弘扬科学精神的活动。

——关于全面推开营业税改征增值税试点的通知（财税〔2016〕36号）

（2）自2018年1月1日起至2020年12月31日，对科普单位的门票收入，以及县级及以上党政部门和科协开展科普活动的门票收入免征增值税。

所述“科普单位”，是指科技馆、自然博物馆，对公众开放的天文馆（站、台）、气象台（站）、地震台（站），以及高等院校、科研机构对公众开放的科普基地。

所述“科普活动”，是指利用各种传媒以浅显的、让公众易于理解、接受和

参与的方式，向普通大众介绍自然科学和社会科学知识，推广科学技术的应用，倡导科学方法，传播科学思想，弘扬科学精神的活动。

——关于延续宣传文化增值税优惠政策的通知（财税〔2018〕53号）

依据《关于全国博物馆、纪念馆免费开放的通知》规定，从2009年开始，全国各级文化文物部门归口管理的公共博物馆、纪念馆，全国爱国主义教育示范基地全部免费开放。其中，文物建筑及遗址类博物馆暂不实行全部免费开放，继续对未成年人、老年人、现役军人、残疾人和低收入人群等特殊群体实行减免门票等优惠政策。博物馆、纪念馆、纪念馆按照市场化运作举办的特别（临时）展览，可根据实际情况确定门票价格。

对于科普单位免费开放，依据财税〔2016〕36号文“下列情形视同销售服务、无形资产或者不动产：（一）单位或者个体工商户向其他单位或者个人无偿提供服务，但用于公益事业或者以社会公众为对象的除外。”规定，不视同销售，不需缴纳增值税。

（二）房产税、土地使用税免税政策

纪念馆、博物馆、文化馆、文物保护单位管理机构、美术馆、展览馆、书画院、图书馆属于事业单位，则可依据房产税、城镇土地使用税下列规定，享受免税政策。

下列房产免纳房产税：由国家财政部门拨付事业经费的单位自用的房产；指这些单位本身的业务用房。实行差额预算管理的事业单位，虽然有一定的收入，但收入不够本身经费开支的部分，还要由国家财政部门拨付经费补助。因此，对实行差额预算管理的事业单位，也属于是由国家财政部门拨付事业经费的单位，对其本身自用的房产免征房产税。

——中华人民共和国房产税暂行条例（国发〔1986〕90号）

下列土地免缴土地使用税：由国家财政部门拨付事业经费的单位自用的土地；是指由国家财政部门拨付经费、实行全额预算管理或差额预算管理的事业单位。不包括实行自收自支、自负盈亏的事业单位。事业单位自用的土地，是指这些单位本身的业务用地。

——中华人民共和国城镇土地使用税暂行条例（国务院令第17号）

十八、寺院等增值税、企业所得税、房产税、土地使用税优惠政策

（一）增值税免税政策

寺院、宫观、清真寺和教堂举办文化、宗教活动的门票收入免征增值税。

——关于全面推开营业税改征增值税试点的通知（财税〔2016〕36号）

（二）企业所得税免税政策

依据《关于非营利组织免税资格认定管理有关问题的通知》（财税〔2014〕13号）、《关于非营利组织免税资格认定管理有关问题的通知》（财税〔2018〕13号）两个文件规定，寺院、宫观、清真寺和教堂如果满足上述文件所要求的条件，作为非营利组织，可以就以下收入免征企业所得税：一是接受其他单位或者个人捐赠的收入；二是除《中华人民共和国企业所得税法》第七条规定的财政拨款以外的其他政府补助收入，但不包括因政府购买服务取得的收入；三是按照省级以上民政、财政部门规定收取的会费；四是不征税收入和免税收入孳生的银行存款利息收入；五是财政部、国家税务总局规定的其他收入。

作为非营利组织所要求具备的条件，详见表2－29非营利组织免税资格条件一览表，差异之处用楷体标注。

表2－29　非营利组织免税资格条件一览表

	关于非营利组织免税资格认定管理有关问题的通知（财税〔2018〕13号）	关于非营利组织免税资格认定管理有关问题的通知（财税〔2014〕13号）
执行时间	自2018年1月1日起	2013年1月1日—2017年12月31日
必须同时满足的条件	（一）依照国家有关法律法规设立或登记的事业单位、社会团体、基金会、社会服务机构、宗教活动场所、宗教院校以及财政部、税务总局认定的其他非营利组织； （二）从事公益性或者非营利性活动； （三）取得的收入除用于与该组织有关的、合理的支出外，全部用于登记核定或者章程规定的公益性或者非营利性事业； （四）财产及其孳息不用于分配，但不包括合理的工资薪金支出； （五）按照登记核定或者章程规定，该组织注销后的剩余财产用于公益性或者非营利性目的，或者由登记管理机关采取转赠给与该组织性质、宗旨相同的组织等处置方式，并向社会公告； （六）投入人对投入该组织的财产不保留或者享有任何财产权利，本款所称投入人是指除各级人民政府及其部门外的法人、自然人和其他组织； （七）工作人员工资福利开支控制在规定的比例内，不变相分配该组织的财产，其中：工作	（一）依照国家有关法律法规设立或登记的事业单位、社会团体、基金会、民办非企业单位、宗教活动场所以及财政部、国家税务总局认定的其他组织； （二）从事公益性或者非营利性活动； （三）取得的收入除用于与该组织有关的、合理的支出外，全部用于登记核定或者章程规定的公益性或者非营利性事业； （四）财产及其孳息不用于分配，但不包括合理的工资薪金支出； （五）按照登记核定或者章程规定，该组织注销后的剩余财产用于公益性或者非营利性目的，或者由登记管理机关转赠给与该组织性质、宗旨相同的组织，并向社会公告； （六）投入人对投入该组织的财产不保留或者享有任何财产权利，本款所称投入人是指除各级人民政府及其部门外的法人、自然人和其他组织； （七）工作人员工资福利开支控制在规

续表

	关于非营利组织免税资格认定管理有关问题的通知（财税〔2018〕13号）	关于非营利组织免税资格认定管理有关问题的通知（财税〔2014〕13号）
	人员平均工资薪金水平不得超过税务登记所在地的地市级（含地市级）以上地区的同行业同类组织平均工资水平的两倍，工作人员福利按照国家有关规定执行； （八）对取得的应纳税收入及其有关的成本、费用、损失应与免税收入及其有关的成本、费用、损失分别核算	定的比例内，不变相分配该组织的财产，其中：工作人员平均工资薪金水平不得超过上年度税务登记所在地人均工资水平的两倍，工作人员福利按照国家有关规定执行； （八）除当年新设立或登记的事业单位、社会团体、基金会及民办非企业单位外，事业单位、社会团体、基金会及民办非企业单位申请前年度的检查结论为“合格”； （九）对取得的应纳税收入及其有关的成本、费用、损失应与免税收入及其有关的成本、费用、损失分别核算

除上述免税收入外，其他收入均应申报缴纳企业所得税。

（三）房产税、土地使用税的征免税政策

宗教寺庙、公园、名胜古迹自用的房产免征房产税，宗教寺庙自用的房产，是指举行宗教仪式等的房屋和宗教人员使用的生活用房屋。公园、名胜古迹自用的房产，是指供公共参观游览的房屋及其管理单位的办公用房屋。公园、名胜古迹中附设的营业单位，如影剧院、饮食部、茶社、照像馆等所使用的房产及出租的房产，应征收房产税。

——中华人民共和国房产税暂行条例及实施细则

宗教寺庙、公园、名胜古迹自用的土地免征土地使用税；宗教寺庙自用的土地，是指举行宗教仪式等的用地和寺庙内的宗教人员生活用地。宗教寺庙，包括寺、庙、宫、观、教堂等各种宗教活动场所。公园、名胜古迹自用的土地，是指供公共参观游览的用地及其管理单位的办公用地。

公园、名胜古迹中附设的营业单位，如影剧院、饮食部、茶社、照相馆等使用的土地，应征收土地使用税。

公园、名胜古迹内的索道公司经营用地，应按规定缴纳城镇土地使用税。

——中华人民共和国城镇土地使用税暂行条例及实施细则

十九、体育场馆房产税、土地使用税优惠政策

自2016年1月1日起，体育场馆的房产税和城镇土地使用税征免，按以下

规定执行：

国家机关、军队、人民团体、财政补助事业单位、居民委员会、村民委员会拥有的体育场馆，用于体育活动的房产、土地，免征房产税和城镇土地使用税。

经费自理事业单位、体育社会团体、体育基金会、体育类民办非企业单位拥有并运营管理的体育场馆，同时符合下列条件的，其用于体育活动的房产、土地，免征房产税和城镇土地使用税：

（1）向社会开放，用于满足公众体育活动需要；

（2）体育场馆取得的收入主要用于场馆的维护、管理和事业发展；

（3）拥有体育场馆的体育社会团体、体育基金会及体育类民办非企业单位，除当年新设立或登记的以外，前一年度登记管理机关的检查结论为“合格”。

企业拥有并运营管理的大型体育场馆，其用于体育活动的房产、土地，减半征收房产税和城镇土地使用税。

所称体育场馆，是指用于运动训练、运动竞赛及身体锻炼的专业性场所。

所称大型体育场馆，是指由各级人民政府或社会力量投资建设、向公众开放、达到《体育建筑设计规范》（JGJ 31—2003）有关规模规定的体育场（观众座位数20000座及以上），体育馆（观众座位数3000座及以上），游泳馆、跳水馆（观众座位数1500座及以上）等体育建筑。

所称用于体育活动的房产、土地，是指运动场地，看台、辅助用房（包括观众用房、运动员用房、竞赛管理用房、新闻媒介用房、广播电视用房、技术设备用房和场馆运营用房等）及占地，以及场馆配套设施（包括通道、道路、广场、绿化等）。

享受上述税收优惠体育场馆的运动场地用于体育活动的天数不得低于全年自然天数的70%。

体育场馆辅助用房及配套设施用于非体育活动的部分，不得享受上述税收优惠。

高尔夫球、马术、汽车、卡丁车、摩托车的比赛场、训练场、练习场，除另有规定外，不得享受房产税、城镇土地使用税优惠政策。各省、自治区、直辖市财政、税务部门可根据本地区情况适时增加不得享受优惠体育场馆的类型。

符合上述减免税条件的纳税人，应当按照税收减免管理规定，持相关材料向主管税务机关办理减免税备案手续。

——财政部　国家税务总局关于体育场馆房产税和城镇土地使用税政策的通知（财税〔2015〕130号）

二十、经营性文化事业单位转制为企业税收优惠政策

（一）经营性文化事业单位转制为企业税收优惠政策

1. 经营性文化事业单位转制为企业，自转制注册之日起免征企业所得税。

2. 由财政部门拨付事业经费的文化单位转制为企业，自转制注册之日起对其自用房产免征房产税。

3. 党报、党刊将其发行、印刷业务及相应的经营性资产剥离组建的文化企业，自注册之日起所取得的党报、党刊发行收入和印刷收入免征增值税。

4. 对经营性文化事业单位转制中资产评估增值、资产转让或划转涉及的企业所得税、增值税、营业税、城市维护建设税、印花税、契税等，符合现行规定的享受相应税收优惠政策。

5. 转制为企业的出版、发行单位处置库存呆滞出版物形成的损失，允许按照税收法律法规的规定在企业所得税前扣除。

所称“经营性文化事业单位”，是指从事新闻出版、广播影视和文化艺术的事业单位。转制包括整体转制和剥离转制。其中，整体转制包括：（图书、音像、电子）出版社、非时政类报刊出版单位、新华书店、艺术院团、电影制片厂、电影（发行放映）公司、影剧院、重点新闻网站等整体转制为企业；剥离转制包括：新闻媒体中的广告、印刷、发行、传输网络等部分，以及影视剧等节目制作与销售机构，从事业体制中剥离出来转制为企业。

所称“转制注册之日”，是指经营性文化事业单位转制为企业并进行工商注册之日。对于经营性文化事业单位转制前已进行企业法人登记，则按注销事业单位法人登记之日或核销事业编制的批复之日（转制前未进行事业单位法人登记的）起确定转制完成并享受本通知所规定的税收优惠政策。

享受税收优惠政策的转制文化企业应同时符合以下条件：（1）根据相关部门的批复进行转制。（2）转制文化企业已进行企业工商注册登记。（3）整体转制前已进行事业单位法人登记的，转制后已核销事业编制、注销事业单位法人。（4）已同在职职工全部签订劳动合同，按企业办法参加社会保险。（5）转制文化企业引入非公有资本和境外资本的，须符合国家法律法规和政策规定；变更资本结构依法应经批准的，需经行业主管部门和国有文化资产监管部门批准。

上述政策适用于所有转制文化单位。中央所属转制文化企业的认定，由中央宣传部会同财政部、税务总局确定并发布名单；地方所属转制文化企业的认定，按照登记管理权限，由地方各级宣传部门会同同级财政、税务部门确定和发布名单，并按程序抄送中央宣传部、财政部和税务总局。

已认定发布的转制文化企业名称发生变更的，如果主营业务未发生变化，可持同级文化体制改革和发展工作领导小组办公室出具的同意变更函，到主管税务机关履行变更手续；如果主营业务发生变化，依照本条规定的条件重新认定。

经认定的转制文化企业，即可享受相应的税收优惠政策，并持下列材料向主管税务机关备案：（1）转制方案批复函；（2）企业工商营业执照；（3）整体转制前已进行事业单位法人登记的，需提供同级机构编制管理机关核销事业编制、注销事业单位法人的证明；（4）同在职职工签订劳动合同、按企业办法参加社会保险制度的证明；（5）引入非公有资本和境外资本、变更资本结构的，需出具相关部门批准文件。

未经认定的转制文化企业或转制文化企业不符合本通知规定的，不得享受相关税收优惠政策。已享受优惠的，主管税务机关应追缴其已减免的税款。

上述政策执行期限为2014年1月1日至2018年12月31日。

——财政部　国家税务总局　中宣部关于继续实施文化体制改革中经营性文化事业单位转制为企业若干税收政策的通知（财税〔2014〕84号）

企业所得税免税优惠的后续管理：

享受优惠时间：预缴时享受

主要留存备查资料包括一是企业转制方案文件；二是有关部门对转制方案的批复文件；三是整体转制前已进行事业单位法人登记的，同级机构编制管理机关核销事业编制的证明，以及注销事业单位法人的证明；四是企业转制的工商登记情况；五是企业与职工签订的劳动合同；六是企业缴纳社会保险费记录；七是有关部门批准引入非公有资本、境外资本和变更资本结构的批准函；八是同级文化体制改革和发展工作领导小组办公室出具的同意变更函（已认定发布的转制文化企业名称发生变更，且主营业务未发生变化的）。

——企业所得税优惠事项管理目录（2017版）

（二）电影集团公司、电影制片厂及其他电影企业税收优惠政策

新闻出版广电行政主管部门（包括中央、省、地市及县级）按照各自职能权限批准从事电影制片、发行、放映的电影集团公司（含成员企业）、电影制片厂及其他电影企业取得的销售电影拷贝（含数字拷贝）收入、转让电影版权（包括转让和许可使用）收入、电影发行收入以及在农村取得的电影放映收入免征增值税。一般纳税人提供的城市电影放映服务，可以按现行政策规定，选择按照简易计税办法计算缴纳增值税。

为承担国家鼓励类文化产业项目而进口国内不能生产的自用设备及配套件、备件，在政策规定范围内，免征进口关税。支持文化产品和服务出口的税收优惠政策由财政部、税务总局会同有关部门另行制定。

对从事文化产业支撑技术等领域的文化企业，按规定认定为高新技术企业的，减按15%的税率征收企业所得税；开发新技术、新产品、新工艺发生的研究开发费用，允许按照税收法律法规的规定，在计算应纳税所得额时加计扣除。文化产业支撑技术等领域的具体范围和认定工作由科技部、财政部、税务总局商中央宣传部等部门另行明确。

出版、发行企业处置库存呆滞出版物形成的损失，允许按照税收法律法规的规定在企业所得税前扣除。

对文化企业按照本通知规定应予减免的税款，在本通知下发以前已经征收入库的，可抵减以后纳税期应缴税款或办理退库。

除另有规定外，本通知规定的税收政策执行期限为2014年1月1日至2018年12月31日。

——关于继续实施支持文化企业发展若干税收政策的通知（财税〔2014〕85号）

（三）发行单位印花税免征政策

各类出版单位与发行单位之间订立的图书、报纸、期刊以及音像制品的征订凭证（包括订购单、订数单等），应由持证双方按规定纳税。征订凭证适用印花税"购销合同"税目，计税金额按订购数量及发行单位的进货价格计算。征订凭证发生次数频繁，为简化纳税手续，可由出版发行单位采取按期汇总方式，计算缴纳印花税。实行汇总缴纳以后，购销双方个别订立的协议均不再重复计税贴花。

各类发行单位之间，以及发行单位与订阅单位或个人之间书立的征订凭证，暂免征印花税。

——关于图书、报刊等征订凭证征免印花税问题的通知（国税地字〔1989〕142号）

二十一、出版物发行相关增值税优惠政策

为促进我国宣传文化事业的发展繁荣，经国务院批准，国家税务总局一直对出版物发行给予增值税优惠政策。现行政策《关于延续宣传文化增值税优惠政策的通知》（财税〔2018〕53号）延续《关于延续宣传文化增值税和营业税优惠政策的通知》（财税〔2013〕87号）内容，并对部分优惠目录进行了调整。

1. 自2018年1月1日起至2020年12月31日，执行下列增值税先征后退政策。

（1）对下列出版物在出版环节执行增值税100%先征后退的政策：

①中国共产党和各民主党派的各级组织的机关报纸和机关期刊，各级人大、

政协、政府、工会、共青团、妇联、残联、科协的机关报纸和机关期刊，新华社的机关报纸和机关期刊，军事部门的机关报纸和机关期刊。

上述各级组织不含其所属部门。机关报纸和机关期刊增值税先征后退范围掌握在一个单位一份报纸和一份期刊以内。

②专为少年儿童出版发行的报纸和期刊，中小学的学生课本。

③专为老年人出版发行的报纸和期刊。

④少数民族文字出版物。

⑤盲文图书和盲文期刊。

⑥经批准在内蒙古、广西、西藏、宁夏、新疆五个自治区内注册的出版单位出版的出版物。

⑦列入表2-30适用增值税100%先征后退政策的特定图书、报纸和期刊名单。

表2-30 适用增值税100%先征后退政策的特定图书、报纸和期刊名单

	财税〔2018〕53号	财税〔2013〕87号
1.	《半月谈》（CN11—1271/D）和《半月谈内部版》（CN11—1599/D）	《半月谈》（CN11—1271/D）和《半月谈内部版》（CN11—1599/D）
2.	新华通讯社的刊号为CN11—1363/D、CN11—4165/D、CN11—4166/D、CN11—4164/D、CN11—4139/D和CN11—4140/D的期刊	新华通讯社的刊号为CN11—1363/D、CN11—4165/D、CN11—4166/D、CN11—4164/D、CN11—4139/D和CN11—4140/D的期刊
3.	《法制日报》（CN11—0080）	《法制日报》（CN11—0080）
4.	《检察日报》（CN11—0187）	《检察日报》（CN11—0187）
5.	《人民法院报》（CN11—0194）	《人民法院报》（CN11—0194）
6.	《中国日报》（CN11—0091）	《中国日报》（CN11—0091）
7.	《中国纪检监察报》（CN11—0176）	《中国纪检监察报》（CN11—0176）
8.	《光明日报》（CN11—0026）	《光明日报》（CN11—0026）
9.	《经济日报》（CN11—0014）	《经济日报》（CN11—0014）
10.	《农民日报》（CN11—0055）	《农民日报》（CN11—0055）
11.	《人民公安报》（CN11—0090）	《人民公安报》（CN11—0090）
12.	《中国妇女》［CN11—1245/C，CN11—1704/C（英文）］	《中国妇女》［CN11—1245/C，CN11—1704/C（英文）］
13.	《长安》（CN11—3295/D）	《长安》（CN11—3295/D）
14.	《中国火炬》（CN11—3316/C）	《中国火炬》（CN11—3316/C）
15.	《中国纪检监察》（CN10—1269/D）	《中国监察》（CN11—2474/D）

续表

	财税〔2018〕53号	财税〔2013〕87号
16.	《环球时报》［CN11—0215，CN11—0272（英文版）］	《环球时报》［CN11—0215，CN11—0272（英文版）］
17.	《中共中央办公厅通讯》［CN11—4129/D］	
18.	《科技日报》［CN11—0078］	
19.	国务院侨办组织编写的背面印有“本书国务院侨办推展海外华文教育免费赠送”字样的华文教材（含多媒体教材）	国务院侨办组织编写的背面印有“本书国务院侨办推展海外华文教育免费赠送”字样的华文教材（含多媒体教材）

（2）对下列出版物在出版环节执行增值税先征后退50%的政策：

①各类图书、期刊、音像制品、电子出版物，但本通知第一条第（一）项规定执行增值税100%先征后退的出版物除外；

②列入表2-31适用增值税50%先征后退政策的报纸名单。

表2-31　　适用增值税50%先征后退政策的报纸名单

类别	享受政策的报纸	代码
一、综合类报纸	1. 国际时政类报纸	133
	2. 外宣类报纸	134
	3. 其他类报纸	135
二、行业专业类报纸	1. 经济类报纸	201
	2. 工业产业类报纸	202
	3. 农业类报纸	203
	4. 文化艺术类报纸	206
	5. 法制公安类报纸	207
	6. 科技类报纸	208
	7. 教育类报纸	209
	8. 新闻出版类报纸	214
	9. 信息技术类报纸	215
	10. 其他类报纸	216

注：1. 根据《新闻出版署关于印发〈报纸期刊年度核验办法〉的通知》（新出报刊〔2006〕181号），报纸类别由各省出版行政主管部门根据报纸审批、变更时所认定的类别或根据报纸办报宗旨确定。具体类别或代码以出版行政主管部门出具的《报纸出版许可证》中“类别”栏标明的内容为准。

2. 对2008年底以前颁发的《报纸出版许可证》，如果没有标明相应报纸类别或代码的，应在报经国务院出版行政主管部门确认并出具证明后，再根据相应类别确定是否适用退税政策

（3）对下列印刷、制作业务执行增值税100%先征后退的政策：

①对少数民族文字出版物的印刷或制作业务；

②列入表2－32适用增值税100%先征后退政策的新疆维吾尔自治区印刷企业名单。

表2－32　适用增值税100%先征后退政策的新疆维吾尔自治区印刷企业名单

序　号	企业名称（财税〔2018〕53号）	企业名称（财税〔2013〕87号）
1.	新疆新华印刷厂	新疆新华印刷厂
2.	新疆新华印刷二厂	新疆新华印刷二厂
3.	新疆八艺印刷厂	新疆八艺印刷厂
4.	新疆日报社印务中心	新疆日报社印务中心
5.	新疆生产建设兵团印刷厂	新疆生产建设兵团印刷厂
6.	新疆蓝天铁路印务有限公司	新疆蓝天铁路印务有限公司
7.	新疆维吾尔自治区地矿彩印厂	新疆维吾尔自治区地矿彩印厂
8.	乌鲁木齐隆益达印务有限公司	乌鲁木齐新金盾彩印厂
9.	乌鲁木齐市海洋彩印有限公司	乌鲁木齐市海洋彩印有限公司
10.	乌鲁木齐市大陆桥教育印刷厂	乌鲁木齐市大陆桥教育印刷厂
11.	乌鲁木齐八家户彩印有限公司	乌鲁木齐八家户彩印有限公司
12.	乌鲁木齐晚报社印务中心	乌鲁木齐晚报社印务中心
13.	新疆金版印务有限公司	新疆金版印务有限公司
14.	哈密日报社印务中心（有限公司）	哈密日报社印务中心（有限公司）
15.	新疆伊犁日报印刷厂	伊犁日报社印刷厂
16.	新疆大众彩印有限责任公司	新疆石油报社印刷厂
17.	克拉玛依市独山子天利人印务有限公司	克拉玛依市独山子天利人印务有限公司
18.	新疆巴音郭楞日报社印刷厂	新疆巴音郭楞日报社印刷厂
19.	巴州好彩彩印有限责任公司	塔里木油田建设工程有限责任公司印刷厂
20.	阿克苏飞达印务有限责任公司	阿克苏飞达印务有限责任公司
21.	喀什日报社印刷厂	喀什日报社印刷厂
22.	喀什维吾尔文出版社彩印厂	喀什维吾尔文出版社印刷厂
23.	新疆晨新印务有限责任公司	新疆晨新印务有限公司
24.	石河子报社印刷厂	石河子报社印刷厂
25.	博尔塔拉报社印刷厂	博尔塔拉报社印刷厂
26.	阿勒泰地区报社印刷厂	阿勒泰报社印刷厂
27.	新疆阿克苏新华印务有限责任公司	新疆阿克苏新华印务有限责任公司

续表

序　号	企业名称（财税〔2018〕53 号）	企业名称（财税〔2013〕87 号）
28.	克孜勒苏日报社印刷厂	柯孜勒苏报社印刷厂
29.	新疆和田日报社印刷厂	和田日报社印刷厂
30.	新疆塔城中信天成印刷有限责任公司	塔城地区印刷厂
31.	新疆新华华龙印务有限责任公司	新疆漠尔通印刷有限责任公司
32.	新疆一龙印刷有限公司	新疆新华华龙印务有限责任公司
33.	新疆恒远中汇彩印包装股份有限公司	新疆一龙印刷有限公司
34.	新疆兴华夏彩印有限公司	新疆恒远中汇彩印包装有限公司
35.	新疆朝阳印刷有限责任公司	新疆兴华夏彩印有限公司
36.	乌鲁木齐红色印务包装有限公司	新疆广顺发印务有限公司
37.	新疆八百印务有限公司	自治区人民政府印刷厂
38.	新疆翼百丰印务有限公司	吐哈石油勘探开发指挥部新闻中心印刷厂
39.	乌鲁木齐市冠雄印刷有限公司	乌鲁木齐市翼百丰印务公司
40.	新疆统计印刷厂	乌鲁木齐冠雄印刷有限公司
41.	伊犁伊力特印务有限责任公司	新疆统计印刷厂
42.	乌鲁木齐精彩阳光印刷包装有限公司	伊犁伊力特印务有限责任公司
43.	新疆准东顶佳工贸有限责任公司	乌鲁木齐精彩阳光有限公司
44.	新疆维吾尔自治区财政厅印刷厂	新疆准东顶佳工贸有限公司
45.	新疆兴东印刷包装有限公司	新疆财政厅印刷厂
46.	新疆育人教育招生考试印务有限公司	新疆金阳印务有限公司
47.	乌鲁木齐大金马印务有限责任公司	新疆育人教育招生考试印务中心
48.	新疆超亚印刷有限公司	乌鲁木齐大金马印务有限公司
49.	新疆金新印刷厂	新疆超亚印刷有限公司
50.	新疆新七彩印刷有限公司	新疆金新印刷厂
51.	乌鲁木齐网典方正多媒体制作有限公司	新疆七彩印刷有限公司
52.	乌鲁木齐旭鸿工贸有限公司	新疆希望印刷厂
53.	乌鲁木齐昊坤彩印有限公司	乌鲁木齐旭鸿工贸有限公司
54.	乌鲁木齐市科恒彩印有限公司	乌鲁木齐昊坤彩印有限公司
55.	昌吉州升华印刷有限责任公司	乌鲁木齐科恒彩印有限公司
56.	乌鲁木齐松瑞印刷有限公司	昌吉升华印刷有限责任公司
57.	乌鲁木齐光大印刷有限公司	乌鲁木齐市松瑞印刷有限公司
58.	乌鲁木齐市博文印务有限公司	乌鲁木齐光大印刷有限公司
59.	新疆双星彩印有限责任公司	乌鲁木齐市博文印务有限公司

续表

序　号	企业名称（财税〔2018〕53 号）	企业名称（财税〔2013〕87 号）
60.	乌鲁木齐新盾印务有限公司	新疆双星彩印有限公司
61.	乌鲁木齐大路印务有限公司	乌鲁木齐市新盾印务有限公司
62.	新疆日报社南疆印务中心	乌鲁木齐市大路印务有限公司
63.		新疆日报南疆印务中心

2. 享受上述（1）、（2）规定的增值税先征后退政策的纳税人，必须是具有相关出版物出版许可证的出版单位（含以“租型”方式取得专有出版权进行出版物印刷发行的出版单位）。承担省级及以上出版行政主管部门指定出版、发行任务的单位，因进行重组改制等原因尚未办理出版、发行许可证变更的单位，经财政部驻各地财政监察专员办事处（以下简称财政监察专员办事处）商省级出版行政主管部门核准，可以享受相应的增值税先征后退政策。

纳税人应将享受上述税收优惠政策的出版物在财务上实行单独核算，不进行单独核算的不得享受本通知规定的优惠政策。违规出版物、多次出现违规的出版单位及图书批发零售单位不得享受本通知规定的优惠政策，上述违规出版物、出版单位及图书批发零售单位的具体名单由省级及以上出版行政主管部门及时通知相应财政监察专员办事处和主管税务机关。

3. 已按软件产品享受增值税退税政策的电子出版物不得再按本通知申请增值税先征后退政策。

4. 本通知规定的各项增值税先征后退政策由财政监察专员办事处根据财政部、国家税务总局、中国人民银行《关于税制改革后对某些企业实行“先征后退”有关预算管理问题的暂行规定的通知》〔（94）财预字第 55 号〕的规定办理。

5. 本通知的有关定义。

（1）本通知所述“出版物”，是指根据国务院出版行政主管部门的有关规定出版的图书、报纸、期刊、音像制品和电子出版物。所述图书、报纸和期刊，包括随同图书、报纸、期刊销售并难以分离的光盘、软盘和磁带等信息载体。

（2）图书、报纸、期刊（即杂志）的范围，仍然按照《国家税务总局关于印发〈增值税部分货物征税范围注释〉的通知》（国税发〔1993〕151 号）的规定执行；音像制品、电子出版物的范围，按照《财政部　税务总局关于简并增值税税率有关政策的通知》（财税〔2017〕37 号）的规定执行。

（3）本通知所述“专为少年儿童出版发行的报纸和期刊”，是指以初中及初中以下少年儿童为主要对象的报纸和期刊。

（4）本通知所述“中小学的学生课本”，是指普通中小学学生课本和中等职业教育课本。普通中小学学生课本是指根据教育部中、小学教学大纲的要求，由经国务院教育行政主管部门审定，并取得国务院出版行政主管部门批准的教科书出版、发行资质的单位提供的中、小学学生上课使用的正式课本，具体操作时按国家和省级教育行政部门每年春、秋两季下达的“中小学教学用书目录”中所列的“课本”的范围掌握；中等职业教育课本是指经国家和省级教育、人力资源社会保障行政部门审定，供中等专业学校、职业高中和成人专业学校学生使用的课本，具体操作时按国家和省级教育、人力资源社会保障行政部门每年下达的教学用书目录认定。中小学的学生课本不包括各种形式的教学参考书、图册、自读课本、课外读物、练习册以及其他各类辅助性教材和辅导读物。

（5）本通知所述“专为老年人出版发行的报纸和期刊”，是指以老年人为主要对象的报纸和期刊，具体范围详见表2－33。

表2－33　　专为老年人出版发行的报纸和期刊名单

类别	序号	财税〔2018〕53号		财税〔2013〕87号	
		名称	刊号	名称	刊号
一、报纸	1	中国老年报	CN11—0031	中国老年报	CN11—0031
	2	中老年时报	CN12—0024	天津老年时报	CN12—0024
	3	燕赵老年报	CN13—0027	燕赵老年报	CN13—0027
	4	老友导报	CN14—0064	老友报	CN14—0010
	5	辽宁老年报	CN21—0023	辽宁老年报	CN21—0023
	6	晚晴报	CN21—0025	晚晴报	CN21—0025
	7	老年日报	CN23—0018	老年日报	CN23—0018
	8	上海老年报	CN31—0026	上海老年报	CN31—0026
	9	老年周报	CN32—0004	老年周报	CN32—0004
	10	浙江老年报	CN33—0097	浙江老年报	CN33—0097
	11	安徽老年报	CN34—0051	安徽老年报	CN34—0051
	12	福建老年报	CN35—0008	福建老年报	CN35—0008
	13	老年生活报	CN37—0099	老年生活报	CN37—0099
	14	老年文汇报	CN42—0074	老年文汇报	CN42—0074
	15	广州市老人报	CN44—0099	广州市老人报	CN44—0099
	16	广西老年报	CN45—0058	广西老年报	CN45—0058
	17	晚霞报	CN51—0056	晚霞报	CN51—0056
	18	贵州老年报	CN52—0033	贵州老年报	CN52—0033
	19	云南老年报	CN53—0035	云南老年报	CN53—0035

续表

类别	序号	财税〔2018〕53 号		财税〔2013〕87 号	
		名称	刊号	名称	刊号
一、报纸	20	陕西老年报	CN61—0041	陕西老年报	CN61—0041
	21	老年康乐报	CN65—0064	老年康乐报	CN65—0064
	22	老年康乐报（维文版）	CN65—0064/ - W	老年康乐报（维文版）	CN65—0064/ - W
	23	益寿文摘	CN34—0042	新天地	CN11—5523/C
	24	老年文摘报	CN15—0062	益寿文摘	CN34—0042
	25	快乐老人报	CN43—0024	老年文摘报	CN15—0062
	26	生活晚报	CN65—0023	快乐老人报	CN43—0024
二、期刊	27	中国老年	CN11—1146/C	中国老年	11—1146/C
	28	老人世界	CN13—1123/C	老人世界	13—1123/C
	29	山西老年	CN14—1009/C	山西老年	14—1009/C
	30	老年世界	CN15—1013/C	老年世界	15—1013/C
	31	老同志之友	CN21—1006/C	老同志之友	21—1006/C
	32	夕阳红	CN22—1325/C	夕阳红	22—1325/C
	33	退休生活	CN23—1003/C	退休生活	23—1003/C
	34	老年学习生活	CN23—1090/C	老年学习生活	23—1090/C
	35	银潮	CN32—1385/C	银潮	32—1385/C
	36	老友	CN36—1240/C	老友	36—1240/C
	37	老年教育	CN37—1007/G4	老年教育	37—1007/G4
	38	老人春秋	CN41—1217/C	老人春秋	41—1217/C
	39	当代老年	CN42—1297/D	当代老年	42—1297/C
	40	老年人	CN43—1261/C	老年人	43—1261/C
	41	秋光	CN44—1493/C	秋光	44—1493/C
	42	老年知音	CN45—1252/G0	老年知音	45—1252/G0
	43	晚霞	CN51—1449/C	晚霞	51—1449/C
	44	晚晴	CN52—1006/C	晚晴	52—1006/C
	45	金秋	CN61—1385/C	金秋	61—1385/C
	46	老年博览	CN62—1174/C	老年博览	62—1174/C
	47	金色年代	CN31—1994/C	金色年代	CN31—1994/C
	48	老干部之家	CN37—1507/C		
	49	新天地	CN11 - 5523/C		
	50	乐活老年	CN21 - 1595/C		

（6）本通知1.（1）和（2）规定的图书包括“租型”出版的图书。

本通知自2018年1月1日起执行。

——关于延续宣传文化增值税优惠政策的通知（财税〔2018〕53号）

二十二、台湾航运公司、航空公司免征增值税政策

台湾航运公司、航空公司从事海峡两岸海上直航、空中直航业务在大陆取得的运输收入免征增值税。台湾航运公司，是指取得交通运输部颁发的“台湾海峡两岸间水路运输许可证”且该许可证上注明的公司登记地址在台湾的航运公司。

台湾航空公司，是指取得中国民用航空局颁发的“经营许可”或者依据《海峡两岸空运协议》和《海峡两岸空运补充协议》规定，批准经营两岸旅客、货物和邮件不定期（包机）运输业务，且公司登记地址在台湾的航空公司。

——关于全面推开营业税改征增值税试点的通知（财税〔2016〕36号）

二十三、国际货物运输代理服务免征增值税政策

纳税人提供的直接或者间接国际货物运输代理服务取得收入免征增值税。

纳税人提供直接或者间接国际货物运输代理服务，向委托方收取的全部国际货物运输代理服务收入，以及向国际运输承运人支付的国际运输费用，必须通过金融机构进行结算。

纳税人为大陆与香港、澳门、台湾地区之间的货物运输提供的货物运输代理服务参照国际货物运输代理服务有关规定执行。

委托方索取发票的，纳税人应当就国际货物运输代理服务收入向委托方全额开具增值税普通发票。

——关于全面推开营业税改征增值税试点的通知（财税〔2016〕36号）

二十四、青藏铁路公司增值税、城市维护建设税、教育费附加、印花税、资源税、契税、房产税、城镇土地使用税优惠政策

（一）增值税政策

青藏铁路公司提供的铁路运输服务免征增值税。

——财政部　国家税务总局关于营业税改征增值税试点若干政策的通知（财税〔2016〕39号）

（二）城市维护建设税、教育费附加、印花税、资源税、契税、房产税、城镇土地使用税优惠政策

自2006年7月1日起：

1. 对青藏铁路公司取得的运输收入、其他业务收入免征城市维护建设税、教育费附加。

2. 对青藏铁路公司及其所属单位营业账簿免征印花税；对青藏铁路公司签订的货物运输合同免征印花税，对合同其他各方当事人应缴纳的印花税照章征收。

3. 对青藏铁路公司及其所属单位自采自用的砂、石等材料免征资源税；对青藏铁路公司及其所属单位自采外销及其他单位和个人开采销售给青藏铁路公司及其所属单位的砂、石等材料照章征收资源税。

4. 对青藏铁路公司及其所属单位承受土地、房屋权属用于办公及运输主业的，免征契税；对于因其他用途承受的土地、房屋权属，应照章征收契税。

5. 对青藏铁路公司及其所属单位自用的房产、土地免征房产税、城镇土地使用税；对非自用的房产、土地照章征收房产税、城镇土地使用税。

青藏铁路公司所属单位名单见表2－34。

——关于青藏铁路公司运营期间有关税收等政策问题的通知（财税〔2007〕11号）

表2－34　　青藏铁路公司所属单位名单

序号	单位名称	序号	单位名称	序号	单位名称
1	西宁车站	10	西宁工务机械段	19	西宁铁路公安处
2	西宁车务段	11	西宁电务段	20	格尔木铁路公安处
3	德令哈车务段	12	西宁车辆段	21	拉萨公安处
4	格尔木车务段	13	西宁客运段	22	拉萨车站（拉萨办事处）
5	西宁供电段	14	西宁房建生活段	23	西宁疾病预防控制所
6	西宁机务段	15	格尔木房建生活段	24	青藏铁路公司党校
7	西宁工务段	16	西宁物资采购供应中心	25	西宁乘务员公寓
8	格尔木工务段	17	青藏铁路公安局	26	青藏铁道资金结算所
9	建设项目管理所	18	青藏铁路公司装卸管理所	27	青藏铁路公司驻北京办事处

二十五、铁路企业房产税、城镇土地使用税、耕地占用税优惠政策

（一）房产税、城镇土地使用税免税政策

1. 铁道部所属铁路运输企业自用的房产、土地继续免征房产税和城镇土地

使用税。

——关于调整铁路系统房产税城镇土地使用税政策的通知（财税〔2003〕149号）

享受免征房产税、城镇土地使用税优惠政策的铁道部所属铁路运输企业是指铁路局及国有铁路运输控股公司（含广铁〈集团〉公司、青藏铁路公司、大秦铁路股份有限公司、广深铁路股份有限公司等，具体包括客货、编组站，车务、机务、工务、电务、水电、供电、列车、客运、车辆段）、铁路办事处、中铁集装箱运输有限责任公司、中铁特货运输有限责任公司、中铁快运股份有限公司。

——关于明确免征房产税、城镇土地使用税的铁路运输企业范围的补充通知（财税〔2006〕17号）

2. 地方铁路运输企业自用的房产、土地应缴纳的房产税、城镇土地使用税比照铁道部所属铁路运输企业的政策执行。

——关于明确免征房产税城镇土地使用税的铁路运输企业范围及有关问题的通知（财税〔2004〕36号）

3. 对股改铁路运输企业及合资铁路运输公司自用的房产、土地暂免征收房产税和城镇土地使用税。其中股改铁路运输企业是指铁路运输企业经国务院批准进行股份制改革成立的企业；合资铁路运输公司是指由铁道部及其所属铁路运输企业与地方政府、企业或其他投资者共同出资成立的铁路运输企业。

——关于股改及合资铁路运输企业房产税 城镇土地使用税有关政策的通知（财税〔2009〕132号）

（二）耕地占用税减税政策

1. 铁路线路占用耕地，减按每平方米2元的税额征收耕地占用税。减税的铁路线路，具体范围限于铁路路基、桥梁、涵洞、隧道及其按照规定两侧留地。专用铁路和铁路专用线占用耕地的，按照当地适用税额缴纳耕地占用税。

——中华人民共和国耕地占用税暂行条例及实施细则

2. 按照国家保护铁路安全有关规定，内蒙古自治区呼准鄂铁路项目按照《铁路工程设计防火规范》要求，在通过林区和草原重点防火区时，于铁路主线两侧设置的防火隔离带依照《中华人民共和国耕地占用税暂行条例》第九条第一款执行，减按每平方米2元的税额征收耕地占用税。

——关于内蒙古自治区呼准鄂铁路防火隔离带适用耕地占用税优惠政策的批复（税总函〔2017〕332号）

二十六、金融机构增值税、企业所得税、印花税优惠政策

金融机构是指银行包括人民银行、商业银行、政策性银行；信用合作社；证券公司；金融租赁公司、证券基金管理公司、财务公司、信托投资公司、证券投资基金；保险公司；其他经人民银行、银监会、证监会、保监会批准成立且经营金融保险业务的机构等。

1. 逾期应收未收利息。

金融企业发放贷款后，自结息日起90天内发生的应收未收利息按现行规定缴纳增值税，自结息日起90天后发生的应收未收利息暂不缴纳增值税，待实际收到利息时按规定缴纳增值税。

——关于全面推开营业税改征增值税试点的通知（财税〔2016〕36号）

证券公司、保险公司、金融租赁公司、证券基金管理公司、证券投资基金以及其他经人民银行、银监会、证监会、保监会批准成立且经营金融保险业务的机构发放贷款后，自结息日起90天内发生的应收未收利息按现行规定缴纳增值税，自结息日起90天后发生的应收未收利息暂不缴纳增值税，待实际收到利息时按规定缴纳增值税。

——关于明确金融房地产开发教育辅助服务等增值税政策的通知（财税〔2016〕140号）

2. 小额贷款服务。

（1）2016年12月31日前，金融机构农户小额贷款服务取得的利息收入免征增值税。

小额贷款，是指单笔且该农户贷款余额总额在10万元（含本数）以下的贷款。

所称农户，是指长期（一年以上）居住在乡镇（不包括城关镇）行政管理区域内的住户，还包括长期居住在城关镇所辖行政村范围内的住户和户口不在本地而在本地居住一年以上的住户，国有农场的职工和农村个体工商户。位于乡镇（不包括城关镇）行政管理区域内和在城关镇所辖行政村范围内的国有经济的机关、团体、学校、企事业单位的集体户；有本地户口，但举家外出谋生一年以上的住户，无论是否保留承包耕地均不属于农户。农户以户为统计单位，既可以从事农业生产经营，也可以从事非农业生产经营。农户贷款的判定应以贷款发放时的承贷主体是否属于农户为准。

——关于全面推开营业税改征增值税试点的通知（财税〔2016〕36号）

（2）自2017年1月1日至2017年12月1日，对金融机构农户小额贷款的利息收入，免征增值税。

自2017年1月1日至2019年12月31日，对金融机构农户小额贷款的利息收入，在计算应纳税所得额时，按90%计入收入总额（预缴时享受；主要留存备查资料包括相关利息收入的核算情况说明、相关贷款合同；后续管理要求由省税务机关（含计划单列市税务机关）规定）。

——企业所得税优惠事项备案管理目录（2017年版）

所称农户，是指长期（一年以上）居住在乡镇（不包括城关镇）行政管理区域内的住户，还包括长期居住在城关镇所辖行政村范围内的住户和户口不在本地而在本地居住一年以上的住户，国有农场的职工和农村个体工商户。位于乡镇（不包括城关镇）行政管理区域内和在城关镇所辖行政村范围内的国有经济的机关、团体、学校、企事业单位的集体户；有本地户口，但举家外出谋生一年以上的住户，无论是否保留承包耕地均不属于农户。农户以户为统计单位，既可以从事农业生产经营，也可以从事非农业生产经营。农户贷款的判定应以贷款发放时的承贷主体是否属于农户为准。

小额贷款，是指单笔且该农户贷款余额总额在10万元（含本数）以下的贷款。

金融机构应对符合条件的农户小额贷款利息收入进行单独核算，不能单独核算的不得适用本通知增值税、金融机构减计收入的优惠政策。

本通知印发之日前已征的增值税，可抵减纳税人以后月份应缴纳的增值税或予以退还。

——财政部　税务总局关于延续支持农村金融发展有关税收政策的通知（财税〔2017〕44号）

（3）自2017年12月1日至2019年12月31日，对金融机构向农户、小型企业、微型企业及个体工商户发放小额贷款取得的利息收入，免征增值税。金融机构应将相关免税证明材料留存备查，单独核算符合免税条件的小额贷款利息收入，按现行规定向主管税务机构办理纳税申报；未单独核算的，不得免征增值税。

——关于延续支持农村金融发展有关税收政策的通知（财税〔2017〕44号）

自2018年1月1日至2020年12月31日，对金融机构与小型企业、微型企业签订的借款合同免征印花税。

所称农户，是指长期（一年以上）居住在乡镇（不包括城关镇）行政管理区域内的住户，还包括长期居住在城关镇所辖行政村范围内的住户和户口不在本地而在本地居住一年以上的住户，国有农场的职工。位于乡镇（不包括城关镇）行政管理区域内和在城关镇所辖行政村范围内的国有经济的机关、团体、学校、企事业单位的集体户；有本地户口，但举家外出谋生一年以上的住户，无论是否保留承包耕地均不属于农户。农户以户为统计单位，既可以从事农业生产经营，也可以从事非农业生产经营。农户贷款的判定应以贷款发放时的借款人是否属于农户为准。

所称小型企业、微型企业，是指符合《中小企业划型标准规定》（工信部联企业〔2011〕300号）的小型企业和微型企业，详见表2－36中小企业划型标准。其中，资产总额和从业人员指标均以贷款发放时的实际状态确定；营业收入指标以贷款发放前12个自然月的累计数确定，不满12个自然月的，按照以下公式计算：

营业收入（年）＝企业实际存续期间营业收入÷企业实际存续月数×12

所称小额贷款，是指单户授信小于100万元（含本数）的农户、小型企业、微型企业或个体工商户贷款；没有授信额度的，是指单户贷款合同金额且贷款余额在100万元（含本数）以下的贷款。

——关于支持小微企业融资有关税收政策的通知（财税〔2017〕77号）

财税〔2017〕77号与财税〔2017〕44号增值税相关内容的比较详见表2－35财税〔2017〕77号与财税〔2017〕44号比较一览表，不同之处用楷体标注。

表2－35　　财税〔2017〕77号与财税〔2017〕44号比较一览表

关于支持小微企业融资有关税收政策的通知（财税〔2017〕77号）	关于延续支持农村金融发展有关税收政策的通知（财税〔2017〕44号）
自2017年12月1日至2019年12月31日，对金融机构向农户、小型企业、微型企业及个体工商户发放小额贷款取得的利息收入，免征增值税	自2017年1月1日至2019年12月31日，对金融机构农户小额贷款的利息收入，免征增值税
农户，是指长期（一年以上）居住在乡镇（不包括城关镇）行政管理区域内的住户，还包括长期居住在城关镇所辖行政村范围内的住户和户口不在本地而在本地居住一年以上的住户，国有农场的职工	农户，是指长期（一年以上）居住在乡镇（不包括城关镇）行政管理区域内的住户，还包括长期居住在城关镇所辖行政村范围内的住户和户口不在本地而在本地居住一年以上的住户，国有农场的职工和农村个体工商户
位于乡镇（不包括城关镇）行政管理区域内和在城关镇所辖行政村范围内的国有经济的机关、团体、学校、企事业单位的集体户；有本地户口，但举家外出谋生一年以上的住户，无论是否保留承包耕地均不属于农户	位于乡镇（不包括城关镇）行政管理区域内和在城关镇所辖行政村范围内的国有经济的机关、团体、学校、企事业单位的集体户；有本地户口，但举家外出谋生一年以上的住户，无论是否保留承包耕地均不属于农户
农户以户为统计单位，既可以从事农业生产经营，也可以从事非农业生产经营。农户贷款的判定应以贷款发放时的借款人是否属于农户为准	农户以户为统计单位，既可以从事农业生产经营，也可以从事非农业生产经营。农户贷款的判定应以贷款发放时的承贷主体是否属于农户为准

续表

关于支持小微企业融资有关税收政策的通知（财税〔2017〕77号）	关于延续支持农村金融发展有关税收政策的通知（财税〔2017〕44号）
小型企业、微型企业，是指符合《中小企业划型标准规定》（工信部联企业〔2011〕300号）的小型企业和微型企业。其中，资产总额和从业人员指标均以贷款发放时的实际状态确定；营业收入指标以贷款发放前12个自然月的累计数确定，不满12个自然月的，按照以下公式计算： 营业收入（年）=企业实际存续期间营业收入÷企业实际存续月数×12	
小额贷款，是指单户授信小于100万元（含本数）的农户、小型企业、微型企业或个体工商户贷款；没有授信额度的，是指单户贷款合同金额且贷款余额在100万元（含本数）以下的贷款	小额贷款，是指单笔且该农户贷款余额总额在10万元（含本数）以下的贷款

表2－36　　中小企业划型标准

	中型企业	小型企业	微型企业
农、林、牧、渔业	营业收入500万元（含）~20000万元	营业收入50万元（含）~500万元	营业收入50万元以下
工业	从业人员300人（含）~1000人，且营业收入2000万元（含）~40000万元	从业人员20人（含）~300人，且营业收入300万元（含）~2000万元	从业人员20人以下或营业收入300万元以下
建筑业	营业收入6000万元（含）~80000万元，且资产总额5000万元（含）~80000万元	营业收入300万元（含）~6000万元，且资产总额300万元（含）~5000万元	营业收入300万元以下或资产总额300万元以下
批发业	从业人员20人（含）~200人且营业收入5000万元（含）~40000万元	从业人员5人（含）~20人且营业收入1000万元（含）~5000万元	从业人员5人以下或营业收入1000万元以下
零售业	从业人员50人（含）~300人且营业收入500万元（含）~20000万元	从业人员10人（含）~50人且营业收入100万元（含）~500万元	从业人员10人以下或营业收入100万元以下
交通运输业	从业人员300人（含）~1000人且营业收入3000万元（含）~30000万元	从业人员20人（含）~300人且营业收入200万元（含）~3000万元	从业人员20人以下或营业收入200万元
仓储业	从业人员100人（含）~200人且营业收入1000万元（含）~30000万元	从业人员20人（含）~100人且营业收入100万元（含）~1000万元	从业人员20人以下或营业收入100万元以下

续表

	中型企业	小型企业	微型企业
邮政业	从业人员 300 人（含）~1000 人且营业收入 2000 万元（含）~30000 万元	从业人员 20 人（含）~300 人且营业收入 100 万元（含）~2000 万元	从业人员 20 人以下或营业收入 100 万元以下
住宿业	从业人员 100 人（含）~300 人且营业收入 2000 万元（含）~10000 万元	从业人员 10 人（含）~100 人且营业收入 100 万元（含）~2000 万元	从业人员 10 人以下或营业收入 100 万元以下
餐饮业	从业人员 100 人（含）~300 人且营业收入 2000 万元（含）~10000 万元	从业人员 10 人（含）~100 人且营业收入 100 万元（含）~2000 万元	从业人员 10 人以下或营业收入 100 万元
信息传输业	从业人员 100 人~2000 人且营业收入 1000 万元~100000 万元	从业人员 10 人~100 人且营业收入 100 万元~1000 万元	从业人员 10 人以下或营业收入 100 万元以下
软件和信息技术服务业	从业人员 100 人（含）~300 人且营业收入 1000 万元（含）~10000 万元	从业人员 10 人（含）~100 人且营业收入 50 万元（含）~1000 万元	从业人员 10 人以下或营业收入 50 万元以下
房地产开发经营	营业收入 1000 万元（含）~200000 万元且资产总额 5000 万元（含）~10000 万元	营业收入 100 万元（含）~1000 万元且资产总额 2000 万元（含）~5000 万元	营业收入 100 万元以下或资产总额 2000 万元以下
物业管理	从业人员 300 人（含）~1000 人且营业收入 1000 万元（含）~5000 万元	从业人员 100 人（含）~300 人且营业收入 500 万元(含)~1000 万元	从业人员 100 人以下或营业收入 500 万元
租赁和商务服务业	从业人员 100 人（含）~300 人且资产总额 8000 万元（含）~120000 万元	从业人员 10 人（含）~100 人且资产总额 100 万元（含）~8000 万元	从业人员 10 人以下或资产总额 100 万元以下
其他未列明行业	从业人员 100 人（含）~300 人	从业人员 10 人（含）~100 人	从业人员 10 人以下

3. 下列利息收入免征增值税。

（1）人民银行对金融机构的贷款利息收入免征增值税。

（2）住房公积金管理中心用住房公积金在指定的委托银行发放的个人住房贷款利息收入免征增值税。

（3）外汇管理部门在从事国家外汇储备经营过程中，委托金融机构发放的外汇贷款利息收入免征增值税。

（4）金融机构与人民银行所发生的资金往来业务的利息收入。包括人民银行对一般金融机构贷款，以及人民银行对商业银行的再贴现等（财税〔2016〕70号）规定，商业银行购买央行票据、与央行开展货币掉期和货币互存，属于金融机构与人民银行所发生的资金往来业务）。

（5）银行联行往来业务的利息收入。同一银行系统内部不同行、处之间所发生的资金账务往来业务。

（6）金融机构间的资金往来业务的利息收入。是指经人民银行批准，进入全国银行间同业拆借市场的金融机构之间通过全国统一的同业拆借网络进行的短期（一年以下含一年）无担保资金融通行为。

（7）金融机构之间开展的转贴现业务（依据财税〔2017〕58号《关于建筑服务等营改增试点政策的通知》规定，自2018年1月1日起，金融机构开展贴现、转贴现业务，以其实际持有票据期间取得的利息收入作为贷款服务销售额计算缴纳增值税。此前贴现机构已就贴现利息收入全额缴纳增值税的票据，转贴现机构转贴现利息收入继续免征增值税）。

——关于全面推开营业税改征增值税试点的通知财税〔2016〕36号

（8）同业存款、同业借款、同业代付、买断式买入返售金融商品、持有金融债券、同业存单、质押式买入返售金融商品、持有政策性金融债券

同业存款，是指金融机构之间开展的同业资金存入与存出业务，其中资金存入方仅为具有吸收存款资格的金融机构。

同业借款，是指法律法规赋予此项业务范围的金融机构开展的同业资金借出和借入业务。此条款所称“法律法规赋予此项业务范围的金融机构”主要是指农村信用社之间以及在金融机构营业执照列示的业务范围中有反映为“向金融机构借款”业务的金融机构。

同业代付，是指商业银行（受托方）接受金融机构（委托方）的委托向企业客户付款，委托方在约定还款日偿还代付款项本息的资金融通行为。

买断式买入返售金融商品，是指金融商品持有人（正回购方）将债券等金融商品卖给债券购买方（逆回购方）的同时，交易双方约定在未来某一日期，正回购方再以约定价格从逆回购方买回相等数量同种债券等金融商品的交易行为。

金融债券，是指依法在中华人民共和国境内设立的金融机构法人在全国银行间和交易所债券市场发行的、按约定还本付息的有价证券。

同业存单，是指银行业存款类金融机构法人在全国银行间市场上发行的记账式定期存款凭证。

——关于金融机构同业往来等增值税政策的补充通知（财税〔2016〕70号）

质押式买入返售金融商品，是指交易双方进行的以债券等金融商品为权利质押的一种短期资金融通业务。

政策性金融债券，是指开发性、政策性金融机构发行的债券。

——关于进一步明确全面推开营改增试点金融业有关政策的通知（财税〔2016〕46号）

4. 国家助学贷款免征增值税。

——关于全面推开营业税改征增值税试点的通知（财税〔2016〕36号）

5. 证券投资基金（封闭式证券投资基金，开放式证券投资基金）管理人运用基金买卖股票、债券免征增值税。

——关于全面推开营业税改征增值税试点的通知（财税〔2016〕36号）

我国《基金法》规定，基金管理人由依法设立的基金管理公司担任。基金管理公司通常由证券公司、信托投资公司或其他机构等发起成立，具有独立法人地位。

6. 被撤销金融机构税收政策。

被撤销金融机构以货物、不动产、无形资产、有价证券、票据等财产清偿债务免征增值税。

被撤销金融机构，是指经人民银行、银监会依法决定撤销的金融机构及其分设于各地的分支机构，包括被依法撤销的商业银行、信托投资公司、财务公司、金融租赁公司、城市信用社和农村信用社。除另有规定外，被撤销金融机构所属、附属企业，不享受被撤销金融机构增值税免税政策。

——关于全面推开营业税改征增值税试点的通知（财税〔2016〕36号）

对被撤销金融机构接收债权、清偿债务过程中签订的产权转移书据，免征印花税。

对被撤销金融机构清算期间自有的或从债务方接收的房地产、车辆，免征房产税、城镇土地使用税和车船使用税。

对被撤销金融机构在清算过程中催收债权时，接收债务方土地使用权、房屋所有权所发生的权属转移免征契税。

对被撤销金融机构财产用来清偿债务时，免征被撤销金融机构转让货物、不动产、无形资产、有价证券、票据等应缴纳的城市维护建设税、教育费附加和土地增值税。

享受税收优惠政策的主体是指经中国人民银行依法决定撤销的金融机构及其分设于各地的分支机构，包括被依法撤销的商业银行、信托投资公司、财务公司、金融租赁公司、城市信用社和农村信用社。除另有规定者外，被撤销的金融机构所属、附属企业，不享受被撤销金融机构的税收优惠政策。

——关于被撤销金融机构有关税收政策问题的通知（财税〔2003〕141号）

7. 下列纳税人销售熊猫普制金币免征增值税。

(1) 中国人民银行下属中国金币总公司（以下简称金币公司）及其控股子

公司。

（2）经中国银行业监督管理委员会批准，允许开办个人黄金买卖业务的金融机构。

（3）经金币公司批准，获得“中国熊猫普制金币授权经销商”资格，并通过金币交易系统销售熊猫普制金币的纳税人。

免征增值税的熊猫普制金币是指2012年（含）以后发行的熊猫普制金币。

——关于发布《熊猫普制金币免征增值税管理办法（试行）》的公告（国家税务总局公告2013年第6号）

8. 印花税政策。

无息、贴息贷款合同免征印花税。

外国政府或者国际金融组织向我国政府及国家金融机构提供优惠贷款所书立的合同。

——中华人民共和国印花税暂行条例施行细则（财税字〔1988〕255号）

二十七、小额贷款公司增值税、企业所得税优惠政策

自2017年1月1日至2019年12月31日，对经省级金融管理部门（金融办、局等）批准成立的小额贷款公司取得的农户小额贷款利息收入，免征增值税。

自2017年1月1日至2019年12月31日，对经省级金融管理部门（金融办、局等）批准成立的小额贷款公司取得的农户小额贷款利息收入，在计算应纳税所得额时，按90%计入收入总额。主要留存备查资料包括相关利息收入的核算情况说明、相关贷款合同、省级金融管理部门（金融办、局等）出具的小额贷款公司准入资格文件；预缴时享受；后续管理要求由省税务机关（含计划单列市税务机关）规定。

——企业所得税优惠事项备案管理目录（2017年版）

自2017年1月1日至2019年12月31日，对经省级金融管理部门（金融办、局等）批准成立的小额贷款公司按年末贷款余额的1%计提的贷款损失准备金准予在企业所得税税前扣除。具体政策口径按照《财政部　国家税务总局关于金融企业贷款损失准备金企业所得税税前扣除有关政策的通知》（财税〔2015〕9号）执行。

农户，是指长期（一年以上）居住在乡镇（不包括城关镇）行政管理区域内的住户，还包括长期居住在城关镇所辖行政村范围内的住户和户口不在本地而在本地居住一年以上的住户，国有农场的职工和农村个体工商户。位于乡镇（不包括城关镇）行政管理区域内和在城关镇所辖行政村范围内的国有经济的机关、团体、学校、企事业单位的集体户；有本地户口，但举家外出谋生一年以上的住

户，无论是否保留承包耕地均不属于农户。农户以户为统计单位，既可以从事农业生产经营，也可以从事非农业生产经营。农户贷款的判定应以贷款发放时的承贷主体是否属于农户为准。

小额贷款，是指单笔且该农户贷款余额总额在 10 万元（含本数）以下的贷款。

2017 年 1 月 1 日至本通知印发之日前已征的应予免征的增值税，可抵减纳税人以后月份应缴纳的增值税或予以退还。

——关于小额贷款公司有关税收政策的通知（财税〔2017〕48 号）

二十八、保险公司增值税、企业所得税优惠政策

（一）增值税免税政策

1. 一年期以上人身保险产品保费收入免税政策。

保险公司开办的一年期以上人身保险产品取得的保费收入免征增值税。

一年期以上人身保险，是指保险期间为一年期及以上返还本利的人寿保险、养老年金保险，以及保险期间为一年期及以上的健康保险。

人寿保险，是指以人的寿命为保险标的的人身保险。

养老年金保险，是指以养老保障为目的，以被保险人生存为给付保险金条件，并按约定的时间间隔分期给付生存保险金的人身保险。养老年金保险应当同时符合下列条件：

（1）保险合同约定给付被保险人生存保险金的年龄不得小于国家规定的退休年龄。

（2）相邻两次给付的时间间隔不得超过一年。

健康保险，是指以因健康原因导致损失为给付保险金条件的人身保险。

上述免税政策实行备案管理，具体备案管理办法按照《国家税务总局关于一年期以上返还性人身保险产品免征营业税审批事项取消后有关管理问题的公告》（国家税务总局公告 2015 年第 65 号）规定执行。

——关于全面推开营业税改征增值税试点的通知（财税〔2016〕36 号）

保险公司开办符合规定免税条件的一年期以上返还性人身保险产品，按以下规定向主管税务机关办理免税备案手续：

（1）保险公司应在保险产品享受税收优惠政策的首个纳税申报期内，将备案资料送主管税务机关备案；

（2）在符合减免税条件期间，若保险产品的备案资料内容未发生变化，保险公司不需要再行备案；

(3) 保险公司提交的备案资料内容发生变化，如仍符合减免税规定，应在发生变化的次月纳税申报期内，向主管税务机关进行变更备案；如不再符合减免税规定，应当停止享受免税，按照规定进行纳税申报。

保险公司提交的备案资料包括：

(1) 保监会对保险产品的备案回执或批复文件（复印件）；

(2) 保险产品的保险条款；

(3) 保险产品费率表；

(4) 主管税务机关要求提供的其他相关资料。

——关于一年期以上返还性人身保险产品免征营业税审批事项取消后有关管理问题的公告（国家税务总局公告2015年第65号）

2. 国际航运保险业务免征政策。

注册在上海、天津的保险企业从事国际航运保险业务免征增值税。

——关于营业税改征增值税试点若干政策的通知（财税〔2016〕39号）

3. 自2016年5月1日起，注册在深圳市的保险企业向注册在前海深港现代服务业合作区的企业提供国际航运保险业务免征增值税。

注册在平潭的保险企业向注册在平潭的企业提供国际航运保险业务免征增值税。

——关于营业税改征增值税试点若干政策的通知（财税〔2016〕39号）

（二）企业所得税减税政策

1. 减税内容。

自2017年1月1日至2019年12月31日，对保险公司为种植业、养殖业提供保险业务取得的保费收入，在计算应纳税所得额时，按90%计入收入总额。

——关于延续支持农村金融发展有关税收政策的通知（财税〔2017〕44号）

2. 后续管理。

享受税收优惠的时间：预缴享受。

主要留存备查资料：相关保费收入的核算情况说明；相关保险合同。

后续管理要求：由省税务机关（含计划单列市税务机关）规定。

——企业所得税优惠事项备案管理目录（2017年版）

二十九、担保机构免征增值税政策

（一）免税政策

同时符合下列条件的担保机构从事中小企业信用担保或者再担保业务取得的

收入（不含信用评级、咨询、培训等收入）3 年内免征增值税：

1. 已取得监管部门颁发的融资性担保机构经营许可证，依法登记注册为企（事）业法人，实收资本超过 2000 万元。

2. 平均年担保费率不超过银行同期贷款基准利率的 50%。平均年担保费率 = 本期担保费收入 ÷（期初担保余额 + 本期增加担保金额）×100%。

3. 连续合规经营 2 年以上，资金主要用于担保业务，具备健全的内部管理制度和为中小企业提供担保的能力，经营业绩突出，对受保项目具有完善的事前评估、事中监控、事后追偿与处置机制。

4. 为中小企业提供的累计担保贷款额占其两年累计担保业务总额的 80% 以上，单笔 800 万元以下的累计担保贷款额占其累计担保业务总额的 50% 以上。

5. 对单个受保企业提供的担保余额不超过担保机构实收资本总额的 10%，且平均单笔担保责任金额最多不超过 3000 万元人民币。

6. 担保责任余额不低于其净资产的 3 倍，且代偿率不超过 2%。

担保机构免征增值税政策采取备案管理方式。符合条件的担保机构应到所在地县（市）主管税务机关和同级中小企业管理部门履行规定的备案手续，自完成备案手续之日起，享受 3 年免征增值税政策。3 年免税期满后，符合条件的担保机构可按规定程序办理备案手续后继续享受该项政策。

具体备案管理办法按照《国家税务总局关于中小企业信用担保机构免征营业税审批事项取消后有关管理问题的公告》（国家税务总局公告 2015 年第 69 号）规定执行，其中税务机关的备案管理部门统一调整为县（市）级国家税务局。

——关于全面推开营业税改征增值税试点的通知（财税〔2016〕36 号）

（二）备案资料

纳税人提交的备案材料包括：

1. 免税的项目、依据、范围、期限等；

2. 营业执照和公司章程复印件；

3. 《中小企业信用担保机构免征营业税备案登记表》。

——关于中小企业信用担保机构免征营业税审批事项取消后有关管理问题的公告（国家税务总局公告 2015 年第 69 号）

三十、期货保税交割业务暂免增值税政策

1. 自 2015 年 4 月 1 日起，上海国际能源交易中心股份有限公司的会员和客户通过上海国际能源交易中心股份有限公司交易的原油期货保税交割业务，大连商品交易所的会员和客户通过大连商品交易所交易的铁矿石期货保税交割业务，

暂免征收增值税。

期货保税交割的销售方，在向主管税务机关申报纳税时，应出具当期期货保税交割的书面说明、上海国际能源交易中心股份有限公司或大连商品交易所的交割结算单、保税仓单等资料。

上述期货交易中实际交割的原油和铁矿石，如果发生进口或者出口的，统一按照现行货物进出口税收政策执行。非保税货物发生的期货实物交割仍按《国家税务总局关于下发〈货物期货征收增值税具体办法〉的通知》（国税发〔1994〕244号）的规定执行。

——*关于原油和铁矿石期货保税交割业务增值税政策的通知*（财税〔2015〕35号）

2. 大连商品交易所开展的铁矿石期货保税交割业务（以下简称“铁矿石期货保税交割业务”）是指参与铁矿石期货保税交割业务的境内机构、境外机构，通过大连商品交易所，以海关特殊监管区域或场所内处于保税监管状态的铁矿石货物为期货实物交割标的物，开展的铁矿石期货实物交割业务。

境内机构包括大连商品交易所的会员单位（含期货公司会员和非期货公司会员），以及通过会员单位在大连商品交易所开展铁矿石期货保税交割业务的境内客户；

境外机构包括在大连商品交易所开展铁矿石期货保税交割业务的境外经纪机构和境外参与者。

对境内机构的增值税管理按以下规定执行：

（1）境内机构均应注册登记为增值税纳税人。

（2）境内机构应在首次申报铁矿石期货保税交割业务免税时，向主管税务机关提交从事铁矿石期货保税交割业务的书面说明，办理免税备案。

（3）铁矿石期货保税交割业务的卖方为境内机构时，应向买方开具增值税普通发票。即境内卖方客户应向卖方会员单位开具增值税普通发票，卖方会员单位应向大连商品交易所开具增值税普通发票，大连商品交易所应向买方会员单位开具增值税普通发票，买方会员单位应向境内或境外买方客户开具增值税普通发票。开票金额均为大连商品交易所保税交割结算单上注明的保税交割结算金额。

（4）境内机构应将免税业务对应的保税交割结算单及开具和收取的发票、收付款凭证以及保税标准仓单清单等资料按月整理成册，留存备查。

铁矿石期货保税交割业务的卖方为境外机构时，卖方会员单位应向卖方索取相应的收款凭证，并以此作为免税依据。

大连商品交易所的增值税管理规定，参照对境内机构的增值税管理规定执行。

大连商品交易所其他期货品种的保税交割业务，适用免征增值税政策的，其增值税管理参照本公告执行。

本公告自发布之日起施行（2018 年 4 月 20 日）。

——关于大连商品交易所铁矿石期货保税交割业务增值税管理问题的公告（国家税务总局公告 2018 年第 19 号）

三十一、家政服务企业免征增值税政策

家政服务企业由员工制家政服务员提供家政服务取得的收入免征增值税。家政服务企业，是指在企业营业执照的规定经营范围中包括家政服务内容的企业。

员工制家政服务员，是指同时符合下列 3 个条件的家政服务员：

一是依法与家政服务企业签订半年及半年以上的劳动合同或者服务协议，且在该企业实际上岗工作。

二是家政服务企业为其按月足额缴纳了企业所在地人民政府根据国家政策规定的基本养老保险、基本医疗保险、工伤保险、失业保险等社会保险。对已享受新型农村养老保险和新型农村合作医疗等社会保险或者下岗职工原单位继续为其缴纳社会保险的家政服务员，如果本人书面提出不再缴纳企业所在地人民政府根据国家政策规定的相应的社会保险，并出具其所在乡镇或者原单位开具的已缴纳相关保险的证明，可视同家政服务企业已为其按月足额缴纳了相应的社会保险。

三是家政服务企业通过金融机构向其实际支付不低于企业所在地适用的经省级人民政府批准的最低工资标准的工资。

——关于全面推开营业税改征增值税试点的通知（财税〔2016〕36 号）

三十二、广播电视运营服务企业免征增值税政策

2014 年 1 月 1 日至 2016 年 12 月 31 日，对广播电视运营服务 企业收取的有线数字电视基本收视维护费和农村有线电视基本收视费，免征增值税。

——关于继续实施支持文化企业发展若干税收政策的通知（财税〔2014〕85 号）

2017 年 1 月 1 日至 2019 年 12 月 31 日，对广播电视运营服务企业收取的有线数字电视基本收视维护费和农村有线电视基本收视费，免征增值税。

——关于继续执行有线电视收视费增值税政策的通知（财税〔2017〕35 号）

三十三、物流企业增值税、城镇土地使用税优惠政策

（一）增值税减税政策

一般纳税人发生下列应税行为可以选择适用简易计税方法计税：仓储服务。

——关于全面推开营业税改征增值税试点的通知（财税〔2016〕36 号）

（二）城镇土地使用税减税政策

至少从事仓储或运输一种经营业务，为工农业生产、流通、进出口和居民生活提供仓储、配送等第三方物流服务，实行独立核算、独立承担民事责任，并在工商部门注册登记为物流、仓储或运输的专业物流企业。自 2017 年 1 月 1 日起至 2019 年 12 月 31 日止，对物流企业自有的（包括自用和出租）大宗商品仓储设施用地，减按所属土地等级适用税额标准的 50% 计征城镇土地使用税。

所称大宗商品仓储设施，是指同一仓储设施占地面积在 6000 平方米及以上，且主要储存粮食、棉花、油料、糖料、蔬菜、水果、肉类、水产品、化肥、农药、种子、饲料等农产品和农业生产资料，煤炭、焦炭、矿砂、非金属矿产品、原油、成品油、化工原料、木材、橡胶、纸浆及纸制品、钢材、水泥、有色金属、建材、塑料、纺织原料等矿产品和工业原材料的仓储设施。

仓储设施用地，包括仓库库区内的各类仓房（含配送中心）、油罐（池）、货场、晒场（堆场）、罩棚等储存设施和铁路专用线、码头、道路、装卸搬运区域等物流作业配套设施的用地。

物流企业的办公、生活区用地及其他非直接从事大宗商品仓储的用地，不属于本通知规定的优惠范围，应按规定征收城镇土地使用税。非物流企业的内部仓库，不属于本通知规定的优惠范围，应按规定征收城镇土地使用税。

本通知印发之日前已征的应予减免的税款，在纳税人以后应缴税款中抵减或者予以退还。

符合上述减税条件的物流企业需持相关材料向主管税务机关办理备案手续。

——关于继续实施物流企业大宗商品仓储设施用地城镇土地使用税优惠政策的通知（财税〔2017〕33 号）

三十四、中国邮政集团公司及其所属邮政企业免征增值税政策

中国邮政集团公司及其所属邮政企业提供的邮政普遍服务和邮政特殊服务，免征增值税。

——关于营业税改征增值税试点若干政策的通知（财税〔2016〕39 号）

三十五、拍卖行拍卖免税货物政策

对拍卖行受托拍卖增值税应税货物，向买方收取的全部价款和价外费用，应当按照征收率征收增值税。拍卖货物属免税货物范围的，可以免征增值税。

——关于拍卖行取得的拍卖收入征收增值税、营业税有关问题的通知（国税

发〔1999〕40 号）、关于简并增值税征收率有关问题的公告（国家税务总局公告 2014 年第 36 号）、关于明确部分增值税优惠政策审批事项取消后有关管理事项的公告（国家税务总局公告 2015 年第 38 号）

三十六、福利彩票、体育彩票发行收入免征增值税政策

福利彩票、体育彩票的发行收入免征增值税。

——关于全面推开营业税改征增值税试点的通知（财税〔2016〕36 号）

三十七、管道运输增值税即征即退政策

一般纳税人提供管道运输服务，对其增值税实际税负超过 3% 的部分实行增值税即征即退政策。

——关于全面推开营业税改征增值税试点的通知（财税〔2016〕36 号）

三十八、融资租赁公司增值税、契税优惠政策

经人民银行、银监会或者商务部批准从事融资租赁业务的试点纳税人中的一般纳税人，提供有形动产融资租赁服务和有形动产融资性售后回租服务，对其增值税实际税负超过 3% 的部分实行增值税即征即退政策。商务部授权的省级商务主管部门和国家经济技术开发区批准的从事融资租赁业务和融资性售后回租业务的试点纳税人中的一般纳税人，2016 年 5 月 1 日后实收资本达到 1.7 亿元的，从达到标准的当月起按照上述规定执行；2016 年 5 月 1 日后实收资本未达到 1.7 亿元但注册资本达到 1.7 亿元的，在 2016 年 7 月 31 日前仍可按照上述规定执行，2016 年 8 月 1 日后开展的有形动产融资租赁业务和有形动产融资性售后回租业务不得按照上述规定执行。

所称增值税实际税负，是指纳税人当期提供应税服务实际缴纳的增值税额占纳税人当期提供应税服务取得的全部价款和价外费用的比例。

——关于全面推开营业税改征增值税试点的通知（财税〔2016〕36 号）

对金融租赁公司开展售后回租业务，承受承租人房屋、土地权属的，照章征税。对售后回租合同期满，承租人回购原房屋、土地权属的，免征契税。

——关于企业以售后回租方式进行融资等有关契税政策的通知（财税〔2012〕82 号）

三十九、北京2022年冬奥会和冬残奥会系列税收优惠政策

2017年7月12日起，北京2022年冬奥会和冬残奥会有关税收政策如下：

（一）对北京2022年冬奥会和冬残奥会组织委员会（以下简称“北京冬奥组委”）实行以下税收政策

1. 对北京冬奥组委取得的电视转播权销售分成收入、国际奥委会全球合作伙伴计划分成收入（实物和资金），免征应缴纳的增值税。

2. 对北京冬奥组委市场开发计划取得的国内外赞助收入、转让无形资产（如标志）特许权收入和销售门票收入，免征应缴纳的增值税。

3. 对北京冬奥组委取得的与中国集邮总公司合作发行纪念邮票收入、与中国人民银行合作发行纪念币收入，免征应缴纳的增值税。

4. 对北京冬奥组委取得的来源于广播、互联网、电视等媒体收入，免征应缴纳的增值税。

5. 对外国政府和国际组织无偿捐赠用于北京2022年冬奥会的进口物资，免征进口关税和进口环节增值税。

6. 对以一般贸易方式进口，用于北京2022年冬奥会的体育场馆建设所需设备中与体育场馆设施固定不可分离的设备以及直接用于北京2022年冬奥会比赛用的消耗品，免征关税和进口环节增值税。享受免税政策的奥运会体育场馆建设进口设备及比赛用消耗品的范围、数量清单由北京冬奥组委汇总后报财政部商有关部门审核确定。

7. 对北京冬奥组委进口的其他特需物资，包括国际奥委会或国际单项体育组织指定的，国内不能生产或性能不能满足需要的体育器材、医疗检测设备、安全保障设备、交通通讯设备、技术设备，在运动会期间按暂准进口货物规定办理，运动会结束后留用或做变卖处理的，按有关规定办理正式进口手续，并照章缴纳进口税收，其中进口汽车以不低于新车90%的价格估价征税。上述暂准进口的商品范围、数量清单由北京冬奥组委汇总后报财政部商有关部门审核确定。

8. 对北京冬奥组委再销售所获捐赠物品和赛后出让资产取得收入，免征应缴纳的增值税、消费税和土地增值税。免征北京冬奥组委向分支机构划拨所获赞助物资应缴纳的增值税，北京冬奥组委向主管税务机关提供“分支机构”范围的证明文件，办理减免税备案。

9. 对北京冬奥组委使用的营业账簿和签订的各类合同等应税凭证，免征北京冬奥组委应缴纳的印花税。

10. 对北京冬奥组委免征应缴纳的车船税和新购车辆应缴纳的车辆购置税。

11. 对北京冬奥组委免征应缴纳的企业所得税。

12. 对北京冬奥组委委托加工生产的高档化妆品免征应缴纳的消费税。

具体管理办法由税务总局另行规定。

13. 对国际奥委会、国际单项体育组织和其他社会团体等从国外邮寄进口且不流入国内市场的、与北京2022年冬奥会有关的文件、书籍、音像、光盘，在合理数量范围内免征关税和进口环节增值税。合理数量的具体标准由海关总署确定。对奥运会场馆建设所需进口的模型、图纸、图板、电子文件光盘、设计说明及缩印本等规划设计方案，免征关税和进口环节增值税。

14. 对北京冬奥组委取得的餐饮服务、住宿、租赁、介绍服务和收费卡收入，免征应缴纳的增值税。

15. 对北京2022年冬奥会场馆及其配套设施建设占用耕地，免征耕地占用税。

16. 根据中国奥委会、主办城市、国际奥委会签订的《北京2022年冬季奥林匹克运动会主办城市合同》（以下简称《主办城市合同》）规定，北京冬奥组委全面负责和组织举办北京2022年冬残奥会，其取得的北京2022年冬残奥会收入及其发生的涉税支出比照执行北京2022年冬奥会的税收政策。

（二）对国际奥委会、中国奥委会、国际残疾人奥林匹克委员会、中国残奥委员会、北京冬奥会测试赛赛事组委会实行以下税收政策

1. 对国际奥委会取得的与北京2022年冬奥会有关的收入免征增值税、消费税、企业所得税。

2. 对国际奥委会、中国奥委会签订的与北京2022年冬奥会有关的各类合同，免征国际奥委会和中国奥委会应缴纳的印花税。

3. 对国际奥委会取得的国际性广播电视组织转来的中国境内电视台购买北京2022年冬奥会转播权款项，免征应缴纳的增值税。

4. 对按中国奥委会、主办城市签订的《联合市场开发计划协议》和中国奥委会、主办城市、国际奥委会签订的《主办城市合同》规定，中国奥委会取得的由北京冬奥组委分期支付的收入、按比例支付的盈余分成收入免征增值税、消费税和企业所得税。

5. 对国际残奥委会取得的与北京2022年冬残奥会有关的收入免征增值税、消费税、企业所得税和印花税。

6. 对中国残奥委会根据《联合市场开发计划协议》取得的由北京冬奥组委分期支付的收入免征增值税、消费税、企业所得税和印花税。

7. 北京冬奥会测试赛赛事组委会取得的收入及发生的涉税支出比照执行北京冬奥组委的税收政策。

（三）对北京2022年冬奥会、冬残奥会、测试赛参与者实行以下税收政策

1. 对企业、社会组织和团体赞助、捐赠北京2022年冬奥会、冬残奥会、测试赛的资金、物资、服务支出，在计算企业应纳税所得额时予以全额扣除。

2. 企业根据赞助协议向北京冬奥组委免费提供的与北京2022年冬奥会、冬残奥会、测试赛有关的服务，免征增值税。免税清单由北京冬奥组委报财政部、税务总局确定。

3. 个人捐赠北京2022年冬奥会、冬残奥会、测试赛的资金和物资支出可在计算个人应纳税所得额时予以全额扣除。

4. 对财产所有人将财产（物品）捐赠给北京冬奥组委所书立的产权转移书据免征应缴纳的印花税。

5. 对受北京冬奥组委邀请的，在北京2022年冬奥会、冬残奥会、测试赛期间临时来华，从事奥运相关工作的外籍顾问以及裁判员等外籍技术官员取得的由北京冬奥组委、测试赛赛事组委会支付的劳务报酬免征增值税和个人所得税。

6. 对在北京2022年冬奥会、冬残奥会、测试赛期间裁判员等中方技术官员取得的由北京冬奥组委、测试赛赛事组委会支付的劳务报酬，免征应缴纳的增值税。

7. 对于参赛运动员因北京2022年冬奥会、冬残奥会、测试赛比赛获得的奖金和其他奖赏收入，按现行税收法律法规的有关规定征免应缴纳的个人所得税。

8. 在北京2022年冬奥会场馆（场地）建设、试运营、测试赛及冬奥会及冬残奥会期间，对用于北京2022年冬奥会场馆（场地）建设、运维的水资源，免征应缴纳的水资源税。

9. 免征北京2022年冬奥会、冬残奥会、测试赛参与者向北京冬奥组委无偿提供服务和无偿转让无形资产的增值税。

——关于北京2022年冬奥会和冬残奥会税收政策的通知（财税〔2017〕60号）

（四）企业所得税优惠后续管理

享受税收优惠的时间：预缴享受。

主要留存备查资料：由省税务机关规定。

后续管理要求：由省税务机关规定。

——企业所得税优惠事项备案管理目录（2017年版）

四十、农产品批发市场和农贸市场房产税、城镇土地使用税优惠政策

自2016年1月1日至2018年12月31日对专门经营农产品的农产品批发市

场、农贸市场使用（包括自有和承租，下同）的房产、土地，暂免征收房产税和城镇土地使用税。对同时经营其他产品的农产品批发市场和农贸市场使用的房产、土地，按其他产品与农产品交易场地面积的比例确定征免房产税和城镇土地使用税。

农产品批发市场和农贸市场，是指经工商登记注册，供买卖双方进行农产品及其初加工品现货批发或零售交易的场所。农产品包括粮油、肉禽蛋、蔬菜、干鲜果品、水产品、调味品、棉麻、活畜、可食用的林产品以及由省、自治区、直辖市财税部门确定的其他可食用的农产品。

享受上述税收优惠的房产、土地，是指农产品批发市场、农贸市场直接为农产品交易提供服务的房产、土地。农产品批发市场、农贸市场的行政办公区、生活区，以及商业餐饮娱乐等非直接为农产品交易提供服务的房产、土地，不属于本通知规定的优惠范围，应按规定征收房产税和城镇土地使用税。

——关于继续实行农产品批发市场　农贸市场房产税城镇土地使用税优惠政策的通知（财税〔2016〕1号）

四十一、天然林二期工程实施企业和单位房产税、城镇土地使用税优惠政策

2011年1月1日至2020年12月31日，对长江上游、黄河中上游地区，东北、内蒙古等国有林区天然林二期工程实施企业和单位专门用于天然林保护工程的房产、土地免征房产税、城镇土地使用税。对上述企业和单位用于其他生产经营活动的房产、土地按规定征收房产税、城镇土地使用税。

对由于实施天然林二期工程造成森工企业房产、土地闲置一年以上不用的，暂免征收房产税和城镇土地使用税；闲置房产和土地用于出租或重新用于天然林二期工程之外其他生产经营的，按规定征收房产税、城镇土地使用税。

用于天然林二期工程的免税房产、土地应单独划分，与其他应税房产、土地划分不清的，按规定征收房产税、城镇土地使用税。

——关于天然林保护工程（二期）实施企业和单位房产税　城镇土地使用税政策的通知（财税〔2011〕90号）

四十二、公共交通车船税优惠政策

省、自治区、直辖市人民政府根据当地实际情况，可以对公共交通车船，定期减征或者免征车船税。

——中华人民共和国车船税法

第五节

特定区域税收优惠政策

一、西部大开发地区企业所得税优惠政策

1. 优惠内容。

自2011年1月1日至2020年12月31日，对设在西部地区以附件2《西部地区鼓励类产业目录》中规定的产业项目为主营业务，且其当年度主营业务收入占企业收入总额70%以上的企业，可减按15%税率缴纳企业所得税。

上述所称收入总额，是指《企业所得税法》第六条规定的收入总额。

——关于深入实施西部大开发战略有关企业所得税问题的公告（国家税务总局公告2012年第12号）

2. 国家鼓励类产业项目难以界定的处理。

凡对企业主营业务是否属于《西部地区鼓励类产业目录》中国家鼓励类产业项目难以界定的，税务机关可以要求企业提供省级（含副省级）发展改革部门或其授权部门出具的证明文件。证明文件需明确列示主营业务的具体项目及符合《西部地区鼓励类产业目录》中的对应条款项目。

——关于执行《西部地区鼓励类产业目录》有关企业所得税问题的公告（国家税务总局公告2015年第14号）

3. 同时符合西部大开发政策和其他各项优惠政策的处理。

根据《财政部　国家税务总局关于执行企业所得税优惠政策若干问题的通知》（财税〔2009〕69号）第一条及第二条的规定，企业既符合西部大开发15%优惠税率条件，又符合《企业所得税法》及其实施条例和国务院规定的各项税收优惠条件的，可以同时享受。在涉及定期减免税的减半期内，可以按照企业适用税率计算的应纳税额减半征税。

——关于深入实施西部大开发战略有关企业所得税问题的公告（国家税务总局公告2012年第12号）

4. 在优惠地区内外分别设有机构的企业享受西部大开发优惠税率问题。

总机构设在西部大开发税收优惠地区的企业，仅就设在优惠地区的总机构和分支机构（不含优惠地区外设立的二级分支机构在优惠地区内设立的三级以下分支机构）的所得确定适用15%优惠税率。在确定该企业是否符合优惠条件时，以该企业设在优惠地区的总机构和分支机构的主营业务是否符合《西部地区鼓励类产业目录》及其主营业务收入占其收入总额的比重加以确定，不考虑该企业设

在优惠地区以外分支机构的因素。该企业应纳所得税额的计算和所得税缴纳，按照《跨地区经营汇总纳税企业所得税征收管理办法》规定执行。

总机构设在西部大开发税收优惠地区外的企业，其在优惠地区内设立的分支机构（不含仅在优惠地区内设立的三级以下分支机构），仅就该分支机构所得确定适用15%优惠税率。在确定该分支机构是否符合优惠条件时，仅以该分支机构的主营业务是否符合《西部地区鼓励类产业目录》及其主营业务收入占其收入总额的比重加以确定。该企业应纳所得税额的计算和所得税缴纳，按照《跨地区经营汇总纳税企业所得税征收管理办法》的规定执行。

——关于深入实施西部大开发战略有关企业所得税问题的公告（国家税务总局公告2012年第12号）

5. 备案管理。

享受优惠政策的时间：预缴享受。

主要留存备查资料：

一是主营业务属于《西部地区鼓励类产业目录》中的具体项目的相关证明材料；

二是符合目录的主营业务收入占企业收入总额70%以上的说明。

后续管理要求：由省税务机关规定。

——企业所得税优惠事项备案管理目录（2017年版）

6. 西部地区的范围。

西部地区包括重庆市、四川省、贵州省、云南省、西藏自治区、陕西省、甘肃省、宁夏回族自治区、青海省、新疆维吾尔自治区、新疆生产建设兵团、内蒙古自治区和广西壮族自治区。湖南省湘西土家族苗族自治州、湖北省恩施土家族苗族自治州、吉林省延边朝鲜族自治州，可以比照西部地区的税收政策执行。

——关于深入实施西部大开发战略有关税收政策问题的通知（财税〔2011〕58号）

二、新疆地区企业所得税优惠政策

（一）新疆困难地区

1. 减税内容。

2010年1月1日至2020年12月31日，对在新疆困难地区新办的属于《新疆困难地区重点鼓励发展产业企业所得税优惠目录》见附件3（以下简称《目录》）范围内的企业，自取得第一笔生产经营收入所属纳税年度起，第一年至第二年免征企业所得税，第三年至第五年减半征收企业所得税。

新疆困难地区包括南疆三地州、其他国家扶贫开发重点县和边境县市。

属于《目录》范围内的企业是指以《目录》中规定的产业项目为主营业务，其主营业务收入占企业收入总额70%以上的企业。

第一笔生产经营收入，是指新疆困难地区重点鼓励发展产业项目已建成并投入运营后所取得的第一笔收入。

按照本通知规定享受企业所得税定期减免税政策的企业，在减半期内，按照企业所得税25%的法定税率计算的应纳税额减半征税。

财政部、国家税务总局会同有关部门研究制订《目录》，经国务院批准后公布实施，并根据新疆经济社会发展需要及企业所得税优惠政策实施情况适时调整。

对难以界定是否属于《目录》范围的项目，税务机关应当要求企业提供省级以上（含省级）有关行业主管部门出具的证明文件，并结合其他相关材料进行认定。

——财政部　国家税务总局关于新疆困难地区新办企业所得税优惠政策的通知（财税〔2011〕53号）

2. 备案管理。

享受优惠政策的时间：预缴享受。

主要留存备查资料：由省税务机关规定。

后续管理要求：由省税务机关规定。

——企业所得税优惠事项备案管理目录（2017年版）

（二）喀什、霍尔果斯经济开发区

1. 减税内容。

2010年1月1日至2020年12月31日，对在新疆喀什、霍尔果斯两个特殊经济开发区内新办的属于《新疆困难地区重点鼓励发展产业企业所得税优惠目录》见附件3（以下简称《目录》）范围内的企业，自取得第一笔生产经营收入所属纳税年度起，五年内免征企业所得税。

第一笔生产经营收入，是指产业项目已建成并投入运营后所取得的第一笔收入。

属于《目录》范围内的企业是指以《目录》中规定的产业项目为主营业务，其主营业务收入占企业收入总额70%以上的企业。

对难以界定是否属于《目录》范围的项目，税务机关应当要求企业提供省级以上（含省级）有关行业主管部门出具的证明文件，并结合其他相关材料进行认定。

——关于新疆喀什　霍尔果斯两个特殊经济开发区企业所得税优惠政策的通知（财税〔2011〕112号）

2. 备案管理。

享受优惠政策的时间：预缴享受。

主要留存备查资料：由省税务机关规定。

后续管理要求：由省税务机关规定。

——企业所得税优惠事项备案管理目录（2017 年版）

三、横琴新区、平潭综合实验区和前海深港现代服务业合作区增值税、消费税、企业所得税优惠政策

（一）减税内容

1. 增值税、消费税减税内容。

（1）内地销往横琴、平潭与生产有关的货物，视同出口，实行增值税和消费税退税政策。但下列货物不包括在内：一是财政部和国家税务总局规定不适用增值税退（免）税和免税政策的出口货物。二是横琴、平潭的商业性房地产开发项目采购的货物，商业性房地产开发项目，是指兴建（包括改扩建）宾馆饭店、写字楼、别墅、公寓、住宅、商业购物场所、娱乐服务业场馆、餐饮业店馆以及其他商业性房地产项目。三是内地销往横琴、平潭不予退税的其他货物，具体范围详见表 2 - 37。四是按（5）规定被取消退税或免税资格的企业购进的货物。

（2）横琴、平潭各自的区内企业之间销售其在本区内的货物，免征增值税和消费税。但上述企业之间销售的用于其本区内商业性房地产开发项目的货物，以及按（5）规定被取消退税或免税资格的企业销售的货物，应按规定征收增值税和消费税。

（3）横琴、平潭已享受免税、保税、退税政策的货物销往内地，除在“一线”已完税的生活消费类等货物外，按照有关规定征收进口税收。

（4）横琴、平潭的在“一线”已完税的生活消费类等货物销往内地的，由税务机关按照现行规定征收增值税和消费税。

（5）横琴、平潭的企业应单独核算（1）或（2）规定退税或免税的货物。主管税务机关发现企业未按规定单独核算的，取消其享受本通知规定的退税和免税资格 2 年，并按规定予以处罚。

——财政部、海关总署、国家税务总局关于横琴、平潭开发有关增值税和消费税政策的通知（财税〔2014〕51 号）

自 2016 年 5 月 1 日起，注册在平潭的保险企业向注册在平潭的企业提供国际航运保险业务免征增值税。

——关于营业税改征增值税试点若干政策的通知（财税〔2016〕39 号）

表 2－37　　内地销往横琴、平潭不予退税的货物清单

序号	所属海关税则章节	涉及海关税则号	货物名称
1	第 9 章	整章	咖啡、茶及调味香料
2	第 17 章	整章	糖及糖食
3	第 18 章	整章	可可及可可制品
4	第 19 章	整章	谷物、粮食粉、淀粉或乳制品；糕饼点心
5	第 22 章	整章	饮料、酒及醋
6	第 24 章	整章	烟草及其制品
7	第 27 章	2710	成品油
8	第 33 章	3301、3303—3307	精油及香膏；芳香料制品及化妆品
9	第 34 章	整章	肥皂、洗涤剂、润滑剂、蜡烛等
10	第 36 章	360410	烟花，爆竹
11	第 42 章	4202、4203	公文包、高尔夫球包等；皮革手套等
12	第 43 章	4303、4304	毛皮制的衣服、衣着附件及其他物品；人造毛皮及其制品
13	第 44 章	4409、4419	实木地板、木制一次性筷子
14	第 60 章	整章	针织物及钩编织物
15	第 61 章	整章	针织或钩编的服装及衣着附件
16	第 62 章	整章	非针织或非钩编的服装及衣着附件
17	第 63 章	6301—6304、6306—6309	其他纺织制成品；成套物品等
18	第 64 章	6401—6405	鞋靴
19	第 65 章	6504—6506	帽
20	第 66 章	6601	伞
21	第 71 章	7101—7111、7113—7118	天然或养殖珍珠、宝石或半宝石、贵金属、包贵金属及其制品；仿首饰；硬币
22	第 84 章	84031010、841510—841583、841810—841829、84183021、84183029、84184021、84184029、84212110、84213910、84219910、84221100、84231000、84248910、845011—845020、845110、845210、845290、847130、84714140、84714940、84715040、84716050—84716090、84717090	家用型热水锅炉、空调器、冰箱、家用型净水器、家用型洗碟机、家用称、家用型洗衣机、干衣机、家用型缝纫机、便携式自动数据处理设备等

续表

序号	所属海关税则章节	涉及海关税则号	货物名称
23	第 85 章	850811、8509、8510、851310、851610、85162920—85162939、851631、851640—851679、85171100—85171220、851718、85176299、851769、851810—851850、8519、8521、8523、85258012、85258013、85258022—85258029、85258032—85258039、8527、852861、852869、85287110—85287300	真空吸尘器、榨汁机、电动剃须刀、手电筒、电热水器、空间加热器、电吹风机、电熨斗、无绳电话机、耳机、录音机、录像机、(VCD/DVD)播放机、光盘、摄像机、照相机、摄录一体机、收音机、投影机、电视机等
24	第 87 章	8701—8703、8711—8712、8715、871610	小轿车、摩托车、自行车、婴孩车、野营用厢式挂车等
25	第 88 章	8801、88021100—88024020、8804	气球、飞机、降落伞等
26	第 89 章	8901、8903	客船、快艇等
27	第 90 章	90021131、90021139、90031、9004、90051、90064、900651、900653、90065990	相机镜头、眼睛架、太阳镜、望远镜、照相机等
28	第 91 章	9101—9103、9105—9106	钟表
29	第 92 章	9201—9208	乐器
30	第 95 章	整章	玩具、游戏品、运动用品
31	第 96 章	9608、9613—9616	圆珠笔、钢笔、打火机、烟斗、梳子、粉扑等
32	第 97 章	整章	艺术品、收藏品及古物

2. 企业所得税减税内容。

(1) 对设在横琴新区、平潭综合实验区和前海深港现代服务业合作区的鼓励类产业企业减按 15% 的税率征收企业所得税。上述鼓励类产业企业是指以所在区域《企业所得税优惠目录》(见附件 4) 中规定的产业项目为主营业务，且其主营业务收入占企业收入总额 70% 以上的企业。上述所称收入总额，是指《中华人民共和国企业所得税法》第六条规定的收入总额。

企业在优惠区域内、外分别设有机构的，仅就其设在优惠区域内的机构的所得确定适用 15% 的企业所得税优惠税率。在确定区域内机构是否符合优惠条件时，根据设在优惠区域内机构本身的有关指标是否符合本通知第一条规定的条件加以确定，不考虑设在优惠区域外机构的因素。

企业既符合本通知规定的减按 15% 税率征收企业所得税优惠条件，又符合《中华人民共和国企业所得税法》及其实施条例和国务院规定的其他各项税收优惠条件的，可以同时享受；其中符合其他税率优惠条件的，可以选择最优惠的税率执行；涉及定期减免税的减半优惠的，应按照25%的法定税率计算的应纳税额减半征收企业所得税。

所称横琴新区，是指国务院2009年8月批复的《横琴总体发展规划》规划的横琴岛范围；所称平潭综合实验区，是指国务院2011年11月批复的《平潭综合实验区总体发展规划》规划的平潭综合实验区范围；所称前海深港现代服务业合作区，是指国务院2010年8月批复的《前海深港现代服务业合作区总体发展规划》规划的前海深港现代服务业合作区范围。

税务机关对企业主营业务是否属于《企业所得税优惠目录》难以界定的，可要求企业提供省级（含副省级）政府有关行政主管部门或其授权的下一级行政主管部门出具的证明文件。

本通知自2014年1月1日起至2020年12月31日止执行。

——关于广东横琴新区　福建平潭综合实验区　深圳前海深港现代服务业合作区企业所得税优惠政策及优惠目录的通知（财税〔2014〕26号）

（2）企业所得税优惠备案管理

享受优惠政策的时间：预缴享受。

主要留存备查资料：由省税务机关（含计划单列市税务机关）规定。

后续管理要求：由省税务机关（含计划单列市税务机关）规定。

——企业所得税优惠事项备案管理目录（2017年版）

四、经济特区和上海浦东新区企业所得税优惠政策

1. 减税内容。

自2008年1月1日起，对深圳、珠海、汕头、厦门和海南经济特区和上海浦东新区内在2008年1月1日（含）之后完成登记注册的国家需要重点扶持的高新技术企业，在经济特区和上海浦东新区内取得的所得，自取得第一笔生产经营收入所属纳税年度起，第一年至第二年免征企业所得税，第三年至第五年按照25%的法定税率减半征收企业所得税。

经济特区和上海浦东新区内新设高新技术企业同时在经济特区和上海浦东新区以外的地区从事生产经营的，应当单独计算其在经济特区和上海浦东新区内取得的所得，并合理分摊企业的期间费用；没有单独计算的，不得享受企业所得税优惠。

经济特区和上海浦东新区内新设高新技术企业在按照本通知的规定享受过渡性税收优惠期间，由于复审或抽查不合格而不再具有高新技术企业资格的，从其不再具有高新技术企业资格年度起，停止享受过渡性税收优惠；以后再次被认定

为高新技术企业的，不得继续享受或者重新享受过渡性税收优惠。

——关于经济特区和上海浦东新区新设立高新技术企业实行过渡性税收优惠的通知（国发〔2007〕40号）

2. 后续管理。

享受优惠政策的时间：预缴享受。

主要留存备查资料：

一是高新技术企业资格证书；

二是高新技术企业认定资料；

三是知识产权相关材料；

四是年度主要产品（服务）发挥核心支持作用的技术属于《国家重点支持的高新技术领域》规定范围的说明，高新技术产品（服务）及对应收入资料；

五是年度职工和科技人员情况证明材料；

六是当年和前两个会计年度研发费用总额及占同期销售收入比例、研发费用管理资料以及研发费用辅助账，研发费用结构明细表；

七是新办企业取得第一笔生产经营收入凭证（原始凭证及账务处理凭证）；

八是区内区外所得的核算资料。

后续管理要求：由省税务机关（含计划单列市税务机关）规定。

——企业所得税优惠事项备案管理目录（2017年版）

第六节 政府机关、社会团体税收优惠政策

一、非营利组织增值税、企业所得税优惠政策

（一）增值税不征税政策

各党派、共青团、工会、妇联、中科协、青联、台联、侨联收取党费、团费、会费，以及政府间国际组织收取会费，属于非经营活动，不征收增值税。

——关于进一步明确全面推开营改增试点有关再保险不动产租赁和非学历教育等政策的通知（财税〔2016〕68号）

自2016年5月1日起，社会团体收取的会费，免征增值税。社会团体，是指依照国家有关法律法规设立或登记并取得《社会团体法人登记证书》的非营利法人。会费，是指社会团体在国家法律法规、政策许可的范围内，依照社团章程的规定，收取的个人会员、单位会员和团体会员的会费。

社会团体开展经营服务性活动取得的其他收入，一律照章缴纳增值税。

——关于租入固定资产进项税额抵扣等增值税政策的通知（财税〔2017〕90号）

（二）企业所得税免税政策

1. 符合条件的非营利组织的收入为免税收入。所称符合条件的非营利组织的收入，不包括非营利组织从事营利性活动取得的收入，但国务院财政、税务主管部门另有规定的除外。

——企业所得税法及实施条例

符合条件的非营利组织企业所得税免税收入范围包括：一是接受其他单位或者个人捐赠的收入；二是除《中华人民共和国企业所得税法》第七条规定的财政拨款以外的其他政府补助收入，但不包括因政府购买服务取得的收入；三是按照省级以上民政、财政部门规定收取的会费；四是不征税收入和免税收入孳生的银行存款利息收入；五是财政部、国家税务总局规定的其他收入。

——关于非营利组织企业所得税免税收入问题的通知（财税〔2009〕122号）

2. 符合非营利组织条件的孵化器的收入，按照企业所得税法及其实施条例和有关税收政策规定享受企业所得税优惠政策。

——关于科技企业孵化器税收政策的通知（财税〔2016〕89号）

3. 符合非营利组织条件的科技园的收入，按照企业所得税法及其实施条例和有关税收政策规定享受企业所得税优惠政策。

——关于国家大学科技园税收政策的通知（财税〔2016〕98号）

4. 非营利组织免税资格认定管理

非营利组织免税资格先后有三个文件进行明确，其中《关于非营利组织免税资格认定管理有关问题的通知》（财税〔2014〕13号）和《关于非营利组织免税资格认定管理有关问题的通知》（财税〔2018〕13号）所要求条件的差异，详见表2－38非营利组织免税资格比较一览表，不同之处用楷体标注。

表2－38　　非营利组织免税资格比较一览表

	关于非营利组织免税资格认定管理有关问题的通知（财税〔2018〕13号）	关于非营利组织免税资格认定管理有关问题的通知（财税〔2014〕13号）
执行时间	自2018年1月1日起	2013年1月1日—2017年12月31日
必须同时满足的条件	（一）依照国家有关法律法规设立或登记的事业单位、社会团体、基金会、社会服务机构、宗教活动场所、宗教院校以及财政部、税务总局认定的其他非营利组织；	（一）依照国家有关法律法规设立或登记的事业单位、社会团体、基金会、民办非企业单位、宗教活动场所以及财政部、国家税务总局认定的其他组织；

续表

	关于非营利组织免税资格认定管理有关问题的通知（财税〔2018〕13号）	关于非营利组织免税资格认定管理有关问题的通知（财税〔2014〕13号）
必须同时满足的条件	（二）从事公益性或者非营利性活动； （三）取得的收入除用于与该组织有关的、合理的支出外，全部用于登记核定或者章程规定的公益性或者非营利性事业； （四）财产及其孳息不用于分配，但不包括合理的工资薪金支出； （五）按照登记核定或者章程规定，该组织注销后的剩余财产用于公益性或者非营利性目的，或者由登记管理机关采取转赠给与该组织性质、宗旨相同的组织等处置方式，并向社会公告； （六）投入人对投入该组织的财产不保留或者享有任何财产权利，本款所称投入人是指除各级人民政府及其部门外的法人、自然人和其他组织； （七）工作人员工资福利开支控制在规定的比例内，不变相分配该组织的财产，其中：工作人员平均工资薪金水平不得超过税务登记所在地的地市级（含地市级）以上地区的同行业同类组织平均工资水平的两倍，工作人员福利按照国家有关规定执行； （八）对取得的应纳税收入及其有关的成本、费用、损失应与免税收入及其有关的成本、费用、损失分别核算	（二）从事公益性或者非营利性活动； （三）取得的收入除用于与该组织有关的、合理的支出外，全部用于登记核定或者章程规定的公益性或者非营利性事业； （四）财产及其孳息不用于分配，但不包括合理的工资薪金支出； （五）按照登记核定或者章程规定，该组织注销后的剩余财产用于公益性或者非营利性目的，或者由登记管理机关转赠给与该组织性质、宗旨相同的组织，并向社会公告； （六）投入人对投入该组织的财产不保留或者享有任何财产权利，本款所称投入人是指除各级人民政府及其部门外的法人、自然人和其他组织； （七）工作人员工资福利开支控制在规定的比例内，不变相分配该组织的财产，其中：工作人员平均工资薪金水平不得超过上年度税务登记所在地人均工资水平的两倍，工作人员福利按照国家有关规定执行； （八）除当年新设立或登记的事业单位、社会团体、基金会及民办非企业单位外，事业单位、社会团体、基金会及民办非企业单位申请前年度的检查结论为“合格”； （九）对取得的应纳税收入及其有关的成本、费用、损失应与免税收入及其有关的成本、费用、损失分别核算
免税资格申请	经省级（含省级）以上登记管理机关批准设立或登记的非营利组织，凡符合规定条件的，应向其所在地省级税务主管机关提出免税资格申请，并提供本通知规定的相关材料；经地市级或县级登记管理机关批准设立或登记的非营利组织，凡符合规定条件的，分别向其所在地的地市级或县级税务主管机关提出免税资格申请，并提供本通知规定的相关材料。 财政、税务部门按照上述管理权限，对非营利组织享受免税的资格联合进行审核确认，并定期予以公布	经省级（含省级）以上登记管理机关批准设立或登记的非营利组织，凡符合规定条件的，应向其所在地省级税务主管机关提出免税资格申请，并提供本通知规定的相关材料；经市（地）级或县级登记管理机关批准设立或登记的非营利组织，凡符合规定条件的，分别向其所在地市（地）级或县级税务主管机关提出免税资格申请，并提供本通知规定的相关材料。 财政、税务部门按照上述管理权限，对非营利组织享受免税的资格联合进行审核确认，并定期予以公布

续表

	关于非营利组织免税资格认定管理有关问题的通知（财税〔2018〕13号）	关于非营利组织免税资格认定管理有关问题的通知（财税〔2014〕13号）
报送材料	（一）申请报告； （二）事业单位、社会团体、基金会、社会服务机构的组织章程或宗教活动场所、宗教院校的管理制度； （三）非营利组织注册登记证件的复印件； （四）上一年度的资金来源及使用情况、公益活动和非营利活动的明细情况； （五）上一年度的工资薪金情况专项报告，包括薪酬制度、工作人员整体平均工资薪金水平、工资福利占总支出比例、重要人员工资薪金信息（至少包括工资薪金水平排名前10的人员）； （六）具有资质的中介机构鉴证的上一年度财务报表和审计报告； （七）登记管理机关出具的事业单位、社会团体、基金会、社会服务机构、宗教活动场所、宗教院校上一年度符合相关法律法规和国家政策的事业发展情况或非营利活动的材料； （八）财政、税务部门要求提供的其他材料。 当年新设立或登记的非营利组织需提供本条第（一）项至第（三）项规定的材料及本条第（四）项、第（五）项规定的申请当年的材料，不需提供本条第（六）项、第（七）项规定的材料	（一）申请报告； （二）事业单位、社会团体、基金会、民办非企业单位的组织章程或宗教活动场所的管理制度； （三）税务登记证复印件； （四）非营利组织登记证复印件； （五）申请前年度的资金来源及使用情况、公益活动和非营利活动的明细情况； （六）具有资质的中介机构鉴证的申请前会计年度的财务报表和审计报告； （七）登记管理机关出具的事业单位、社会团体、基金会、民办非企业单位申请前年度的年度检查结论； （八）财政、税务部门要求提供的其他材料
免税资格复审	非营利组织免税优惠资格的有效期为五年。非营利组织应在免税优惠资格期满后六个月内提出复审申请，不提出复审申请或复审不合格的，其享受免税优惠的资格到期自动失效。 非营利组织免税资格复审，按照初次申请免税优惠资格的规定办理	非营利组织免税优惠资格的有效期为五年。非营利组织应在期满前三个月内提出复审申请，不提出复审申请或复审不合格的，其享受免税优惠的资格到期自动失效。 非营利组织免税资格复审，按照初次申请免税优惠资格的规定办理
纳税申报	非营利组织必须按照《中华人民共和国税收征收管理法》及《中华人民共和国税收征收管理法实施细则》等有关规定，办理税务登记，按期进行纳税申报。取得免税资格的非营利组织应按照规定向主管税务机关办理免税手续，免税条件发生变化的，应当自发生变化之日起十五日内向	非营利组织必须按照《中华人民共和国税收征收管理法》（以下简称《税收征管法》）及《中华人民共和国税收征收管理法实施细则》（以下简称《实施细则》）等有关规定，办理税务登记，按期进行纳税申报。取得免税资格的非营利组织应按照规定向主管税务机关办理免

续表

	关于非营利组织免税资格认定管理有关问题的通知（财税〔2018〕13号）	关于非营利组织免税资格认定管理有关问题的通知（财税〔2014〕13号）
纳税申报	主管税务机关报告；不再符合免税条件的，应当依法履行纳税义务；未依法纳税的，主管税务机关应当予以追缴。取得免税资格的非营利组织注销时，剩余财产处置违反本通知第一条第五项规定的，主管税务机关应追缴其应纳企业所得税款。 有关部门在日常管理过程中，发现非营利组织享受优惠年度不符合本通知规定的免税条件的，应提请核准该非营利组织免税资格的财政、税务部门，由其进行复核。 核准非营利组织免税资格的财政、税务部门根据本通知规定的管理权限，对非营利组织的免税优惠资格进行复核，复核不合格的，相应年度不得享受税收优惠政策	税手续，免税条件发生变化的，应当自发生变化之日起十五日内向主管税务机关报告；不再符合免税条件的，应当依法履行纳税义务；未依法纳税的，主管税务机关应当予以追缴。取得免税资格的非营利组织注销时，剩余财产处置违反本通知第一条第五项规定的，主管税务机关应追缴其应纳企业所得税款。 主管税务机关应根据非营利组织报送的纳税申报表及有关资料进行审查，当年符合《企业所得税法》及其《实施条例》和有关规定免税条件的收入，免予征收企业所得税；当年不符合免税条件的收入，照章征收企业所得税。主管税务机关在执行税收优惠政策过程中，发现非营利组织不再具备本通知规定的免税条件的，应及时报告核准该非营利组织免税资格的财政、税务部门，由其进行复核。 核准非营利组织免税资格的财政、税务部门根据本通知规定的管理权限，对非营利组织的免税优惠资格进行复核，复核不合格的，取消其享受免税优惠的资格
取消免税资格的情况	已认定的享受免税优惠政策的非营利组织有下述情形之一的，应自该情形发生年度起取消其资格： （一）登记管理机关在后续管理中发现非营利组织不符合相关法律法规和国家政策的； （二）在申请认定过程中提供虚假信息的； （三）纳税信用等级为税务部门评定的C级或D级的； （四）通过关联交易或非关联交易和服务活动，变相转移、隐匿、分配该组织财产的； （五）被登记管理机关列入严重违法失信名单的； （六）从事非法政治活动的。 因上述第（一）项至第（五）项规定的情形被取消免税优惠资格的非营利组织，	已认定的享受免税优惠政策的非营利组织有下述情况之一的，应取消其资格： （一）事业单位、社会团体、基金会及民办非企业单位逾期未参加年检或年度检查结论为“不合格”的； （二）在申请认定过程中提供虚假信息的； （三）有逃避缴纳税款或帮助他人逃避缴纳税款行为的； （四）通过关联交易或非关联交易和服务活动，变相转移、隐匿、分配该组织财产的； （五）因违反《税收征管法》及其《实施细则》而受到税务机关处罚的； （六）受到登记管理机关处罚的。 因上述第（一）项规定的情形被取消免税优惠资格的非营利组织，财政、

续表

	关于非营利组织免税资格认定管理有关问题的通知（财税〔2018〕13号）	关于非营利组织免税资格认定管理有关问题的通知（财税〔2014〕13号）
取消免税资格的情况	财政、税务部门自其被取消资格的次年起一年内不再受理该组织的认定申请；因上述第（六）项规定的情形被取消免税优惠资格的非营利组织，财政、税务部门将不再受理该组织的认定申请。 被取消免税优惠资格的非营利组织，应当依法履行纳税义务；未依法纳税的，主管税务机关应当自其存在取消免税优惠资格情形的当年起予以追缴	税务部门在一年内不再受理该组织的认定申请；因上述规定的除第（一）项以外的其他情形被取消免税优惠资格的非营利组织，财政、税务部门在五年内不再受理该组织的认定申请

5. 后续管理。

享受税收优惠的时间：预缴享受。

主要留存备查资料：

一是非营利组织免税资格有效认定文件或其他相关证明；

二是非营利组织认定资料；

三是当年资金来源及使用情况、公益活动和非营利活动的明细情况；

四是当年工资薪金情况专项报告，包括薪酬制度、工作人员整体平均工资薪金水平、工资福利占总支出比例、重要人员工资薪金信息（至少包括工资薪金水平排名前10的人员）；

五是当年财务报表；

六是登记管理机关出具的事业单位、社会团体、基金会、社会服务机构、宗教活动场所、宗教院校当年符合相关法律法规和国家政策的事业发展情况或非营利活动的材料；

七是应纳税收入及其有关的成本、费用、损失，与免税收入及其有关的成本、费用、损失分别核算的情况说明；

八是取得各类免税收入的情况说明；

九是各类免税收入的凭证。

后续管理要求：由省税务机关（含计划单列市税务机关）规定。

——企业所得税优惠事项备案管理目录（2017年版）

二、住房经营管理单位增值税、房产税、契税优惠政策

（一）增值税免税政策

2018年12月31日前，公共租赁住房经营管理单位出租公共租赁住房免征增

值税。公共租赁住房，是指纳入省、自治区、直辖市、计划单列市人民政府及新疆生产建设兵团批准的公共租赁住房发展规划和年度计划，并按照《关于加快发展公共租赁住房的指导意见》（建保〔2010〕87号）和市、县人民政府制定的具体管理办法进行管理的公共租赁住房。

——关于全面推开营业税改征增值税试点的通知（财税〔2016〕36号）

（二）房产税免税政策

对按政府规定价格出租的公有住房和廉租住房，包括企业和自收自支事业单位向职工出租的单位自有住房；房管部门向居民出租的公有住房；落实私房政策中带户发还产权并以政府规定租金标准向居民出租的私有住房等，暂免征收房产税。

——关于调整住房租赁市场税收政策的通知（财税〔2000〕125号）

2016年1月1日至2018年12月31日，对公共租赁住房免征房产税。公共租赁住房经营单位应单独核算公共租赁住房租金收入，未单独核算的，不得享受免征房产税优惠政策。

——关于公共租赁住房税收优惠政策的通知（财税〔2015〕139号）

（三）印花税免税政策

1. 2016年1月1日至2018年12月31日，对公共租赁住房经营管理单位免征建设、管理公共租赁住房涉及的印花税。在其他住房项目中配套建设公共租赁住房，依据政府部门出具的相关材料，按公共租赁住房建筑面积占总建筑面积的比例免征建设、管理公共租赁住房涉及的印花税。

2. 对公共租赁住房经营管理单位购买住房作为公共租赁住房，免征印花税；对公共租赁住房租赁双方免征签订租赁协议涉及的印花税。

——关于公共租赁住房税收优惠政策的通知（财税〔2015〕139号）

对改造安置住房经营管理单位与改造安置住房相关的印花税以及购买安置住房的个人涉及的印花税予以免征。

——关于棚户区改造有关税收政策的通知（财税〔2013〕101号）

（四）契税免税政策

1. 对经营管理单位回购已分配的改造安置住房继续作为改造安置房源的，免征契税。

——关于棚户区改造有关税收政策的通知（财税〔2013〕101号）

2. 对经济适用住房经营管理单位回购经济适用住房继续作为经济适用住房房源的，免征契税。

——关于廉租住房、经济适用住房和住房租赁有关税收政策的通知（财税

〔2008〕24 号）

3. 2016 年 1 月 1 日至 2018 年 12 月 31 日，对公共租赁住房经营管理单位购买住房作为公共租赁住房，免征契税。

——关于公共租赁住房税收优惠政策的通知（财税〔2015〕139 号）

三、军队增值税、房产税、城镇土地使用税、契税、车辆购置税、车船税、耕地占用税优惠政策

（一）增值税免税政策

军队空余房产租赁收入免征增值税。

——关于全面推开营业税改征增值税试点的通知（财税〔2016〕36 号）

（二）房产税免税政策

自 2004 年 8 月 1 日起，对军队空余房产租赁收入暂免征收房产税。暂免征收房产税的军队空余房产，在出租时必须悬挂《军队房地产租赁许可证》，以备查验。

——关于暂免征收军队空余房产租赁收入营业税房产税的通知（财税〔2004〕123 号）

军队自用的房产免纳房产税，指这些单位本身的办公用房和公务用房。

——关于房产税若干具体问题的解释和暂行规定（财税地字〔1986〕8 号）

（三）城镇土地使用税免税政策

军队自用的土地免缴土地使用税，指这些单位本身的办公用地和公务用地。

——土地使用税暂行条例

（四）契税免税政策

军事单位承受土地、房屋用于办公、教学、医疗、科研和军事设施的，免征契税；所称用于办公的，是指办公室（楼）以及其他直接用于办公的土地、房屋。所称用于教学的，是指教室（教学楼）以及其他直接用于教学的土地、房屋。所称用于医疗的，是指门诊部以及其他直接用于医疗的土地、房屋。所称用于科研的，是指科学试验的场所以及其他直接用于科研的土地、房屋。所称用于军事设施的，是指：（1）地上和地下的军事指挥作战工程；（2）军用的机场、港口、码头；（3）军用的库房、营区、训练场、试验场；（4）军用的通信、导航、观测台站；（5）其他直接用于军事设施的土地、房屋。

——契税暂行条例

（五）车辆购置税免税政策

中国人民解放军和中国人民武装警察部队列入军队武器装备订货计划的车辆，免征车辆购置税。部队购置的其余车辆应缴纳车辆购置税。

——中华人民共和国车辆购置税暂行条例、关于人防机动指挥通信车缴纳车辆购置税问题的批复（税总函〔2014〕245 号）

纳税人在办理车辆购置税免（减）税手续时，应如实填写纳税申报表和《车辆购置税免（减）税申报表》，还应提供下列资料：

1. 纳税人身份证明（《组织机构代码证》或者《税务登记证》或者其他有效机构证）。

——国家税务总局公告 2015 年第 4 号

2. 车辆价格证明（境内购置车辆：机动车销售统一发票（发票联和报税联）或者其他有效凭证。进口自用车辆：《海关进口关税专用缴款书》、《海关进口消费税专用缴款书》或者海关进出口货物征免税证明）。

——国家税务总局公告 2015 年第 4 号

3. 车辆合格证明（国产车辆：提供整车出厂合格证明或者车辆电子信息单。进口车辆：车辆电子信息单、《中华人民共和国海关货物进口证明书》或者《中华人民共和国海关监管车辆进（出）境领（销）牌照通知书》或者《没收走私汽车、摩托车证明书》）。

——国家税务总局公告 2015 年第 4 号

4. 税务机关要求提供的其他资料。

5. 中国人民解放军和中国人民武装警察部队列入军队武器装备订货计划的车辆，提供订货计划的证明。

免税车辆因转让、改变用途等原因，其免税条件消失的，纳税人应在免税条件消失之日起 60 日内到主管税务机关重新申报纳税。

免税车辆发生转让，但仍属于免税范围的，受让方应当自购买或取得车辆之日起 60 日内到主管税务机关重新申报免税。

免税条件消失的车辆，纳税人在办理纳税申报时，应如实填写《车辆购置税纳税申报表》，同时提供以下资料：发生二手车交易行为的，提供纳税人身份证明、《二手车销售统一发票》和《车辆购置税完税证明》（以下简称“完税证明”）正本原件；未发生二手车交易行为的，提供纳税人身份证明、完税证明正本原件及有效证明资料。

免税条件消失的车辆，自初次办理纳税申报之日起，使用年限未满 10 年的，计税价格以免税车辆初次办理纳税申报时确定的计税价格为基准，每满 1 年扣减 10%；未满 1 年的，计税价格为免税车辆的原计税价格；使用年限 10 年（含）

以上的，计税价格为0。

——车辆购置税征收管理办法（国家税务总局令〔2014〕33号）

（六）车船税免税政策

军队、武装警察部队专用的车船免征车船税。所称的军队、武装警察部队专用的车船，是指按照规定在军队、武装警察部队车船登记管理部门登记，并领取军队、武警牌照的车船。

——中华人民共和国车船税法及实施条例

（七）耕地占用税免税政策

军事设施占用耕地免征耕地占用税。免税的军事设施，具体范围包括：地上、地下的军事指挥、作战工程；军用机场、港口、码头；营区、训练场、试验场；军用洞库、仓库；军用通信、侦察、导航、观测台站和测量、导航、助航标志；军用公路、铁路专用线，军用通讯、输电线路，军用输油、输水管道；其他直接用于军事用途的设施。

——中华人民共和国耕地占用税暂行条例及实施细则

四、国家机关、人民团体增值税、房产税、契税、车辆购置税、车船税优惠政策

（一）增值税免税政策

县级以上地方人民政府或自然资源行政主管部门出让、转让或收回自然资源使用权（不含土地使用权）免征增值税。

土地所有者出让土地使用权取得的收入免征增值。

——关于全面推开营业税改征增值税试点的通知（财税〔2016〕36号）

（二）房产税免税政策

1. 国家机关、人民团体自用的房产免纳房产税，自用的房产是指这些单位本身的办公用房和公务用房。

“人民团体”是指经国务院授权的政府部门批准设立或登记备案并由国家拨付行政事业费的各种社会团体。

——房产税暂行条例、关于房产税若干具体问题的解释和暂行规定（财税地字〔1986〕8号）

2. 工商行政管理部门的集贸市场用房，不属于工商部门自用的房产，按规

定应征收房产税。但为了促进集贸市场的发展，省、自治区、直辖市可根据具体情况暂给予减税或免税照顾。

——财政部　税务总局关于房产税和车船使用税几个业务问题的解释与规定（财税地字〔1987〕3号）

（三）契税免税政策

国家机关、社会团体承受土地、房屋用于办公的，免征契税；所称用于办公的，是指办公室（楼）以及其他直接用于办公的土地、房屋。

——中华人民共和国契税暂行条例（国务院令第224号）

（四）车辆购置税免税政策

防汛部门和森林消防等部门购置的由指定厂家生产的指定型号的用于指挥、检查、调度、防汛（警）、联络的专用车辆（以下简称防汛专用车和森林消防专用车），免征车辆购置税。

——关于车辆购置税税收政策及征收管理有关问题的通知（国税发〔2004〕160号）

（五）车船税政策免税政策

警用车船免征车船税。所称的警用车船，是指公安机关、国家安全机关、监狱、劳动教养管理机关和人民法院、人民检察院领取警用牌照的车辆和执行警务的专用船舶。

——中华人民共和国车船税法及实施条例

五、劳改劳教单位房产税、车船税优惠政策

（一）房产税免税政策

1. 对少年犯管教所的房产，免征房产税。

2. 对劳改工厂、劳改农场等单位，凡作为管教或生活用房产，均免征房产税；作为生产经营用房产，应征收房产税。

3. 对监狱的房产，若主要用于关押犯人，只有极少部分用于生产经营的，可从宽掌握，免征房产税。但对设在监狱外部的门市部、营业部等生产经营用房产，应征收房产税，对生产规模较大的监狱，可以比照上述2办理。具体由各省、自治区、直辖市税务局根据情况确定。

——关于对司法部所属的劳改劳教单位征免房产税问题的通知（〔87〕财税

地字第 021 号）

4. 由国家财政拨付事业经费的劳教单位，免征房产税。

5. 经费实行自收自支的劳教单位，在规定的免税期满后，应比照〔87〕财税地字第 021 号文对劳改单位征免房产税的规定办理。

——关于对司法部所属的劳改劳教单位征免房产税问题的补充通知（〔87〕财税地字第 029 号）

（二）车船税免税政策

警用车船免征车船税。所称的警用车船，是指公安机关、国家安全机关、监狱、劳动教养管理机关和人民法院、人民检察院领取警用牌照的车辆和执行警务的专用船舶。

——中华人民共和国车船税法及实施条例

第七节 新办企业税收优惠政策

一、安置随军家属就业而新办企业免征增值税政策

为安置随军家属就业而新开办的企业，自领取税务登记证之日起，其提供的应税服务 3 年内免征增值税。

享受税收优惠政策的企业，随军家属必须占企业总人数的 60%（含）以上，并有军（含）以上政治和后勤机关出具的证明。

随军家属必须有师以上政治机关出具的可以表明其身份的证明。

——关于全面推开营业税改征增值税试点的通知（财税〔2016〕36 号）

二、安置军队转业干部就业而新办企业免征增值税政策

为安置自主择业的军队转业干部就业而新开办的企业，凡安置自主择业的军队转业干部占企业总人数 60%（含）以上的，自领取税务登记证之日起，其提供的应税服务 3 年内免征增值税。

享受上述优惠政策的自主择业的军队转业干部必须持有师以上部队颁发的转业证件。

——关于全面推开营业税改征增值税试点的通知（财税〔2016〕36 号）

三、新办小规模企业增值税、企业所得税优惠政策

此部分内容详见“第二章 第一节 八、小规模企业的增值税、企业所得税优惠政策”。

四、新办集成电路相关产业企业所得税优惠政策

此部分内容详见“第二章 第三节 十九、集成电路相关产业企业所得税优惠政策”。

第三章

自然人的税收优惠政策

一、科技人员取得科技成果转化的现金奖励个人所得税优惠政策

自2018年7月1日起施行，依法批准设立的非营利性研究开发机构和高等学校（以下简称非营利性科研机构和高校）根据《中华人民共和国促进科技成果转化法》规定，从职务科技成果转化收入中给予科技人员的现金奖励，可减按50%计入科技人员当月“工资、薪金所得”，依法缴纳个人所得税。

非营利性科研机构和高校包括国家设立的科研机构和高校、民办非营利性科研机构和高校。

国家设立的科研机构和高校是指利用财政性资金设立的、取得《事业单位法人证书》的科研机构和公办高校，包括中央和地方所属科研机构和高校。

民办非营利性科研机构和高校，是指同时满足以下条件的科研机构和高校：

1. 根据《民办非企业单位登记管理暂行条例》在民政部门登记，并取得《民办非企业单位登记证书》。

2. 对于民办非营利性科研机构，其《民办非企业单位登记证书》记载的业务范围应属于“科学研究与技术开发、成果转让、科技咨询与服务、科技成果评估”范围。对业务范围存在争议的，由税务机关转请县级（含）以上科技行政主管部门确认。对于民办非营利性高校，应取得教育主管部门颁发的《民办学校办学许可证》，《民办学校办学许可证》记载学校类型为“高等学校”。

3. 经认定取得企业所得税非营利组织免税资格。

科技人员享受本通知规定税收优惠政策，须同时符合以下条件：

1. 科技人员是指非营利性科研机构和高校中对完成或转化职务科技成果作出重要贡献的人员。非营利性科研机构和高校应按规定公示有关科技人员名单及相关信息（国防专利转化除外），具体公示办法由科技部会同财政部、税务总局制定。

2. 科技成果是指专利技术（含国防专利）、计算机软件著作权、集成电路布

图设计专有权、植物新品种权、生物医药新品种，以及科技部、财政部、税务总局确定的其他技术成果。

3. 科技成果转化是指非营利性科研机构和高校向他人转让科技成果或者许可他人使用科技成果。现金奖励是指非营利性科研机构和高校在取得科技成果转化收入三年（36 个月）内奖励给科技人员的现金。

4. 非营利性科研机构和高校转化科技成果，应当签订技术合同，并根据《技术合同认定登记管理办法》，在技术合同登记机构进行审核登记，并取得技术合同认定登记证明。

非营利性科研机构和高校应健全科技成果转化的资金核算，不得将正常工资、奖金等收入列入科技人员职务科技成果转化现金奖励享受税收优惠。

非营利性科研机构和高校向科技人员发放现金奖励时，应按个人所得税法规定代扣代缴个人所得税，并按规定向税务机关履行备案手续。

本通知施行前非营利性科研机构和高校取得的科技成果转化收入，自施行后 36 个月内给科技人员发放现金奖励，符合本通知规定的其他条件的，适用本通知。

——关于科技人员取得职务科技成果转化现金奖励有关个人所得税政策的通知（财税〔2018〕58 号）

二、个人购买家庭住房契税、印花税优惠政策

（一）契税减税政策

1. 对个人购买家庭唯一住房（家庭成员范围包括购房人、配偶以及未成年子女，下同），面积为 90 平方米及以下的，减按 1% 的税率征收契税；面积为 90 平方米以上的，减按 1.5% 的税率征收契税。对个人购买家庭第二套改善性住房，面积为 90 平方米及以下的，减按 1% 的税率征收契税；面积为 90 平方米以上的，减按 2% 的税率征收契税。

家庭第二套改善性住房是指已拥有一套住房的家庭，购买的家庭第二套住房。

纳税人申请享受税收优惠的，根据纳税人的申请或授权，由购房所在地的房地产主管部门出具纳税人家庭住房情况书面查询结果，并将查询结果和相关住房信息及时传递给税务机关。暂不具备查询条件而不能提供家庭住房查询结果的，纳税人应向税务机关提交家庭住房实有套数书面诚信保证，诚信保证不实的，属于虚假纳税申报，按照《中华人民共和国税收征收管理法》的有关规定处理，并将不诚信记录纳入个人征信系统。

按照便民、高效原则，房地产主管部门应按规定及时出具纳税人家庭住房情况书面查询结果，税务机关应对纳税人提出的税收优惠申请限时办结。

具体操作办法由各省、自治区、直辖市财政、税务、房地产主管部门共同制定。

——关于调整房地产交易环节契税营业税优惠政策的通知（财税〔2016〕23号）

2. 购买经济适用住房契税减税政策。

对个人购买经济适用住房，在法定税率基础上减半征收契税。

——关于廉租住房、经济适用住房和住房租赁有关税收政策的通知（财税〔2008〕24号）

（二）印花税免税政策

自2008年11月1日起，对个人购买住房暂免征收印花税。

——调整房地产交易环节税收政策的通知（财税〔2008〕137号）

三、已购公有住房成为完全产权住房的契税优惠政策

已购公有住房经补缴土地出让金和其他出让费用成为完全产权住房的，免征土地权属转移的契税。

——关于国有土地使用权出让等有关契税问题的通知（财税〔2004〕134号）

四、军建离退休干部住房移交地方政府管理的契税优惠政策

军建离退休干部住房移交地方政府管理是军队离退休干部住房保障和管理方式的调整，是军队住房制度改革的重要措施之一。为配合国务院、中央军委决策的顺利实施，免征军建离退休干部住房及附属用房移交地方政府管理所涉及的契税。

——关于免征军建离退休干部住房移交地方政府管理所涉及契税的通知（财税字〔2000〕176号）

五、销售自己使用过的物品或住房增值税、印花税、土地增值税、个人所得税优惠政策

（一）增值税免税政策

1. 销售自己使用过的物品免征增值税。

——增值税暂行条例

2. 个人销售自建自用住房免征增值税。

——关于全面推开营业税改征增值税试点的通知（财税〔2016〕36号）

3. 北京市、上海市、广州市和深圳市之外的地区，个人将购买不足2年的住房对外销售的，按照5%的征收率全额缴纳增值税；个人将购买2年以上（含2年）的住房对外销售的，免征增值税。

北京市、上海市、广州市和深圳市，个人将购买不足2年的住房对外销售的，按照5%的征收率全额缴纳增值税；个人将购买2年以上（含2年）的非普通住房对外销售的，以销售收入减去购买住房价款后的差额按照5%的征收率缴纳增值税；个人将购买2年以上（含2年）的普通住房对外销售的，免征增值税。

办理免税的具体程序、购买房屋的时间、开具发票、非购买形式取得住房行为及其他相关税收管理规定，按照《国务院办公厅转发建设部等部门关于做好稳定住房价格工作意见的通知》（国办发〔2005〕26号）、《国家税务总局　财政部　建设部关于加强房地产税收管理的通知》（国税发〔2005〕89号）和《国家税务总局关于房地产税收政策执行中几个具体问题的通知》（国税发〔2005〕172号）的有关规定执行（应报送：《纳税人减免税备案登记表》2份；房屋产权证原件及复印件；契税完税凭证原件及复印件（当房屋产权证标注时间不满2年而契税完税凭证填发日期满2年时提供；房屋买卖合同原件及复印件；交易双方身份证明原件及复印件）。

——关于全面推开营业税改征增值税试点的通知（财税〔2016〕36号）

享受优惠政策的普通住房原则上应同时满足以下条件：住宅小区建筑容积率在1.0以上、单套建筑面积在120平方米以下、实际成交价格低于同级别土地上住房平均交易价格1.2倍以下。各省、自治区、直辖市要根据实际情况，制定本地区享受优惠政策普通住房的具体标准。允许单套建筑面积和价格标准适当浮动，但向上浮动的比例不得超过上述标准的20%。各直辖市和省会城市的具体标准要报建设部、财政部、税务总局备案。

——国务院办公厅转发建设部等部门关于做好稳定住房价格工作意见的通知（国办发〔2005〕26号）

个人购买住房以取得的房屋产权证或契税完税证明上注明的时间作为其购买房屋的时间。

个人对外销售住房，应持依法取得的房屋权属证书，申请开具发票。

对个人购买的非普通住房超过2年（含2年）对外销售的，按其售房收入减去购买房屋价款后的差额纳税时，需提供购买房屋时取得的税务部门监制的发票作为差额征税的扣除凭证。

——关于加强房地产税收管理的通知（国税发〔2005〕89号）

"契税完税证明上注明的时间"是指契税完税证明上注明的填发日期。纳税人申报时，同时出具房屋产权证和契税完税证明且二者所注明的时间不一致的，按照"孰先"的原则确定购买房屋的时间。即房屋产权证上注明的时间早于契税完税证明上注明的时间的，以房屋产权证注明的时间为购买房屋的时间；契税完税证明上注明的时间早于房屋产权证上注明的时间的，以契税完税证明上注明的时间为购买房屋的时间。

个人将通过受赠、继承、离婚财产分割等非购买形式取得的住房对外销售的行为，也适用国税发〔2005〕89 号的有关规定。其购房时间按发生受赠、继承、离婚财产分割行为前的购房时间确定，其购房价格按发生受赠、继承、离婚财产分割行为前的购房原价确定。个人需持其通过受赠、继承、离婚财产分割等非购买形式取得住房的合法、有效法律证明文书，办理相关手续。

根据国家房改政策购买的公有住房，以购房合同的生效时间、房款收据的开具日期或房屋产权证上注明的时间，按照"孰先"的原则确定购买房屋的时间。

享受税收优惠政策普通住房的面积标准是指地方政府按国办发〔2005〕26 号文件规定并公布的普通住房建筑面积标准。对于以套内面积进行计量的，应换算成建筑面积，判断该房屋是否符合普通住房标准。

——国家税务总局关于房地产税收政策执行中几个具体问题的通知(国税发〔2005〕172 号)

（二）印花税、土地增值税免税政策

自 2008 年 11 月 1 日起，对个人销售住房暂免征收印花税；对个人销售住房暂免征收土地增值税。

——关于调整房地产交易环节税收政策的通知（财税〔2008〕137 号）

（三）个人所得税减免政策

1. 财产转让所得，按照一次转让财产的收入额减除财产原值和合理费用后的余额，计算纳税。

——个人所得税法

2. 个人转让自用达五年以上、并且是唯一的家庭生活用房取得的所得，免征个人所得税。

——财政部　国家税务总局关于个人所得税若干政策问题的通知（财税字〔1994〕20 号）

3. 个人以非货币性资产投资，属于个人转让非货币性资产和投资同时发生。对个人转让非货币性资产的所得，应按照"财产转让所得"项目，依法计算缴纳个人所得税。

个人以非货币性资产投资，应按评估后的公允价值确认非货币性资产转让收入。非货币性资产转让收入减除该资产原值及合理税费后的余额为应纳税所得额。

个人以非货币性资产投资，应于非货币性资产转让、取得被投资企业股权时，确认非货币性资产转让收入的实现。

个人应在发生上述应税行为的次月 15 日内向主管税务机关申报纳税。纳税人一次性缴税有困难的，可合理确定分期缴纳计划并报主管税务机关备案后，自发生上述应税行为之日起不超过 5 个公历年度内（含）分期缴纳个人所得税。

个人以非货币性资产投资交易过程中取得现金补价的，现金部分应优先用于缴税；现金不足以缴纳的部分，可分期缴纳。

个人在分期缴税期间转让其持有的上述全部或部分股权，并取得现金收入的，该现金收入应优先用于缴纳尚未缴清的税款。

所称非货币性资产，是指现金、银行存款等货币性资产以外的资产，包括股权、不动产、技术发明成果以及其他形式的非货币性资产。

所称非货币性资产投资，包括以非货币性资产出资设立新的企业，以及以非货币性资产出资参与企业增资扩股、定向增发股票、股权置换、重组改制等投资行为。

本通知规定的分期缴税政策自 2015 年 4 月 1 日起施行

——关于个人非货币性资产投资有关个人所得税政策的通知（财税〔2015〕41 号）

综上所述，个人销售自己使用过的物品（包括车辆但不包括房产），免征增值税；若售价没超过购入原价，也不缴纳个人所得税。个人销售住房，按照购买时间，有征免增值税之分；个人所得税，若属于自用达五年以上、并且是唯一的家庭生活用房或者售价没超过购入原价，也不缴纳个人所得税。个人以非货币性资产投资，尽管没有单独的文件明确增值税处理，但是按照增值税政策中对“有偿”的解释，应缴纳增值税；个人所得税则可选择分期缴税。

六、个人租住住房增值税、房产税优惠政策

（一）增值税减税政策

个人出租住房，应按照 5% 的征收率减按 1.5% 计算应纳税额。

个体工商户出租住房，按照 5% 的征收率减按 1.5% 计算应纳税额。

——关于全面推开营业税改征增值税试点的通知（财税〔2016〕36 号）

其他个人采取预收款形式出租不动产，取得的预收租金收入，可在预收款对

应的租赁期内平均分摊，分摊后的月租金收入不超过3万元的，可享受小微企业免征增值税优惠政策。

——关于全面推开营业税改征增值税试点有关税收征收管理事项的公告（国家税务总局公告2016年第23号）

（二）房产税、城镇土地使用税减税政策

自2001年1月1日起，对个人按市场价格出租的居民住房，房产税暂减按4%的税率征收。

——关于调整住房租赁市场税收政策的通知（财税〔2000〕125号）

对个人出租住房，不区分用途，按4%的税率征收房产税，免征城镇土地使用税。

——关于廉租住房、经济适用住房和住房租赁有关税收政策的通知（财税〔2008〕24号）

（三）印花税免税政策

对个人出租、承租住房签订的租赁合同，免征印花税。

——关于廉租住房、经济适用住房和住房租赁有关税收政策的通知（财税〔2008〕24号）

（四）个人所得税减税政策

自2001年1月1日起，对个人出租房屋取得的所得暂减按10%的税率征收个人所得税。

——关于调整住房租赁市场税收政策的通知（财税〔2000〕125号）

七、个体工商户的经营者与个人的房屋、土地权属转移免征契税政策

个体工商户的经营者将其个人名下的房屋、土地权属转移至个体工商户名下，或个体工商户将其名下的房屋、土地权属转回原经营者个人名下，免征契税。

——关于企业以售后回租方式进行融资等有关契税政策的通知（财税〔2012〕82号）

八、合伙人与个人的房屋、土地权属转移免征契税政策

合伙企业的合伙人将其名下的房屋、土地权属转移至合伙企业名下，或合伙

企业将其名下的房屋、土地权属转回原合伙人名下，免征契税。

——关于企业以售后回租方式进行融资等有关契税政策的通知（财税〔2012〕82 号）

九、夫妻间房屋、土地权属变更免征契税政策

在婚姻关系存续期间，房屋、土地权属原归夫妻一方所有，变更为夫妻双方共有或另一方所有的，或者房屋、土地权属原归夫妻双方共有，变更为其中一方所有的，或者房屋、土地权属原归夫妻双方共有，双方约定、变更共有份额的，免征契税。

——关于夫妻之间房屋土地权属变更有关契税政策的通知（财税〔2014〕4 号）

十、家庭财产分割增值税、个人所得税优惠政策

（一）增值税免税政策

家庭财产分割免征增值税，具体包括下列情形：一是离婚财产分割；二是无偿赠与配偶、父母、子女、祖父母、外祖父母、孙子女、外孙子女、兄弟姐妹；三是无偿赠与对其承担直接抚养或者赡养义务的抚养人或者赡养人；四是房屋产权所有人死亡，法定继承人、遗嘱继承人或者受遗赠人依法取得房屋产权。

——关于全面推开营业税改征增值税试点的通知（财税〔2016〕36 号）

（二）个人所得税免税政策

以下情形的房屋产权无偿赠与，对当事双方不征收个人所得税：一是房屋产权所有人将房屋产权无偿赠与配偶、父母、子女、祖父母、外祖父母、孙子女、外孙子女、兄弟姐妹；二是房屋产权所有人将房屋产权无偿赠与对其承担直接抚养或者赡养义务的抚养人或者赡养人；三是房屋产权所有人死亡，依法取得房屋产权的法定继承人、遗嘱继承人或者受遗赠人。

受赠人转让受赠房屋的，以其转让受赠房屋的收入减除原捐赠人取得该房屋的实际购置成本以及赠与和转让过程中受赠人支付的相关税费后的余额，为受赠人的应纳税所得额，依法计征个人所得税。受赠人转让受赠房屋价格明显偏低且无正当理由的，税务机关可以依据该房屋的市场评估价格或其他合理方式确定的价格核定其转让收入。

赠与双方办理免税手续时，应向税务机关提交以下资料：

一是《国家税务总局关于加强房地产交易个人无偿赠与不动产税收管理有关

问题的通知》(国税发〔2006〕144号)第一条规定的相关证明材料(相关证明材料:属于继承不动产的,继承人应当提交公证机关出具的“继承权公证书”、房产所有权证和《个人无偿赠与不动产登记表》;属于遗嘱人处分不动产的,遗嘱继承人或者受遗赠人须提交公证机关出具的“遗嘱公证书”和“遗嘱继承权公证书”或“接受遗赠公证书”、房产所有权证以及《个人无偿赠与不动产登记表》;属于其他情况无偿赠与不动产的,受赠人应当提交房产所有人“赠与公证书”和受赠人“接受赠与公证书”,或持双方共同办理的“赠与合同公证书”,以及房产所有权证和《个人无偿赠与不动产登记表》。上述证明材料必须提交原件)。

二是赠与双方当事人的有效身份证件。

三是提供公证机构出具的赠与人和受赠人亲属关系的公证书(原件)。

四是提供公证机构出具的抚养关系或者赡养关系公证书(原件),或者乡镇政府或街道办事处出具的抚养关系或者赡养关系证明。

税务机关应当认真审核赠与双方提供的上述资料,资料齐全并且填写正确的,在提交的《个人无偿赠与不动产登记表》上签字盖章后复印留存,原件退还提交人,同时办理个人所得税不征税手续。

——财政部 国家税务总局关于个人无偿受赠房屋有关个人所得税问题的通知(财税〔2009〕78号)

十一、房屋被拆迁相关契税、土地增值税、个人所得税优惠政策

(一)契税减免政策

市、县级人民政府根据《国有土地上房屋征收与补偿条例》有关规定征收居民房屋,居民因个人房屋被征收而选择货币补偿用以重新购置房屋,并且购房成交价格不超过货币补偿的,对新购房屋免征契税;购房成交价格超过货币补偿的,对差价部分按规定征收契税。

居民因个人房屋被征收而选择房屋产权调换,并且不缴纳房屋产权调换差价的,对新换房屋免征契税;缴纳房屋产权调换差价的,对差价部分按规定征收契税。

——关于企业以售后回租方式进行融资等有关契税政策的通知(财税〔2012〕82号)

(二)土地增值税免税政策

因城市实施规划、国家建设的需要而搬迁,或因城市实施规划、国家建设的

需要而搬迁，由纳税人自行转让原房地产的，免征土地增值税。

——土地增值税暂行条例实施细则

因“城市实施规划”而搬迁，是指因旧城改造或因企业污染、扰民（指生产过量废气、废水、废渣和噪音，使城市居民生活受到一定危害），而由政府有关主管部门根据已审批通过的城市规划确定进行搬迁的情况；因“国家建设的需要”而搬迁，是指因实施国务院、省级人民政府、国务院有关部委批准的建设项目而进行搬迁的情况。

——关于土地增值税若干问题的通知（财税〔2006〕21号）

（三）个人所得税免税政策

对被拆迁人按照国家有关城镇房屋拆迁管理办法规定的标准取得的拆迁补偿款，免征个人所得税。

——关于城镇房屋拆迁有关税收政策的通知》（财税〔2005〕45号）

十二、住房租赁补贴免征个人所得税

2013年9月28日至2015年12月31日，对符合地方政府规定条件的低收入住房保障家庭从地方政府领取的住房租赁补贴，免征个人所得税。

——关于促进公共租赁住房发展有关税收优惠政策的通知（财税〔2014〕52号）

2016年1月1日至2018年12月31日，对符合地方政府规定条件的低收入住房保障家庭从地方政府领取的住房租赁补贴，免征个人所得税。

——关于公共租赁住房税收优惠政策的通知（财税〔2015〕139号）

十三、随军家属从事个体经营免征增值税政策

从事个体经营的随军家属，自办理税务登记事项之日起，其提供的应税服务3年内免征增值税。

随军家属必须有师以上政治机关出具的可以表明其身份的证明。

按照上述规定，每一名随军家属可以享受一次免税政策。

——关于全面推开营业税改征增值税试点的通知（财税〔2016〕36号）

十四、军队干部转业增值税、个人所得税优惠政策

（一）增值税政策

从事个体经营的军队转业干部，自领取税务登记证之日起，其提供的应税服

务 3 年内免征增值税。

享受上述优惠政策的自主择业的军队转业干部必须持有师以上部队颁发的转业证件。

——关于全面推开营业税改征增值税试点的通知（财税〔2016〕36 号）

（二）个人所得税政策

军人的转业费、复员费，免征个人所得税。

——中华人民共和国个人所得税法

十五、重点群体创业减税政策

（一）重点群体创业限额依次扣减增值税、城市维护建设税、教育费附加、地方教育附加和个人所得税政策

1. 对持《就业创业证》（注明“自主创业税收政策”或“毕业年度内自主创业税收政策”）或《就业失业登记证》（注明“自主创业税收政策”或附着《高校毕业生自主创业证》）的人员从事个体经营的，在 3 年内按每户每年 8000 元为限额依次扣减其当年实际应缴纳的增值税、城市维护建设税、教育费附加、地方教育附加和个人所得税。限额标准最高可上浮 20%，各省、自治区、直辖市人民政府可根据本地区实际情况在此幅度内确定具体限额标准，并报财政部和税务总局备案。

纳税人年度应缴纳税款小于上述扣减限额的，以其实际缴纳的税款为限；大于上述扣减限额的，以上述扣减限额为限。

——关于继续实施支持和促进重点群体创业就业有关税收政策的通知（财税〔2017〕49 号）

符合条件人员从事个体经营的，按照财税〔2017〕49 号文件第一条的规定，在年度减免税限额内，依次扣减增值税、城市维护建设税、教育费附加、地方教育附加和个人所得税。纳税人的实际经营期不足一年的，应当以实际月份换算其减免税限额。换算公式为：减免税限额 = 年度减免税限额 ÷ 12 × 实际经营月数。

纳税人实际应缴纳的增值税、城市维护建设税、教育费附加、地方教育附加和个人所得税小于减免税限额的，以实际应缴纳的增值税、城市维护建设税、教育费附加、地方教育附加和个人所得税税额为限；实际应缴纳的增值税、城市维护建设税、教育费附加、地方教育附加和个人所得税大于减免税限额的，以减免税限额为限。

上述城市维护建设税、教育费附加、地方教育附加的计税依据是享受本项税

收优惠政策前的增值税应纳税额。

——关于继续实施支持和促进重点群体创业就业有关税收政策具体操作问题的公告（国家税务总局公告2017年第27号）

2. 上述人员是指：（1）在人力资源社会保障部门公共就业服务机构登记失业半年以上的人员；（2）零就业家庭、享受城市居民最低生活保障家庭劳动年龄内的登记失业人员；（3）毕业年度内高校毕业生。高校毕业生是指实施高等学历教育的普通高等学校、成人高等学校应届毕业的学生；毕业年度是指毕业所在自然年，即1月1日至12月31日。

——关于继续实施支持和促进重点群体创业就业有关税收政策的通知（财税〔2017〕49号）

在人力资源社会保障部门公共就业服务机构登记失业半年以上的人员、零就业家庭或享受城市居民最低生活保障家庭劳动年龄内的登记失业人员，可持《就业创业证》（或《就业失业登记证》，下同）、个体工商户登记执照（未完成"两证整合"的还须持《税务登记证》）向创业地县以上（含县级，下同）人力资源社会保障部门提出申请。县以上人力资源社会保障部门应当按照财税〔2017〕49号文件的规定，核实创业人员是否享受过税收扶持政策。对符合条件人员在《就业创业证》上注明"自主创业税收政策"。

毕业年度高校毕业生在校期间从事个体经营享受税收优惠政策的，凭学生证到公共就业服务机构申领《就业创业证》，或委托所在高校就业指导中心向公共就业服务机构代为其申领《就业创业证》。公共就业服务机构在《就业创业证》上注明"毕业年度内自主创业税收政策"。

毕业年度高校毕业生离校后从事个体经营享受税收优惠政策的，可凭毕业证直接向公共就业服务机构申领《就业创业证》。公共就业服务机构在《就业创业证》上注明"毕业年度内自主创业税收政策"。

任何单位或个人不得伪造、涂改、转让、出租相关凭证，违者将依法予以惩处；对采取上述手段已经获取减免税的个人，主管税务机关要追缴其已减免的税款，并依法予以处罚；对出借、转让《就业创业证》的人员，主管人力资源社会保障部门要收回其《就业创业证》并记录在案。

《就业创业证》采用实名制，限持证者本人使用。创业人员从事个体经营的，《就业创业证》由本人保管。《就业创业证》由人力资源社会保障部统一样式，各省、自治区、直辖市人力资源社会保障部门负责印制，统一编号备案，作为审核劳动者就业失业状况和享受政策情况的有效凭证。

县以上税务、财政、人力资源社会保障、教育、民政部门要建立劳动者就业信息交换和协查制度。人力资源社会保障部建立全国统一的就业信息平台，供各级人力资源社会保障、税务、财政、民政部门查询《就业创业证》信息。地方各级人力资源社会保障部门要及时将《就业创业证》信息（包括发放信息和内容更新信息）按规定上报人力资源社会保障部。

主管税务机关应当在《就业创业证》中加盖戳记，注明减免税所属时间。各级税务机关对《就业创业证》有疑问的，可提请同级人力资源社会保障部门予以协查，同级人力资源社会保障部门应根据具体情况规定合理的工作时限，并在时限内将协查结果通报提请协查的税务机关。

——关于继续实施支持和促进重点群体创业就业有关税收政策具体操作问题的公告（国家税务总局公告 2017 年第 27 号）

上述优惠政策执行期限为 2017 年 1 月 1 日至 2019 年 12 月 31 日。税收优惠政策在 2019 年 12 月 31 日未享受满 3 年的，可继续享受至 3 年期满为止。

上述人员不得重复享受税收优惠政策，以前年度已享受扶持就业的专项税收优惠政策的人员不得再享受上述规定的税收优惠政策。如果企业的就业人员既适用上述规定的税收优惠政策，又适用其他扶持就业的专项税收优惠政策，企业可选择适用最优惠的政策，但不能重复享受。

——关于继续实施支持和促进重点群体创业就业有关税收政策的通知（财税〔2017〕49 号）

（二）个体工商户增值税起征点优惠政策

自 2018 年 1 月 1 日至 2020 年 12 月 31 日，继续对月销售额 2 万元（含本数）至 3 万元的增值税小规模纳税人，免征增值税。

——关于延续小微企业增值税政策的通知（财税〔2017〕76 号）

增值税小规模纳税人应分别核算销售货物或者加工、修理修配劳务的销售额和销售服务、无形资产的销售额。增值税小规模纳税人销售货物或者加工、修理修配劳务月销售额不超过 3 万元（按季纳税 9 万元），销售服务、无形资产月销售额不超过 3 万元（按季纳税 9 万元）的，自 2018 年 1 月 1 日起至 2020 年 12 月 31 日，可分别享受小微企业暂免征收增值税优惠政策。

——关于小微企业免征增值税有关问题的公告（国家税务总局公告 2017 年第 52 号）

十六、退役士兵自主创业减税政策

（一）退役士兵自主创业限额依次扣减增值税、城市维护建设税、教育费附加、地方教育附加和个人所得税政策

对自主就业退役士兵从事个体经营的，在 3 年内按每户每年 8000 元为限额依次扣减其当年实际应缴纳的增值税、城市维护建设税、教育费附加、地方教育

附加和个人所得税。限额标准最高可上浮20%，各省、自治区、直辖市人民政府可根据本地区实际情况在此幅度内确定具体限额标准，并报财政部和税务总局备案。

纳税人年度应缴纳税款小于上述扣减限额的，以其实际缴纳的税款为限；大于上述扣减限额的，以上述扣减限额为限。纳税人的实际经营期不足一年的，应当以实际月份换算其减免税限额。换算公式为：减免税限额 = 年度减免税限额 ÷ 12 × 实际经营月数。

纳税人在享受税收优惠政策的当月，持《中国人民解放军义务兵退出现役证》或《中国人民解放军士官退出现役证》以及税务机关要求的相关材料向主管税务机关备案。

所称自主就业退役士兵是指依照《退役士兵安置条例》（国务院、中央军委令第608号）的规定退出现役并按自主就业方式安置的退役士兵。

上述政策执行期限为2017年1月1日至2019年12月31日。税收优惠政策在2019年12月31日未享受满3年的，可继续享受至3年期满为止。

对《财政部　国家税务总局关于全面推开营业税改征增值税试点的通知》（财税〔2016〕36号）附件3第三条第（一）项政策，纳税人在2016年12月31日未享受满3年的，可按现行政策继续享受至3年期满为止。

如果企业招用的自主就业退役士兵既适用本通知规定的税收优惠政策，又适用其他扶持就业的专项税收优惠政策，企业可选择适用最优惠的政策，但不能重复享受。

——关于继续实施扶持自主就业退役士兵创业就业有关税收政策的通知（财税〔2017〕46号）

（二）退役士兵创办个体工商户增值税起征点优惠政策

自2018年1月1日至2020年12月31日，继续对月销售额2万元（含本数）至3万元的增值税小规模纳税人，免征增值税。

——关于延续小微企业增值税政策的通知（财税〔2017〕76号）

增值税小规模纳税人应分别核算销售货物或者加工、修理修配劳务的销售额和销售服务、无形资产的销售额。增值税小规模纳税人销售货物或者加工、修理修配劳务月销售额不超过3万元（按季纳税9万元），销售服务、无形资产月销售额不超过3万元（按季纳税9万元）的，自2018年1月1日起至2020年12月31日，可分别享受小微企业暂免征收增值税优惠政策。

——关于小微企业免征增值税有关问题的公告（国家税务总局公告2017年第52号）

十七、残疾人员增值税、个人所得税优惠政策

（一）增值税免税政策

残疾人员本人为社会提供的服务免征增值税。

——关于全面推开营业税改征增值税试点的通知（财税〔2016〕36号）

残疾人个人提供的加工、修理修配劳务，免征增值税。

——关于促进残疾人就业增值税优惠政策的通知（财税〔2016〕52号）

（二）个人所得税减税政策

有下列情形之一的，经批准可以减征个人所得税：残疾、孤老人员和烈属的所得。所说的减征个人所得税，其减征的幅度和期限由省、自治区、直辖市人民政府规定。

——个人所得税法及实施条例

十八、学生勤工俭学免征增值税政策

学生勤工俭学提供的服务免征增值税。

——关于全面推开营业税改征增值税试点的通知（财税〔2016〕36号）

十九、个人转让著作权免征增值税政策

个人转让著作权免征增值税。

——关于全面推开营业税改征增值税试点的通知（财税〔2016〕36号）

二十、个人转让金融商品增值税、个人所得税优惠政策

（一）增值税免税政策

1. 个人从事金融商品转让业务免征增值税。

金融商品转让，是指转让外汇、有价证券、非货物期货和其他金融商品所有权的业务活动。

其他金融商品转让包括基金、信托、理财产品等各类资产管理产品和各种金融衍生品的转让。

——关于全面推开营业税改征增值税试点的通知（财税〔2016〕36号）

2. 纳税人购入基金、信托、理财产品等各类资产管理产品持有至到期，不属于金融商品转让。

金融商品持有期间（含到期）利息（保本收益、报酬、资金占用费、补偿金等）收入，按照贷款服务缴纳增值税。所称“保本收益、报酬、资金占用费、补偿金”，是指合同中明确承诺到期本金可全部收回的投资收益。金融商品持有期间（含到期）取得的非保本的上述收益，不属于利息或利息性质的收入，不征收增值税。

——关于明确金融　房地产开发　教育辅助服务等增值税政策的通知（财税〔2016〕140号）

（二）个人所得税的免税政策

从1994年1月1日起，对个人转让上市公司股票取得的所得继续暂免征收个人所得税（不包括个人转让限售股）。

——关于股票转让所得暂不征收个人所得税的通知（财税字〔1994〕第040号）、关于股票转让所得1996年暂不征收个人所得税的通知（财税字（1996）12号）、关于个人转让股票所得继续暂免征收个人所得税的通知（财税〔1998〕61号）

对内地个人投资者通过深港通投资香港联交所上市股票取得的转让差价所得，自2016年12月5日起至2019年12月4日止，暂免征收个人所得税。

——关于深港股票市场交易互联互通机制试点有关税收政策的通知（财税〔2016〕127号）

二十一、个人取得利息的增值税、个人所得税优惠政策

（一）增值税免税政策

国债、地方政府债利息免征增值税。

存款利息不征收增值税。

——关于全面推开营业税改征增值税试点的通知（财税〔2016〕36号）

（二）个人所得税政策

国债和国家发行的金融债券利息免征个人所得税。所说的国债利息，是指个人持有中华人民共和国财政部发行的债券而取得的利息；所说的国家发行的金融债券利息，是指个人持有经国务院批准发行的金融债券而取得的利息。

——中华人民共和国个人所得税法及实施条例

对个人取得的2009年、2010年和2011年发行的地方政府债券利息所得，免征个人所得税。

——关于地方政府债券利息所得免征所得税问题的通知（财税〔2011〕76号）

对个人取得的2012年及以后年度发行的地方政府债券利息收入，免征个人所得税。

——关于地方政府债券利息免征所得税问题的通知（财税〔2013〕5号）

二十二、个人取得奖金增值税、个人所得税优惠政策

（一）增值税政策

奖金不属于增值税征税范畴，不缴纳增值税。

——关于全面推开营业税改征增值税试点的通知（财税〔2016〕36号）

（二）个人所得税政策

1. 省级人民政府、国务院部委和中国人民解放军军以上单位，以及外国组织、国际组织颁发的科学、教育、技术、文化、卫生、体育、环境保护等方面的奖金，免征个人所得税。

——中华人民共和国个人所得税法

2. 个人举报、协查各种违法、犯罪行为而获得的奖金免征个人所得税。

——关于个人所得税若干政策问题的通知（财税字〔1994〕20号）

3. 对个人购买体育彩票中奖收入的所得，凡一次中奖收入不超过1万元的，暂免征收个人所得税；超过1万元的，应按税法规定全额征收个人所得税。

——关于个人取得体育彩票中奖所得征免个人所得税问题的通知（财税〔1998〕12号）

4. 为促进有奖发票的使用和推广，个人取得单张有奖发票奖金所得不超过800元（含800元）的，暂免征收个人所得税；个人取得单张有奖发票奖金所得超过800元的，应全额按照个人所得税法规定的“偶然所得”项目征收个人所得税。

——关于个人取得有奖发票奖金征免个人所得税问题的通知（财税〔2007〕34号）

5. 对个人购买社会福利有奖募捐奖券，一次中奖收入不超过10000元的暂免征收个人所得税；对一次中奖收入超过10000元的，应按税法法规全额征税。

——关于社会福利有奖募捐发行收入税收问题的通知（国税发〔1994〕127号）

二十三、保险赔款增值税、个人所得税优惠政策

（一）增值税政策

被保险人获得的保险赔付，属于不征收增值税项目。

——关于全面推开营业税改征增值税试点的通知（财税〔2016〕36号）

（二）个人所得税免税政策

保险赔款免征个人所得税。

——中华人民共和国个人所得税法

二十四、代扣代缴税款手续费免征个人所得税政策

个人办理代扣代缴税款手续，按规定取得的扣缴手续费，暂免征收个人所得税。

——关于个人所得税若干政策问题的通知（财税字〔1994〕20号）

二十五、补贴、津贴、安家费、退职费、退休工资、离休工资、离休生活补助费免征个人所得税政策

1. 按照国家统一规定发给的补贴、津贴免征个人所得税。所说的按照国家统一规定发给的补贴、津贴，是指按照国务院规定发给的政府特殊津贴、院士津贴、资深院士津贴，以及国务院规定免纳个人所得税的其他补贴、津贴。

2. 按照国家统一规定发给干部、职工的安家费、退职费、退休工资、离休工资、离休生活补助费免征个人所得税。

——中华人民共和国个人所得税法及实施条例

3. 对按国发〔1983〕141号《国务院关于高级专家离休退休若干问题的暂行规定》和国办发〔1991〕40号《国务院办公厅关于杰出高级专家暂缓离退休审批问题的通知》精神，达到离休、退休年龄，但确因工作需要，适当延长离休退休年龄的高级专家（指享受国家发放的政府特殊津贴的专家、学者），其在延长离休退休期间的工资、薪金所得，视同退休工资、离休工资免征个人所得税。

——关于个人所得税若干政策问题的通知（财税字〔1994〕20号）

《财政部　国家税务总局关于个人所得税若干政策问题的通知》（财税字「1994」20号）第二条第（七）项中所称延长离休退休年龄的高级专家是指：享

受国家发放的政府特殊津贴的专家、学者；中国科学院、中国工程院院士。

高级专家延长离休退休期间取得的工资薪金所得，其免征个人所得税政策口径按下列标准执行：

(1) 对高级专家从其劳动人事关系所在单位取得的，单位按国家有关规定向职工统一发放的工资、薪金、奖金、津贴、补贴等收入，视同离休、退休工资，免征个人所得税；

(2) 除上述第（1）项所述收入以外各种名目的津补贴收入等，以及高级专家从其劳动人事关系所在单位之外的其他地方取得的培训费、讲课费、顾问费、稿酬等各种收入，依法计征个人所得税。

高级专家从两处以上取得应税工资、薪金所得以及具有税法规定应当自行纳税申报的其他情形的，应在税法规定的期限内自行向主管税务机关办理纳税申报。

——关于高级专家延长离休退休期间取得工资薪金所得有关个人所得税问题的通知（财税〔2008〕7号）

二十六、福利费、抚恤金、救济金免征个人所得税

福利费、抚恤金、救济金免征个人所得税。

所说的福利费，是指根据国家有关规定，从企业、事业单位、国家机关、社会团体提留的福利费或者工会经费中支付给个人的生活补助费；

所说的救济金，是指各级人民政府民政部门支付给个人的生活困难补助费。

——中华人民共和国个人所得税法及实施条例

二十七、个人公益性捐赠税收优惠政策

1. 个人将其所得对教育事业和其他公益事业捐赠的部分，按照国务院有关规定从应纳税所得中扣除。个人将其所得对教育事业和其他公益事业的捐赠，是指个人将其所得通过中国境内的社会团体、国家机关向教育和其他社会公益事业以及遭受严重自然灾害地区、贫困地区的捐赠。捐赠额未超过纳税义务人申报的应纳税所得额30%的部分，可以从其应纳税所得额中扣除。

——中华人民共和国个人所得税法及实施条例

2. 对个人通过非营利性的社会团体和国家机关对公益性青少年活动场所（其中包括新建）的捐赠，在缴纳个人所得税前准予全额扣除。

——关于对青少年活动场所、电子游戏厅有关所得税和营业税政策问题的通知（财税〔2000〕21号）

3. 自1999年10月1日起，对个人和个体工商户，资助非关联的科研机构和高等学校研究开发新产品、新技术、新工艺所发生的研究开发经费，其资助支出可以全额在当年度应纳税所得额中扣除。当年度应纳税所得额不足抵扣的，不得结转抵扣。

非关联的科研机构和高等学校是指，不是资助企业所属或投资的，并且其科研成果不是唯一提供给资助企业的科研机构和高等学校。

企业等社会力量向科研机构和高等学校资助研究开发经费，申请抵扣应纳税所得额时，须提供科研机构和高等学校开具的研究开发项目计划、资金收款证明及其他税务机关要求提供的相关资料，不能提供相关资料的，税务机关可不予受理。

——关于贯彻落实《中共中央　国务院关于加强技术创新，发展高科技，实现产业化的决定》有关税收问题的通知（财税〔1999〕273号）

4. 自2000年10月1日起，对个人通过非营利性的社会团体和政府部门向福利性、非营利性的老年服务机构的捐赠，在个人所得税前准予全额扣除。

所称老年服务机构，是指专门为老年人提供生活照料、文化、护理、健身等多方面服务的福利性、非营利性的机构，主要包括：老年社会福利院、敬老院（养老院）、老年服务中心、老年公寓（含老年护理院、康复中心、托老所）等。

——关于对老年服务机构有关税收政策问题的通知（财税〔2000〕97号）

5. 自2003年1月1日起，对个人向中华健康快车基金会和孙冶方经济科学基金会、中华慈善总会、中国法律援助基金会和中华见义勇为基金会的捐赠，准予在缴纳个人所得税前全额扣除。

——关于向中华健康快车基金会等5家单位的捐赠所得税税前扣除问题的通知（财税〔2003〕204号）

6. 自2004年1月1日起，纳税人通过中国境内非营利的社会团体、国家机关向教育事业的捐赠，准予在个人所得税前全额扣除。

——关于教育税收政策的通知（财税〔2004〕39号）

7. 自2004年1月1日起，对个人通过宋庆龄基金会、中国福利会、中国残疾人福利基金会、中国扶贫基金会、中国煤矿尘肺病治疗基金会、中华环境保护基金会用于公益救济性的捐赠，准予在缴纳个人所得税前全额扣除。

——关于向宋庆龄基金会等6家单位捐赠所得税政策问题的通知（财税〔2004〕172号）

8. 自2006年1月1日起，对个人通过中国老龄事业发展基金会、中国华文教育基金会、中国绿化基金会、中国妇女发展基金会、中国关心下一代健康体育基金会、中国生物多样性保护基金会、中国儿童少年基金会和中国光彩事业基金会用于公益救济性捐赠，准予在缴纳个人所得税前全额扣除。

——关于中国老龄事业发展基金会等 8 家单位捐赠所得税政策问题的通知（财税〔2006〕66 号）

9. 自 2006 年 1 月 1 日起，对个人通过中国医药卫生事业发展基金会用于公益救济性捐赠，准予在缴纳个人所得税前全额扣除。

——关于中国医药卫生事业发展基金会捐赠所得税政策问题的通知（财税〔2006〕67 号）

10. 自 2006 年 1 月 1 日起，对个人通过中国教育发展基金会用于公益救济性捐赠，准予在缴纳个人所得税前全额扣除。

——关于中国教育发展基金会捐赠所得税政策问题的通知（财税〔2006〕68 号）

12. 个人捐赠住房作为公共租赁住房个人所得税优惠

2013 年 9 月 28 日至 2015 年 12 月 31 日，个人捐赠住房作为公共租赁住房，符合税收法律法规规定的，对其公益性捐赠支出未超过其申报的应纳税所得额 30% 的部分，准予从其应纳税所得额中扣除。

——关于促进公共租赁住房发展有关税收优惠政策的通知（财税〔2014〕52 号）

2016 年 1 月 1 日至 2018 年 12 月 31 日，个人捐赠住房作为公共租赁住房，符合税收法律法规规定的，对其公益性捐赠支出未超过其申报的应纳税所得额 30% 的部分，准予从其应纳税所得额中扣除。

——关于公共租赁住房税收优惠政策的通知（财税〔2015〕139 号）

二十八、留学人员免征车辆购置税

回国服务的在外留学人员（以下简称留学人员）购买的 1 辆国产小汽车，免征车辆购置税。

——关于车辆购置税税收政策及征收管理有关问题的通知（国税发〔2004〕160 号）

所称小汽车，是指含驾驶员座位 9 座以内，在设计和技术特性上主要用于载运乘客及其随身行李或者临时物品的乘用车。

——关于车辆购置税征收管理有关问题的公告（国家税务总局公告 2015 年第 4 号）

纳税人在办理车辆购置税免（减）税手续时，应如实填写纳税申报表和《车辆购置税免（减）税申报表》，还应提供下列资料：

1. 纳税人身份证明（内地《居民身份证》或者《居民户口簿》，上述证件上的发证机关为非车辆登记注册地的纳税人在申报纳税时需同时提供车辆登记注册地的居住证或者暂住）。

——国家税务总局公告 2015 年第 4 号

2. 车辆价格证明（境内购置车辆：机动车销售统一发票（发票联和报税联）或者其他有效凭证。进口自用车辆：《海关进口关税专用缴款书》、《海关进口消费税专用缴款书》或者海关进出口货物征免税证明）。

——国家税务总局公告 2015 年第 4 号

3. 车辆合格证明（国产车辆：提供整车出厂合格证明或者车辆电子信息单。进口车辆：车辆电子信息单、《中华人民共和国海关货物进口证明书》或者《中华人民共和国海关监管车辆进（出）境领（销）牌照通知书》或者《没收走私汽车、摩托车证明书》）。

——国家税务总局公告 2015 年第 4 号

4. 税务机关要求提供的其他资料。

5. 中华人民共和国驻留学人员学习所在国的大使馆或者领事馆（中央人民政府驻香港联络办公室、中央人民政府驻澳门联络办公室）出具的留学证明；公安部门出具的境内居住证明、本人护照；海关核发的《中华人民共和国海关回国人员购买国产汽车准购单》）。

——国家税务总局公告 2015 年第 4 号

免税车辆因转让、改变用途等原因，其免税条件消失的，纳税人应在免税条件消失之日起 60 日内到主管税务机关重新申报纳税。

免税车辆发生转让，但仍属于免税范围的，受让方应当自购买或取得车辆之日起 60 日内到主管税务机关重新申报免税。

免税条件消失的车辆，纳税人在办理纳税申报时，应如实填写《车辆购置税纳税申报表》，同时提供以下资料：（1）发生二手车交易行为的，提供纳税人身份证明、《二手车销售统一发票》和《车辆购置税完税证明》（以下简称完税证明）正本原件；（2）未发生二手车交易行为的，提供纳税人身份证明、完税证明正本原件及有效证明资料。

免税条件消失的车辆，自初次办理纳税申报之日起，使用年限未满 10 年的，计税价格以免税车辆初次办理纳税申报时确定的计税价格为基准，每满 1 年扣减 10%；未满 1 年的，计税价格为免税车辆的原计税价格；使用年限 10 年（含）以上的，计税价格为 0。

——车辆购置税征收管理办法（国家税务总局令〔2014〕33 号）

二十九、外籍个人个人所得税、车辆购置税、车船税、契税优惠政策

（一）个人所得税免税政策

依照我国有关法律规定应予免税的各国驻华使馆、领事馆的外交代表、领事官员和其他人员的所得免征个人所得税；所说的依照我国法律规定应予免税的各国驻华使馆、领事馆的外交代表、领事官员和其他人员的所得，是指依照《中华人民共和国外交特权与豁免条例》和《中华人民共和国领事特权与豁免条例》规定免税的所得。

——中华人民共和国个人所得税法及实施条例

中国政府参加的国际公约、签订的协议中规定免税的所得免征个人所得税。

——中华人民共和国个人所得税法

下列所得免征个人所得税：

1. 外籍个人以非现金形式或实报实销形式取得的住房补贴、伙食补贴、搬迁费、洗衣费。

2. 外籍个人按合理标准取得的境内、外出差补贴。

3. 外籍个人取得的探亲费、语言训练费、子女教育费等，经当地税务机关审核批准为合理的部分。

4. 外籍个人从外商投资企业取得的股息、红利所得。

5. 凡符合下列条件之一的外籍专家取得的工资、薪金所得可免征个人所得税：

（1）根据世界银行专项贷款协议由世界银行直接派往我国工作的外国专家；

（2）联合国组织直接派往我国工作的专家；

（3）为联合国援助项目来华工作的专家；

（4）援助国派往我国专为该国无偿援助项目工作的专家；

（5）根据两国政府签订文化交流项目来华工作两年以内的文教专家，其工资、薪金所得由该国负担的；

（6）根据我国大专院校国际交流项目来华工作两年以内的文教专家，其工资、薪金所得由该国负担的；

（7）通过民间科研协定来华工作的专家，其工资、薪金所得由该国政府机构负担的。

——关于个人所得税若干政策问题的通知（财税字〔1994〕20号）

（二）车辆购置税免税政策

1. 外交人员自用的车辆免征车辆购置税。

外国驻华使馆、领事馆和国际组织驻华机构及其外交人员自用的车辆，免征车辆购置税。

——关于车辆购置税税收政策及征收管理有关问题的通知（国税发〔2004〕160号）

所称驻外使领馆工作人员，是指我国驻外使领馆享受常驻人员待遇的工作人员，不包括驻港澳地区内派机构的工作人员和其他驻境外机构的工作人员。

——关于车辆购置税征收管理有关问题的公告（国家税务总局公告2015年第4号）

纳税人在办理车辆购置税免（减）税手续时，应如实填写纳税申报表和《车辆购置税免（减）税申报表》，还应提供下列资料：

（1）纳税人身份证明（单位：《组织机构代码证》或者《税务登记证》或者其他有效机构证明；自然人：入境的身份证明和居住证明）。

——国家税务总局公告2015年第4号

（2）车辆价格证明（境内购置车辆：机动车销售统一发票（发票联和报税联）或者其他有效凭证。进口自用车辆：《海关进口关税专用缴款书》、《海关进口消费税专用缴款书》或者海关进出口货物征免税证明）。

——国家税务总局公告2015年第4号

（3）车辆合格证明（国产车辆：提供整车出厂合格证明或者车辆电子信息单。进口车辆：车辆电子信息单、《中华人民共和国海关货物进口证明书》或者《中华人民共和国海关监管车辆进（出）境领（销）牌照通知书》或者《没收走私汽车、摩托车证明书》）。

——国家税务总局公告2015年第4号

（4）税务机关要求提供的其他资料。

（5）外国驻华使馆、领事馆和国际组织驻华机构及其外交人员自用的车辆，分别提供机构证明和外交部门出具的身份证明（驻外使领馆出具的《我国驻外使领馆人员离任回国证明书》或者《驻外使领馆人员身份证明》）。

——国家税务总局公告2015年第4号

免税车辆因转让、改变用途等原因，其免税条件消失的，纳税人应在免税条件消失之日起60日内到主管税务机关重新申报纳税。

——车辆购置税征收管理办法（国家税务总局令〔2014〕33号）

2. 长期来华定居专家免征车辆购置税。

长期来华定居专家（以下简称来华专家）进口1辆自用小汽车，免征车辆购置税。

——国家税务总局关于车辆购置税税收政策及征收管理有关问题的通知（国税发〔2004〕160号）

所称来华专家，是指来华工作一年以上（含一年）的外国专家。

长期来华定居专家（以下简称来华专家）办理进口自用小汽车免税手续，应如实填写纳税申报表和《车辆购置税免（减）税申报表》，还应提供下列资料：

（1）纳税人身份证明（入境的身份证明和居住证明）。

——国家税务总局公告2015年第4号

（2）车辆价格证明（《海关进口关税专用缴款书》、《海关进口消费税专用缴款书》或者海关进出口货物征免税证明）。

——国家税务总局公告2015年第4号

（3）车辆合格证明（提供车辆电子信息单、《中华人民共和国海关货物进口证明书》或者《中华人民共和国海关监管车辆进（出）境领（销）牌照通知书》或者《没收走私汽车、摩托车证明书》）。

——国家税务总局公告2015年第4号

（4）税务机关要求提供的其他资料；

（5）国家外国专家局或者其授权单位核发的专家证，公安部门出具的境内居住证明、本人护照。

——车辆购置税征收管理办法（国家税务总局令〔2014〕33号）、关于车辆购置税征收管理有关问题的公告（国家税务总局公告2015年第4号）

免税车辆因转让、改变用途等原因，其免税条件消失的，纳税人应在免税条件消失之日起60日内到主管税务机关重新申报纳税。

免税车辆发生转让，但仍属于免税范围的，受让方应当自购买或取得车辆之日起60日内到主管税务机关重新申报免税。

免税条件消失的车辆，纳税人在办理纳税申报时，应如实填写《车辆购置税纳税申报表》，同时提供以下资料：（1）发生二手车交易行为的，提供纳税人身份证明、《二手车销售统一发票》和《车辆购置税完税证明》（以下简称完税证明）正本原件；（2）未发生二手车交易行为的，提供纳税人身份证明、完税证明正本原件及有效证明资料。

免税条件消失的车辆，自初次办理纳税申报之日起，使用年限未满10年的，计税价格以免税车辆初次办理纳税申报时确定的计税价格为基准，每满1年扣减10%；未满1年的，计税价格为免税车辆的原计税价格；使用年限10年（含）以上的，计税价格为0。

——车辆购置税征收管理办法（国家税务总局令〔2014〕33号）

（三）车船税免税政策

依照法律规定应当予以免税的外国驻华使领馆、国际组织驻华代表机构及其有关人员的车船免征车船税。

——中华人民共和国车船税法

（四）契税免税政策

依照我国有关法律规定以及我国缔结或参加的双边和多边条约或协定的规定应当予以免税的外国驻华使馆、领事馆、联合国驻华机构及其外交代表、领事官员和其他外交人员承受土地、房屋权属的，经外交部确认，可以免征契税。

——中华人民共和国契税暂行条例细则（财法字〔1997〕52号）

三十、农村地区居民车船税、耕地占用税优惠政策

（一）车船税减免政策

省、自治区、直辖市人民政府根据当地实际情况，可以对农村居民拥有并主要在农村地区使用的摩托车、三轮汽车和低速载货汽车定期减征或者免征车船税。

——中华人民共和国车船税法

（二）耕地占用税减免政策

农村居民占用耕地新建住宅，按照当地适用税额减半征收耕地占用税。减税的农村居民占用耕地新建住宅，是指农村居民经批准在户口所在地按照规定标准占用耕地建设自用住宅。农村居民经批准搬迁，原宅基地恢复耕种，凡新建住宅占用耕地不超过原宅基地面积的，不征收耕地占用税；超过原宅基地面积的，对超过部分按照当地适用税额减半征收耕地占用税。

农村烈士家属、残疾军人、鳏寡孤独以及革命老根据地、少数民族聚居区和边远贫困山区生活困难的农村居民，在规定用地标准以内新建住宅缴纳耕地占用税确有困难的，经所在地乡（镇）人民政府审核，报经县级人民政府批准后，可以免征或者减征耕地占用税。所称农村烈士家属，包括农村烈士的父母、配偶和子女。所称革命老根据地、少数民族聚居地区和边远贫困山区生活困难的农村居民，其标准按照各省、自治区、直辖市人民政府有关规定执行。

——中华人民共和国耕地占用税暂行条例及实施细则

第四章

优惠政策评析及完善

第一节

减税政策评析

一、减税缺少整体规划，减税政策比较杂乱

纵观我国现有减税政策，涉及流转额、所得额、财产行为等全部征税对象，分布在三个产业和大小企业，共计341项（详见表1－1税种减税政策统计表），减税方式上有直接免征、即征即退、税额抵免等多种形式，减税手段上有减计收入、增加扣除、所得减免、降低税率等。减税政策可谓非常全面，但也暴露出缺少整体规划、杂乱等问题。更没有深入研究和评价减税对纳税人生产经营的影响、某一减税政策的负面影响、各类纳税人各税种总体减税水平等问题。

以小型微利企业减税政策为例，小型微利企业在中国经济发展中发挥着重要的作用，特别是在提高就业等方面有着积极的影响力。但是，2010～2015年小型微利企业减税政策，在短短5年时间里，经历了5次调整，详见表4－1小型微利企业政策一览表。减税政策的制定和实施更多表现为应急性与暂时性，很难与国家经济政策中对小型微型企业发展的定位相一致。

表4－1　　小型微利企业政策一览表

	财税〔2015〕99号、国家税务总局公告2015年第61号	财税〔2015〕34号、国家税务总局公告2015年第17号	财税〔2014〕34号、国家税务总局公告2014年第23号	财税〔2011〕117号、国家税务总局公告2012年第14号	财税〔2009〕133号、国税函〔2010〕185号
减税期间	自2015年10月1日起至2017年12月31日	2015年1月1日至2017年12月31日	2014年1月1日至2016年12月31日	2012年1月1日至2015年12月31日	2010年1月1日至2010年12月31日

续表

	财税〔2015〕99号、国家税务总局公告2015年第61号	财税〔2015〕34号、国家税务总局公告2015年第17号	财税〔2014〕34号、国家税务总局公告2014年第23号	财税〔2011〕117号、国家税务总局公告2012年第14号	财税〔2009〕133号、国税函〔2010〕185号
年应纳税所得额	30万	20万	10万元（含10万元）	6万元（含6万元）	3万元（含3万元）
适用对象	查账征收企业	查账征收企业	查账征收企业	查账征收企业	查账征收企业
	核定征收企业	核定征收企业	核定征收企业		

二、缺少对减税结果的监控，减税效应不清

一直以来，税务部门缺少直接反映减税规模的核算工具和途径，往往采用由基层税务机关一层层上报、汇总、统计的数据或者是测算数据。直到2014年度的企业所得税申报表中才增加了对具体减税内容的填报；2015年7月，增值税申报表中才增加了对减税内容的填报；同年修订后的财产行为税申报表才增加了减免内容的填报。也是从2015年开始，每项增值税减免税被赋予减免性质代码，在申报时要填写代码，为减免税核算提供了基础。但是，目前对减税数据仍然处于简单统计阶段，缺少深入分析和利用。

三、减税造成经济发展不均衡，加剧企业间、地区间差距

现行减税政策中一部分是为消除不公平而存在的，但更多的是为了引导企业的经营行为。这类减税政策本身是对公平治税的破坏，容易产生不公平。目前因减税造成的经济发展不均衡主要有以下两方面：

1. 与科技创新相关的优惠政策，区域特点新明，加剧地区发展不均衡。

以上述分析的减税政策为例，软件行业减税政策、研发费用加计扣除政策和创业投资抵免政策均与科技创新相关，这类优惠政策受益的显然是经济发达、科技发达地区。如软件行业减税最多是深圳、长江经济带地区和大连等地区；研发费用支出最多的广东省是最少的西藏自治区的5843.78倍（15205497万元/2602万元），西藏能够享受该项优惠的企业数量微乎其微；再如江苏省

备案创业投资企业2010年为121家①，2013年增加到408家，管理资本规模也达到768.7亿元②。累计备案创投企业数量、注册资本规模等各项指标始终保持全国第一。本课题组在调研中虽没有获取享受创业投资抵免优惠企业的统计数据，但在这样规模下，能够享受优惠的企业数量显然也比陕西省享受创业投资抵免优惠的企业数量要多，统计显示陕西省享受创业投资抵免优惠的企业的数量2008年有5家，2009年下降为3家，到2010年和2011年为0家，没有企业享受这项优惠。

减税政策本无区域倾向，但是由于地区科技技术发展的差异，最终导致区域经济优势愈发明显。更多的人才、技术和资金流向这类地区，出现东南部经济越来越强、西北部经济越来越弱的“马太效应”，对于辽宁这类需要产业结构转型，产业结构升级换代的省份、地区更加艰难。

2. 不同规模企业税收优惠差异大。

目前减税政策重要集中于小型微型企业和大型企业，给予中型企业的税收优惠比较少。其中，适用于小型微型企业的税收优惠有小型微利企业减税政策、小型微利企业固定资产加速折旧优惠政策，小型、微型企业的借款合同免征印花税政策。对于大型企业虽然没有某项税收优惠政策明确规定适用于大型企业，但是，这类政策一般要求具备某种资质或具备某些条件。而能够取得资质或具备某些条件的企业通常都是大型企业，其实质是为大型企业制定的税收优惠。如软件行业减税政策、高新技术企业减税政策、创业投资企业减税政策、研发费用加计扣除等。相对而言，占据企业数量绝大多数的中型企业享受的税收优惠很少，除非属于特定行业如农林牧渔行业、资源综合利用行业或吸收重点群体就业企业。但对于既有税收贡献又有就业贡献的中型企业来说，既没有大型企业的竞争优势，又缺少小型微型企业的税收政策扶持，有失不公平。

四、部分减税政策，减税效应小、缺少吸引力

从本课题“三、现行减税政策及减税效应”分析可以发现，不同的减税政策带来的减税效应区别很大。从减税规模、行业新增法人数量、就业人数变化等因素来看，减税效应比较明显的是营改增行业减税政策、软件行业减税政策、高新技术企业减税政策、农林牧渔项目减税政策、研发费用加计扣除政策。这些领

---

① 江苏备案创投企业数量和规模全国第一，2010－07－21 00：05：00 来源：南京报业网－江苏商报，http：//news. 163. com/10/0721/00/6C2U1H0H00014AED. html

② 我省备案创投企业数量全国第一，来源：中国江苏网－新华日报 2014－01－06 07：14：23 http：//news. sina. com. cn/c/2014－01－06/065029166305. shtml

域的减税政策的特点：一是大多行业的减税政策由货劳税和所得税组合构成，不是单一的减税政策，减税力度大。二是减税政策与社会经济发展方向契合度高，也就是说，即使没有税收优惠政策，企业为求自身发展也会在这些方面投入更多。

从减税规模、行业新增法人数量、就业人数变化等因素来看，减税效应不明显的是小型微型企业减税政策、创业投资企业项目减税政策、促进重点群体就业减税政策、资源综合利用减税政策。造成减税效应小的因素很多，主要有以下三点：

一是政策设计的减税规模小。如小型微型企业减税政策，目前增值税小微企业年度最大减税空间为10800元（30000×12×3%），企业所得税小型微利企业年度最大减税空间为50000元（500000×50%×20%），能够同时享受上述两项优惠的企业，利润率按照15%进行测算，最多可享受减税16200元（10800+360000×15%×50%×20%）。同时，中经网统计数据库的小微企业的利润总额、主营业务收入数据测算显示其税收负担率如图4-1小微企业税收负担分析所示。

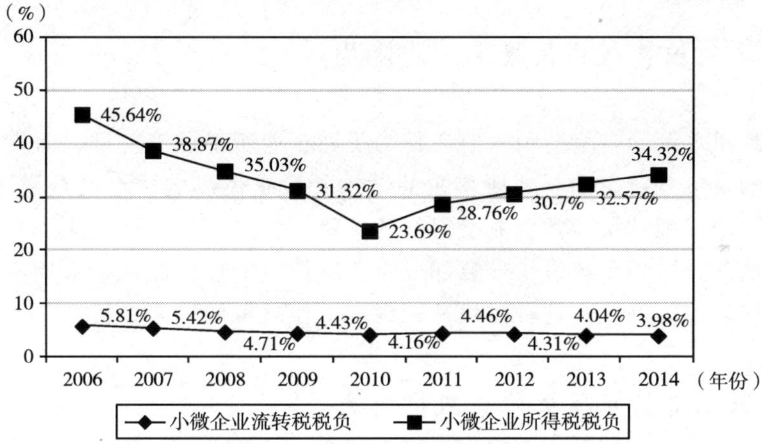

图4-1 小微企业税收负担分析

从货劳税税收负担看，小微企业货劳税税收负担2006~2014年平均税收负担为5%，呈逐年下降趋势，说明我国针对小微企业的流转税减税政策发挥了一定的积极作用。从所得税税收负担看，小微企业所得税税收负担2006~2014年平均税收负担为33.43%，呈不稳定波动趋势。2006年小微企业所得税税收负担为45.64%，2010年下降到23.69%，2014年又逐年上升到34.32%，说明我国针对小微企业的所得税减税政策实际作用并不明显。

二是减税因素对企业经营决策影响力小。例如，安置残疾人就业减税政策。从表1-9残疾人就业情况表可见，2008~2015年，每年新增30万人就业，但是残疾人的全国城镇就业人数一直在430万人左右，并没有明显增加。主要原因是大量残疾人就业对生产效率的影响大于减税以及伴随减税政策产生的税务监管风险。又如，吸纳失业人员就业减税政策，从表1－11吸收失业人员减税测算表可见，2011～2015年每年新增就业1100万人左右，每年失业人数保持920万人左右，失业人数并没有因减税政策有所下降，究其原因是失业者往往由于健康、能力、精力、性格等因素导致失业，这些因素也会影响其再次就业。再如，创业投资抵免政策，要求被投资对象为未上市中小高新技术企业，受高新技术企业资质限制，创业投资企业不会局限于投资高新技术企业，据统计2010年创业投资企业主要投资于传统制造业、新材料工业和金融服务业①。

三是减税收益小于减税成本。如资源综合利用减税政策，该减税政策对享受优惠的项目从原材料投入到产品产出、废弃物排放均制定了严格的标准，为享受该项优惠企业要付出更多的成本，而很多从事资源综合利用的企业资金有限，无法实施，因此减税效应不明显。从表1－12全国固体废物处理利用情况表可见，废弃物的利用在60%左右，并不是很高。

五、不同税种间存在减税冲抵情况

由于减税政策涵盖货劳税、财产行为税和企业所得税等税种，而货劳税和财产行为税的减免直接影响企业所得税的缴纳并且是负影响，也就是说，货劳税、财产行为税的减税结果导致企业所得税的增税。据多地税局机关测算和实际征收显示，本次营改增减税政策，导致部分企业所得税增加，尤其是房地产企业，还导致土地增值税的增加。这种减税冲抵现象，使减税效应大打折扣。

六、减税增加税收风险和纳税成本

国家税务总局按照国务院“放管服”改革思路，将341项税收优惠中的296项设为备案类优惠，只有45项设为核准类优惠，具体详见表1－1税种减税政策统计表。依照《税收减免管理办法》（国家税务总局公告2015年第43号）规定，税务机关不需要对备案类减免税进行事前核准，但要在纳税人首次减免税备案或者变更减免税备案后，及时开展后续管理工作，对纳税人减免税政策适用的准确性进行审核。

---

① 去年创业投资企业数量和资产规模呈持续增长势头，来源：搜狐证券2011－07－31，10：20，http：//stock.sohu.com/20110731/n315024218.shtml

因减免税政策多、条件复杂、减免形式多，监管难度非常大。再加上由不熟悉税收优惠政策的基层税收管理员进行后续管理，减免税的监管风险愈加增大。另外，纳税人不具备享受减免税条件而自行享受的，除了追缴已享受的减免税款外，还有被依照税收征管法的有关规定进行处理，这无疑增加了企业的纳税风险和纳税成本。

第二节 减税政策的完善

一、建立减税管理体系，用好减税政策

无论从理论上还是世界各国的税收优惠管理实践都表明：由于隐蔽性强、约束不硬等原因税收优惠政策加剧了社会不公平，滋生寻租机会增大了市场扭曲，税制变复杂影响了税法权威性和税制统一性（Surrey，1970；楼继伟，解学智，2003）。因此，建立减税管理体系将减税弊端控制到最小、减税效应发挥到最好，势在必行。

健全的减税管理体系可避免减税缺少整体的长期的规划、减税政策杂乱等问题出现，应包括减税政策制定、论证、评价、调整、清理和减税结果公示六个部分。一项减税政策的制定，应以征管数据为核心结合纳税人行为心理学等知识，运用先进技术手段，进行各税种综合测算和全面减税效应分析。减税政策在正式颁布实施前，应交由各界人士构成的评议机构组织论证，以考量该项减税政策对其他领域产生的影响。减税政策实施一段时间后，依据减税期间的相关征管数据进行现实评价，通过与预测数据进行比对和分析，确认减税政策的实际效应，为后续减税政策的调整、清理提供参考。减税政策的调整，既有基于现实评价的调整也有基于经济发展情况的调整，使之更好的发挥减税作用。对不能发挥减税效应的减税政策应及时清理。减税结果公示，要做到对每个纳税人享受到的每项减税结果的定期公布，达到正向引导和社会监督目的。

二、构建减税实时监控系统，反映减税效应

掌握减税情况对税务机关加强税收减税管理至关重要，尽管金税工程三期中设有税收优惠的查询功能，但是其设计不能满足对减税实施全面管理的要求。构建减税实时监控系统，进行更全面、更深入的减税统计和分析，迫在眉睫。减税实时系统以各税种申报表中减免税填报数据为基础结合税务登记等信息，静态可

以按行业、纳税人、时间、纳税人规模、减免项目等口径实施单项或多项组合实时反映减税情况，包括减税金额、减税企业数量、减税企业的资产总额和减税企业的职工人数；动态可以就上述口径反映不同时期数据变化。从而为科学管理减税政策提供数据依据。

三、调整减税思路，促进经济均衡发展

纵观我国的税收减税政策，是以相关产业为核心实施的一系列举措。促进了产业结构优化的同时也导致了地区间和企业间不均衡发展。

合理的税收减税政策能够扶持中小企业的发展，消除区域发展不均衡。因此，一是进一步完善产业性减税政策，从国家战略角度制定促进产业发展，优化产业结构的减税政策。如对高新技术企业的税收减税政策目前是以税率优惠、税额减免为主的直接税收优惠措施，而实践表明加速折旧、税收抵免等间接税收优惠措施更能从实质上减轻高新技术企业的成本负担，促进企业的发展，发达国家多采取间接税收优惠措施鼓励高新技术企业。二是调整税收优惠政策全国一盘棋的做法，授权落后省份结合本省资源优势和发展规划自定 1 ~ 2 个产业优惠政策，既突出区域优势又避免区域差距加大。三是给予中型企业减税扶持，尤其是劳动密集型企业，在与大型企业减税幅度相同的基础上再给予更多的减税政策。四是废止会加重税负不公、妨害企业间公平竞争且金额巨大的减税政策，控制减税总规模。

四、调整减税政策，提高减税效应

从 1994 年税制改革至今，我国曾多次对税收减税政策进行清理。多数是由于这些减税政策已经不适应市场经济新形势，甚至可能制约了社会主义市场经济的长足发展。本课题组经研究认为有些减税效应不明显但“副作用”却很大的税收减税政策，也应该进行清理。如安置残疾人就业减税政策，前述分析表明该项优惠政策减税效应不明显，也就是说，企业在权衡减税规模和生产效率及其他成本后，放弃减税是大多数企业的选择。即便选择吸纳残疾人就业以享受税收优惠也多是弄虚作假，实际上没有安排残疾人上岗工作或者是虚列残疾人的工资。吸纳失业人员就业的减税政策同上，减税政策吸引力不大、减税效应不明显，但对新增岗位的确定、失业人员再次就业的信息核实等税收管理难度却很大。

资源综合利用减税政策效应也不明显，如前所述首先享受减税的企业和产品数量少，2013 年湖北省只有 105 家企业生产的 110 个产品（工艺）被认定为资源综合利用产品；2015 年，宁波市鄞州区也只有 12 家企业进行税收优惠资格备

案。其次统计年鉴显示全国固体废物处理利用率并不高，而且2015年与2011年比较也没有大的增加。造成这一结果主要原因是减税力度不大且存在减税冲抵情况：一是政策规定增值税即征即退比例有100%、70%、50%和30%四档，与之对应的减税项目分别为4项、13项、18项和6项，可见100%退税档所占比例最小；二是企业所得税减税政策也只是对收入减计10%；三是增值税即征即退的税款需并入企业收入总额缴纳企业所得税，减税效应进一步缩小。为提高该政策减税效应，本课题组研究建议：一是适度放宽对享受资源综合利用减税政策的条件限制，主要是降低投入生产的资源综合利用物资的占有比例；二是提高减计收入的比例。

五、调整减税政策结果，减少减税冲抵现象

减税冲抵现象主要发生在增值税与企业所得税之间，财产行为税与企业所得税之间。尤以货劳税与企业所得税之间减税冲抵现象最为普遍。

增值税减税政策无论是直接减免还是即征即退，其弊端都很多。如直接减免减税方式，容易产生的问题是与之对应的进项税额未按规定转出，多抵扣进项税额，少缴增值税；若与之对应的进项税额按规定转出，虽不存在纳税风险但纳税人的税收优惠结果也大打折扣。又如即征即退减税方式，容易产生对外虚开增值税专用发票问题和骗取退税额问题。

鉴于增值税减税存在的弊端以及减税冲抵现象，建议减少增值税减税政策，回归增值税中性原则，增强企业间的制衡机制。增加企业所得税的减税力度，赋予企业真正的财政扶持。

六、加强后续监管，降低纳税成本

税务机关要正确认识减税政策存在的风险，严格执行首次备案后的后续管理工作，及时核查备案资料和留存被查资料，发现不符合减税条件的纳税人及时提醒纳税人改正，追补税款和滞纳金。建立与减税相关的风险指标体系，定期进行风险识别和排查，使真正符合条件的纳税人享受减税政策，降低纳税人减税方面存在风险隐患，避免不必要的纳税成本。

附件1

中粮集团有限公司所属储备库名单

一、中国储备粮管理总公司及直属库

（一）中国储备粮管理总公司

（二）中国储备粮管理总公司直属库、直属企业

1. 中国储备粮管理总公司北京分公司
2. 中储粮油脂有限公司
3. 中储粮物流有限公司
4. 中央储备粮北京顺义直属库
5. 中央储备粮北京密云直属库
6. 中央储备粮天津东丽直属库
7. 中央储备粮天津东丽直属库大港分库
8. 中央储备粮天津蓟县直属库
9. 中央储备粮天津蓟县直属库宁河分库
10. 中央储备粮天津武清直属库
11. 中央储备粮天津武清直属库宝坻分库
12. 中央储备粮天津保税区直属库
13. 中储粮（天津）仓储物流有限公司
14. 中储粮承德粮油质监中心
15. 中央储备粮沧州直属库
16. 中央储备粮沧州直属库献县分库
17. 中央储备粮沧州直属库泊头分库
18. 中央储备粮沧州直属库肃宁分库
19. 中央储备粮沧州直属库吴桥分库
20. 中央储备粮承德直属库
21. 中央储备粮承德直属库兴隆分库
22. 中央储备粮承德直属库丰宁县分库
23. 中央储备粮承德直属库承德县分库
24. 中央储备粮衡水直属库

25. 中央储备粮衡水直属库饶阳分库
26. 中央储备粮衡水直属库冀州分库
27. 中央储备粮衡水直属库武邑分库
28. 中央储备粮衡水直属库深州分库
29. 中央储备粮邢台直属库
30. 中央储备粮邯郸直属库
31. 中央储备粮邯郸直属库大名分库
32. 中央储备粮邯郸直属库永年分库
33. 中央储备粮邯郸直属库武安分库
34. 中央储备粮邯郸直属库峰峰分库
35. 中央储备粮邯郸直属库磁县分库
36. 中央储备粮邯郸直属库临漳分库
37. 中央储备粮邯郸直属库魏县分库
38. 中央储备粮邯郸直属库馆陶分库
39. 中央储备粮邯郸直属库曲周分库
40. 中央储备粮保定直属库
41. 中央储备粮保定直属库定州分库
42. 中央储备粮新乐直属库
43. 中央储备粮新乐直属库高邑分库
44. 中央直属库新乐直属库深泽分库
45. 中央储备粮故城直属库
46. 中央储备粮故城直属库故城兴粮分库
47. 中央储备粮故城直属库景县分库
48. 中央储备粮张家口直属库
49. 中央储备粮石家庄直属库
50. 中央储备粮石家庄直属库辛集分库
51. 中央储备粮秦皇岛直属库
52. 中央储备粮秦皇岛直属库乐亭分库
53. 中央储备粮秦皇岛直属库海阳分库
54. 中央储备粮霸州直属库
55. 中央储备粮三河直属库
56. 中央储备粮涿州直属库
57. 中央储备粮涿州直属库高碑店分库
58. 中央储备粮唐山直属库
59. 中央储备粮河北黄骅港直属库有限责任公司

60. 中储粮邢台仓储有限责任公司
61. 中储粮平泉仓储有限责任公司
62. 中国储备粮管理总公司山西分公司
63. 山西中储粮粮油质监中心
64. 中央储备粮太原直属库
65. 中央储备粮太原直属库平定分库
66. 中央储备粮大同直属库
67. 山西中储粮大同御东直属库
68. 中央储备粮大同直属库阳高分库
69. 中央储备粮襄垣直属库
70. 中央储备粮襄垣直属库长子分库
71. 中央储备粮襄垣直属库黎城分库
72. 中央储备粮襄垣直属库漳源分库
73. 中央储备粮襄垣直属库开村分库
74. 中央储备粮忻州直属库
75. 中央储备粮忻州直属库原平分库
76. 中央储备粮忻州直属库阳盂分库
77. 中央储备粮洪洞直属库
78. 中央储备粮河津直属库
79. 中央储备粮河津直属库夏县分库
80. 中央储备粮怀仁直属库
81. 山西中储粮太谷直属库
82. 山西中储粮寿阳直属库
83. 山西中储粮介休直属库
84. 山西中储粮介休直属库文水分库
85. 山西太谷国储粮食储备有限公司
86. 中国储备粮管理总公司内蒙古分公司
87. 中储粮内蒙古粮油质量监督检查中心
88. 中央储备粮包头直属库
89. 中央储备粮通辽东郊直属库
90. 中央储备粮通辽东郊直属库欧里分库
91. 中央储备粮通辽东郊直属库西辽河分库
92. 中央储备粮呼伦贝尔直属库
93. 中央储备粮呼伦贝尔直属库阿荣旗分库
94. 中央储备粮呼伦贝尔直属库兴安分库

95. 中央储备粮呼伦贝尔直属库太平庄分库
96. 中央储备粮呼伦贝尔直属库哈拉苏收纳库
97. 中央储备粮巴彦淖尔直属库
98. 中央储备粮巴彦淖尔直属库五原分库
99. 中央储备粮巴彦淖尔直属库乌拉山分库
100. 中央储备粮巴彦淖尔直属库德岭山分库
101. 中央储备粮赤峰直属库
102. 中央储备粮赤峰直属库牛营子分库
103. 中央储备粮赤峰直属库下坎子分库
104. 中央储备粮赤峰直属库河南营分库
105. 中央储备粮赤峰直属库西桥分库
106. 中央储备粮赤峰直属库恩州分库
107. 中央储备粮赤峰直属库北道分库
108. 中央储备粮赤峰直属库王府分库
109. 内蒙古蒙惠粮食有限责任公司敖汉羊场粮库
110. 中央储备粮海拉尔直属库
111. 中央储备粮海拉尔直属库额尔古纳市分库
112. 中央储备粮海拉尔直属库大雁分库
113. 中央储备粮鄂尔多斯直属库
114. 中央储备粮鄂尔多斯直属库白泥井分库
115. 中央储备粮乌兰浩特直属库
116. 中央储备粮乌兰浩特直属库突泉分库
117. 中央储备粮乌兰浩特直属库杜尔基收储库
118. 中央储备粮乌兰浩特直属库扎赉特旗第四分库
119. 中央储备粮乌兰浩特直属库白音胡硕分库
120. 中央储备粮乌兰浩特直属库扎赉特旗绰勒分库
121. 中央储备粮乌兰浩特直属库扎赉特旗巨宝分库
122. 中央储备粮乌兰浩特直属库大石寨分库
123. 中央储备粮乌兰浩特直属库旧库区
124. 中央储备粮乌兰察布直属库
125. 中央储备粮锡林郭勒直属库
126. 中央储备粮通辽直属库
127. 中央储备粮通辽直属库庆和分库
128. 中央储备粮通辽直属库余粮堡分库
129. 中央储备粮通辽直属库莫力庙分库

130. 中央储备粮呼和浩特直属库
131. 中央储备粮呼和浩特直属库金山油脂库
132. 中央储备粮呼和浩特直属库达拉特分库
133. 中央储备粮呼和浩特直属库托克托分库
134. 中央储备粮阿拉善直属库
135. 中央储备粮达拉特直属库
136. 中央储备粮达拉特直属库恩格贝分库
137. 中储粮北方公司尼尔基直属库
138. 中央储备粮嫩江直属库红彦分库
139. 中央储备粮红彦直属库
140. 中央储备粮大杨树直属库
141. 中央储备粮通辽甘旗卡直属库
142. 中央储备粮通辽甘旗卡直属库金宝屯分库
143. 中央储备粮通辽甘旗卡直属库常胜分库
144. 中央储备粮通辽甘旗卡直属库海斯改分库
145. 中央储备粮通辽甘旗卡直属库阿古拉分库
146. 中央储备粮通辽甘旗卡直属库汐子分库
147. 中储粮通辽鸿远仓储有限责任公司
148. 中国储备粮管理总公司辽宁分公司
149. 辽宁中储粮粮油质监中心
150. 中储粮物流大连粮油质监中心
151. 中央储备粮鞍山千山直属库
152. 中央储备粮鞍山千山直属库大石桥分库
153. 中央储备粮鞍山直属库
154. 中央储备粮鞍山直属库海城分库
155. 中央储备粮鞍山直属库望台分库
156. 中央储备粮鞍山直属库岫岩分库
157. 中央储备粮营口直属库
158. 中央储备粮新民直属库
159. 中央储备粮铁岭直属库
160. 中央储备粮台安直属库
161. 中央储备粮台安直属库黑山分库
162. 中央储备粮丹东直属库
163. 中央储备粮丹东直属库东港分库
164. 中央储备粮朝阳直属库

165. 中央储备粮朝阳直属库喀左分库
166. 中央储备粮朝阳直属库竹林分库
167. 中央储备粮朝阳直属库羊山分库
168. 中央储备粮朝阳直属库山嘴子库区
169. 中央储备粮锦州直属库
170. 中央储备粮锦州直属库凌海分库
171. 中央储备粮抚顺直属库
172. 中央储备粮抚顺直属库本溪分库
173. 中央储备粮阜新直属库
174. 中央储备粮阜新直属库清河门分库
175. 中央储备粮阜新直属库彰武分库
176. 中央储备粮老边直属库
177. 中央储备粮老边直属库站前分库
178. 中央储备粮大连直属库
179. 中央储备粮建平直属库
180. 中央储备粮建平直属库凌源分库
181. 中央储备粮昌图直属库
182. 中央储备粮昌图直属库双庙子分库
183. 中央储备粮昌图直属库宝力分库
184. 中央储备粮沈阳直属库
185. 中央储备粮葫芦岛直属库
186. 中央储备粮葫芦岛直属库建昌分库
187. 中央储备粮盘锦直属库
188. 中央储备粮盘锦直属库大洼分库
189. 中央储备粮辽阳直属库
190. 中央储备粮辽阳直属库刘二堡分库
191. 中央储备粮盘锦油脂直属库
192. 中储粮北方物流有限公司
193. 中央储备粮辽宁辽北直属库（中储粮北方物流有限公司马仲河分库）
194. 中储粮北方物流有限公司甘井子分库
195. 中储粮营口储运有限责任公司
196. 中储粮（盘锦）物流有限公司
197. 中储粮大连储运有限责任公司
198. 中国储备粮管理总公司吉林分公司
199. 吉林中储粮粮油质监中心有限公司

200. 中央储备粮榆树直属库
201. 中央储备粮榆树直属库保寿分库（榆树中储粮保寿粮库）
202. 榆树中储粮恩育粮库
203. 中央储备粮长春直属库
204. 吉林汇通粮食有限公司劝农粮库分公司
205. 吉林汇通大屯粮库有限公司
206. 中央储备粮双辽直属库
207. 中央储备粮双辽直属库堡石图分库
208. 中央储备粮吉林直属库
209. 吉林市中心粮库
210. 吉林市九座粮库
211. 吉林市乌拉街国家粮食储备库
212. 中央储备粮农安直属库
213. 中央储备粮农安直属库华家分库（农安华家粮食储备库）
214. 中央储备粮永吉直属库
215. 永吉县粮库
216. 中央储备粮白山直属库
217. 柳河县五道沟粮库
218. 中央储备粮龙嘉直属库
219. 九台市沐石河粮食储备库
220. 中央储备粮公主岭直属库
221. 中央储备粮长春直属库分库
222. 中央储备粮蛟河直属库
223. 中央储备粮蛟河直属库蛟河分库
224. 中央储备粮舒兰直属库
225. 舒兰市白旗粮库
226. 舒兰市莲花粮库
227. 中央储备粮舒兰直属库舒兰分库
228. 舒兰市平安粮库
229. 中央储备粮镇赉直属库
230. 中央储备粮通榆直属库
231. 中央储备粮四平平东直属库
232. 吉林四平国家粮食储备库
233. 吉林梨树郭家店国家粮食储备库
234. 梨树县梨树一粮库

235. 四平市孤家子粮库
236. 中央储备粮延吉直属库
237. 吉林安图国家粮食储备库
238. 吉林龙井国家粮食储备库
239. 中央储备粮辽源直属库
240. 中央储备粮辽源直属库东站分库
241. 中央储备粮松原直属库
242. 中央储备粮松原直属库善友分库
243. 松原中储粮风华粮库
244. 中央储备粮珲春直属库
245. 汪清县天桥岭粮库
246. 中央储备粮梅河口直属库
247. 中央储备粮柳河直属库
248. 中央储备粮柳河直属库圣水分库
249. 中央储备粮扶余直属库
250. 扶余中储粮陶赖昭粮库
251. 扶余中储粮长春岭粮库
252. 吉林磐石中储粮直属库
253. 吉林白城国家粮食储备库
254. 中央储备粮洮南直属库
255. 洮南市洮安粮食储备库
256. 吉林大安中储粮直属库
257. 吉林省粮食中心库
258. 德惠市布海粮库
259. 德惠市第三粮库
260. 吉林省金发粮库
261. 吉林汇通粮食有限公司
262. 中央储备粮敦化直属库
263. 吉林长岭中储粮直属库
264. 中央储备粮白城直属库
265. 公主岭范家屯粮食收储库
266. 农安开安粮食储备库
267. 吉林白城国储粮食储备有限公司
268. 中储粮松原直属库乾安惠中仓储有限责任公司
269. 中央储备粮永吉直属库桦甸分库

270. 蛟河市新站粮库
271. 吉林省前郭粮食中心库
272. 洮南市安定粮食储备库
273. 洮南市福顺粮食储备库
274. 洮南市聚宝粮食储备库
275. 洮南市万宝粮食储备库
276. 洮南市那金粮食储备库
277. 洮南市蛟流河粮食储备库
278. 吉林洮南铁东粮食收储库
279. 中国储备粮管理总公司黑龙江分公司
280. 中储粮北方农业开发有限公司
281. 黑龙江中储粮质监中心有限公司
282. 中央储备粮哈尔滨直属库
283. 中央储备粮齐齐哈尔直属库
284. 中央储备粮牡丹江直属库
285. 中央储备粮鸡西直属库
286. 中央储备粮创业直属库
287. 中央储备粮双鸭山直属库
288. 中央储备粮建三江直属库
289. 中央储备粮鹤岗直属库
290. 中央储备粮佳木斯直属库
291. 中央储备粮宾县直属库
292. 中央储备粮讷河直属库
293. 中央储备粮肇东直属库
294. 中央储备粮甘南直属库
295. 中央储备粮虎林直属库
296. 中央储备粮海伦直属库
297. 中央储备粮林甸直属库
298. 中央储备粮浓江直属库
299. 中央储备粮七台河直属库
300. 中央储备粮绥化直属库
301. 中央储备粮汤原直属库
302. 中央储备粮通河直属库
303. 中央储备粮五常直属库
304. 中央储备粮赵光直属库

305. 中央储备粮肇州直属库
306. 黑龙江中央储备粮抚远直属库
307. 黑龙江中央储备粮前锋直属库
308. 黑龙江中储粮阿城直属库
309. 黑龙江中储粮巴彦万发屯直属库
310. 中央储备粮哈尔滨直属库饶河分库
311. 黑龙江中央储备粮大兴直属库
312. 中央储备粮鹤岗直属库军川分库
313. 中央储备粮鹤岗直属库绥滨分库
314. 中央储备粮佳木斯直属库东河分库
315. 中央储备粮牡丹江直属库海林分库
316. 中央储备粮牡丹江直属库穆棱分库
317. 中央储备粮浓江直属库鸭绿河分库
318. 勃利县双河粮库有限责任公司
319. 绥化中储粮仓储有限责任公司
320. 黑龙江中储粮五常山河直属库
321. 黑龙江中储粮依兰直属库
322. 中央储备粮宾县直属库宾州分库
323. 中央储备粮宾县直属库宁远分库
324. 中央储备粮齐齐哈尔直属库龙江分库
325. 中央储备粮齐齐哈尔直属库依安分库
326. 中央储备粮齐齐哈尔直属库富裕分库
327. 中央储备粮齐齐哈尔直属库哈拉海分库
328. 中央储备粮齐齐哈尔直属库富拉尔基分库
329. 黑龙江国储粮食储备有限公司
330. 中央储备粮齐齐哈尔直属库克东分库
331. 黑龙江中央储备粮宝清直属库
332. 中央储备粮鸡西直属库柳毛分库
333. 中央储备粮嫩江直属库
334. 中央储备粮嫩江直属库九三分库
335. 中央储备粮绥棱直属库
336. 中央储备粮北安直属库
337. 中央储备粮大庆直属库
338. 中央储备粮大庆直属库安达分库
339. 黑龙江中储粮双城直属库

340. 黑龙江中储粮木兰直属库有限公司
341. 黑龙江中储粮双城五家直属库
342. 黑龙江中储粮双城临江直属库
343. 黑龙江中储粮双城韩甸直属库
344. 中央储备粮上海直属库
345. 上海中储粮收储经销有限公司
346. 中央储备粮上海直属油库
347. 中国储备粮管理总公司南京分公司
348. 南京中储粮粮油质监中心
349. 中央储备粮邳州直属库
350. 邳州中储粮收储经销有限公司
351. 中央储备粮苏州直属库
352. 中央储备粮扬州直属库
353. 中央储备粮淮安直属库
354. 江苏中储粮苏王米业有限公司
355. 中央储备粮宿迁直属库
356. 中央储备粮徐州直属库
357. 中央储备粮连云港直属库
358. 连云港粮油进出口接运总公司
359. 中央储备粮南通直属库
360. 中储粮南通直属库有限公司
361. 中央储备粮盐城直属库
362. 中储粮镇江仓储有限公司
363. 中央储备粮南京直属库
364. 中储粮南京六合仓储有限责任公司
365. 中央储备粮泰州直属库
366. 中储粮泰州仓储有限责任公司
367. 中央储备粮常州直属库
368. 中央储备粮镇江直属库
369. 中储粮油脂（张家港）有限公司
370. 中国储备粮管理总公司浙江分公司
371. 中央储备粮杭州直属库
372. 中央储备粮宁波直属库
373. 中央储备粮宁波直属库余姚分库
374. 中央储备粮宁波直属库宁海分库

375. 中央储备粮温州直属库
376. 中央储备粮湖州直属库
377. 中央储备粮嘉兴直属库
378. 中央储备粮金华直属库
379. 中央储备粮衢州直属库
380. 中央储备粮舟山直属库
381. 中央储备粮玉环直属库
382. 中央储备粮丽水直属库
383. 中国储备粮管理总公司安徽分公司
384. 安徽中储粮粮油质监中心
385. 中央储备粮安庆直属库
386. 中央储备粮蚌埠直属库
387. 中央储备粮淮南直属库
388. 中央储备粮亳州直属库
389. 中央储备粮涡阳直属库
390. 中央储备粮巢湖直属库
391. 安徽国储粮食储备有限公司
392. 中央储备粮滁州直属库
393. 中央储备粮阜阳直属库
394. 中央储备粮合肥直属库
395. 中央储备粮淮北直属库
396. 中央储备粮六安直属库
397. 中央储备粮庐江直属库
398. 中储粮庐江福合仓储有限公司
399. 中央储备粮宿州直属库
400. 中央储备粮铜陵直属库
401. 中央储备粮黄山直属库
402. 中央储备粮池州直属库
403. 中央储备粮芜湖直属库
404. 中央储备粮宣城直属库
405. 中储粮广德德合仓储有限责任公司
406. 中国储备粮管理总公司合肥油脂库
407. 中国储备粮管理总公司福建分公司
408. 中央储备粮福州直属库
409. 中央储备粮厦门直属库

410. 中央储备粮厦门直属库平和分库
411. 中央储备粮莆田直属库
412. 中央储备粮泉州直属库
413. 中央储备粮三明直属库
414. 中央储备粮邵武直属库
415. 中央储备粮邵武直属库建瓯分库
416. 中央储备粮长乐直属库
417. 中央储备粮漳州直属库
418. 中国储备粮管理总公司江西分公司
419. 江西中储粮粮油质监中心
420. 中央储备粮万年直属库
421. 中央储备粮万年直属库陈营分库
422. 中央储备粮万年直属库鄱阳分库
423. 中央储备粮万年直属库高家岭分库
424. 中央储备粮万年直属库芦田分库
425. 江西中储粮新余直属库
426. 中央储备粮泰和直属库
427. 中央储备粮泰和直属库万安分库
428. 中央储备粮泰和直属库遂川分库
429. 中央储备粮泰和直属库井冈山分库
430. 中央储备粮上饶直属库
431. 中央储备粮上饶直属库德兴分库
432. 中央储备粮上饶直属库婺源分库
433. 中央储备粮上饶直属库都昌分库
434. 中央储备粮上饶直属库广丰分库
435. 中央储备粮上高直属库
436. 中央储备粮瑞金直属库
437. 中央储备粮瑞金直属库石城分库
438. 中央储备粮瑞金直属库南丰分库
439. 中央储备粮萍乡直属库
440. 中央储备粮宁都直属库
441. 中央储备粮宁都直属库兴国分库
442. 中央储备粮南昌直属库
443. 中央储备粮九江直属库
444. 中央储备粮九江直属库湖口分库

445. 中央储备粮九江直属库修水分库
446. 中央储备粮金溪直属库
447. 中央储备粮金溪直属库资溪分库
448. 中央储备粮景德镇直属库
449. 中央储备粮吉水直属库
450. 中央储备粮吉水直属库峡江分库
451. 中央储备粮吉水直属库永丰分库
452. 中央储备粮吉安直属库
453. 中央储备粮吉安直属库敦厚分库
454. 中央储备粮吉安直属库安福分库
455. 中央储备粮横峰直属库
456. 中央储备粮横峰直属库弋阳分库
457. 中央储备粮横峰直属库铅山分库
458. 江西中储粮弋阳直属库圭峰分库
459. 中央储备粮高安直属库
460. 中央储备粮高安直属库靖安分库
461. 中央储备粮赣州直属库
462. 中央储备粮赣州直属库信丰分库
463. 中央储备粮赣州直属库定南分库
464. 中央储备粮丰城直属库
465. 中央储备粮抚州直属库
466. 中央储备粮抚州直属库乐安分库
467. 中央储备粮抚州直属库东乡分库
468. 中央储备粮宜春直属库
469. 中央储备粮鹰潭直属库
470. 中央储备粮贵溪直属库
471. 中央储备粮贵溪直属库余江分库
472. 中国储备粮管理总公司山东分公司
473. 山东中储粮粮油质监中心
474. 中央储备粮济南直属库
475. 中央储备粮莱芜直属库
476. 中央储备粮青岛直属库
477. 中央储备粮青岛直属库平度分库
478. 中央储备粮青岛直属库莱西分库
479. 中央储备粮淄博直属库

480. 中央储备粮淄博直属库高青分库
481. 中央储备粮枣庄直属库
482. 中央储备粮枣庄直属库滕州分库
483. 中央储备粮枣庄直属库台儿庄分库
484. 中央储备粮枣庄直属库山亭分库
485. 中央储备粮东营直属库
486. 中央储备粮东营直属库广饶分库
487. 中央储备粮烟台直属库
488. 中央储备粮烟台直属库莱州分库
489. 中储粮莱阳仓储有限责任公司
490. 中储粮海阳仓储有限责任公司
491. 中央储备粮潍坊直属库
492. 中央储备粮昌邑储备库
493. 潍坊国家粮食储备有限公司
494. 中央储备粮潍坊仓储有限公司
495. 中央储备粮高密仓储有限公司
496. 中央储备粮济宁直属库
497. 中央储备粮济宁直属库金乡分库
498. 中央储备粮济宁直属库汶上有限公司
499. 中央储备粮济宁直属库汶上寅寺仓储有限责任公司
500. 中央储备粮泰安直属库
501. 中央储备粮泰安直属库肥城分库
502. 山东肥城国家粮食储备库
503. 中央储备粮泰安直属库宁阳分库
504. 中央储备粮泰安直属库东平分库
505. 中央储备粮威海直属库
506. 中央储备粮威海直属库乳山分库
507. 中央储备粮威海直属库荣成分库
508. 中储粮威海仓储有限责任公司
509. 中央储备粮日照直属库
510. 中央储备粮临沂直属库
511. 中央储备粮临沂直属库沂南分库
512. 中央储备粮临沂直属库沂水分库
513. 中央储备粮临沂直属库平邑分库
514. 中央储备粮临沂直属库蒙阴分库

515. 中央储备粮临沂直属库苍山分库
516. 中央储备粮临沂直属库临沭分库
517. 中央储备粮临沂直属库莒南分库
518. 中央储备粮德州直属库
519. 中央储备粮德州直属库乐陵分库
520. 中央储备粮德州直属库夏津有限公司
521. 禹城裕丰粮食购销有限公司
522. 中央储备粮聊城直属库
523. 中央储备粮莘县直管库有限公司
524. 中央储备粮阳谷直管库
525. 中央储备粮聊城直属库冠县分库
526. 中央储备粮聊城直属库高唐分库
527. 聊城中储粮仓储有限责任公司
528. 中央储备粮滨州直属库
529. 中央储备粮滨州直属库惠民分库
530. 中央储备粮菏泽直属库
531. 中央储备粮菏泽直属库单县分库
532. 中央储备粮菏泽直属库巨野分库
533. 中央储备粮菏泽直属库东明分库
534. 聊城中储粮物流有限公司
535. 中储粮山东粮油购销公司
536. 中储粮莱州丰和物流有限公司
537. 中储粮日照粮油储备库
538. 中国储备粮管理总公司河南分公司
539. 河南中储粮粮油质监中心有限公司
540. 中央储备粮郑州直属库
541. 中央储备粮郑州直属库荥阳分库
542. 中央储备粮新港直属库
543. 中央储备粮新港直属库西华分库
544. 中央储备粮开封直属库
545. 中央储备粮开封直属库尉氏县分库
546. 中央储备粮开封直属库兰考分库
547. 中央储备粮洛阳直属库
548. 中央储备粮洛阳直属库偃师分库
549. 中央储备粮洛阳直属库新安分库

550. 中央储备粮平顶山直属库
551. 中央储备粮平顶山直属库宝丰分库
552. 中央储备粮安阳直属库
553. 中央储备粮安阳直属库滑县道口分库
554. 中央储备粮安阳直属库滑县牛屯分库
555. 中央储备粮安阳直属库安阳县永和分库
556. 中央储备粮安阳直属库内黄县井店分库
557. 河南中储粮林州直属库
558. 中央储备粮鹤壁直属库
559. 中央储备粮鹤壁直属库浚县分库
560. 中央储备粮新乡直属库
561. 中央储备粮新乡直属库延津分库
562. 中央储备粮卫辉直属库
563. 中央储备粮卫辉直属库获嘉分库
564. 中央储备粮焦作直属库
565. 中央储备粮焦作直属库温县分库
566. 中央储备粮焦作直属库博爱收储库
567. 中央储备粮焦作直属库修武收储库
568. 中央储备粮焦作直属库沁阳分库
569. 中央储备粮焦作直属库武陟分库
570. 中央储备粮焦作直属库谷旦收储库
571. 中央储备粮焦作直属库武陟乔庙收储库
572. 中央储备粮焦作直属库济源分库
573. 中央储备粮焦作直属库孟州分库
574. 中央储备粮濮阳直属库
575. 中央储备粮许昌直属库
576. 中央储备粮许昌直属库鄢陵分库
577. 中央储备粮许昌直属库长葛分库
578. 中央储备粮许昌直属库禹州分库
579. 中央储备粮漯河直属库
580. 中央储备粮漯河直属库舞阳分库
581. 中央储备粮漯河直属库召陵分库
582. 中央储备粮漯河直属库临颍分库
583. 中央储备粮三门峡直属库
584. 中央储备粮商丘直属库

585. 中央储备粮商丘直属库夏邑分库
586. 中央储备粮商丘直属库睢阳分库
587. 中央储备粮商丘直属库夏邑杨集分库
588. 中央储备粮商丘直属库夏邑车站分库
589. 河南中储粮虞城直属库
590. 中央储备粮永城直属库
591. 中央储备粮宁陵直属库
592. 中央储备粮周口直属库
593. 中央储备粮周口直属库商水分库
594. 中央储备粮周口直属库淮阳分库
595. 中央储备粮周口直属库商水谭庄分库
596. 中央储备粮沈丘直属库
597. 中央储备粮沈丘直属库鹿邑太清分库
598. 中央储备粮沈丘直属库鹿邑赵东分库
599. 中央储备粮沈丘直属库槐店分库
600. 中央储备粮沈丘直属库郸城分库
601. 中央储备粮沈丘直属库郸城城郊分库
602. 项城市盈科粮食收储管理有限公司
603. 太康县禾谷粮食收储管理有限公司
604. 淮阳县德方粮油购销有限公司
605. 中央储备粮驻马店直属库
606. 中央储备粮驻马店直属库泌阳分库
607. 中央储备粮驻马店直属库西平分库
608. 中央储备粮驻马店直属库正阳分库
609. 中央储备粮驻马店直属库平舆分库
610. 中央储备粮驻马店直属库遂平分库
611. 驻马店市前进粮油有限公司
612. 中央储备粮新蔡直属库
613. 中央储备粮南阳向东直属库
614. 中央储备粮南阳向东直属库光武分库
615. 中央储备粮南阳向东直属库卧龙分库
616. 河南中储粮南阳直属库溧河分库
617. 中央储备粮邓州直属库
618. 中央储备粮信阳直属库
619. 中央储备粮信阳直属库查山分库

620. 中央储备粮潢川直属库
621. 中央储备粮潢川直属库息县分库
622. 中央储备粮潢川直属库淮滨分库
623. 中央储备粮新郑直属库
624. 河南豫粮麦业有限公司
625. 河南豫粮麦业有限公司开封粮库
626. 河南豫粮麦业有限公司鹤壁粮库
627. 河南豫粮麦业有限公司滑县粮库
628. 河南豫粮麦业有限公司延津库
629. 河南豫粮麦业有限公司漯河粮库
630. 鄢陵东方粮油仓储有限公司
631. 漯河东方粮油仓储有限公司
632. 河南延津金麦粮食储备库
633. 中国储备粮管理总公司湖北分公司
634. 湖北中储粮粮油质监中心
635. 中央储备粮武汉直属库
636. 中央储备粮荆州直属库
637. 中央储备粮宜昌直属库
638. 中央储备粮宜昌直属库仙草分库
639. 中央储备粮宜昌直属库当阳分库
640. 中央储备粮襄阳直属库
641. 中央储备粮襄阳直属库南漳分库
642. 中央储备粮襄阳直属库老河口分库
643. 中央储备粮荆门直属库
644. 湖北兴农粮食产业发展有限公司
645. 中央储备粮黄冈直属库
646. 湖北建元农业发展有限公司
647. 中央储备粮黄冈直属库武穴分库
648. 中央储备粮黄冈直属库英山分库
649. 中央储备粮咸宁直属库
650. 中央储备粮孝感直属库
651. 中央储备粮孝感直属库汉川分库
652. 中央储备粮随州直属库
653. 中央储备粮随州直属库广水分库
654. 湖北中储粮仙桃直属库

655. 湖北中储粮潜江直属库
656. 湖北中储粮天门直属库
657. 湖北中储粮大冶直属库
658. 湖北中储粮鄂州直属库
659. 湖北中储粮洪湖直属库
660. 湖北中储粮监利直属库
661. 湖北中储粮油脂有限公司
662. 中央储备粮天门直属油库
663. 中国储备粮管理总公司湖南分公司
664. 湖南中储粮粮油质监中心
665. 中央储备粮岳阳直属库
666. 中央储备粮岳阳直属库临湘分库
667. 中央储备粮岳阳直属库华容分库
668. 中央储备粮岳阳直属库卫农分库
669. 中央储备粮长沙直属库
670. 中央储备粮长沙直属库湘阴分库
671. 中央储备粮临澧直属库
672. 中央储备粮临澧直属库澧县分库
673. 中央储备粮湘潭直属库
674. 中央储备粮湘潭直属库韶山分库
675. 中央储备粮湘潭直属库湘乡分库
676. 湘潭市板塘粮油仓库
677. 中央储备粮张家界直属库
678. 中央储备粮张家界直属库慈利分库
679. 中央储备粮怀化直属库
680. 中央储备粮怀化直属库靖州分库
681. 中央储备粮永州直属库
682. 中央储备粮永州直属库东安分库
683. 中央储备粮永州直属库祁阳分库
684. 中央储备粮永州直属库零陵分库
685. 中央储备粮衡阳直属库
686. 中央储备粮衡阳直属库衡东分库
687. 中央储备粮衡阳直属库祁东分库
688. 中央储备粮宁乡直属库
689. 中央储备粮宁乡直属库望城分库

690. 湖南盛湘粮食购销集团有限公司
691. 中央储备粮株洲直属库
692. 中央储备粮株洲直属库茶陵分库
693. 中储粮醴陵购销公司
694. 株洲市粮油仓库
695. 中央储备粮汨罗直属库
696. 中央储备粮汨罗直属库平江分库
697. 中央储备粮郴州直属库
698. 中央储备粮邵阳直属库
699. 中央储备粮邵阳直属库白仓分库
700. 中央储备粮益阳直属库
701. 中央储备粮益阳直属库桃江分库
702. 中央储备粮常德直属库
703. 中央储备粮常德直属库汉寿分库
704. 中央储备粮湘西州直属库
705. 中央储备粮湘西州直属库永顺分库
706. 中央储备粮娄底直属库
707. 中央储备粮娄底直属库双峰分库
708. 中国储备粮管理总公司广州分公司
709. 广州中储粮粮油质监中心
710. 中央储备粮江门直属库
711. 中央储备粮江门直属库台山分库
712. 中央储备粮惠州直属库
713. 中央储备粮汕尾直属库
714. 中央储备粮肇庆直属库
715. 中央储备粮云浮直属库
716. 中央储备粮广州直属库
717. 中央储备粮清远直属库
718. 中央储备粮揭阳直属库
719. 中央储备粮汕头直属库
720. 中央储备粮潮州直属库
721. 中央储备粮茂名直属库
722. 中央储备粮阳江直属库
723. 中央储备粮深圳直属库
724. 中央储备粮佛山直属库

725. 中央储备粮河源直属库
726. 中央储备粮东莞油脂直属库
727. 中央储备粮新沙港直属库
728. 中国储备粮管理总公司广西分公司
729. 中央储备粮南宁直属库
730. 中央储备粮梧州直属库
731. 中央储备粮贺州直属库
732. 中央储备粮北海直属库
733. 中央储备粮桂林直属库
734. 中央储备粮平果直属库
735. 防城港中储粮仓储有限公司
736. 防城港中储粮油脂有限公司
737. 南宁港中储粮仓储有限公司
738. 中储粮物流（梧州）有限公司
739. 中央储备粮海口直属库
740. 中央储备粮三亚直属库
741. 中央储备粮海口直属库琼海分库
742. 中央储备粮海口直属库八所分库
743. 中央储备浪海口直属库文昌分库
744. 中央储备粮海南老城直属库
745. 中央储备粮重庆直属库
746. 中储粮重庆江津仓储有限责任公司
747. 中央储备粮重庆綦江直属库
748. 中储粮重庆涪陵粮油储备有限公司
749. 中国储备粮管理总公司成都分公司
750. 中储粮成都粮食储藏科学研究所
751. 成都中储粮粮油质监有限公司
752. 中央储备粮成都直属库
753. 中储粮成都新津仓储有限责任公司
754. 中央储备粮金堂直属库
755. 中央储备粮广元直属库
756. 中央储备粮广元直属库剑阁分库
757. 中央储备粮广元直属库南江分库
758. 中央储备粮泸州直属库
759. 中央储备粮眉山直属库

760. 中央储备粮绵阳直属库
761. 中央储备粮绵阳直属库三台分库
762. 中央储备粮南充直属库
763. 中央储备粮内江直属库
764. 中央储备粮遂宁直属库
765. 中央储备粮自贡直属库
766. 中央储备粮资阳直属库
767. 中央储备粮西昌直属库
768. 中储粮成都青白江仓储有限责任公司
769. 中央储备粮广安直属库
770. 中央储备粮四川新津直属库
771. 中国储备粮管理总公司贵州分公司
772. 中央储备粮贵阳直属库
773. 中央储备粮遵义直属库
774. 中央储备粮六盘水直属库
775. 中央储备粮兴义直属库
776. 中央储备粮都匀直属库
777. 中央储备粮凯里直属库
778. 中储粮贵州分公司毕节直属库
779. 中储粮贵州分公司安顺直属库
780. 中国储备粮管理总公司云南分公司
781. 中央储备粮昆明直属库
782. 中央储备粮曲靖直属库
783. 中央储备粮大理直属库
784. 中央储备粮德宏直属库
785. 中央储备粮景洪直属库
786. 中央储备粮楚雄直属库
787. 中央储备粮丽江直属库
788. 中央储备粮文山直属库
789. 中央储备粮普洱直属库
790. 中储粮红河国家粮食储备有限责任公司
791. 中储粮昭通国家粮食储备有限责任公司
792. 中央储备粮拉萨直属库
793. 中国储备粮管理总公司西安分公司
794. 西安中储粮粮油质监中心

795. 中央储备粮西安大明宫直属库
796. 中央储备粮榆林直属库
797. 中央储备粮安康直属库
798. 中央储备粮延安直属库
799. 中央储备粮汉中直属库
800. 中央储备粮蒲城直属库
801. 中央储备粮商洛直属库
802. 中央储备粮宝鸡直属库
803. 中央储备粮渭南高田直属库
804. 中央储备粮铜川直属库
805. 中央储备粮渭南直属库
806. 宝鸡市陈仓区第六寨粮库
807. 陕西扶风国家粮食储备库
808. 陕西兴平国家粮食储备库
809. 中央储备粮咸阳直属库
810. 陕西咸阳西郊国家粮食储备库
811. 中国储备粮管理总公司兰州分公司
812. 中储粮兰州质监中心有限公司
813. 中央储备粮天水直属库
814. 中央储备粮高台直属库
815. 中央储备粮兰州直属库
816. 中央储备粮榆中直属库
817. 中央储备粮金昌直属库
818. 中央储备粮白银直属库
819. 中央储备粮武威直属库
820. 中央储备粮酒泉直属库
821. 中央储备粮庆阳直属库
822. 中央储备粮定西直属库
823. 中央储备粮陇南直属库
824. 中央储备粮平凉直属库
825. 中央储备粮格尔木直属库
826. 中央储备粮西宁直属库
827. 中央储备粮平安直属库
828. 中央储备粮中宁直属库
829. 中央储备粮银川直属库

830. 中国储备粮管理总公司新疆分公司
831. 新疆中储粮粮油质监中心
832. 中央储备粮石河子直属库
833. 中央储备粮阿克苏直属库
834. 中央储备粮阿克苏直属库图木舒克分库
835. 中央储备粮阜康直属库
836. 中央储备粮精河直属库
837. 中央储备粮巴音郭楞直属库
838. 中央储备粮奎屯直属库
839. 中央储备粮哈密直属库
840. 中央储备粮伊犁直属库
841. 中央储备粮喀什直属库
842. 中央储备粮乌鲁木齐直属库
843. 中央储备粮五家渠直属库
844. 中央储备粮奇台直属库
845. 中央储备粮和田直属库
846. 中央储备粮塔城直属库
847. 中央储备粮阿勒泰直属库
848. 中储粮新疆分公司新源直属库

二、中国储备棉管理总公司及直属储备棉库

（一）中国储备棉管理总公司

（二）中国储备棉管理总公司直属单位

1. 中储棉天津有限公司
2. 中国储备棉管理总公司天津直属库
3. 中储棉阜阳有限公司
4. 中储棉兰州有限公司
5. 中储棉漯河有限公司
6. 中储棉武汉有限公司
7. 中储棉岳阳有限公司
8. 中储棉徐州有限公司
9. 中储棉盐城有限公司
10. 中储棉绍兴有限公司
11. 中储棉青岛有限公司
12. 中储棉九江有限公司
13. 中国储备棉管理总公司九江直属库

14. 中储棉西安有限公司

15. 中国储备棉管理总公司泾阳直属库

16. 中储棉新疆有限责任公司

17. 中储棉广东有限责任公司

18. 中储棉库尔勒有限责任公司

19. 中储棉阿克苏有限公司

20. 中储棉德州有限责任公司

21. 中储棉四川有限责任公司

22. 中储棉菏泽有限责任公司

23. 中储棉襄阳有限责任公司

24. 中储棉永安有限公司

25. 中储棉如皋有限公司

26. 中储棉山东诸城有限公司

27. 中储棉物流有限公司

28. 中储棉乌鲁木齐有限责任公司

29. 中储棉新疆物流有限公司

三、华商储备商品管理中心及中央直属储备糖库、肉库

（一）华商储备商品管理中心

（二）中央直属储备糖库

1. 南通中央直属储备糖库（中糖世纪股份有限公司江苏分公司、中国糖业酒类集团公司南通储运公司）

2. 溧口中央直属储备糖库（中糖世纪股份有限公司湖北分公司）

3. 蚌埠中央直属储备糖库（中糖世纪股份有限公司安徽分公司）

4. 新郑中央直属储备糖库（中糖世纪股份有限公司河南分公司）

5. 塘沽中央直属储备糖库（天津中糖物流公司、中糖世纪股份有限公司塘沽分公司、中皇有限公司）

6. 廊坊中央直属储备糖库（河北中糖物流有限公司）

7. 霸州中央直属储备糖库（河北中糖华洋物流有限公司）

8. 西营门中央直属储备糖库（天津中糖华丰物流有限公司）

9. 顺德中央直属储备糖库（广东中糖贸易发展有限公司、广东中糖贸易发展有限公司顺德分公司）

10. 北海中央直属储备糖库（广西中糖物流有限公司）

11. 德阳中央直属储备糖库（四川中糖物流有限公司、中国糖酒集团成都有限责任公司）

12. 魏善庄中央直属储备糖库（北京中糖物流有限公司）

13. 漳州中央直属储备糖库（漳州中糖物流有限公司、福建中糖糖业发展有限公司）

14. 宁波中央直属储备糖库（宁波中糖物流有限公司）

15. 营口中央直属储备糖库（辽宁中糖物流有限公司）

16. 青岛中央直属储备糖库（青岛中糖海湾物流有限公司）

17. 小塘中央直属储备糖库（佛山市华商物流有限公司）

18. 德州中央直属储备糖库（山东中糖物流有限公司）

19. 昭陵中央直属储备糖库（湖南中糖物流有限公司）

20. 湛江中央直属储备糖库（湛江中糖糖业有限公司、湛江中糖糖业有限公司霞山分公司）

21. 昆明中央直属储备糖库（云南中糖物流有限公司）

22. 长春中央直属储备糖库（长春华商物流有限公司）

23. 南宁中央直属储备糖库（广西中糖糖业发展有限公司）

24. 中粮（唐山）糖业有限公司

（三）中央直属储备肉冷库

1. 保定中央直属储备肉冷库（中食产业集团保定有限公司）

2. 南阳中央直属储备肉冷库（南阳华商冷藏物流有限公司）

3. 张家口中央直属清真储备肉冷库（华商（张家口）清真冷藏有限公司）

4. 蒲江中央直属储备肉冷库（中国食品集团公司、中食成都冷藏物流有限公司）

5. 周口中央直属储备肉冷库（中国食品集团公司、中食（周口）冷藏物流有限公司）

6. 太仓中央直属储备肉冷库（太仓华商冷藏物流有限公司）

7. 汕尾中央直属储备肉冷库（汕尾华商冷藏物流有限公司）

8. 德州中央直属储备肉冷库（德州华商冷藏物流有限公司）

9. 大连中央直属储备肉冷库（大连华商冷藏物流有限公司）

10. 长春中央直属储备肉冷库（长春华商冷藏物流有限公司）

11. 北京中央直属储备肉冷库（中国食品集团公司、北京中食兴瑞冷链物流有限公司）

12. 武汉中央直属储备肉冷库（中国食品集团公司、中食武汉冷藏物流有限公司）

13. 长沙中央直属储备肉冷库（中国食品集团公司、长沙中食冷藏有限公司）

14. 合肥中央直属储备肉冷库（中国食品集团公司、合肥中食冷藏有限公司）

四、中国盐业总公司新郑206盐库

五、中粮集团有限公司所属储备库

1. 北京顺义中宏国家粮食储备库

2. 中国植物油公司
3. 中国华粮物流集团北京粮食销区中心供应库
4. 北京八达岭华天国家粮食储备库
5. 中国华粮物流集团扎兰屯国家粮食储备库
6. 中国华粮物流集团前进国家粮食储备库
7. 大连北良国家粮食储备库有限公司
8. 沈阳香雪面粉股份有限公司
9. 中国华粮物流集团白城直属库
10. 中国华粮物流集团朝阳国家粮食储备库
11. 华粮集团五棵树粮食中转库
12. 中国华粮物流集团龙镇国家粮食储备库
13. 中国华粮物流集团讷河国家粮食储备库
14. 黑龙江宝泉岭中谷国家粮食储备库
15. 中国华粮物流集团佳木斯粮食中转库
16. 中国华粮物流集团克山粮库
17. 中国华粮物流集团绥化粮库
18. 中国华粮物流集团桦南粮库
19. 中国华粮物流集团密山粮库
20. 中国华粮物流集团迎春粮库
21. 中国华粮物流集团克东国家粮食储备库
22. 中国华粮物流集团富锦粮库
23. 中国华粮物流集团嫩江国家粮食储备库
24. 中粮米业（虎林）有限公司
25. 江苏江阴中谷国家粮食储备库
26. 中粮粮油安徽国家粮食储备库
27. 中粮（江西）米业有限公司
28. 九江中谷国家粮食储备库
29. 山东东明中谷国家粮食储备库
30. 临清中谷国家粮食储备库
31. 中国华粮物流集团青山港口库
32. 中国华粮物流集团城陵矶港口库
33. 湖南长沙中谷国家粮食储备库
34. 中国华粮物流集团防城港港口库

附件 2

西部地区鼓励类产业目录

为深入实施西部大开发战略，促进西部地区产业结构调整和特色优势产业发展，特制订本目录。

本目录共包括两部分，一是国家现有产业目录中的鼓励类产业，二是西部地区新增鼓励类产业。

本目录原则上适用于在西部地区生产经营的各类企业。其中外商投资企业按照《外商投资产业指导目录》和《中西部地区外商投资优势产业目录》执行。

一、国家现有产业目录中的鼓励类产业

（一）《产业结构调整指导目录（2011 年本）（修正）》（国家发展改革委令 2013 年第 21 号）中的鼓励类产业。

（二）《外商投资产业指导目录（2011 年修订）》（国家发展改革委、商务部令 2011 年第 12 号）中的鼓励类产业。

（三）《中西部地区外商投资优势产业目录（2013 年修订）》（国家发展改革委、商务部令 2013 年第 1 号）中的西部地区产业。

以上目录如修订，按新修订版本执行。

二、西部地区新增鼓励类产业

西部地区新增鼓励类产业按省、自治区、直辖市分列，并根据实际情况适时修订。

（一）重庆市

1. 黑色、有色金属精深加工：家电、信息产业用材料；汽车用高强度/高精度宽板、铸锻轻合金材料；镁合金深加工产品；金属基粉体及表面处理新材料；锰基等新材料。

2. 工程塑料、化工新材料生产（《产业结构调整指导目录》限制类、淘汰类项目除外）。

3. 天青石等非金属矿精深加工。

4. 新型节能、隔音、防火门窗及配件的开发与生产。

5. 节能环保材料预制装配式建筑构部件生产。

6. 核设备、高精密核仪器、仪表的开发制造。

7. 压缩天然气（CNG）汽车加气站成套设备及装置（汽车储气钢瓶、压缩机、储气罐、深度脱水装置、脱硫罐、冷凝管、油水分离器等）研发及制造。

8. 高压输变电及控制设备的研发及制造。

9. 达到一级能效的压缩机、电机、变频器、磁控管等家用电器关键零部件制造。

10. 淡水源、土壤源、污水源等热泵技术开发及设备制造。

11. 钟表计时、珠宝加工等精密加工产业技术开发及设备制造。

12. 大型游乐设施制造。

13. 汽车整车、专用车（不包括普通挂车、自卸车、罐式车、厢式车和仓栅式汽车）制造。

14. 摩托车整车及重要零部件制造。

15. 船用齿轮箱和船用油泵油嘴、增压器、连杆、薄壁轴瓦、喷射控制单元等关键零部件研发生产，铸锻一体化工艺大抓力船锚生产。

16. 氧化铁（Fe_2O_3）含量不超过0.02%的高档玻璃器皿生产。

17. 教具教学仪器开发及生产。

18. 农村居民供水工程（包括城市供水设施向农村延伸）建设及经营。

19. 公路旅客运输。

20. 民用机场运营（与机场运行直接相关的生产经营活动）。

21. 笔记本电脑、通信产品整机和关键零部件的研发及制造。

22. 云计算解决方案研发及应用服务。

23. 三网融合类业务平台、通信、有线电视网络升级改造及设备制造。

24. 宽带网络建设及运营。

25. 仓储、运输、货代、包装、装卸、搬运、流通加工、配送、信息处理等一体化服务。

26. 服务“三农”、小型微型企业、个体工商户的小额贷款金融服务。

27. 金融外包服务、非金融机构支付服务。

28. 医疗机构经营。

29. 艺术及技能培训（音乐、演艺、美术、设计和传统手工艺）。

30. 工业企业场址污染治理及修复技术研发及应用。

31. 工业余热、余压、压差、发生气综合利用技术开发及应用。

32. 农村生活污水、垃圾及畜禽粪便处理等环保技术开发及应用。

（二）四川省

1. 农产品质量安全检测技术研发、应用及设备制造。

2. 农产品产地贮存、保鲜、烘干等初加工设施建设与运营（《产业结构调整指导目录》限制类、淘汰类项目除外）。

3. 高效太阳能电池组件技术开发及生产。

4. 核级石墨开发及生产。

5. 高品质钛原料先进制造技术及应用（CaO + MgO ≤ 1.5%）；6 万吨/年以上钛渣生产技术（电炉容量≥25000kVA）。

6. 钒钛磁铁矿高效清洁分离提取技术开发及应用（钒钛磁铁矿开采回采率、选矿回收率、综合利用率需符合国家有关标准）。

7. 钛材深加工。

8. 4 万吨/年以上炭黑新工艺开发及应用。

9. 3000 吨/年以上氧化钒清洁生产技术开发及应用（废水、废渣零排放）；钒制品先进制造技术开发及应用（钒基合金、钒基功能材料、钒精细化工产品）。

10. 1 万吨/年以上专用钛白先进制造技术开发及应用（化纤、造纸、油墨、塑料专用，限于对现有装置改造）。

11. 石墨烯和纳米碳材料、细结构石墨、生物炭、锂电池负极等新型碳材料的开发及生产。

12. 生物乙醇制乙烯（以粮食为原料的除外）。

13. 高精密核仪器、仪表开发制造。

14. 压缩天然气（CNG）汽车加气站成套设备及装置（CNG 汽车储气钢瓶、压缩机、高压地下储气井、储气罐、深度脱水装置、脱硫罐、冷凝管、油水分离器等）制造与应用，液化天然气（LNG）汽车加气站成套设备及装置制造与应用。

15. 无线电测试仪器开发制造。

16. 火力发电、水泥、钢铁等选择性催化还原法（SCR）脱硝催化剂及 SCR 烟气脱硝设备生产。

17. 大型游乐设施制造。

18. 种子生产加工机械、烘干设备制造。

19. 城市轨道和地铁车辆修理组装。

20. 汽车整车制造，专用汽车（不包括普通挂车、自卸车、罐式车、厢式车和仓栅式汽车）制造。

21. 教具教学仪器开发及生产。

22. 农村居民供水工程（包括城市供水设施向农村延伸）建设及经营。

23. 公路旅客运输。
24. 民用机场运营（与机场运行直接相关的生产经营活动）。
25. 三网融合类业务平台、通信、有线电视网络升级改造及设备制造。
26. 宽带网络建设及运营。
27. 云计算解决方案研发及应用服务。
28. 中药溯源电子码技术开发及应用。
29. 金融外包服务。
30. 服务“三农”、小型微型企业、个体工商户的小额贷款金融服务。
31. 金融现代化技术开发及应用（移动支付、电子票据、金融 IC 卡等）。
32. 医疗机构经营。
33. 飞行员培训。
34. 工业余热、余压、压差、发生气综合利用技术开发及应用。
35. 核、化学、生物等领域的侦察、防护、消洗等防化应急装备开发制造。
36. 农村生活污水、垃圾及畜禽粪便处理等环保技术开发及应用。

（三）贵州省

1. 大功率液压台车用凿岩钎具及钎具用钢生产。
2. 优碳钢钢丝（强度≥1670N/mm^2）及其制品生产。
3. 锰深加工新产品开发及生产（《产业结构调整指导目录》限制类、淘汰类项目除外）。
4. 高性能铝合金产品开发及生产。
5. 钛金属冶炼新工艺技术开发（直接用高钛渣、金红石电解生产金属钛）。
6. 钛材深加工及含钛精细化学品新产品开发及生产。
7. 钒深加工的先进工艺技术装备及新产品开发。
8. 高性能镁合金开发及生产。
9. “磷—电—化”一体化资源综合利用（《产业结构调整指导目录》限制类、淘汰类项目除外）。
10. 重晶石精深加工新产品开发及生产。
11. 白云石精细加工及综合开发利用。
12. 己二酸与尼龙 66 生产。
13. 天然植物精细化工产品的开发（香精、香料、化学药、化工产品中间体）。
14. 动植物药材资源的保护和可持续利用（《产业结构调整指导目录》限制类、淘汰类项目除外）。
15. 高压柱塞式液压泵、液压马达等液压基础件研发及制造。

16. 4MW 以上燃气轮机研发及制造。

17. 液力变速器研发及制造。

18. 大型萃取装置（容器容积 50～3500L，压力等级 9.8～35Mpa，温度等级 10℃～85℃）研发及制造。

19. 适用于山区的轻便、耐用、低耗中小型耕种收机械研发及制造。

20. 粉煤灰储运及利用成套设备制造。

21. 汽车整车制造，专用汽车（不包括普通挂车、自卸车、罐式车、厢式车和仓栅式汽车）制造。

22. 民族工艺品加工生产。

23. 农村居民供水工程（包括城市供水设施向农村延伸）建设及经营。

24. 公路旅客运输。

25. 民用机场运营（与机场运行直接相关的生产经营活动）。

26. 宽带网络建设及运营。

27. 云计算解决方案研发及应用服务。

28. 服务“三农”、小微型企业、个体工商户的小额贷款金融服务。

29. 金融外包服务。

30. 医疗机构经营。

31. 农村生活污水、垃圾及畜禽粪便处理等环保技术开发及应用。

（四）云南省

1. 花卉和观赏苗木培育。

2. 依托分布式电源的智能微电网技术开发及应用。

3. 高效太阳能电池组件技术开发及制造。

4. 强度大于 500MPa 的抗震钢筋（HRB500E）生产。

5. 工业硅生产中生物质炭替代传统还原剂的技术优化研究及应用。

6. 铅基合金、锌基合金新产品的开发及深加工。

7. 稀贵金属综合回收利用及深加工。

8. 海绵钛生产的新技术、新工艺开发及深加工。

9. 钛材、钛合金新产品开发及生产。

10. 石油精细化工产品开发及生产（《产业结构调整指导目录》中限制类、淘汰类项目除外）。

11. 水溶性肥料、微量元素肥料、微生物肥料等新型肥料的开发及生产。

12. 生物乙醇制乙烯（以粮食为原料的除外）。

13. 高掺量粉煤灰建材制品生产：粉煤灰 70% 及以上掺量生产烧结砖、85% 及以上掺量生产陶粒制品、25% 及以上掺量生产混凝土、30% 及以上掺量生产其他建材产品（水泥除外）。

14. 新型保温隔热技术和材料（蒸汽蓄热技术、蓄热式调温空气燃烧技术、微纳米高温远红外节能涂料、供热管网保温等）开发及生产。

15. 特殊环境（高原、湿热、高寒、重污染等环境）用发输变电、供配电及控制设备、高原型电工电器产品、中小水电成套设备研发及制造。

16. 先进适用的制药及生物制剂成套设备制造。

17. 适用于高原山区的拖拉机、中耕机、微耕机以及水稻、玉米、马铃薯、甘蔗收割机等现代农机具的开发及制造。

18. 汽车整车制造，专用汽车（不包括普通挂车、自卸车、罐式车、厢式车和仓栅式汽车）制造。

19. 蔗糖精深加工及废糖蜜、蔗渣、蔗叶、滤泥、酒精废液等副产品的综合利用（《产业结构调整指导目录》限制类、淘汰类项目除外）。

20. 民族工艺品加工生产。

21. 农村居民供水工程（包括城市供水设施向农村延伸）建设及经营。

22. 公路旅客运输。

23. 民用机场运营（与机场运行直接相关的生产经营活动）。

24. 云计算解决方案研发及应用服务。

25. 宽带网络建设及运营。

26. 口岸物流设施（物流仓库、堆场、装卸搬运工具、多式联运转运设施以及物流信息平台等）建设及经营。

27. 服务“三农”、小型微型企业、个体工商户的小额贷款服务。

28. 艺术及技能培训（音乐、演艺、美术、设计、珠宝玉石鉴定和传统手工艺）。

29. 医疗机构经营。

30. 轧钢氧化皮生产磁性材料。

31. 高原湖泊水污染治理技术开发及应用。

32. 工业余热、余压、压差、发生气综合利用技术开发及应用。

33. 农村生活污水、垃圾及畜禽粪便处理等环保技术开发及应用。

（五）西藏自治区

1. 特色农畜产品生产及加工。

2. 高寒冻土地带可燃冰勘探和开发利用研究。

3. 太阳能光伏发电系统检测、建设及运营。

4. 盐湖资源综合开发利用（《产业结构调整指导目录》限制类、淘汰类项目除外）。

5. 西藏特色食品加工、饮品加工（《产业结构调整指导目录》限制类、淘汰类项目除外）。

6. 民族工艺品加工生产。

7. 农村居民供水工程（包括城市供水设施向农村延伸）建设及经营。

8. 公路旅客运输。

9. 民用机场运营（与机场运行直接相关的生产经营活动）。

10. 宽带网络建设及运营。

11. 口岸物流设施（物流仓库、堆场、装卸搬运工具、多式联运转运设施以及物流信息平台等）建设及经营。

12. 医疗机构经营。

13. 农村生活污水、垃圾及畜禽粪便处理等环保技术开发及应用。

（六）陕西省

1. 背压式热电联产机组建设及运营。

2. 多元素共生矿资源综合利用。

3. 高性能镁合金开发及生产。

4. 钛材深加工。

5. 大型炼油、乙烯、芳烃生产装置生产的有机化工原料就地深加工（《产业结构调整指导目录》限制类、淘汰类项目除外）。

6. 新型、环保型油田化学品（二氧化碳及新型试剂驱油驱气）技术开发及生产。

7. 6万吨/年及以上聚甲醛、6万吨/年及以上二甲基甲酰胺、6万吨/年及以上聚乙烯醇等精细化工产品生产。

8. 新型混凝土（纤维混凝土、透水混凝土、植生混凝土、再生骨料混凝土、废橡胶粉混凝土）的开发及生产。

9. 高效生物反应器，高密度培养技术，佐剂、悬浮培养、发酵培养等生物制品开发及生产。

10. 生物芯片及相关数据获取、处理设备和软件的开发及制造。

11. 利用生物质生产聚乳酸、聚羟基烷酸、聚氨基酸和聚有机酸等生物可降解材料，可降解高分子材料与淀粉共混的环境友好材料，新型炭质吸附材料，生物化学品（包括生物乙烯，乳酸、1，3-丙二醇、丁醇系列产品，丁二酸、琥珀酸以及各种具有特定性能的有机酸产品，各种溶剂和医药中间体等）。

12. 百万吨级大型乙烯、千万吨级大型炼油等重大煤化工、石油化工、电站用装备关键用泵、控制阀、调节阀的研发及制造。

13. 液力缓速器研发及制造。

14. 透平机械装置转子用叶片辊模锻技术和叶轮真空处理技术开发及应用。

15. 高精密核仪器、仪表的开发制造。

16. 工业流程节能环保能效综合利用成套设备制造及系统服务：大型等温型高效节能成套设备及系统服务、大型硝酸装置能效综合利用成套设备及系统服务、大型高效轴流压缩机成套装置技术开发制造、工业驱动高效节能成套设备及系统服务、高效节能能量回收成套设备及系统服务。

17. 高效微排放燃煤锅炉制造（优于国家标准）。

18. 淡水源、土壤源、污水源等热泵技术开发及设备制造。

19. 专为农村市场研制、超越一级能效的微耗电冷暖空调系统。

20. 大型游乐设施制造。

21. 城市轨道和地铁车辆修理及来件组装。

22. 汽车整车制造，专用汽车（不包括普通挂车、自卸车、罐式车、厢式车和仓栅式汽车）制造。

23. 清水模板、塑钢模板、复合式组合模板等新型模板开发及生产。

24. 教具教学仪器开发及生产。

25. 农村居民供水工程（包括城市供水设施向农村延伸）建设及经营。

26. 公路旅客运输。

27. 民用机场运营（与机场运行直接相关的生产经营活动）。

28. 三网融合类业务平台、通信、有线电视网络升级改造及设备制造。

29. 宽带网络建设及运营。

30. 大型或超大型数据中心建设及运营。

31. 仓储、运输、货代、包装、装卸、搬运、流通加工、配送、信息处理等一体化服务。

32. 服务“三农”、小型微型企业、个体工商户的小额贷款金融服务。

33. 医疗机构经营。

34. 文化资源数字化、网络化展示平台研发及应用。

35. 艺术及技能培训（音乐、演艺、美术、设计和传统手工艺）。

36. 地质灾害勘查、监测、治理技术开发及应用。

37. 农村生活污水、垃圾及畜禽粪便处理等环保技术开发及应用。

（七）甘肃省

1. 优质酿酒葡萄种植与酿造。

2. 背压式热电联产机组建设及运营。

3. 太阳能发电系统建设及运营。

4. 风力发电场建设及运营。

5. 利用天然气替代化工及有色金属材料深加工中使用的重油、柴油、煤技术开发及应用（天然气产业政策限制、禁止类项目除外）。

6. 高温气冷堆炭堆内构件及涉核炭—石墨材料开发及生产。

7. 节能环保大型矿热炉用炭材料开发及生产。

8. 高性能镁、钛合金开发及生产。

9. 镍铜钴及贵金属粉体材料开发及生产。

10. 镍钴二次电池材料开发及生产。

11. 羰基冶金技术及羰基镍开发及生产。

12. 电子级氟化氢（HF）生产。

13. 石棉湿法浮选改性工艺应用。

14. 石墨烯和纳米碳材料、细结构石墨、生物炭、锂电池负极等新型碳材料的开发及生产。

15. 高掺量粉煤灰建材制品生产：粉煤灰70%及以上掺量生产烧结砖、85%及以上掺量生产陶粒制品、25%及以上掺量生产混凝土、30%及以上掺量生产其他建材产品（水泥除外）。

16. 种子生产加工机械、烘干设备制造。

17. 高性能真空设备制造：真空获得类、真空材料表面改性类、真空炉类、低温贮运容器类、真空专用设备。

18. 重离子治癌设备研发及制造。

19. 余热余能利用锅炉、生物质锅炉、垃圾焚烧处理锅炉及高参数大容量高效节能锅炉（窑炉）制造。

20. 绿色镀膜成套装备研发及制造：真空离子镀膜、磁控溅射镀膜、蒸镀膜、离子注入、离子清洁等装备。

21. 高效电机及其控制系统制造（额定功率0.55KW—355KW，额定电压690V及以下的低压三相异步电动机；额定功率355KW—25000KW，额定电压6KV或10KV的高压三相异步电动机；高效永磁伺服电机）。

22. 电网系统节电设备制造（比同类产品空载损耗下降10%～20%，负载损耗下降5%）。

23. 汽车整车制造，专用汽车（不包括普通挂车、自卸车、罐式车、厢式车和仓栅式汽车）制造。

24. 清真食品加工。

25. 太阳能多热源蔬菜低温联合干燥技术开发及应用。

26. 农村居民供水工程（包括城市供水设施向农村延伸）建设及经营。

27. 公路旅客运输。

28. 民用机场运营（与机场运行直接相关的生产经营活动）。

29. 宽带网络建设及运营。

30. 服务“三农”、小型微型企业、个体工商户的小额贷款金融服务。

31. 医疗机构经营。

32. 文化资源数字化、网络化展示平台研发及应用。

33. 粉煤灰生产新型油田固井减轻剂。

34. 高炉解毒铬浸出残渣技术开发及应用。

35. 农村生活污水、垃圾及畜禽粪便处理等环保技术开发及应用。

（八）青海省

1. 沙生植物种植与加工。

2. 背压式热电联产机组建设及运营。

3. 太阳能发电系统建设及运营。

4. 风力发电场建设及运营。

5. 钾、钠、镁、锂、硼、锶、溴、碘、铷、铯等盐湖资源综合利用、系列产品开发及副产物利用（《产业结构调整指导目录》限制类、淘汰类项目除外）。

6. 单线年产5万吨以上氢氧化钾生产。

7. 稀盐酸脱析制氯化氢。

8. 六水氯化镁（$MgCl_2 \cdot 6H_2O$）连续脱水制无水氯化镁。

9. 高性能镁合金开发及生产。

10. 石棉湿法浮选改性工艺应用。

11. 以各类无机盐产品生产过程中所产生的固体废弃物、副产物为主的循环利用。

12. 地下深层承压卤水资源勘探、研究及开发。

13. 道路安全维护、养护设备研发及制造。

14. 城镇地下大口径管道（共同沟）清淤设备研发及制造。

15. 汽车整车制造，专用汽车（不包括普通挂车、自卸车、罐式车、厢式车和仓栅式汽车）制造。

16. 清真食品加工。

17. 民族工艺品加工生产。

18. 农村居民供水工程（包括城市供水向农村延伸）建设及经营。

19. 公路旅客运输。

20. 民用机场运营（与机场运行直接相关的生产经营活动）。

21. 宽带网络建设及运营。

22. 医疗机构经营。

23. 飞行员培训。

24. 工业余热发电技术应用改造。

25. 农村生活污水、垃圾及畜禽粪便处理等环保技术开发及应用。

（九）宁夏回族自治区

1. 优质酿酒葡萄种植与酿造。

2. 安全高产高效采煤技术开发利用及煤田火灾防治新技术装备研究与应用。

3. 背压式热电联产机组建设及运营。

4. 太阳能发电系统建设及运营。

5. 风力发电场建设及运营。

6. 依托分布式能源的智能微电网技术开发及应用。

7. 微合金钢炉料和特殊硅合金等新产品开发及生产。

8. 符合国家重要用途钢丝绳标准（GB8918－2006）、直径在20～60mm的钢丝绳制品开发及生产。

9. 钽、铌、铍、钛等稀有金属材料新产品、新工艺技术开发及生产。

10. 多层陶瓷电容器用镍粉、高性能靶材开发及生产。

11. 高性能镁合金开发及生产。

12. 20万吨/年及以上醋酸乙烯、6万吨/年以上聚乙烯醇、3万吨以上石灰氮、氰胺系列产品生产。

13. 高掺量粉煤灰建材制品生产：粉煤灰70%及以上掺量生产烧结砖、85%及以上掺量生产陶粒制品、25%及以上掺量生产混凝土、30%及以上掺量生产其他建材产品（水泥除外）。

14. 30/52（年产30万吨合成氨、52万吨尿素）以上大型化肥、百万吨级大型乙烯、千万吨级大型炼油等重大煤化工、石油化工、电站装备关键用泵、控制阀、调节阀的研发及制造。

15. 电气化铁路牵引变压器制造。

16. 汽车整车制造，专用汽车（不包括普通挂车、自卸车、罐式车、厢式车和仓栅式汽车）制造。

17. 煤炭气化、液化等洁净煤技术开发及设备制造。

18. 枸杞制品（枸杞汁、枸杞果酒、枸杞油胶囊及其他枸杞保健食品）加工与生产。

19. 清真食品加工。

20. 民族工艺品加工生产。

21. 牛乳蛋白、干酪素等高端乳制品深加工。

22. 熔体直纺及切片纺彩色涤纶的开发及生产。

23. 农村居民供水工程（包括城市供水设施向农村延伸）建设及经营。

24. 公路旅客运输。
25. 民用机场运营（与机场运行直接相关的生产经营活动）。
26. 宽带网络建设及运营。
27. 大型或超大型数据中心建设及运营。
28. 医疗机构经营。
29. 针对穆斯林地区和阿拉伯国家的软件外包及文化创意产业。
30. 矿热炉节能减排技术改造和余热发电回收利用。
31. 农村生活污水、垃圾及畜禽粪便处理等环保技术开发及应用。

（十）新疆维吾尔自治区（含新疆生产建设兵团）

1. 荒漠地带500亩以上生物质能源植物栽培及利用。
2. 优质酿酒葡萄种植与酿造。
3. 单层厚度50米以上巨厚煤层开采技术开发及应用。
4. 背压式热电联产机组建设及运营。
5. 风力发电场建设及运营。
6. 太阳能发电系统建设及运营。
7. 依托分布式能源的智能微电网技术开发及应用。
8. 铀矿采冶设备研发与制造、原地浸出采铀技术开发及应用。
9. 稀有金属矿山勘探、有序开采及加工新技术开发及应用。
10. 聚合物改性沥青生产。
11. 大型炼油、乙烯、芳烃生产装置生产的有机化工原料就地深加工（《产业结构调整指导目录》限制类、淘汰类项目除外）。
12. 无汞催化剂聚氯乙烯生产技术开发及应用。
13. 6万吨/年及以上聚甲醛、10万吨/年及以上天然气制合成油（GTL）。
14. 3000万标砖/年及以上的煤矸石、页岩等非粘土烧结多孔砖和空心砖生产。
15. 配套有节能环保设施的石灰气烧竖窑、双燃料竖窑，带煤粉制备系统、以煤粉为燃料的竖窑，直径2.5米及以上石灰回转窑以及规模为10万吨/年及以上的碳石混烧机械化立窑建设及运营。
16. 风电机组控制系统，风电机组用新型发电机、高速叶片、全功率变流器、变桨控制器、增速齿轮箱、主轴、轴承等关键部件，海上风电工程施工机械研发及制造。
17. 干空气能应用装备研发及制造。
18. 铸造、锻造、热处理、表面处理等基础工艺专业化服务（《产业结构调整指导目录》限制类、淘汰类项目除外）。

19. 棉花、小麦、豆类、番茄、辣椒、甜菜、红枣等农作物种植、采收机械化技术开发及应用。

20. 棉杆采收专用设备研发及制造。

21. 大型游乐设施制造。

22. 汽车整车制造、专用汽车制造。

23. 膨润土、蛭石等特色非金属矿物材料的开采、深加工及其技术装备研发及制造。

24. 第三代半导体碳化硅晶片开发及生产。

25. 日处理甜菜3000吨以上食糖生产线。

26. 氧化铁（Fe_2O_3）含量不超过0.02%的高档玻璃器皿生产。

27. 教具教学仪器研发生产。

28. 民族工艺品加工生产。

29. 民族演艺服饰、乐器设计、生产和销售。

30. 农村居民供水工程（包括城市供水设施向农村延伸）建设及经营。

31. 公路旅客运输。

32. 民用机场运营（与机场运行直接相关的生产经营活动）。

33. 宽带网络建设及运营。

34. 口岸物流设施（物流仓库、堆场、装卸搬运工具、多式联运转运设施以及物流信息平台等）建设及经营。

35. 服务“三农”、小型微型企业、个体工商户的小额贷款金融服务。

36. 医疗机构经营。

37. 艺术及技能培训（民族音乐、演艺、美术、设计和传统手工艺）。

38. 工业余热、余压、压差、发生气综合利用技术开发及应用。

39. 粮、棉秸秆、果木等农、林副产物资源综合利用技术开发及应用。

40. 农村（含兵团团场、连队）生活污水、垃圾及畜禽粪便处理等环保技术开发及应用。

（十一）内蒙古自治区

1. 沙生植物种植与加工。
2. 复合活菌制剂、饲用微生物添加剂开发及生产。
3. 有机—无机混合肥料生产。
4. 背压式热电联产机组建设及运营。
5. 太阳能发电系统建设及运营。
6. 风力发电场建设及运营。
7. 依托分布式能源的智能微电网技术开发及应用。

8. 高油微藻生物质发电。

9. 高性能稀土永磁、发光、储氢、催化材料开发及生产。

10. 锗、铀等新材料研发及应用：重水堆、压水堆、气冷堆系列民用核电燃料组件制造、钍资源开发利用、高纯锗及光纤通讯生产。

11. 6万吨/年及以上聚甲醛、6万吨/年及以上二甲基甲酰胺、6万吨/年及以上聚乙烯醇等精细化工产品生产。

12. 15万吨/年及以上单套无水煤焦油深加工。

13. 无汞催化剂聚氯乙烯生产技术开发及应用。

14. 六氟乙烷等精细氟化工产品生产（《产业结构调整指导目录》限制类、淘汰类项目除外）。

15. 石墨烯和纳米碳材料、细结构石墨、生物炭、锂电池负极等新型碳材料开发及生产。

16. 煤系高岭土替代高铝矾土系列耐火材料产品及其他非金属耐火材料及制品生产。

17. 大口径高压厚壁锅炉管生产。

18. 磁感应强度0.3T以上的稀土永磁核磁共振影像设备的研发及制造。

19. 牧区户用小型风机制造。

20. 汽车整车制造，专用汽车（不包括普通挂车、自卸车、厢式车和仓栅式汽车）制造。

21. 300吨及以上非公路矿用自卸车制造。

22. 毛绒棉纺织加工。

23. 民族工艺品加工生产。

24. 农村居民供水工程（包括城市供水设施向农村延伸）建设及经营。

25. 公路旅客运输。

26. 民用机场运营（与机场运行直接相关的生产经营活动）。

27. 宽带网络建设及运营。

28. 大型或超大型数据中心建设及运营。

29. 口岸物流设施（物流仓库、堆场、装卸搬运工具、多式联运转运设施以及物流信息平台等）建设及经营。

30. 医疗机构经营。

31. 飞行员培训。

32. 农村生活污水、垃圾及畜禽粪便处理等环保技术开发及应用。

（十二）广西壮族自治区

1. 农作物套种技术与秋冬种技术开发及应用。

2. 农产品质量安全检测新技术开发及应用。

3. 高性能稀土永磁、发光、储氢、催化材料开发及生产。

4. 低品位难处理铝土矿综合利用。

5. 高性能铝合金深加工产品技术开发及生产。

6. 高纯铟及铟基合金材料技术开发及生产。

7. 锡基合金新材料开发及深加工。

8. 生物乙醇制乙烯（以粮食为原料的除外）。

9. 石油精细化工产品开发及生产（《产业结构调整指导目录》中限制类、淘汰类项目除外）。

10. 电解金属锰为原料的电器元件、无汞碱锰电池、锂锰电池、不锈钢制品的先进生产技术开发及生产。

11. 压缩天然气（CNG）汽车加气站成套设备及装置（CNG 汽车储气钢瓶、长管玻璃纤维缠绕气瓶、压缩机、高压地下储气井、储气罐、深度脱水装置、脱硫罐、冷凝管、油水分离器等）制造，液化天然气（LNG）加气站成套设备（含 LNG 储罐）及装置制造。

12. 甘蔗种植机等中小型农机具研发及制造。

13. 15 吨及以上挖掘机、3 吨及以上装载机、电动叉车及 3 吨及以上内燃叉车，液压压路机、液压摊铺机、平地机，装载机用驱动桥，工程机械用液压元件、液压管路和液压成套设备，工程机械电控系统制造。

14. 汽车整车制造，专用汽车（不包括普通挂车、自卸车、罐式车、厢式车和仓栅式汽车）制造。

15. 适用于丘陵和山区的拖拉机及农作物种植、收获等中小型农机具，农村水利、田间道路建设等农用工程机械及其关键零部件的研发和制造。

16. 蚕茧丝绸及印染、服装精深加工。

17. 民族工艺品加工生产。

18. 废糖蜜、蔗渣、蔗叶、滤泥、酒精废液等副产品的综合利用（《产业结构调整指导目录》限制类、淘汰类项目除外）。

19. 利用木质废弃物生产定向结构板材技术开发及应用。

20. 桑蚕产业资源循环综合利用。

21. 农村居民供水工程（包括城市供水设施向农村延伸）建设及经营。

22. 公路旅客运输。

23. 民用机场运营（与机场运行直接相关的生产经营活动）。

24. 宽带网络建设及运营。

25. 云计算解决方案研发及应用服务。

26. 口岸物流设施（物流仓库、堆场、装卸搬运工具、多式联运转运设施以及物流信息平台等）建设及经营。

27. 医疗机构经营。

28. 艺术及技能培训（音乐、演艺、美术、设计和传统手工艺）。

29. 服务“三农”、小型微型企业、个体工商户的小额贷款金融服务。

30. 城市水系淤泥综合利用。

31. 工业余热、余压、压差、发生气综合利用技术开发及应用。

32. 农村生活污水、垃圾及畜禽粪便沼气化处理等环保技术开发及应用。

附件 3

新疆困难地区重点鼓励发展产业企业所得税优惠目录（试行）

一、农林业

1. 中低产田综合治理与稳产高产基本农田建设。

2. 农产品基地建设。

3. 蔬菜、瓜果、花卉设施栽培（含无土栽培）先进技术开发与应用。

4. 优质、高产、高效标准化栽培技术开发与应用。

5. 畜禽标准化规模养殖技术开发与应用。

6. 重大病虫害及动物疫病防治。

7. 农作物、家畜、家禽及水生动植物、野生动植物遗传工程及基因库建设。

8. 动植物（含野生）优良品种选育、繁育、保种和开发；生物育种；种子生产、加工、贮藏及鉴定。

9. 种（苗）脱毒技术开发与应用。

10. 旱作节水农业、保护性耕作、生态农业建设、耕地质量建设及新开耕地快速培肥技术开发与应用。

11. 生态种（养）技术开发与应用。

12. 农用薄膜无污染降解技术及农田土壤重金属降解技术开发与应用。

13. 绿色无公害饲料及添加剂开发。

14. 内陆流域性大湖资源增殖保护工程。

15. 牛羊胚胎（体内）及精液工厂化生产。

16. 农业生物技术开发与应用。

17. 耕地保养管理与土、肥、水速测技术开发与应用。

18. 农、林作物和渔业种质资源保护地、保护区建设；动植物种质资源收集、保存、鉴定、开发与应用。

19. 农作物秸秆还田与综合利用（青贮饲料，秸秆氨化养牛、还田，秸秆沼气及热解、气化，培育食用菌，固化成型燃料，秸秆人造板，秸秆纤维素燃料乙醇、非粮饲料资源开发利用等）。

20. 农村可再生资源综合利用开发工程（沼气工程、“三沼”综合利用、沼气灌装提纯等）。

21. 食（药）用菌菌种培育。

22. 草原、森林灾害综合治理工程。

23. 利用非耕地的退耕（牧）还林（草）及天然草原植被恢复工程。

24. 动物疫病新型诊断试剂、疫苗及低毒低残留兽药（含兽用生物制品）新工艺、新技术开发与应用。

25. 优质高产牧草人工种植与加工。

26. 无公害农产品及其产地环境的有害元素监测技术开发与应用。

27. 有机废弃物无害化处理及有机肥料产业化技术开发与应用。

28. 农牧渔产品无公害、绿色生产技术开发与应用。

29. 农林牧渔产品储运、保鲜、加工与综合利用。

30. 天然林等自然资源保护工程。

31. 碳汇林建设、植树种草工程及林木种苗工程。

32. 水土流失综合治理技术开发与应用。

33. 生态系统恢复与重建工程。

34. 海洋、森林、野生动植物、湿地、荒漠、草原等自然保护区建设及生态示范工程。

35. 防护林工程。

36. 固沙、保水、改土新材料生产。

37. 抗盐与耐旱植物培植。

38. 速生丰产林工程、工业原料林工程、珍贵树种培育及名特优新经济林建设。

39. 森林抚育、低产林改造工程。

40. 野生经济林树种保护、改良及开发利用。

41. 珍稀濒危野生动植物保护工程。

42. 林业基因资源保护工程。

43. 次小薪材、沙生灌木及三剩物深加工与产品开发。

44. 野生动植物培植、驯养繁育基地及疫源疫病监测预警体系建设。

45. 道地中药材及优质、丰产、濒危或紧缺动植物药材的种植（养殖）。

46. 香料、野生花卉等林下资源人工培育与开发。

47. 木基复合材料及结构用人造板技术开发。

48. 木质复合材料、竹质工程材料生产及综合利用。

49. 松脂林建设、林产化学品深加工。

50. 数字（信息）农业技术开发与应用。

51. 农业环境与治理保护技术开发与应用。

52. 生态清洁型小流域建设及面源污染防治。

53. 农田主要机耕道（桥）建设。

54. 生物质能源林定向培育与产业化。

55. 粮油干燥节能设备、农户绿色储粮生物技术、驱鼠技术、农户新型储粮仓（彩钢板组合仓、钢骨架矩形仓、钢网式干燥仓、热浸镀锌钢板仓等）推广应用。

56. 农作物、林木害虫密度自动监测技术开发与应用。

57. 森林、草原火灾自动监测报警技术开发与应用。

58. 气象卫星工程（卫星研制、生产及配套软件系统、地面接收处理设备等）和气象信息服务。

59. 荒漠化和沙化监测体系及能力建设。

60. 盐渍羊肠衣及制品开发与生产。

61. 防沙治沙工程。

62. 退耕还林还草、天然林保护等国家重点生态工程后续产业开发。

63. 优质番茄、特色香梨、葡萄、甜瓜、红枣、核桃和枸杞的种植及深加工。

64. 优质酿酒葡萄基地。

65. 天然香料的种植、加工。

66. 甜菜糖加工及副产品综合利用。

67. 亚麻种植及其制品生产。

68. 高档棉毛产品升级改造。

69. 丝绸产品深加工。

70. 畜禽骨深加工新技术。

二、水利

1. 江河堤防建设及河道、水库治理工程。

2. 跨流域调水工程。

3. 城乡供水水源工程。

4. 农村饮水安全工程。

5. 蓄滞洪区建设。

6. 病险水库、水闸除险加固工程。

7. 城市积涝预警和防洪工程。

8. 综合利用水利枢纽工程。

9. 牧区水利工程。

10. 灌区改造及配套设施建设。

11. 防洪抗旱应急设施建设。

12. 高效输配水、节水灌溉技术推广应用。

13. 水文应急测报、旱情监测基础设施建设。

14. 灌溉排水泵站更新改造工程。

15. 农田水利设施建设工程（灌排渠道、涵闸、泵站建设等）。

16. 防汛抗旱新技术新产品开发与应用。

17. 山洪地质灾害防治工程（山洪地质灾害防治区监测预报预警体系建设及山洪沟、泥石流沟和滑坡治理等）。

18. 水生态系统及地下水保护与修复工程。

19. 水源地保护工程（水源地保护区划分、隔离防护、水土保持、水资源保护、水生态环境修复及有关技术开发推广）。

20. 水文站网基础设施建设及其仪器设备开发与应用。

三、煤炭

1. 煤田地质及地球物理勘探。

2. 120 万吨/年及以上高产高效煤矿（含矿井、露天）、高效选煤厂建设。

3. 矿井灾害（瓦斯、煤尘、矿井水、火、围岩、地温、冲击地压等）防治。

4. 型煤及水煤浆技术开发与应用。

5. 煤炭共伴生资源加工与综合利用。

6. 煤层气勘探、开发、利用和煤矿瓦斯抽采、利用。

7. 煤矸石、煤泥、洗中煤等低热值燃料综合利用。

8. 管道输煤。

9. 煤炭高效洗选脱硫技术开发与应用。

10. 选煤工程技术开发与应用。

11. 地面沉陷区治理、矿井水资源保护与利用。

12. 煤电一体化建设。

13. 提高资源回收率的采煤方法、工艺开发与应用。

14. 矿井采空区矸石回填技术开发与应用。

15. 井下救援技术及特种装备开发与应用。

16. 煤炭生产过程综合监控技术、装备开发与应用。

17. 大型煤炭储运中心、煤炭交易市场建设。

18. 新型矿工避险自救器材开发与应用。

19. 建筑物下、铁路等基础设施下、水体下采用煤矸石等物质充填采煤技术开发与应用。

20. 煤炭加工应用技术开发和产品生产。

四、电力

1. 水力发电。
2. 缺水地区单机60万千瓦及以上大型空冷机组电站建设。
3. 重要用电负荷中心且天然气充足地区天然气调峰发电项目。
4. 30万千瓦及以上循环流化床、增压流化床、整体煤气化联合循环发电等洁净煤发电。
5. 单机30万千瓦及以上采用流化床锅炉并利用煤矸石、中煤、煤泥等发电。
6. 在役发电机组脱硫、脱硝改造。
7. 跨区电网互联工程技术开发与应用。
8. 输变电节能、环保技术推广应用。
9. 降低输、变、配电损耗技术开发与应用。
10. 分布式供电及并网技术推广应用。
11. 燃煤发电机组脱硫、脱硝及复合污染物治理。
12. 火力发电脱硝催化剂开发生产。
13. 水力发电中低温水恢复措施工程、过鱼措施工程技术开发与应用。
14. 大容量电能储存技术开发与应用。
15. 电动汽车充电设施。
16. 乏风瓦斯发电技术及开发利用。
17. 利用余热余压、煤层气、高炉气、焦炉气、垃圾发电。
18. 采用单机30万千瓦及以上集中供热机组的热电联产，背压式热电联产，以及热、电、冷多联产。
19. 南疆喀什、和田应急燃机电站。

五、新能源

1. 生物质纤维素乙醇、生物柴油等非粮生物质燃料生产技术开发与应用。
2. 太阳能热发电集热系统、太阳能光伏发电系统集成技术开发应用、逆变控制系统开发制造。
3. 风电与光伏发电互补系统技术开发与应用。

六、石油、天然气

1. 油气伴生资源综合利用。
2. 放空天然气回收利用及装置制造。

七、钢铁

1. 黑色金属矿山接替资源勘探及关键勘探技术开发。

2. 高性能、高质量及升级换代钢材产品技术开发与应用。包括600兆帕级及以上高强度汽车板、油气输送高性能管线钢、高强度船舶用宽厚板、海洋工程用钢、420兆帕级及以上建筑和桥梁等结构用中厚板、高速重载铁路用钢、低铁损高磁感硅钢、耐腐蚀耐磨损钢材、节约合金资源不锈钢（现代铁素体不锈钢、双相不锈钢、含氮不锈钢）、高性能基础件（高性能齿轮、12.9级及以上螺栓、高强度弹簧、长寿命轴承等）用特殊钢棒线材、高品质特钢锻轧材（工模具钢、不锈钢、机械用钢等）等。

3. 焦炉、高炉、热风炉用长寿命节能环保耐火材料生产工艺；精炼钢用低碳、无碳耐火材料和高效连铸用功能环保性耐火材料生产工艺。

4. 生产过程在线质量检测技术应用。

5. 利用钢铁生产设备处理社会废弃物。

6. 烧结烟气脱硫、脱硝、脱二恶英等多功能干法脱除，以及副产物资源化、再利用化技术。

7. 难选贫矿、(共）伴生矿综合利用先进工艺技术。

8. 冶金固体废弃物（含冶金矿山废石、尾矿，钢铁厂产生的各类尘、泥、渣、铁皮等）综合利用先进工艺技术。

9. 冶金废液（含废水、废酸、废油等）循环利用工艺技术与设备。

10. 高炉、转炉煤气干法除尘。

八、有色金属

1. 有色金属现有矿山接替资源勘探开发，紧缺资源的深部及难采矿床开发。

2. 高效、低耗、低污染、新型冶炼技术开发。

3. 高效、节能、低污染、规模化再生资源回收与综合利用：(1）废杂有色金属回收；(2）有价元素的综合利用；(3）赤泥及其他冶炼废渣综合利用；(4）高铝粉煤灰提取氧化铝。

4. 铝铜硅钨钼等大规格高纯靶材、超大规模集成电路铜镍硅和铜铬锆引线框架材料、电子焊料等开发与生产。

5. 抗压强度不低于500Mpa、导电率不低于80%IACS的铜合金精密带材和超长线材制品等高强铜合金、交通运输工具主承力结构用的新型高强、高韧、耐蚀铝合金材料及大尺寸制品开发与生产。

6. 铜、铅、锌、铝等有色金属精深加工。

九、黄金

1. 从尾矿及废石中回收黄金资源。

十、石化化工

1. 含硫含酸重质、劣质原油炼制技术，高标准油品生产技术开发与应用。

2. 高效、安全、环境友好的农药新品种、新剂型（水基化剂型等）、专用中间体、助剂（水基化助剂等）的开发与生产；甲叉法乙草胺、水相法毒死蜱工艺，草甘膦回收氯甲烷工艺、定向合成法手性和立体结构农药生产、乙基氯化物合成技术等清洁生产工艺的开发和应用，生物农药新产品、新技术的开发与生产。

3. 改性型、水基型胶粘剂和新型热熔胶，环保型吸水剂、水处理剂，分子筛固汞、无汞等新型高效、环保催化剂和助剂，安全型食品添加剂、饲料添加剂，纳米材料，功能性膜材料，超净高纯试剂、光刻胶、电子气、高性能液晶材料等新型精细化学品的开发与生产。

4. 聚合物改性沥青开发与生产。

5. 硫、钾、硼、锂等短缺化工矿产资源开发及综合利用，以及精细无机盐产品生产。

6. 优质钾肥及各种专用肥、缓控释肥的生产，钾肥生产剩余物的综合开发利用，氮肥企业节能减排和原料结构调整，磷石膏综合利用技术开发与应用。

7. 水性木器、工业、船舶涂料、高固体分、无溶剂、辐射固化、功能性外墙保温涂料等环境友好、资源节约型涂料生产。

8. 采用离子膜法烧碱生产技术、烧碱用盐水膜法脱硝、纯碱行业干法蒸馏、联碱不冷碳化等清洁生产技术对现有装置进行改造和回收锅炉烟道气 CO_2 生产纯碱。

9. 盐化工下游产品生产及开发（列入《产业结构调整指导目录》、《外商投资产业指导目录》限制类、禁止类的除外）。

十一、建材

1. 一次冲洗用水量 6 升及以下的坐便器、蹲便器、节水型小便器及节水控制设备开发与生产。

2. 使用合成矿物纤维、芳纶纤维等作为增强材料的无石棉摩擦、密封材料新工艺、新产品开发与生产。

3. 废矿石、尾矿和建筑废弃物的综合利用。

4. 农用田间建设材料技术开发与生产。

5. 利用工业副产石膏生产新型墙体材料及技术装备开发与制造。

6. 2000 吨/日及以上新型干法水泥和利用 2000 吨/日及以上新型干法水泥窑炉处置工业废弃物、城市污泥和生活垃圾的生产，纯低温余热发电；粉磨系统等节能改造。

7. 3 万吨/年及以上无碱玻璃纤维池窑拉丝技术和高性能玻璃纤维及制品技术开发与生产。

8. 优质节能复合门窗及五金配件生产。

9. 20 万立方米/年以上大型石材荒料、30 万平方米/年以上超薄复合石材生产。

10. 年产 100 万平方米及以上建筑陶瓷砖生产线。

11. 3000 万标砖/年及以上的煤矸石、页岩等非粘土烧结构多孔砖和空心砖生产线。

12. 年产 500 万平方米及以上改性沥青类防水卷材生产线。

13. 新型墙体材料开发与生产。

14. 蛭石、云母、石棉、菱镁矿、石墨、石灰石、红柱石、石材等非金属矿产的综合利用（勘查、开发除外）。

15. 特殊品种（超白、超薄、在线 Low-E）优质浮法玻璃技术开发及深加工。

十二、医药

1. 拥有自主知识产权的新药开发和生产，天然药物开发和生产，新型计划生育药物（包括第三代孕激素的避孕药）开发和生产，满足我国重大、多发性疾病防治需求的通用名药物首次开发和生产，药物新剂型、新辅料的开发和生产，药物生产过程中的膜分离、超临界萃取、新型结晶、手性合成、酶促合成、生物转化、自控等技术开发与应用，原料药生产节能降耗减排技术、新型药物制剂技术开发与应用。

2. 新型药用包装材料及其技术开发和生产（一级耐水药用玻璃，可降解材料，具有避光、高阻隔性、高透过性的功能性材料，新型给药方式的包装；药包材无苯油墨印刷工艺等）。

3. 濒危稀缺药用动植物人工繁育技术及代用品开发和生产，先进农业技术在中药材规范化种植、养殖中的应用，中药有效成份的提取、纯化、质量控制新技术开发和应用，中药现代剂型的工艺技术、生产过程控制技术和装备的开发与应用，中药饮片创新技术开发和应用，中成药二次开发和生产。

4. 民族药物开发和生产。

5. 基本药物质量和生产技术水平提升及降低成本。

6. 以牛羊内脏为原料的生物制药产品的开发利用。

十三、机械

1. 土壤修复技术装备制造。
2. 适合新疆煤炭蕴藏特点的煤矿采掘设备制造。
3. 农业、林果业、畜牧业机械制造。
4. 安全饮水设备制造。

十四、轻工

1. 无元素氯（ECF）和全无氯（TCF）化学纸浆漂白工艺开发及应用。
2. 生物可降解塑料及其系列产品开发、生产与应用。
3. 农用塑料节水器材和长寿命（三年及以上）功能性农用薄膜的开发、生产。
4. 新型塑料建材（高气密性节能塑料窗、大口径排水排污管道、抗冲击改性聚氯乙烯管、地源热泵系统用聚乙烯管、非开挖用塑料管材、复合塑料管材、塑料检查井）；防渗土工膜；塑木复合材料和分子量≥200 万的超高分子量聚乙烯管材及板材生产。
5. 少数民族特需用品制造。
6. 制革及毛皮加工清洁生产、皮革后整饰新技术开发及关键设备制造、皮革废弃物综合利用；皮革铬鞣废液的循环利用，三价铬污泥综合利用；无灰膨胀（助）剂、无氨脱灰（助）剂、无盐浸酸（助）剂、高吸收铬鞣（助）剂、天然植物鞣剂、水性涂饰（助）剂等高档皮革用功能性化工产品开发、生产与应用。
7. 多效、节能、节水、环保型表面活性剂和浓缩型合成洗涤剂的开发与生产。
8. 节能环保型玻璃窑炉（含全电熔、电助熔、全氧燃烧技术）的设计、应用；废（碎）玻璃回收再利用。
9. 水性油墨、紫外光固化油墨、植物油油墨等节能环保型油墨生产。
10. 天然食品添加剂、天然香料新技术开发与生产。
11. 热带果汁、浆果果汁、谷物饮料、本草饮料、茶浓缩液、茶粉、植物蛋白饮料等高附加价值植物饮料的开发生产与加工原料基地建设；果渣、茶渣等的综合开发与利用。
12. 营养健康型大米、小麦粉（食品专用米、发芽糙米、留胚米、食品专用粉、全麦粉及营养强化产品等）及制品的开发生产；传统主食工业化生产；杂粮加工专用设备开发与生产。

13. 菜籽油生产线：采用膨化、负压蒸发、热能自平衡利用、低消耗蒸汽真空系统等技术，油菜籽主产区日处理油菜籽400吨及以上、吨料溶剂消耗1.5公斤以下（其中西部地区日处理油菜籽200吨及以上、吨料溶剂消耗2公斤）以下；花生油生产线：花生主产区日处理花生200吨及以上，吨料溶剂消耗2公斤以下；棉籽油生产线：棉籽产区日处理棉籽300吨及以上，吨料溶剂消耗2公斤以下；米糠油生产线：采用分散快速膨化，集中制油、精炼技术；玉米胚芽油生产线；油茶籽、核桃等木本油料和胡麻、芝麻、葵花籽等小品种油料加工生产线。

14. 发酵法工艺生产小品种氨基酸（赖氨酸、谷氨酸除外），新型酶制剂（糖化酶、淀粉酶除外）、多元醇、功能性发酵制品（功能性糖类、真菌多糖、功能性红曲、发酵法抗氧化和复合功能配料、活性肽、微生态制剂）等生产。

15. 薯类变性淀粉。

16. 畜禽骨、血及内脏等副产物综合利用与无害化处理。

17. 采用生物发酵技术生产优质低温肉制品。

18. 单条生产线年生产能力化学木浆年产30万吨及以上、化学机械木浆10万吨及以上、非木原料制浆5万吨及以上、箱纸板和白板纸10万吨及以上的造纸项目。

19. 高档营养配方乳粉、优质工业乳粉、奶酪、酪蛋白、奶油、炼乳、酸奶等固态、半固态乳制品生产。

20. 年产10万千升以上啤酒生产线。

21. 年产1万千升以上葡萄酒生产线。

22. 年产1000千升以上果酒生产线。

23. 民族乐器及其零件生产。

24. 手工地毯、玉雕、民族刺绣等民族特色手工艺品、工艺美术品和旅游纪念品生产。

25. 粮油加工副产物（稻壳、米糠、麸皮、胚芽、饼粕、秸秆等）综合利用关键技术开发应用。

26. 综合利用钾盐生产剩余物生产鲜皮处理剂。

27. 年产10万件及以上木制家具、5万件及以上金属家具、3万件及以上塑料家具、1万件及以上软体家具生产。

28. 年产3万吨以上玻璃瓶罐、玻璃包装容器生产线。

29. 金属包装容器、日用金属工具、日用金属制品、建筑及家具用金属配件、建筑装饰及水暖管道零件、建筑安全消防用金属制品生产。

30. 包装容器材料及日用玻璃制品生产。

十五、纺织

1. 符合生态、资源综合利用与环保要求的特种动物纤维、麻纤维、竹原纤维、桑柞茧丝、彩色棉花、彩色桑茧丝类天然纤维的加工技术与产品。

2. 采用紧密纺、低扭矩纺、赛络纺、嵌入式纺纱等高速、新型纺纱技术生产多品种纤维混纺纱线及采用自动络筒、细络联、集体络纱等自动化设备生产高品质纱线。

3. 采用编织、非织造布复合、多层在线复合、长效多功能整理等高新技术，生产满足国民经济各领域需求的产业用纺织品。

4. 高档地毯、抽纱、刺绣产品生产。

5. 5 万锭以上棉纺织生产。

6. 大容量聚酯及涤纶纤维生产。

7. 差别化、功能性改性化学纤维生产。

8. 新型聚酯及纤维、再生资源纤维、生物质纤维开发、生产及应用。

9. 采用无梭织机、大圆机等先进织造设备生产高档机织、针织纺织品。

10. 节能环保型印染高档面料生产。

11. 采用信息化、自动化技术的服装生产。

12. 纺织行业“三废”高效治理以及废旧资源回收再利用技术的推广应用。

十六、建筑

1. 集中供热系统计量与调控技术、产品的研发与推广。

2. 商品混凝土、商品砂浆及其施工技术开发。

十七、城市基础设施

1. 城市公共交通建设。

2. 城市道路及智能交通体系建设。

3. 城镇安全饮水工程。

4. 城镇地下管道共同沟建设。

5. 城镇供排水管网工程、供水水源及净水厂工程。

6. 城市燃气工程。

7. 城镇集中供热建设和改造工程。

8. 城镇园林绿化及生态小区建设。

9. 城市建设管理信息化技术应用。

10. 城市生态系统关键技术应用。

11. 城市节水技术开发与应用。

12. 城市照明智能化、绿色照明产品及系统技术开发与应用。

13. 再生水利用技术与工程。

14. 城市下水管线非开挖施工技术开发与应用。

15. 城市供水、排水、燃气塑料管道应用工程。

十八、铁路

1. 铁路新线建设。

2. 既有铁路改扩建。

3. 客运专线、高速铁路系统技术开发与建设。

4. 铁路行车及客运、货运安全保障系统技术与装备，铁路列车运行控制与车辆控制系统、铁路运输信息系统开发建设。

5. 铁路运输信息系统开发与建设。

6. 7200千瓦及以上交流传动电力机车、6000马力及以上交流传动内燃机车、时速200公里以上动车组、海拔3000米以上高原机车、大型专用货车、机车车辆特种救援设备。

7. 干线轨道车辆交流牵引传动系统、制动系统及核心元器件（含IGCT、IGBT元器件）。

8. 时速200公里及以上铁路接触网、道岔、扣配件、牵引供电设备。

9. 电气化铁路牵引供电功率因数补偿技术应用。

10. 大型养路机械、铁路工程建设机械装备、线桥隧检测设备。

11. 行车调度指挥自动化技术开发。

12. 混凝土结构物修补和提高耐久性技术、材料开发。

13. 铁路旅客列车集便器及污物地面接收、处理工程。

14. 铁路GSM-R通信信号系统。

15. 铁路宽带通信系统开发与建设。

16. 数字铁路与智能运输开发建设。

17. 时速在300公里及以上高速铁路或客运专线减震降噪技术应用。

18. 城际轨道交通建设。

十九、公路及道路运输（含城市客运）

1. 西部开发公路干线、国家高速公路网项目建设。

2. 国省干线改造升级。

3. 汽车客货运站、城市公交站。

4. 高速公路不停车收费系统相关技术开发与应用。

5. 公路智能运输、快速客货运输、公路甩挂运输系统开发与建设。

6. 公路管理服务、应急保障系统开发与建设。
7. 公路工程新材料开发生产。
8. 公路集装箱和厢式运输。
9. 特大跨径桥梁修筑和养护维修技术应用。
10. 长大隧道修筑和维护技术应用。
11. 农村客货运输网络开发与建设。
12. 农村公路建设。
13. 城际快速系统开发与建设。
14. 出租汽车服务调度信息系统开发与建设。
15. 高速公路车辆应急疏散通道建设。
16. 低噪音路面技术开发。
17. 高速公路快速修筑与维护技术和材料开发应用。
18. 城市公交。
19. 运营车辆安全监控记录系统开发应用。

二十、水运

1. 水上交通安全监管和救助系统建设。
2. 港口危险化学品、油品应急设施建设及设备制造。
3. 水上高速客运。
4. 水运行业信息系统建设。

二十一、航空运输

1. 机场建设。
2. 公共航空运输。
3. 通用航空。
4. 空中交通管制和通讯导航系统建设。
5. 航空计算机管理及其网络系统开发与建设。
6. 航空油料设施建设。
7. 小型航空器应急起降场地建设。

二十二、综合交通运输

1. 综合交通枢纽建设及改造。
2. 综合交通枢纽便捷换乘及行李捷运系统建设。
3. 综合交通枢纽运营管理信息系统建设及应用。
4. 综合交通枢纽诱导系统建设。

5. 综合交通枢纽一体化服务设施建设。

6. 综合交通枢纽防灾救灾及应急疏散系统。

7. 综合交通枢纽便捷货运换装系统建设。

8. 集装箱多式联运系统建设。

二十三、信息产业

1. 软件开发生产（含民族语言信息化标准研究与推广应用）。

2. 电子商务和电子政务系统开发及应用服务。

3. 数字音乐、手机媒体、动漫游戏等数字内容产品的开发系统。

4. 防伪技术开发与运用。

5. 卫星数字电视广播系统建设。

6. 通信“村村通”工程。

7. 信息安全产品开发生产。

8. 宽带光缆、宽带无线接入网络技术开发及通信管道和网络建设。

9. 物联网和下一代互联网技术产品开发与建设及应用平台建设和服务。

10. 应急通信、农村通信、行业和信息化通信设施建设、设备制造及网络改造、业务运营。

11. 增值电信业务开发与运营。

二十四、现代物流业

1. 粮食、棉花、食用油、食糖、化肥、石油等重要商品现代化物流设施建设。

2. 农产品物流配送（含冷链）设施建设，食品物流质量安全控制技术服务。

3. 药品物流配送（含冷链）技术应用和设施建设，药品物流质量安全控制技术服务。

4. 出版物等文化产品供应链管理技术服务。

5. 第三方物流服务设施建设。

6. 仓储和转运设施设备、运输工具、物流器具的标准化改造。

7. 自动识别和标识技术、电子数据交换技术、可视化技术、货物跟踪和快速分拣技术、移动物流信息服务技术、全球定位系统、地理信息系统、道路交通信息通讯系统、智能交通系统、物流信息系统安全技术及立体仓库技术的研发和应用。

8. 应急物流设施建设。

9. 物流公共信息平台建设。

10. 实现铁路与公路、民用航空与地面交通等多式联运物流节点设施建设与经营。

11. 空港、产业聚集区、商贸集散地的物流中心建设。

二十五、金融服务业

1. 信用担保服务体系建设。
2. 农村金融服务体系建设。
3. 农业保险、责任保险、信用保险。
4. 创业投资。

二十六、科技服务业

1. 工业设计、气象、生物、新材料、新能源、节能、环保、测绘、海洋等专业科技服务，商品质量认证和质量检测服务、科技普及。
2. 数字音乐、手机媒体、网络出版等数字内容服务，地理、国际贸易等领域信息资源开发服务。
3. 科技信息交流、文献信息检索、技术咨询、技术孵化、科技成果评估和科技鉴证等服务。
4. 知识产权代理、转让、登记、鉴定、检索、评估、认证、咨询和相关投融资服务。
5. 信息技术外包、业务流程外包、知识流程外包等技术先进型服务。

二十七、商务服务业

1. 工程咨询服务（包括规划编制与咨询、投资机会研究、可行性研究、评估咨询、工程勘查设计、招标代理、工程和设备监理、工程项目管理等）。
2. 产权交易服务平台。
3. 广告创意、广告策划、广告设计、广告制作。
4. 就业和创业指导、网络招聘、培训、人员派遣、高级人才访聘、人员测评、人力资源管理咨询、人力资源服务外包等人力资源服务业。
5. 人力资源市场及配套服务设施建设。
6. 农村劳动力转移就业服务平台建设。
7. 会展服务（不含会展场馆建设）。

二十八、商贸服务业

1. 现代化的农产品、生产资料市场流通设施建设。
2. 种子、种苗、种畜禽和鱼苗（种）、化肥、农药、农机具、农膜等农资连锁经营。

3. 面向农村的日用品、药品、出版物等生活用品连锁经营。

4. 农产品拍卖服务。

5. 商贸企业的统一配送和分销网络建设。

6. 利用信息技术改造提升传统商品交易市场。

二十九、旅游业

1. 休闲、登山、滑雪、潜水、探险等各类户外活动用品开发与营销服务。

2. 乡村旅游、生态旅游、森林旅游、工业旅游、体育旅游、红色旅游、民族风情游及其他旅游资源综合开发服务。

3. 旅游基础设施建设及旅游信息服务。

4. 旅游商品、旅游纪念品开发及营销。

5. 旅游景区（点）保护、开发和经营及其配套设施建设。

三十、邮政业

1. 邮政储蓄网络建设。

2. 邮政综合业务网建设。

3. 邮件处理自动化工程。

4. 邮政普遍服务基础设施台账、快递企业备案许可、邮（快）件时限监测、消费者申诉、满意度调查与公示、邮编及行业资费查询等公共服务和市场监管功能等邮政业公共服务信息平台建设。

5. 城乡快递营业网点、门店等快递服务网点建设。

6. 城市、区域内和区域间的快件分拣中心、转运中心、集散中心、处理枢纽等快递处理设施建设。

7. 快件跟踪查询、自动分拣、运递调度、快递客服呼叫中心等快递信息系统开发与应用。

8. 快件分拣处理、数据采集、集装容器等快递技术、装备开发与应用。

9. 邮件、快件运输与交通运输网络融合技术开发。

三十一、教育、文化、卫生、体育服务业

1. 学前教育。

2. 特殊教育。

3. 职业教育。

4. 远程教育。

5. 文化创意设计服务。

6. 广播影视制作、发行、交易、播映、出版、衍生品开发。

7. 动漫创作、制作、传播、出版、衍生产品开发。
8. 移动多媒体广播电视、广播影视数字化、数字电影服务监管技术及应用。
9. 语言文字技术开发与应用。
10. 非物质文化遗产保护与开发。
11. 民族和民间艺术、传统工艺美术保护与发展。
12. 民族文化艺术精品的国际营销与推广。
13. 计划生育、优生优育、生殖健康咨询与服务。
14. 全科医疗服务。
15. 远程医疗服务。
16. 卫生咨询、健康管理、医疗知识等医疗信息服务。
17. 传染病、儿童、精神卫生专科医院和护理院（站）设施建设与服务。
18. 残疾人社会化、专业化康复服务和托养服务。
19. 体育竞赛表演、体育场馆设施建设及运营、大众体育健身休闲服务。
20. 中华老字号的保护与发展。

三十二、其他服务业

1. 保障性住房建设与管理。
2. 老年人、未成年人活动场所。
3. 养老服务。
4. 社区照料服务。
5. 病患陪护服务。
6. 再生资源回收利用网络体系建设。
7. 基层就业和社会保障服务设施建设。
8. 农民工留守家属服务设施建设。
9. 工伤康复中心建设。

三十三、环境保护与资源节约综合利用

1. 矿山生态环境恢复工程。
2. 环境监测体系工程。
3. “三废”综合利用及治理工程。
4. “三废”处理用生物菌种和添加剂开发及生产。
5. 重复用水技术应用。
6. 高效、低能耗污水处理与再生技术开发。
7. 城镇垃圾及其他固体废弃物减量化、资源化、无害化处理和综合利用工程。

8. 废物填埋防渗技术与材料。
9. 新型水处理药剂开发与生产。
10. 节能、节水、节材环保及资源综合利用等技术开发、应用及设备制造。
11. 鼓励推广共生、伴生矿产资源中有价元素的分离及综合利用技术。
12. 低品位、复杂、难处理矿开发及综合利用。
13. 尾矿、废渣等资源综合利用。
14. 再生资源回收利用产业化。
15. 高效、节能、环保采选矿技术。
16. 为用户提供节能诊断、设计、融资、改造、运行管理等服务。

三十四、公共安全与应急产品

1. 生物灾害、动物疫情监测预警技术开发与应用。
2. 堤坝、尾矿库安全自动监测报警技术开发与应用。
3. 煤炭、矿山等安全生产监测报警技术开发与应用。
4. 公共交通工具事故预警技术开发与应用。
5. 水、土壤、空气污染物快速监测技术与产品。
6. 食品药品安全快速检测仪器。
7. 新发传染病检测试剂和仪器。
8. 城市公共安全监测预警平台技术。
9. 易燃、易爆、高腐蚀性、放射性等危险物品快速检测技术与产品。
10. 应急救援人员防护用品开发与应用。
11. 社会群体个人防护用品开发与应用。
12. 矿井等特殊作业场所应急避险设施。
13. 突发事件现场信息探测与快速获取技术及产品。
14. 大型公共建筑、高层建筑、森林、水上和地下设施消防灭火救援技术与产品。
15. 因灾损毁交通设施应急抢通装备及器材开发与应用。
16. 公共交通设施除冰雪机械及环保型除雪剂开发与应用。
17. 突发环境灾难应急环保技术装备：热墙式沥青路面地热再生设备（再生深度：0～60毫米）；无辐射高速公路雾雪屏蔽器；有毒有害液体快速吸纳处理技术装备；移动式医疗垃圾快速处理装置；移动式小型垃圾清洁处理装备；人畜粪便无害化快速处理装置；禽类病原体无害化快速处理装置；危险废物特性鉴别专用仪器。
18. 应急发电设备。
19. 应急照明器材及灯具。

20. 机动医疗救护系统。
21. 防控突发公共卫生和生物事件疫苗和药品。
22. 饮用水快速净化装置。
23. 应急通信技术与产品的开发与生产。
24. 应急决策指挥平台技术开发与应用。
25. 反恐技术与装备。
26. 交通、社区等应急救援社会化服务。
27. 应急物流设施及服务。
28. 应急咨询、培训、租赁和保险服务。
29. 应急物资储备基础设施建设。
30. 应急救援基地、公众应急体验基础设施建设。

附件 4

横琴新区、平潭综合实验区和前海深港现代服务业合作区的鼓励类产业企业所得税优惠目录

一、横琴新区企业所得税试行优惠目录

（一）高新技术

1. 数字化多功能雷达整机、专用配套设备及部件研发。

2. 安全饮水设备、先进型净水器研发及制造。

3. 海洋医药与生化制品技术开发与产品服务。

4. 系统软件、中间软件、嵌入式软件、支撑软件技术开发。

5. 计算机辅助工程管理软件、中文及多语种处理软件、图形和图像软件技术开发。

6. 企业管理软件、电子商务软件、电子政务软件、金融信息化软件等技术开发。

7. 基于 IPv6 的下一代互联网系统设备、终端设备、检测设备、软件、芯片开发与制造。

8. 网络关键设备的构建技术；面向行业及企业信息化的应用系统；传感器网络节点、软件和系统技术、大数据库技术开发。

9. 第三代及后续移动通信系统手机、基站、核心网设备以及网络检测设备开发与制造。

10. 高端路由器、千兆比以上网络交换机开发与制造。

11. 基于电信、广播电视和计算机网络融合的增值服务业务应用系统开发。

12. 搜索引擎、移动互联网等新兴网络信息服务技术研发。

13. 光传输技术、小型接入设备技术、无线接入技术、移动通信、量子通信技术、光通信技术开发。

14. 软交换和 VoIP 系统、业务运营支撑管理系统、电信网络增值业务应用系统开发。

15. 在线数据与交易处理、IT设施管理和数据中心服务、移动互联网服务、因特网会议电视及图像等电信增值服务应用系统开发。

16. 数字音视频技术、数字广播电视传输技术、广播电视网络综合管理系统技术、网络运营综合管理系统、IPTV技术、高端个人媒体信息服务平台技术开发。

17. 智能产品整体方案、人机工程、系统仿真设计服务与技术开发。

18. 智能电网及微电网技术、分布式供能技术开发及产品生产。

19. 先进的交通管理和控制技术；交通基础信息采集、处理设备及相关软件技术；公共交通工具事故预警技术开发与应用；城市交通管制系统；出租汽车服务调度信息系统、运营车辆安全监管系统开发。

20. 空中管制系统、新一代民用航空运行保障系统、卫星通信应用系统、卫星导航应用服务系统研发。

21. 环境安全监测预警和应急处置的光学监测等技术开发。

22. 食品安全技术；生物催化、反应及分离技术开发。

23. 珍稀动植物的养殖、培育、良种选育技术开发。

24. 新能源汽车配套电网和充电站技术研发。

25. 电力安全技术、新型防雷过电压保护材料与技术开发及产品化生产。

26. 新型高分子功能材料的制备及应用技术，生物基材料研发与制造，生物基合成高分子材料、天然生物高分子材料、生物基平台化合物研发与生产。

27. 太阳能光伏发电技术，重点支持系统集成设备本土化率达90%以上的光伏并网技术；太阳能热发电技术开发。

28. 1.5MW级以上风电机组设计技术；风电场配套技术开发。

29. 海洋生物质能、海洋能（包括潮汐能、潮流能、波浪能等）技术开发。

30. 能量系统管理、优化及控制技术：重点支持用于城市建筑供热平衡与节能、绿色建筑、城市智能照明、绿色照明系统的应用技术开发。

31. 城市污水处理与资源化技术：重点支持安全饮水和先进型净水设备技术开发。

32. 城市生态系统关键技术开发与产品生产。

33. 用于城市生态系统的生态监测、评估与修复重建技术；持久性有机污染物（POPs）替代技术；污染土壤修复技术开发。

34. 环境安全监测预警、应急处置的光学监测等技术开发。

35. 城市节水技术开发与设备制造；雨水、海水、苦咸水利用技术；再生水收集与利用技术与工程。

36. 产业集聚区配套公共服务平台技术开发。

37. 多维立体打印技术、海洋工程装备研发与应用技术开发。

（二）医药卫生

1. 拥有自主知识产权的新药开发和生产，天然药物开发和生产，新型计划生育药物（包括第三代孕激素的避孕药）开发和生产，满足我国重大、多发性疾病防治需求的通用名药物首次开发和生产，药物新剂型、新辅料的开发和生产，药物生产过程中的膜分离、超临界萃取、新型结晶、手性合成、酶促合成、生物转化、自控等技术开发与应用，原料药生产节能降耗减排技术、新型药物制剂技术开发与应用。

2. 现代生物技术药物、重大传染病防治疫苗和药物、新型诊断试剂的开发和生产，大规模细胞培养和纯化技术、大规模药用多肽和核酸合成、发酵、纯化技术开发和应用，采用现代生物技术改造传统生产工艺。

3. 新型药用包装材料及其技术开发和生产（一级耐水药用玻璃，可降解材料，具有避光、高阻隔性、高透过性的功能性材料，新型给药方式的包装；药包材无苯油墨印刷工艺等）。

4. 濒危稀缺药用动植物人工繁育技术及代用品开发和生产，先进农业技术在中药材规范化种植、养殖中的应用，中药有效成份的提取、纯化、质量控制新技术开发和应用，中药现代剂型的工艺技术、生产过程控制技术和装备的开发与应用，中药饮片创新技术开发和应用，中成药二次开发和生产。

5. 新型医用诊断医疗仪器设备、微创外科和介入治疗装备及器械、医疗急救及移动式医疗装备、康复工程技术装置、家用医疗器械、新型计划生育器具（第三代宫内节育器）、新型医用材料、人工器官及关键元器件的开发和生产，数字化医学影像产品及医疗信息技术的开发与应用。

6. 中医药、养生保健产品及技术的研发。

7. 中医药研究室、实验室及名老中医工作室。

8. 符合中医药特点及规律的中成药研发。

9. 中成药开发、检测、认证及市场化推广。

10. 制药新工艺新品种研发与生产。

11. 替代、修复、改善或再生人体组织器官等再生医学产业技术、产品研发与生产。

12. 医疗设备及关键部件、医疗器械开发及生产。

13. 医药研发中心。

（三）科教研发

1. 国内外科研机构分支机构。

2. 微电子、计算机、信息、生物、新材料、环保、机械装备、洗车、造船等先进制造业研发中心。

3. 工业设计、生物、新材料、新能源、测绘、海洋等专业科技服务，商品质量认证和质量检测服务。

4. 在线数据与交易处理、IT设施管理和数据中心技术研发，移动互联网技术研发，因特网会议电视及图像等电信增值业务应用系统开发。

5. 行业（企业）管理和信息化解决方案开发。

6. 基于网络的软件开发。

7. 数字化技术、高速计算技术、文化信息资源共享技术开发。

8. 数据恢复和灾备服务，信息安全防护、网络安全应急支援服务，云计算安全服务、信息安全风险评估与咨询服务，信息装备和软件安全测评服务，密码技术产品测试服务，信息系统等级保护安全方案设计服务。

9. 信息技术外包、业务流程外包、知识流程外包等技术先进型服务。

10. 云计算、互联网、物联网、新媒体技术研发及服务。

（四）文化创意

1. 动漫、游戏创作及衍生产品研发。

2. 文化创意设计服务。

3. 民俗文化产品及工艺美术研发设计。

4. 工业设计平台、辅助设计中心、快速成型中心、精密复杂模具制造技术开发及设计服务。

5. 数字音乐、手机媒体、数字游戏、数字学习、数字影视、数字出版与典藏、内容软件等数字产品研发。

（五）商贸服务

1. 物流公共信息平台。

2. 第三方物流管理。

3. 以承接服务外包方式从事系统应用管理和维护、信息技术支持管理、银行后台服务、财务结算、人力资源服务、软件开发、呼叫中心、数据处理等信息技术和业务流程外包服务。

4. 供应链管理及咨询业务。

5. 基于云计算的供应链一体化信息服务业务。

6. 跨境数据库服务。

7. 管带通信基础设施建设和服务。

二、平潭综合实验区企业所得税优惠目录

（一）高技术产业

1. 电子信息产业。

（1）薄膜场效应晶体管LCD（TFT-LCD）、等离子显示屏（PDP）、有机发光二极管（OLED）、激光显示、3D显示等新型平板显示器件和各种终端应用产品

的生产及其专用设备研发与制造。

（2）数字音、视频编解码设备，数字广播电视演播室设备，数字有线电视系统设备，数字音频广播发射设备，数字电视上下变换器，数字电视地面广播单频网（SFN）设备，卫星数字电视上行站设备，卫星公共接收电视（sMATV）前端设备研发与制造。

（3）高清数字摄录机、数字放声设备、数字多功能电话机、数字电视机研发与制造。

（4）网络视听节目技术开发与服务。

（5）移动多媒体广播电视、广播影视数字化、数字电影服务监管技术研发。

（6）集成电路设计、制造、封装与测试。

（7）大中型电子计算机、百万亿次高性能计算机、便携式微型计算机、每秒一万亿次及以上高档服务器、大型模拟仿真系统、大型工业控制机及控制器研发与制造。

（8）图形图像识别和处理系统研发与制造。

（9）计算机辅助设计（CAD）、辅助测试（CAT）、辅助制造（CAM）、辅助工程（CAE）系统、各种应用软件产品的设计和开发。

（10）新型电子元器件（片式元器件、频率元器件、混合集成电路、电力电子器件、光电子器件、敏感元器件、新型机电元件、高档接插件、高密度印刷电路板和柔性电路板等）研发与制造。

（11）卫星通信系统、地球站设备研发与制造。

（12）卫星导航定位接收设备及关键部件研发与制造。

（13）2.5GB/S及以上光同步传输系统研发与制造。

（14）155MB/S及以上数字微波同步传输设备研发与制造。

（15）32波及以上光纤波分复用传输系统设备研发与制造。

（16）10GB/S及以上数字同步系列光纤通信系统设备研发与制造。

（17）数字移动通信、接入网系统、数字集群通信系统及路由器、网关等网络设备研发与制造。

（18）集成电路装备研发与制造。

（19）半导体、光电子器件、新型电子元器件等电子产品用材料开发与生产。

（20）航空航天仪器仪表电子产品研发与制造。

（21）量子通信设备研发与制造。

（22）数据处理及数据库技术研发。

（23）电子商务和电子政务技术及系统开发。

（24）防伪技术及设备的开发与制造。

（25）用于物联网产业的电子标签、传感器、智能识读机、智能卡、核心芯片等开发与制造。

(26) 数字化、智能化、网络化工业自动检测仪表与传感器，原位在线成分分析仪器，具有无线通信功能的低功耗智能传感器，电磁兼容检测设备研发与制造。

2. 装备制造业。

(1) 汽车电子控制系统、电动空调、电制动、电动转向；怠速起停系统研发与制造。

(2) 汽车电子产品开发、试验、检测设备及设施研发与制造。

(3) 汽车车载充电机、非车载充电设备研发与制造。

(4) 新型医用诊断医疗仪器设备、微创外科和介入治疗装备及器械、医疗急救及移动式医疗装备、康复工程技术装置、家用医疗器械、新型计划生育器具(第三代宫内节育器)、人工器官及关键元器件的开发和生产，数字化医学影像产品及医疗信息技术的开发与制造。

(5) 化学合成药物、中成药、中药饮片、兽用医药、生物化学药品等医药产品研发与生产。

(6) 大型远洋捕捞加工渔船、海洋工程作业船与辅助船等特种船舶及其专用设备，智能环保型关键船用配套设备研发与制造。

(7) 海洋工程装备的研发与制造。

(8) 豪华游艇、游轮、客滚船等高技术附加值船舶开发与制造。

(9) 安全饮水设备、先进型净水器研发与制造。

(10) 智能电网调度监测、智能配电、智能用电等技术和设备研发与制造。

(11) 精密模具、非金属制品模具设计与制造。

(12) 新型高技术纺织机械及关键零部件研发与制造。

3. 新材料产业。

(1) 磁存储和光盘存储为主的数据存储材料研发与制造。

(2) 单晶硅半导体微电子材料研发与制造。

(3) 光电子材料、光功能高分子材料；光导材料、光记录材料、光加工材料、光学用塑料、光显示用材料、光转换系统材料研发与制造。

(4) 光纤通信材料研发与制造。

(5) 纳米粉末、纳米纤维、纳米膜、纳米催化剂研发与制造。

(6) 轿车及中高档轻型车动力传动、减振、制动系统用密封材料研发与制造。

(7) 复合防弹板材和高强度缆绳等系列产品研发与制造。

(8) 交通运输、水利、环保等产业用纺织品的纤维材料、新溶剂法纤维、复合超细短纤维及其系列产品和差别化、功能化纤维研发与制造。

(9) 高强、耐磨尼龙专用料及工业管材、农用塑料大棚骨架管材及连接材料、环境降解塑料研发与制造。

(10) 反光膜和反光织物等高分子反光材料研发与制造。

(11) 电子专用铜带、多层敷铜板、印刷线路板和集成电路引线研发与制造。

(12) 导电玻璃、高性能软磁铁氧体材料及所需的高纯度原材料、大功率压电陶瓷和热释电陶瓷材料、液晶材料、高纯化学试剂、砷化镓抛光片等研发与制造。

(13) 锂离子嵌入材料绿色电池材料研发与制造。

(14) 高性能、高品质 PCB 基板和材料研发与制造。

(15) 树脂墓复合材料、炭/炭复合材料、陶瓷基复合材料、金属基复合材料、炭纤维、芳纶、超高分子量聚乙烯纤维等高性能增强纤维及复合材料研发与制造。

(16) 屏蔽电磁波玻璃、微电子用玻璃基板、透红外线无铅玻璃、电子级大规格石英玻璃扩散管、超二代和三代微通道板、光学纤维面板和倒像器及玻璃光锥研发与制造。

(17) 连续玻璃纤维原丝毡、玻璃纤维表面毡、微电子用玻璃纤维布及薄毡研发与制造。

(18) 汽车催化装置用陶瓷载体、氮化铝（AIN）陶瓷基片、多孔陶瓷研发与制造。

(19) 采用新技术、新工艺生产的橡胶、塑料、纤维、涂料、胶豁剂和高分子基复合材料等有机高分子材料及制品研发与制造。

(20) 生物高分子材料、填料、试剂、芯片、干扰素、传感器、纤维素酶、碱性蛋白酶、诊断用酶等酶制剂、纤维素生化产品，新型医用材料研发与制造。

(21) 高纯、专用级催化剂、吸附剂、活性剂研发与制造。

(22) 农膜新技术及新产品（光解膜、多功能膜及原料等）研发与制造。

(23) 塑料软包装新技术、新产品（高阻隔、多功能膜及原料）研发与制造。

(24) 生物降解材料研发与制造。

(25) 特种陶瓷技术研发与制造。

(26) 高性能膜材料、高分子分离膜、水处理膜、太阳能电池膜、平板显示薄膜、半导体及微电子用薄膜研发与制造。

(27) 高品质人工晶体材料、制品和器件，高纯石英原料、石英玻璃材料及其制品，特种玻璃研发与制造。

(28) 汽车轻量化及环保型新材料研发与制造。

(29) 新型墙体和屋面材料、绝热隔音材料、建筑防水和密封材料、建筑与海洋防护用环保涂料的开发与生产。

4. 新能源产业。

(1) 地热能、海洋能（潮汐能、潮流能、波浪能）开发利用。

(2) 风电与光伏发电互补系统技术开发与服务。

(3) 太阳能建筑一体化组件设计与制造。

(4) 无齿轮箱、多级低速发电机、变速恒频等新型风力发电机组研发与制造。

(5) 高效太阳能热水器及热水工程，太阳能中高温利用技术开发与服务。

(6) 太阳能热发电集热系统、太阳能光伏发电系统集成技术开发应用、逆变控制系统开发制造。

(7) 沼气发电机组、低成本沼气净化设备、沼气管道供气、沼气智能流量表、装罐成套设备研发与制造。

(二) 服务业

1. 现代物流业。

(1) 物流营运中心及物流公共信息平台。

(2) 对台海上运输业务。

(3) 物流标准化技术研发。

2. 商贸服务业。

(1) 台湾特色农渔业产品物流集散中心。

3. 文化创意产业。

(1) 动漫、游戏创作、动漫技术开发与服务。

(2) 民俗文化产品及工艺美术研发设计。

(3) 体育用品研发。

4. 技术及商务服务业。

(1) 中文信息处理软件的开发。

(2) 网络支撑平台和中间件开发。

(3) 嵌入式软件系统（嵌入式操作系统、核心支撑软件）开发。

(4) 信息传输网络及网络增值业务应用系统开发。

(5) 以承接服务外包方式从事系统应用管理和维护、信息技术支持管理、银行后台服务、财务结算、人力资源服务、软件开发、离岸呼出中心、数据处理等信息技术、业务流程和知识流程外包服务。

(6) 工业设计、生物、新材料、新能源、节能、环保、测绘、海洋等专业科技服务，认证和质量检测服务。

(7) 在线数据与交易技术研发、IT 设施管理和数据中心技术研发，移动互联网技术研发，因特网会议电视及图像等电信增值业务应用系统开发。

(8) 智能产品整体方案、人机工程设计、系统仿真等设计服务。

(9) 信息安全风险评估与咨询服务，信息装备和软件安全评测服务。

(10) 综合利用海水淡化后的浓海水制盐、提取钾、溴、镁、锂及其深加工等海水化学资源高附加值利用技术开发。

(11) 各类创业中心、大学科技园、留学生创业园、软件创业园以及其他专门人才、专业技术企业等专业孵化器。

(三) 农业及海洋产业

1. 良种、花卉引进和推广服务。

2. 名特优海产养殖、深水抗风浪大型网箱养殖、工厂化养殖、生态型养殖。

3. 数字（信息）农业技术开发。

4. 农林牧渔业现代装备与信息化技术开发。

5. 海产品冷冻保鲜技术的研发与设备制造。

6. 海洋生物提取技术研究开发与生产。

7. 海洋资源综合利用技术研发。

8. 海洋药物、海洋保健食品开发。

9. 生物医药研发，工业催化、生物改性、生物转化等酶产品研发与生产。

10. 海洋生物质能源技术研究及开发。

(四) 生态环保业

1. 海岛、湿地等自然保护区建设、海岛整治修复及生态示范工程。

2. 水土流失综合治理技术开发与服务。

3. 海洋环境保护及科学开发。

4. 微咸水、苦咸水、劣质水、海水的开发利用和海水淡化工程及设备的研发及制造。

5. 海漂垃圾污染治理技术的开发与服务。

6. 绿色建筑开发建造。

7. 餐厨垃圾及城市污泥综合利用产业化。

8. 提升废旧装备高技术修复、制造、改造的资源节约型的再制造技术开发及设备制造。

9. 危险废物处置中心。

(五) 公共设施管理业

1. 城市交通管制系统技术开发与设备制造。

2. 地震、海啸、地质灾害监测预警和评估技术开发与服务。

3. 堤坝安全自动监测报警技术开发与服务。

4. 突发事件现场信息探测与快速获取技术及产品。

5. 生物灾害、动植物疫情监测预警技术开发与服务。

6. 公共交通工具事故预警技术开发与服务。

7. 食品药品安全快速检测技术开发与服务。

8. 城市基础空间信息数据生产及关键技术开发。

9. 依托基础地理信息资源的城市立体管理信息系统开发。

10. 城市照明智能化、绿色照明系统技术开发与生产。

11. 城市积涝预警技术开发与服务。

12. 水资源管理信息系统（以水源、取水、输水、供水、用水、耗水和排水等水资源开发利用主要环节的监测）技术开发。

13. 邮件、快件运输与交通运输网络融合技术开发。

14. 海运电子数据交换系统和水运行业信息系统技术开发。

15. 出租汽车服务调度信息系统、运营车辆安全监控记录开发。

16. 城市再生水利用技术和工程、城市雨水收集利用。

（六）旅游产业

1. 游乐场、海洋馆、主题公园、影视拍摄基地、传统村落的开发与经营。

2. 海上运动、海域低空飞行、邮轮旅游、游艇旅游、海岛旅游的经营。

3. 国际及闽台体育旅游精品赛事、两岸文化和创意旅游、旅游实景演出、节庆文化和民俗活动、民宿的经营。

4. 健康医疗旅游、会展旅游的经营。

5. 文化遗产传承与经营。

6. 以网络营销、网络预订、网上支付等为主的旅游电子商务平台的经营。

7. 专业从事闽台旅游的旅游公司的经营。

三、前海深港现代服务业合作区企业所得税优惠目录

（一）现代物流业

1. 供应链解决方案设计、订单管理与执行、虚拟生产、信息管理、资金管理、咨询服务等供应链管理服务。

2. 在岸、离岸的物流外包服务。

3. 现代物流技术与物流公共服务系统的开发及运营。

4. 第三方物流的结算和管理。

（二）信息服务业

1. 电信增值业务应用系统开发。

2. 电子认证、电子商务、电子政务技术研发。

3. 信息安全技术研发服务。

4. 数据挖掘、数据分析、数据服务及数字化资源开发。

5. 新一代移动通信网，基于 IPv6 的下一代互联网技术研发。

6. 卫星通信技术研发。

7. 通用软件、行业应用软件、嵌入式软件的研发与服务。

8. 云计算、物联网、高可信计算、智能网络、大数据等技术研发与服务。

（三）科技服务业

1. 新能源、新材料、生物医药、低碳环保等各行业专业科技服务。

2. 基因测序、干细胞、功能蛋白、生命健康等新兴科学技术研发与服务。

3. 新能源电池、三维立体显示和打印技术研发与服务。

4. 信息技术外包、业务流程外包、知识流程外包等技术先进型服务。

（四）文化创意产业

1. 平面设计、包装设计、广告设计、室内设计、景观设计、工业设计、服装设计等创意设计服务。

2. 文化信息资源开发。

3. 网络视听节目技术研发与服务。

4. 动漫及网络游戏研发与创作。

5. 新媒体技术的研发与服务。